D0681481

Responsable de la collection
Emmanuel de Waresquiel

Correction-révision
Christophe Baffier-Candès

Mise en pages et maquette de couverture
Jean Castel

Fabrication
Marlène Delbeken

Distributeur exclusif au Canada : les Éditions Françaises Inc.

ISBN : 2-03-720327-6

Dictionnaire des
Médias

Sous la directions de
Francis Balle

Dictionnaire des
Médias

LES RÉFÉRENTS

LAROUSSE

21, rue du Montparnasse 75006 Paris

Liste des auteurs

Pierre ALBERT, professeur à l'université Paris-II

Jacques BARRAT, professeur à l'université Paris-II

Philippe BAUDELOT, Conseil Médias

Daniel BOUGNOUX, professeur à l'université Stendhal, Grenoble-III

Gérard COHEN-JONATHAN, professeur à l'université Paris-II

Jean-Marie COTTERET, professeur à l'université Paris-I, membre du CSA

Emmanuel DERIEUX, professeur à l'université Paris-II

Gilles FEYEL, professeur à l'université Paris-II

Laurence FRANCESCHINI, directeur du service juridique du CSA

Mark HUNTER, écrivain, journaliste

Françoise LAUGEE, ingénieur d'études à l'université Paris-II

Christine LETEINTURIER, maître de conférences à l'université Paris-II

Rémy RIEFFEL, professeur, directeur de l'Institut français de presse (université Paris-II)

Nadine TOUSSAINT-DESMOULINS, professeur à l'université Paris-II

Préface

Du XIXe siècle, Pierre Larousse disait qu'il était le « siècle des dictionnaires ». Il ne pouvait guère imaginer que ses successeurs éditeraient, plus d'un siècle plus tard, un dictionnaire des médias. Le mot, à l'époque, n'existait pas. Ce **dictionnaire encyclopédique** est le premier à présenter, de ces techniques, un panorama aussi complet que possible, **de l'imprimerie à l'Internet**, depuis les livres et les journaux jusqu'aux réseaux multimédias du futur.

Francisé seulement en 1973 – avec un accent aigu et un « s » au pluriel –, le mot « média » a fini par s'imposer, au tournant des années 1980. Jusque-là, on parlait des « mass media » : forgée dans les années 1950 aux États-Unis, l'expression considérait, ensemble, toutes les techniques capables d'atteindre des audiences plutôt étendues, et par conséquent diverses, difficilement identifiables, des masses, qu'il s'agisse de la télévision ou du cinéma, mais aussi de la presse et de la radio.

Le succès des thèses de McLuhan, vers la fin des années 1960 et au début des années 1970, contribua sans nul doute à populariser le mot « média », précipitant du même coup l'abandon, dans le langage courant, de l'expression « mass media ». Le passage de celle-ci à celui-là n'est guère indifférent : l'attention se déplace des seuls effets des moyens de « communication » sur la culture en général vers l'examen, non seulement des outils proprement dits et de leurs divers usages, mais également de leurs utilisateurs ou de leurs publics, des institutions auxquelles ces usages ont fini par donner naissance et, le cas échéant, des formes d'expression dont ces usages ont permis l'émergence : le journalisme, le cinéma, la publicité ou le feuilleton de télévision.

Des médias, ce dictionnaire adopte la définition que l'usage a fini par imposer : ni celle, trop restrictive, de la trinité presse – radio – télévision, ni celle de McLuhan, trop extensive, qui prétend inclure dans le monde des médias, au-delà des ordinateurs et de leurs réseaux, des outils ou des techniques comme la roue ou la machine à vapeur. Cette définition fait du média un moyen de s'informer ou de se divertir, une voie d'accès à la connaissance ou un outil permettant de « communiquer » avec autrui. On considère ainsi comme média toute technique utilisée par un individu ou par un groupe pour communiquer à un autre individu ou à un autre groupe, autrement qu'en face-à-face, l'expression de leur pensée, quelles que soient la forme et la finalité de cette expression. La presse, la radio, la télévision et le cinéma sont des médias, au même titre que l'affichage, la télématique, l'Internet ou les réseaux multimédias.

« **Tout en un** » des médias, ce dictionnaire considère ceux-ci sous leurs différents aspects : il en examine, séparément ou ensemble, les techniques, les contenus, les usages, les audiences, les institutions, voire les formes particulières d'expression. Il combine par conséquent plusieurs approches, signalées chaque fois au fil des développements de type encyclopédique : **l'histoire, la technologie, l'économie, le droit, la sociologie et la science politique.** Il présente les principales notions permettant d'appréhender la réalité des médias d'aujourd'hui – *autocensure, contre-programmation, globalisation, navigation, opinion publique–,* ainsi que les diverses écoles et théories qui s'efforcent de rendre compte de leur action – *la théorie de l'information, la cybernétique,* au même titre que les *écoles de Chicago,* de *Francfort* ou de *Palo Alto.*

L'ordre alphabétique permet ainsi aux mots du *Dictionnaire des médias* de bénéficier ou subir d'étranges proximités : *autocensure* précède *autoradio, forme imprimante* est avant *forum de discussion* et *fournisseur d'accès,* tandis que *NRJ* suit *nouvelliste,* de même que *rédacteur* vient immédiatement après *reconnaissance vocale.* Les institutions, chacune suivie de son adresse, cohabitent avec les standards : *TF1* ou *CCIR* avec *DBS, DVB* et *MMDS.* Sans oublier les mots d'origine étrangère, consacrés par l'usage : *paparazzo, infotainment, star-system, prime time, webring* et *couch potatoes.* Ni les grands textes qui fixent le régime des médias : sur la liberté de communication ou la télévision sans frontières. Ni, enfin, les noms de ceux qui illustrent les médias d'hier et d'aujourd'hui, parce qu'ils les ont pensés ou qu'ils les ont faits, tels qu'ils sont ou tels qu'ils les ont rêvés : *Gutenberg, Renaudot, McLuhan,* mais aussi *Albert Londres, Heinrich Hertz, Pulitzer* ou *Paul Watzlawick.*

En prenant le parti de semblables proximités, certaines limites s'imposaient d'elles-mêmes : tous les médias de tous les pays ne sauraient être présentés, fût-ce dans un ouvrage plus volumineux que celui-ci. Seules les institutions françaises les plus importantes, par la taille, par l'influence ou par la représenta-tivité, ont été retenues. Nous avons donc choisi de publier, à la fin de l'ouvrage, un palmarès des différents médias ou groupes de médias, en France, en Europe et dans le monde.

Francis Balle

a

AACC. → **Association des agences conseils en communication**

Abonné adj. (angl. : *subscriber*). Personne ayant souscrit un abonnement*.

Abonnement n.m. (angl. : *subscription*). Somme forfaitaire versée par anticipation à une société, en échange d'un bien ou d'un service à recevoir pendant une durée donnée.

ENCYCL. L'abonnement peut concerner la presse*, la télévision* (chaîne* cryptée, câblée, satellitaire) ou des services divers (banques de données*, accès à l'Internet*...). Dans le cas de la presse, l'éditeur se charge de faire livrer sa publication* au domicile de l'abonné, soit par la poste, soit par portage*. L'abonnement offre l'avantage de minorer le nombre d'invendus* et d'assurer un niveau de diffusion* garanti. Pour l'audiovisuel*, l'abonnement nécessite de recourir à des systèmes de cryptage* et à l'usage d'un décodeur*. Il permet d'échapper aux aléas des variations d'audience* et de fidéliser un public plus sur un thème donné (sport, cinéma...) que sur une grille* des programmes. Dans tous les cas, il assure une avance de trésorerie appréciable mais nécessite des coûts importants pour la recherche et la gestion d'un portefeuille d'abonnés (envoi de mailings*, remises et cadeaux parfois onéreux, lettres de relance, facturation).

Above the line. 1. Partie du devis d'une production audiovisuelle qui correspond aux frais dits culturels comme le salaire des acteurs, des producteurs, des réalisateurs et les droits d'auteur, ces frais pouvant varier jusqu'au dernier moment. **2.** Concernant la ventilation des dépenses publicitaires des annonceurs, « above the line » – littéralement « au-dessus de la ligne » – désigne les « grands médias », soit les dépenses en achats d'espace en presse, télévision, radio, affichage et cinéma, par opposition à « below the line » – au-dessous de la ligne –, qui correspond aux dépenses « hors médias* ». → **Below the line, Hors médias**

Abri fiscal. → **Sofica**

AB Sat. En lançant, en avril 1996, le bouquet numérique AB Sat, le groupe AB Productions a adopté une stratégie différente de celle de ses concurrents, CanalSatellite* et TPS*, en proposant une première offre dite « basique », à petit prix, d'une dizaine de chaînes thématiques (fiction, musique, histoire, dessins animés, courses hippiques...) et de nombreuses télévisions et radios étrangères. Deux possibilités d'abonnement optionnel donnent accès, d'une part, à des chaînes consacrées au cinéma et, d'autre part, à quelques chaînes thématiques sur le sport, les animaux, l'automobile, la chasse, la pêche... Grâce à son introduction réussie à la Bourse de New York, le groupe AB a levé 1,2 milliard de francs, ce qui devrait lui permettre d'affronter la concurrence. Diffusé sur le satellite Hot Bird de Eutelsat*, AB Sat a choisi le décodeur Viaccess et compte environ 30 000 abonnés. Adresse : 144, avenue du Président-Wilson, BP 95, 93213 Saint-Denis La Plaine cedex. Tél. : 01 49 22 20 01.

Accès aux documents administratifs (liberté d', droit d') (angl. : *freedom* *of information*). Faculté accordée à tout citoyen, dans une société démocratique, au nom de la nécessaire transparence* – instrument du contrôle et garantie du bon fonctionnement – de l'administration et du droit* du public à l'information*, de pouvoir consulter, à sa demande, tout document public ou administratif non couvert par un devoir de secret* ou non expressément exclu de cette possibilité d'accès.

ENCYCL. En droit français, le droit d'accès aux documents* administratifs a été consacré par la loi du 17 juillet 1978. Il concerne les « documents administratifs de caractère non nominatif ». Certains de ces documents sont cependant expressément exclus de ce droit parce que leur communication porterait, par exemple, atteinte : « au secret des délibérations du Gouvernement », « au secret de la défense nationale » ou « de la politique extérieure », « à la monnaie et au crédit public, à la sûreté de l'État et à la sécurité publique »... Par cette même loi, est prévue la création d'une Commission* d'accès aux documents administratifs « chargée de veiller au respect de la liberté d'accès aux documents administratifs [...] notamment en émettant des avis lorsqu'elle est saisie par une personne qui rencontre des difficultés pour obtenir la communication d'un document administratif ». La question du droit d'accès aux documents administratifs est aujourd'hui élargie ou relayée par celle de la commercialisation des données* publiques. CONTR. : *Secrets* officiels* ou *d'État*.

Accessoiriste n.m. Au sein d'une équipe de tournage* (cinéma* ou vidéo*), personne chargée de la recherche et de l'organisation des éléments mobiles *(objets)* de décors, choisis conformément aux indications du réalisateur*.

Access prime time (expression anglaise). Tranche horaire qui précède le prime time*, dans la grille* des programmes diffusés par une chaîne* de télévision. On dit parfois « avant-début de soirée ». En France, cette tranche s'étend de 18 heures à 20 h 30.

Accord sur les aspects des droits de propriété intellectuelle qui tou-

chent au commerce (ADPIC) (angl. : *Trade Related Aspects of Intellectual Property Rights, [TRIP]*). Instrument annexe, relatif aux questions de propriété intellectuelle, aux accords de Marrakech du 15 avril 1994, instituant l'Organisation* mondiale du commerce (OMC). Est, d'une certaine façon, appelé à supplanter les conventions internationales en matière de droit d'auteur et de droits voisins du droit d'auteur qui existaient jusque-là (convention* de Berne, convention* de Genève, convention* de Rome...).

Accord multilatéral sur l'investissement (AMI). Élaboré à partir de 1994 sous l'égide de l'OCDE (Organisation de coopération et de développement économiques, qui regroupe les 29 pays parmi les plus riches du monde), l'AMI a pour but d'entraîner le processus de globalisation de l'économie en facilitant la circulation des capitaux. L'accord prévoit de supprimer les avantages qui pourraient être consentis aux investisseurs nationaux. Les investisseurs étrangers seront donc soumis au même régime que les locaux. De plus, un investisseur qui s'estimerait victime d'une discrimination disposerait de moyens de recours juridique et donc d'une possible indemnisation. En matière audiovisuelle, c'est l'ensemble des mécanismes de protection ainsi que les autres systèmes d'aides qui se trouvent remis en cause par l'AMI. Ne pourraient donc plus être maintenus les quotas* de diffusion, les obligations de production* et le Cosip*... En février 1998, durant les négociations concernant l'AMI, le gouvernement français s'est déclaré opposé à cet accord si celui-ci remettait en cause le principe de la « exception culturelle* », adopté, lors de la négociation des accords du GATT en 1994.

Accord de zone. Accord signé entre deux éditeurs de presse en concurrence* sur une même zone de diffusion*, dont l'objet est de mettre fin à cette situation en déterminant pour chacun des deux titres une aire de diffusion sur laquelle le concurrent ne sera plus distribué.

Accréditation n.f. Action d'accréditer un journaliste*. → **Accrédité**

Accrédité adj. et n.m. Journaliste* officiellement admis comme interlocuteur privilégié par une institution publique ou privée, et bénéficiant à ce titre de facilités d'accès à ses informations et à ses conférences de presse.
→ **Accréditation, Conférence de presse**

Accroche n.f. Élément de la titraille* des articles* de presse. La citation choisie dans l'article est spécialement mise en valeur ; elle doit « accrocher » le lecteur, pour l'inciter à lire l'article. Elle est donc sélectionnée, soit pour l'information* qu'elle restitue, soit, le plus souvent, pour sa valeur incitative.

Achat de droits. Accord qui lie deux parties en vue de l'exploitation et éventuellement de la diffusion*, par l'une, des produits ou des services générés par l'autre.
ENCYCL. Ces droits peuvent porter sur des textes ou des photos, sur des programmes* cinématographiques ou audiovisuels, sur des concepts (jeux, loteries), mais aussi sur des retransmissions de manifestations artistiques ou sportives. Les contrats stipulent le degré d'exclusivité, la durée, le nombre de diffusions autorisées, le territoire d'exercice des droits acquis et les modalités financières consenties. Des achats groupés peuvent porter sur des catalogues* de droits.

Achat d'espace. Ensemble des opérations commerciales et juridiques liées à la parution ou à la diffusion* d'un message publicitaire : choix des supports*, négociation des tarifs, réservation des espaces physiques (presse*, affichage*) ou temporels (radio*, télévision*), contrôle des insertions, paiement des factures et règlement des éventuels litiges.

Actualité n.f. Ensemble des événements* de toute nature qui se produisent dans le monde. Ces événements* sont rapportés par les médias* sous forme de nouvelles, de reportages ou de commentaires, au terme d'une sélection dont les critères sont difficilement formalisables : importance ou intérêt des événements, attentes du public, nature et contenance du média, goût des journalistes...
ENCYCL. Actualités cinématographiques. Dès les débuts du cinéma en 1895, les programmes comportaient des reportages filmés en direct ou reconstitués en studio. En 1908, Charles PATHÉ (1863-1957) créa le *Pathé Journal,* séquence d'actualités de la semaine, qui était projeté à chacune des séances de cinéma. Léon GAUMONT (1864-1946) suivit dès 1910 avec *Gaumont actualités,* et les grandes maisons de production imitèrent cet exemple dans le monde entier. La télévision* réduisit l'intérêt de ces actualités qui disparurent progressivement : *Fax Movietane* en 1963, les *Actualités françaises* et *Éclair journal* en 1969, *Pathé-Gaumont* en 1975. → **Cinéma**

Adaptateur n.m. Personne chargée de transposer ou d'adapter une œuvre existante, afin de réaliser une œuvre nouvelle, grâce à l'utilisation d'un média* différent de celui utilisé pour l'œuvre originale.

Adaptation n.f. (angl. : *remake*). Création d'une œuvre à partir d'une autre. Ainsi les films ou téléfilms peuvent être l'adaptation, plus ou moins fidèle, d'une œuvre littéraire, soit un roman, soit une œuvre dramatique.
→ **Adaptateur**

ADPIC. → **Accord sur les aspects des droits de propriété intellectuelle qui touchent au commerce**

ADSL (Asynchronous Digital Subscriber Line). Technique de multiplexage* et de transmission numérique sur ligne téléphonique autorisant des débits de plusieurs Mbit*/s vers l'installation d'usagers et permettant notamment de transmettre un ou plusieurs programmes* de télévision numérique avec une qualité équivalente à celle du VHS*.

AEPM (Audience Études pour la presse magazine). SARL ayant pour actionnaire principal l'APPM* (Association pour la promotion de la presse magazine). Créée en 1992, l'AEPM réalise des études portant sur l'audience* de la presse magazine*. À partir d'un sondage* auprès d'un échantillon* de 20 000 résidents en France âgés de 15 ans et plus, l'étude AEPM dénombre et qualifie les lecteurs de la presse magazine* en France : nombre moyen de lecteurs de chaque titre et caractéristiques socio-démographiques de ceux-ci. Toutes les personnes ayant eu un contact avec le support sont recensées, qu'elles aient lu ou bien simplement feuilleté la publication. Adresse : 71, avenue Franklin-Roosevelt, 75008 Paris. Tél. : 01 42 89 32 60.

AFA. → **Association des fournisseurs d'accès aux services en ligne et à l'Internet**

AFCO. Créée en 1995, l'Association française des câblo-opérateurs* est une organisation professionnelle rassemblant l'ensemble des câblo-opérateurs français Numéri Câble*, France Telecom* Câble, Lyonnaise Câble* et ANOC*:

Affichage n.m. → **Affiche**

Affichage politique. Instrument de propagande* électorale, l'affichage politique est soumis, en droit français, outre aux dispositions générales des lois de 1881 et 1979 relatives à l'affichage, à la réglementation spécifique des lois des 11 mars 1988, 15 janvier 1990 et 19 janvier 1995. Celles-ci en limitent l'usage, notamment pour assurer un certain équilibre dans l'utilisation des divers procédés de propagande, exigeant d'importants moyens financiers, entre les divers candidats. Pendant la durée des campagnes* électorales, tout affichage* sauvage, en dehors des panneaux électoraux officiels, est, en principe, interdit.

Affichage sauvage. Affichage effectué, par des non-professionnels, en dehors des panneaux* normalement et exclusivement destinés à cet usage. ENCYCL. L'expression est notamment utilisée pour désigner des affiches apposées, en période électorale, en dehors des panneaux électoraux officiels, en principe seuls autorisés. CONTR. : *Affichage officiel* ou *régulier*.

Affiche n.f. (angl. : *poster ; bill-sticking*). Message publicitaire de grand format, placardé sur une surface verticale, destiné à être vu de loin. Imprimée généralement en couleurs sur papier, l'affiche propose soit des textes seuls, soit des dessins et/ou des photographies accompagnés de textes courts

(slogans). Elle est composée de plusieurs morceaux, afin de faciliter son impression (offset* ou sérigraphie) puis son collage au moment de l'affichage.

ENCYCL. Après avoir été réservée, dès le XVe siècle, aux proclamations des autorités, ainsi qu'à l'expression des oppositions politiques, l'affiche, alors de petit format, a été utilisée pour les annonces de librairie, de théâtre et des charlatans aux XVIIe et XVIIIe siècles. Au XIXe siècle, tous les commerces et les marques industrielles s'emparent de ce média.

DROIT. La réglementation de l'affichage est aujourd'hui définie, en France, par les dispositions de la loi du 29 décembre 1979. Posant le principe du droit de chacun « d'exprimer et de diffuser » librement « informations et idées » par le moyen de l'affichage, cette loi y apporte cependant un certain nombre d'exceptions et de restrictions inspirées notamment par le souci « d'assurer la protection du cadre de vie » (sites naturels et monuments historiques). Est, de ce point de vue, distingué l'affichage « en dehors des agglomérations » (en principe interdit) ou « à l'intérieur des agglomérations » (en principe autorisé, mais susceptible d'être limité, notamment dans certaines zones ou sur certains supports). Moins spécifique que ne l'est la loi de 1979, la loi du 29 juillet 1881 sur la liberté de la presse comportait aussi des éléments de réglementation relatifs à l'affichage, justifiant en partie cette formule que l'on peut encore lire sur certains murs : « défense d'afficher, loi du 29 juillet 1881 ». → **Affichage politique, Affichage sauvage, Affimétrie**

Affimétrie n.f. Outil de mesure de l'audience* des réseaux d'affichage mis au point, en 1992, par Avenir, Dauphin et Giraudy, trois sociétés qui représentent plus de 150 000 panneaux grand format (12 m²) en France. L'enquête est réalisée dans 55 agglomérations de plus de 100 000 habitants, soit au total 55 000 individus interrogés répartis en sous-échantillons. Afin de comptabiliser le nombre de passages devant les réseaux d'affichage, on confronte les itinéraires empruntés par les individus aux emplacements géographiques des panneaux.

Affinité n.f. Pourcentage des personnes

susceptibles d'être atteintes par un média, dans un cas déterminé, par rapport à l'audience potentielle et habituelle de ce dernier. Cet indicateur permet d'apprécier, notamment, l'utilité du recours à un média, dans le cadre d'une campagne* publicitaire, par rapport à la cible qui est visée, c'est-à-dire la proximité d'une population avec un média donné.

Affranchissements postaux. S'agissant de l'envoi des exemplaires* des publications* périodiques aux abonnés*, le tarif des affranchissements postaux constitue une lourde charge financière en matière de distribution*. Tenant compte, tout à la fois, du volume du marché, des missions de service* public de La Poste* et de la nécessité d'assurer la survie des publications, l'application de tarifs préférentiels constitue l'une des modalités essentielles de l'aide* de l'État à la presse*.

AFP. → Agence France Presse

AFTEL. → **Association française de la télématique multimédia**

Agence France Presse (AFP). Première née des trois agences mondiales (AFP, Reuters, Associated Press), l'AFP, assure une couverture complète de l'information à travers le monde dans tous les domaines de l'actualité. Née à la Libération, elle est l'héritière historique de la première agence de presse au monde, l'agence Havas qui naquit en 1835. Elle a, depuis janvier 1957, un statut original qui garantit son indépendance. Avec des bureaux implantés dans 165 pays, 2 000 collaborateurs (1 200 journalistes dont 200 photographes), 2 000 pigistes répartis sur les cinq continents, l'AFP couvre tous les événements en temps réel. Elle diffuse deux millions de mots par jour en sept langues : français, anglais, allemand, espagnol, arabe, portugais et chinois, 24 h sur 24 et 365 jours par an. Leader de l'information en Asie, l'AFP est la première agence arabophone, elle est aussi la plus présente en Afrique. Tout le flot des textes, photos, infographies en provenance des différents bureaux est revu et distribué aux clients à partir de cinq pôles principaux : Paris, Washington, Hong

Kong, Nicosie et Montevideo. L'AFP propose également des services spécialisés : économie, finance, sport, hippisme, culture, AFP - célébrités, etc. Les filiales AFX (50 % AFP et 50 % Financial Times) diffusent en anglais et en temps réel un service d'informations économiques et financières. 450 reporters photographes et éditeurs légendent et traitent chaque jour plus de 1 000 photos. L'infographie illustre l'actualité par des graphiques et cartes accessibles en temps réel sur les cinq continents. En partenariat avec l'agence financière américaine Bloomberg, l'AFP réalise une chaîne de télévision d'informations générales en continu diffusée sur le câble et sur CanalSatellite. L'AFP a également un accord de partenariat avec WTN (Worldwide Television News). Un service de production d'images* de synthèse en trois dimensions s'adresse aux chaînes de télévision du monde entier. L'AFP propose sur l'Internet des informations brutes, des pages sur mesure pour les sites clients et des services à la carte. Pour diffuser ses services, l'AFP utilise à la fois les réseaux terrestres et satellitaires (RNIS, Internet, Intranet). Polycom, filiale de l'AFP, leader européen des réseaux de diffusion par satellite, permet à ses clients de collecter et de diffuser l'information. L'Agence France-Presse, disposant d'une technologie de pointe, a informatisé de nombreuses agences de presse nationales et internationales. Son chiffre d'affaires était de l'ordre de 1,2 milliard de francs en 1996, dont 48 % en provenance des abonnements de l'Etat. Adresse : 11-13-15, place de la Bourse 75061 Paris Cedex 02. Tél. : 01 40 41 46 46. Site Web : http://www.afp.com.

Agence média. → **Centrale d'achat d'espace**

Agence nationale des fréquences (ANF). Instituée par la loi française du 26 juillet 1996 sur la réglementation des télécommunications, l'agence est un établissement public chargé de la planification, de la prospective et de la valorisation du spectre des fréquences hertziennes. À ce titre, elle attribue les fréquences aux administrations publiques ainsi qu'au CSA*, elle représente la France pour les négociations internationales et opère les arbitrages dans les cas de brouillage. L'Agence est placée sous la triple tutelle du ministère chargé des Télécommunications, du ministère de la Défense et du ministère de la Culture. Adresse : 78, avenue du Général-de-Gaulle, BP 400, 94704 Maison Alfort Cedex. Tél. : 01 45 18 72 72.

Agence de presse (angl. : *press agency*). Organisme collectant, pour les fournir aux médias*, des informations ou des éléments de leur contenu : nouvelles*, articles* rédigés (angl. : *features*), illustrations photographiques ou infographiques, films d'actualités, données statistiques ou sérielles... En dehors des médias, les agences de presse ont aussi comme clients des administrations, des organismes et des entreprises économiques. HIST. Nées dans le deuxième tiers du XIXᵉ siècle (l'agence Havas fut créée en France en 1835), elles ont bénéficié du progrès des télécommunications* pour étendre et diversifier leurs activités. Elles servent leurs clients par bulletins polygraphiés, téléscripteurs et, de plus en plus, par ordinateurs* reliés à leurs banques* de données qui stockent les informations collectées par leurs correspondants ou reçues de sources* institutionnelles d'information. Les plus grandes agences ont des réseaux de collecte et de diffusion dans le monde entier et offrent à leurs clients différents services généralistes ou spécialisés dans un secteur particulier (cours des Bourses, des monnaies, des matières premières, sport, sciences...) et en plusieurs langues ou bien dans un type particulier de contenu (photos, iconographie, jeux, horoscopes, films ou enregistrements audio d'actualités...). Ces *agences mondiales* sont en relation avec les *agences nationales* qui existent dans la plupart des pays : celles-ci ont un statut soit public, soit privé, soit coopératif, associant les médias nationaux. On compte aussi de multiples *agences spécialisées* concurrentes des services spécialisés des grandes agences, parfois liées aux grandes chaînes* de journaux ou aux sociétés de production audiovisuelle. DROIT. En droit français coexistent le statut général des agences de presse, déterminé par l'ordonnance du 2 novembre 1945, à plusieurs reprises modifiée et complétée depuis, et le statut particulier de l'Agence* France

Presse, posé par la loi du 10 janvier 1957. L'article 1ᵉʳ de l'ordonnance du 2 novembre 1945 considère comme agences de presse « les organismes privés qui fournissent, aux journaux et périodiques, des articles, informations, reportages, photographies et tous autres éléments de rédaction et qui tirent leurs principales ressources de ces fournitures ». Par l'alinéa 2 du même article 1ᵉʳ, introduit par une loi du 19 octobre 1970, l'appellation « agence de presse » est réservée aux seuls « organismes inscrits sur une liste établie sur la proposition » de la Commission paritaire des publications et agences de presse*. Pour que la liberté de création des agences de presse et d'exercice de cette activité ne puisse être atteinte, le même texte précise que « l'inscription ne peut être refusée aux organismes remplissant les conditions prévues par la présente loi ». → **Agencier, Agence France Presse, Correspondant, Columnist Features**

Agence de publicité (angl. : *advertising agency*). Entreprise de service qui conçoit et exécute une campagne* de publicité* pour le compte d'un annonceur*. SOCIOL., ÉCON. Une agence de publicité tous services *(full services)* doit pouvoir exercer les cinq fonctions suivantes. 1. *Conseil en marketing** : étude de marché pour connaître le positionnement du produit et de l'entreprise cliente. 2. *Conseil en communication* : détermination du message et de la stratégie de campagne. 3. *Créativité et production* : conception matérielle des messages (annonces*, spots*, film, objets publicitaires...). 4. *Achat* d'espace* : choix et négociation des emplacements. 5. *Coordination, contrôle et appréciation des résultats*. La rémunération de l'ensemble de ces tâches se fait de deux façons essentielles : à la commission sur achat d'espace ou, plus rarement, aux honoraires. DROIT. Parmi les problèmes juridiques spécifiques liés à l'activité des agences de publicité, on relèvera notamment, en droit français, la question de la titularité des droits d'auteur* sur l'œuvre de commande utilisée pour la publicité (art. L. 132-31 du Code de la propriété intellectuelle) ou les dispositions de la loi du 29 janvier 1993 sur la rémunération des prestations en matière de publicité.

Agencier n.m. Employé d'une agence de presse, spécialisé dans l'un des métiers du journalisme, notamment la collecte de l'information et sa mise en forme, afin que celle-ci puisse être utilisée par les médias. → **Agence**

Agenda (fonction d') (angl. : *agenda setting*). Interprétation ou hypothèse selon laquelle les grands organes d'information agiraient moins sur l'opinion ou sur les gouvernants en leur disant ce qu'il faut penser qu'en leur insinuant, subrepticement, ce à quoi il faut penser. Non seulement ils opéreraient à notre insu la sélection des sujets en discussion, mais ils établiraient également leur ordre d'importance.

ENCYCL. La question soulevée par cette interprétation est de savoir lequel des trois ordres du jour ou des trois agendas – celui des médias, celui des citoyens et celui des acteurs politiques – entraîne les deux autres, dans quel ordre ou simultanément. Les médias opèrent sans doute des sélections, des hiérarchies et des formulations. Mais le climat d'opinion ainsi favorisé – l'esprit du temps –, décisif pour la vie politique, dépend très largement du contrat politique, de sa nature et de son contenu, qui échappe, pour l'essentiel, à l'observation du psychologue ou du sociologue. → **Double flux de la communication, Guide d'opinion, Influence**

Agent intelligent (angl. : *intelligent agent*). Logiciel qui permet une recherche automatique et systématique d'informations dont la nature a été préalablement définie par l'utilisateur. Ainsi, il peut servir à envoyer automatiquement les informations souhaitées dans la boîte aux lettres électronique de l'internaute* et les réactualiser régulièrement.

Agrément n.m. Acceptation donnée, par un tiers, à une décision, une action ou une opération. Instrument de censure* ou modalité du contrôle* administratif préalable de la presse*, soumettant à consentement ou autorisation* préalable la création d'une entreprise de presse, la publication d'un livre* ou celle d'un périodique*.

ENCYCL. En droit français, au nom du principe de la « liberté de la presse », un tel méca-

nisme de contrôle préalable du contenu des publications* a officiellement été aboli par la loi du 29 juillet 1881. Pour assurer l'indépendance* de la société éditrice et, à travers elle, de la publication, la loi du 1er août 1986 dispose, en son article 4, que, « dans le cas de société par actions [...] toute cession* est soumise à l'agrément du conseil d'administration ou de surveillance ». CONTR. : *Interdiction ; Opposition ; Refus.*

Aides de l'État. Soutien économique et financier apporté par la puissance publique aux entreprises, afin de faciliter la gestion des médias*, d'assurer le cas échéant leur survie, au nom du pluralisme* des organes et des activités d'information.

ÉCON. Les aides visent soit à minorer les dépenses liées au fonctionnement des entreprises (réductions ou exonérations fiscales, réduction de tarifs divers, notamment ceux consentis par La Poste*), soit à se substituer en partie au marché défaillant en accordant des subventions* sur fonds publics. L'État peut également aider en participant au capital des entreprises (ainsi, dans les entreprises du secteur public), en finançant les activités techniques connexes aux médias (câble*, satellite*) ou en organisant des circuits financiers qui font transiter des fonds d'un média à un autre (de la télévision* vers le cinéma*, par exemple) ou au sein d'un même média (d'un type de presse vers un autre). Les systèmes d'aides cherchent à être le plus neutres possible, en évitant notamment de sélectionner les bénéficiaires selon des critères politiques. Il existe deux systèmes d'aides : les aides directes et les aides indirectes. *Aides directes :* système d'aides financé par dotations du budget de l'État et destiné soit à accorder des subventions permettant aux médias de rembourser certains frais (SNCF, téléphone...) et de développer certaines techniques (télématique*, multimédia*, portage* à domicile...), soit à abonder des fonds spéciaux affectés à des catégories de supports* définis (presse à faibles ressources publicitaires, radios* associatives...) ou des programmes* particuliers. *Aides indirectes :* système d'aide qui prive l'État, les collectivités ou entreprises publiques des ressources qui résulteraient de l'application du régime de droit commun. Il entraîne des moins-values de recettes du Trésor public et des collectivités publiques en raison de l'allégement du régime fiscal accordé à la presse* et à l'audiovisuel* ; ampute le budget de La Poste d'une fraction importante de ses recettes du fait des tarifs préférentiels accordés à la presse.

DROIT. En droit français, le régime d'aide de l'État à la presse est fait d'instruments multiples, venus se surajouter, sans grand souci apparent de rigueur et de cohérence ni examen véritable de leurs effets, les uns aux autres, au cours des années. Selon l'origine des fonds, la nature des aides ou les conditions de leur attribution, on parle d'« aides* directes » et d'« aides* indirectes », ou de « régime fiscal » et de « régime économique ». Parmi les principaux éléments ou instruments de ce système d'aide de l'État à la presse, on peut mentionner notamment les régimes particuliers : de la taxe* professionnelle, de l'impôt* sur les sociétés ou des « provisions* pour investissements », de la taxe* à la valeur ajoutée, de réduction de tarifs (affranchissements* postaux, communications téléphoniques, transports ferroviaires ou aériens...), de subventions à des catégories spécifiques de publications*.

Alcatel. La société Alcatel Alsthom est l'un des principaux producteurs mondiaux d'équipements et de systèmes de haute technologie dans le domaine des télécommunications*, de l'énergie et des transports (GEC Alsthom), de l'électrotechnique et de l'électromécanique (Cegelec). Dans le secteur des télécommunications, Alcatel est fournisseur de matériels et d'infrastructures de réseaux terrestres (commutation*, câbles*, y compris en fibre* optique) pour la téléphonie*, la transmission de données ou les applications multimédias*. Il est également présent sur le marché du radiotéléphone cellulaire dans une trentaine de pays. Il participe aussi à deux projets de communication par satellite*. Au sein du projet Globalstar de téléphonie mobile internationale, Alcatel travaille sur les charges utiles des satellites. Enfin, il est à l'origine d'un projet de constellations de satellites multimédias, SkyBridge, en partenariat avec le groupe américain Loral et le groupe japonais Toshiba. Le chiffre d'affaires 1997 du groupe était de 185,9 milliards de francs, répartis comme suit entre les principaux secteurs d'activité : télécommunication, 43 % ; câbles et composants, 25 % ; énergie et transport, 18 % ; ingénierie et systèmes, 14 %. Il réalise 18,5 % de son chiffre d'affaires en France, 43,5 % en Europe (hors France) et 38 % dans le reste du monde. Le groupe Alcatel emploie 190 000 personnes dont 39 % dans le secteur des télécommunications, 23 % dans le secteur énergie et transports (GEC Alsthom), 19,5 % dans le secteur câbles et composants et 18,5 % dans l'électrotechnique (Cegelec). Adresse : 54, rue La Boétie, 75382 Paris Cedex 08. Tél. : 01 40 76 10 10 Site Web : http://www.alcatel.com

Aléatoire adj. → **Échantillon**

Alliage d'imprimerie. En typographie*, alliage de plomb (75 %), d'antimoine (14 à 18 %) et d'étain (8 à 4 %), dans lequel étaient fondus les caractères* et les clichés* constituant la forme* imprimante.

Alliance n.f. Accord signé entre deux ou plusieurs entreprises pour s'engager ensemble dans des opérations ou des activités qui peuvent éventuellement donner naissance à une société commune.

Alphanumérique adj. (angl. : *alphanumeric*). Écriture associant des chiffres et des lettres. Ce terme qualifie les claviers* des systèmes informatiques.

AM. Abréviation pour *modulation d'amplitude*. → **Modulation**

Amaury (Éditions). Groupe de presse fondé par Émilien Amaury, en 1944, avec le lancement du quotidien populaire de qualité *le Parisien libéré*. Rebaptisé en 1986, *le Parisien** compte dix éditions départementales (Essonne, Hauts-de-Seine, Oise, Paris, deux en Seine-et-Marne, Seine-Saint-Denis, Val-de-Marne, Val-d'Oise, Yvelines), auxquelles s'ajoute, depuis 1994, une édition nationale, *Aujourd'hui*. Le groupe est également présent sur le créneau de la presse sportive avec un quotidien sportif, *l'Équipe** ; un hebdomadaire, *l'Équipe Magazine* ; un bihebdomadaire, *France Football* ; un mensuel, *Vélo Magazine*, et un trimestriel, *Tennis de*

France. La dernière création en matière de presse est un mensuel, *XL magazine,* lancé en novembre 1994, consacré au sport et aux loisirs des garçons de 12 à 18 ans. Détenu à 75 % par Philippe Amaury et à 25 % par Hachette Filipacchi, le groupe emploie 1 700 personnes et réalise 2,6 milliards de francs de chiffre d'affaires pour un résultat net de 151 millions de francs en 1996. Il compte diverses filiales, dont ASO – Amaury Sport Organisation (Société du Tour de France, TSO, Athlétisme Organisation, Sierra Productions et Distribution Droits Multimédia) ; Manchette Publicité (régie publicitaire) ; Promogedis (portage presse) ; Sicavic (imprimerie) ; Presse Sports (agence de presse sportive). 1998 est une année stratégique pour le groupe avec la rénovation de son outil d'impression (500 millions de francs d'investissements) et deux projets de télévision : L'Équipe TV, une chaîne d'informations sportives diffusée sur CanalSatellite*, et un partenariat, *le Parisien-Aujourd'hui*-Canal +, pour le lancement d'une chaîne d'informations locales. Adresse : 4, rue Rouget-de-Lisle, 92137 Issy-les-Moulineaux. Tél. : 01 40 10 30 30.

AMI. → **Accord multilatéral sur l'investissement**

AMJ. → **Association mondiale des journaux**

Ampex. → **Magnétoscope**

Analogique adj. (angl. : *analogue*). Procédé de codage* du son et de l'image de télévision*. Il s'agit de reproduire, sur la succession des phénomènes physiques mis en œuvre pour la transmission d'un signal, certaines caractéristiques physiques de ce signal originel : par exemple l'onde* hertzienne qui transporte un signal sonore est modulée suivant la fréquence* ou l'amplitude* de l'onde sonore initiale. CONTR. : *Numérique.* → **Signal analogique**

Analyse de contenu. Analyse, selon des méthodes diverses, du contenu d'un message, quelles que soient sa forme ou sa finalité, et quel que soit le média* qui en assure la transmission.

ENCYCL. C'est Bernard Berelson qui en a défini l'objet, en 1952, parlant d'« une technique de recherche pour la description objective, systématique et quantitative du contenu manifeste des communications ». Cette définition en limite la portée, pour deux raisons : d'abord, parce qu'elle sous-entend que le média, à travers ses particularités, n'a guère d'influence sur le contenu, qui seul mérite de retenir l'attention ; ensuite et surtout parce qu'elle néglige le fait que le même message n'est pas perçu de la même façon par les différentes personnes qui le « reçoivent ». La sociologie complète souvent l'analyse du contenu, avec ses pourcentages, par une analyse de fond qui, au-delà même de l'examen de l'argument, de la rhétorique, recherche le contenu « latent » du message, surgissant souvent à la lumière de la rencontre entre son « émetteur » et son « récepteur ». → **Sémiologie**

Anastasie. Surnom péjoratif donné à la censure en France, depuis 1873, d'après le prénom de la femme acariâtre de Monsieur Pipelet, le concierge corrompu des *Mystères de Paris,* d'Eugène Sue.

ANF. → **Agence nationale des fréquences**

Animateur, -trice n.m ou f. Personne chargée de la présentation et du bon déroulement d'une émission* de radio ou de télévision. Elle permet l'enchaînement des différentes séquences de l'émission ; elle mène les interviews ou conduit le débat entre les invités ; elle interpelle le public présent sur le plateau de télévision... → **Présentateur**

Animation n.f. Procédé de mise en mouvement de dessins ou de photographies, consistant à les filmer image après image. Au-delà de l'animation traditionnelle, c'est-à-dire du dessin animé proprement dit, les œuvres d'animation regroupent aujourd'hui des types de production différents utilisant des marionnettes, des figurines en pâte à modeler ou encore des images* de synthèse.

ENCYCL. Pour concurrencer les programmes d'animation japonais, les Européens ont créé de nouveaux studios d'animation et multiplient les coproductions avec les pays d'Europe de l'Est et le Canada, utilisant notamment des personnages traditionnels comme Babar ou Tintin.

Annonce n.f. Message dont la diffusion par un média* donne lieu à paiement de la part de l'annonceur*. Sert, notamment sous la forme de « petites annonces », à assurer la promotion d'un produit ou service, à faire part d'offres ou de demandes d'emploi, à informer de la mise en vente ou en location d'un bien.

Annonce classée (angl. : *classified advertising*). Insertion payée par un particulier ou une société au sein d'une rubrique donnée, dans un journal*, et destinée à offrir ou à demander un bien ou un service. Ces petites annonces concernent principalement le marché de l'emploi, de l'immobilier et de l'automobile. Elles utilisent essentiellement des caractères* typographiques et, accessoirement, des illustrations*. Leur tarification, au millimètre/colonne ou à la ligne/colonne, les rend avantageuses par rapport aux autres formes de publicité*. Des annonces classées sont également proposées par la presse* sur des services en ligne*.

Annonce publicitaire. Unité de diffusion* d'un message publicitaire quelle qu'en soit la forme, écrite ou audiovisuelle. L'espace consacré à ce message est payé par celui qui demande sa diffusion. → Publicité, Agence de publicité, Annonceur, Centrale d'achat d'espace

Annonces judiciaires et légales. Annonces dont la publication conditionne la validité, l'applicabilité ou l'opposabilité de certains actes juridiques, en matière, par exemple : de constitution, de changement de statuts ou de dissolution de sociétés ; de vente de fonds de commerce ; de contrats de location-gérance ; de convocation de réunions d'assemblées générales de société. L'insertion de ces annonces doit être effectuée dans les publications périodiques* spécialisées, dites « d'annonces judiciaires et légales », désignées comme telles, dans chaque département, par décision du préfet.

Annonceur n.m. (angl. : *advertiser*). Entreprise ou institution, privée ou publique, qui achète de l'espace publicitaire pour faire connaître et pour faire valoir, auprès du public, ses produits, ses services ou son activité, au moyen d'un message ou, plus largement, d'une campagne* publicitaire. → Publicité, Annonce publicitaire

Annuaire électronique. Service offert par les opérateurs de télécommunications sur des réseaux télématiques* et permettant d'accéder à des fichiers d'abonnés (Minitel*) ou à divers services. Sur le réseau Télétel*, l'annuaire électronique des abonnés du téléphone est le service le plus utilisé. Sur l'Internet*, des annuaires électroniques existent, répertoriant les adresses des sites* accessibles par ce réseau*.

Annuel n.m. et adj. Périodique paraissant une fois par an. Le plus souvent, il s'agit d'un annuaire répertoire de données diverses d'un secteur particulier d'activité ou bilan d'un domaine limité de l'actualité. → Périodicité

ANOC. Créée en 1992, l'Association des nouveaux opérateurs constructeurs de réseaux* câblés est une organisation professionnelle qui rassemble et représente les câblo-opérateurs* intervenant en dehors des grandes agglomérations.

ANP (Assistant numérique personnel) (angl. *personal digital assistant*). Ordinateur* personnel de petite dimension qui tient dans une poche. Ses fonctions sont celles d'un ordinateur personnel, auquel il peut du reste être relié, ses capacités ne dépassant jamais 5 ou 8 Mo. Il sert d'agenda, de répertoire et de journal personnalisé. D'où ces dénominations équivalentes : *ordinateur de poche, organiseur numérique.*

Antenne n.f. (angl. : *antenna*). Dispositif technique permettant d'émettre des signaux de radio télévision acheminés par ondes* hertziennes, de les capter, ou à la fois de les émettre et de les capter. On distingue les *antennes d'émission* (émetteurs et réémetteurs) et les *antennes de réception*. Les antennes de réception sont en fait des collecteurs d'ondes électromagnétiques. Une fois captées, celles-ci induisent un courant électrique de faible intensité qui est transmis au téléviseur. Les antennes peuvent être individuelles (maison particulière) ou collectives (desservant un groupe d'habitations). Les antennes de réception en peigne captent les signaux diffusés par les réseaux hertziens terrestres et les antennes paraboliques les signaux diffusés par des satellites. Les équipements de téléphonie* mobile comportent également des antennes.

Antenne 2. → France 2

Antiope (Acquisition numérique et télévisualisation d'images organisées en pages d'écriture). Système de diffusion de textes et de graphismes qui utilise des lignes spécifiques du signal vidéo sans perturber ce qui y est transmis par ailleurs. Antiope permet notamment la diffusion de magazines vidéotexte* et de sous-titrer, entre autres, certaines émissions pour les malentendants. Mise en œuvre en 1980, cette technique française été abandonnée dix ans plus tard.

Aplat n.m. Sur une page imprimée, surface plus ou moins étendue colorée d'une teinte uniforme.

Apologie n.f. Fait de vanter les mérites d'un acte ou d'un comportement criminel ou délictueux, de le présenter comme un modèle digne de servir d'exemple, de le justifier, d'en féliciter les auteurs. L'usage d'un moyen de communication* public en accroît l'écho sinon les effets. On ne peut, au nom du principe de liberté* d'expression, admettre n'importe quoi. Des limites doivent y être apportées, en vue de la protection de certains intérêts individuels ou collectifs. Un contrôle judiciaire ou répressif des abus de la liberté d'expression doit permettre d'assurer, dans des conditions satisfaisantes pour tous, un juste équilibre entre des droits et intérêts apparemment concurrents. ENCYCL. En droit français, est considérée comme constitutive d'infraction, aux termes de l'article 24 de la loi du 29 juillet 1881 : « l'apologie des crimes » d'« atteintes volontaires à la vie », d'« atteintes volontaires à l'intégrité de la personne » et d'« agressions

sexuelles » ; de « vols », d'« extorsions » et de « destructions », de « dégradations » et de « détériorations volontaires dangereuses pour les personnes » ; « des crimes de guerre, des crimes contre l'humanité ou des crimes et délits de collaboration avec l'ennemi » ; de « terrorisme ».

Application n.f. (angl. : *application*). En informatique*, ce terme désigne soit un logiciel* permettant d'accomplir des tâches (logiciel d'application), soit les tâches elles-mêmes (développer des applications). Dans le secteur du multimédia*, l'application désigne le produit réalisé lui-même.

APPM. Association pour la promotion de la presse magazine. → AEPM

Arborescence n.f. (angl. : *oriented tree*). Structure hiérarchique ramifiée, sur le modèle de l'arbre (tronc, branches, feuilles), utilisée pour organiser soit des stocks d'information (banques* de données), soit des outils d'aide à la recherche d'information (langages documentaires). L'architecture adoptée va déterminer la façon de rechercher l'information, la nature du parcours à effectuer pour y parvenir. L'arborescence peut être rigide, avec des trajets imposés sans voies de traverse (logique hiérarchique stricte comme celle des services Télétel*), soit souple, avec des passages toujours possibles d'une branche à une autre, grâce à des liens transversaux (logique hypertexte* avec maillage dense de liens comme sur les sites* Web* du réseau Internet* ou les CD Rom* multimédias).

Archivage n.m. (angl. : *archival storage*). Constitution d'un fonds d'archives*, selon des règles techniques précises qui vont en faciliter l'exploitation. Manuelles à l'origine, les techniques d'archivage ont aujourd'hui largement recours à l'électronique et à l'informatique, grâce à des systèmes de gestion électronique de documents et d'information (GEDI ou GED), ce qui permet la création de banques* de données variées utilisés comme des substituts des documents papier.

Archives n.f.pl. (angl. : *archives*). **1.** Rassemblement de documents anciens concer-

nant la vie de personnes, d'entreprises ou d'administrations, conservés à des fins de preuves ou pour des travaux historiques.
2. Lieux où sont réunis ces fonds pour être conservés et exploités. La conservation et la mise à disposition des archives sont régies par la loi française du 3 janvier 1979.

DROIT. En droit français, le régime des archives est déterminé par la loi du 3 janvier 1979. Celle-ci établit deux régimes différents de conservation et de consultation, pour les archives dites « publiques », d'une part, et pour les archives dites « privées », d'autre part. L'appartenance à l'une ou l'autre de ces catégories dépend de l'organisme dont émanent les documents. S'agissant des archives dites « publiques », leur libre consultation est, en principe, reportée à l'expiration d'un délai de trente ans à compter de la date de rédaction ou de production du document. Des délais plus longs, pouvant aller jusqu'à cent cinquante ans, sont déterminés pour toutes sortes de documents comportant des renseignements de caractère personnel ou touchant à certains intérêts publics. S'agissant des archives dites « privées », le régime de leur constitution ou conservation dépend, en fonction de l'intérêt qu'elles représentent, de ce qu'elles sont « classées » ou non. Leur consultation ou communication dépend de la décision du propriétaire.

Archives audiovisuelles de la justice. Enregistrements audiovisuels réalisés en vue de constituer des archives sur certains procès considérés comme présentant un intérêt historique particulier.

ENCYCL. En droit français, le régime de ces archives* est déterminé par la loi du 11 juillet 1985. Ne peut, sur décision judiciaire, être réalisé l'enregistrement que de procès considérés comme présentant « un intérêt pour la constitution d'archives historiques de la justice ». Pendant les vingt années qui suivent le procès, la consultation de ces enregistrements n'est, en principe, possible que sur autorisation donnée, pour des fins de recherche historique ou scientifique, par les ministres de la Justice et de la Culture. La reproduction et la diffusion de ces documents d'archives audiovisuelles de la justice sont, en principe, soumises à des conditions plus restrictives encore. Elles ne sont normale-

ment totalement libres qu'à l'expiration d'un délai de cinquante ans à compter de la clôture du procès. Une modification à ce régime, introduite par loi du 13 juillet 1990, pose cependant que « la reproduction ou la diffusion, intégrale ou partielle, de l'enregistrement des audiences d'un procès pour crime contre l'humanité peut être autorisée dès que ce procès a pris fin par une décision devenue définitive ».

Ariane. Nom de la fusée européenne réalisée sous l'égide de l'Agence* spatiale européenne et commercialisée par la société Arianespace. Il s'agit d'un lanceur perdu, qui se désintègre dans l'espace après avoir placé en orbite les satellites* embarqués. Le lanceur européen en est à sa cinquième génération (Ariane 5). Il y a eu plus de 100 tirs depuis le 24 décembre 1979, ce qui correspond à la mise sur orbite de près de 140 satellites, essentiellement des satellites de télécommunications. Arianespace représente 60 % du marché mondial des lancements de satellites commerciaux. Ses principaux concurrents sont les fusées américaines *Delta* de Boeing-McDonnell-Douglas et *Atlas* de Lockheed-Martin, le lanceur russe *Proton,* la fusée japonaise *H2* et la fusée chinoise *Longue Marche.* La concurrence sur le marché des lanceurs porte désormais sur le lancement des satellites des constellations prévues tant pour la téléphonie* mobile (Globalstar, Iridium) que pour le développement des réseaux* multimédias* (Skybridge, Télédesic).

Arobase. Signe @, se prononce « at » pour « chez ». Dans le libellé d'une adresse électronique, il est placé entre le nom de l'utilisateur et le nom du serveur.

Arpanet (Advanced research project agency network). Créé dans les années 1970 par le Département américain de la Défense, premier réseau de réseaux reliant des centres de recherche, constitué d'un maillage suffisamment dense pour que la diffusion des messages ne puisse pas être interrompue. Il fut le point de départ de l'Internet.

ART. → **Autorité de régulation des télécommunications**

Arte (Association relative à la télévision européenne). Chaîne de télévision franco-allemande regroupant à parité La Sept-Arte (dont les actionnaires sont France 3 à 45 %, l'État à 25 %, Radio France à 15 %, INA à 15 %) et Arte Deutschland TV GmbH (dont les sociétaires sont ARD à 50 % et ZDF à 50 %). La Sept, Société d'édition de programmes de télévision, était née en février 1986, afin de développer un programme culturel et éducatif de diffusion européenne. Entre 1986 et 1988, certains programmes édités par La Sept étaient diffusés sur FR3*. À partir de 1989, La Sept, devenue la Société européenne de programmes de télévision, est diffusée sur le satellite TDF1 et sur les réseaux câblés, touchant un public très restreint. Un traité, signé le 2 octobre 1990 entre la France et certains Länder de la République fédérale d'Allemagne, a permis la création d'une société de télévision commune et indépendante à vocation culturelle et européenne, par l'association de la chaîne culturelle française La Sept et de la société Arte Deutschland. Le traité prévoit que les sociétaires français et allemands définissent contractuellement les règles de la programmation. Un groupement européen d'intérêt économique dénommé Arte GEIE est constitué en avril 1991. En mai 1992, Arte est installée sur le câble et en septembre sur le cinquième réseau hertzien à partir de 19 heures. La Sept cesse d'émettre sur FR3. Contrairement aux autres chaînes publiques françaises, Arte n'est soumise ni à l'autorité du CSA, ni à celle de l'État. Le contrat de formation du GEIE prévoit que la chaîne doit diffuser principalement des œuvres en première diffusion, en majorité européennes, ainsi que l'interdiction d'écrans publicitaires, assortie toutefois de la possibilité de recourir au parrainage. Le budget de la chaîne s'élève pour 1998 à environ 1,9 milliard de francs, dont 1,009 milliard de francs pour La Sept/Arte. Sa part de marché d'audience foyers en France est de l'ordre de 1,5 % pour une couverture de diffusion limitée à 89 % des foyers. Diffusée par trois satellites, et aux heures diurnes via TPS* et CanalSatellite*, Arte couvre un bassin d'audience constitué de 49 millions de foyers européens fin 1996, dont 19 millions en France, 24 millions en Allemagne, 4 millions en Belgique et plus de 2 millions en Suisse, en Autriche et au Luxembourg.

Arte a conclu des accords de partenariat avec la RTBF (Bruxelles), la SSR (Berne), la TVE (Madrid) et la TVP (Varsovie). En avril 1997, les deux chaînes diffusées sur le même réseau, La Cinquième et La Sept-Arte*, ont été dotées d'une présidence commune, étape préalable à leur fusion. Adresse : 50, avenue Théophile-Gautier 75217 Paris cedex 15. Tél. : 01 55 00 77 77. Site Web : http://www.arte-tv.com

Article n.m. Élément du contenu rédactionnel d'un périodique*, il est identifiable, quelle que soit sa longueur, par son titre, la cohérence de son propos, souvent aussi par la signature du journaliste*.

Artiste-interprète n.m. ou f. Acteur, chanteur, danseur, musicien... qui interprète une œuvre* afin, sous cette forme, de la communiquer au public. Est, pour son interprétation, titulaire de droits* voisins du droit* d'auteur.
ᴇɴᴄʏᴄʟ. En droit français, l'article L. 212-1 du Code de la propriété intellectuelle* pose que « l'artiste-interprète ou exécutant est la personne qui représente, chante, récite, déclame, joue ou exécute de toute autre manière une œuvre littéraire ou artistique, un numéro de variétés*, de cirque ou de marionnettes ».

ASCII (American Standard Code for Information Interchange). Principal code utilisé dans l'informatique pour les données alphabétiques. Il utilise 7 bits* par lettre et comporte 128 combinaisons. Le code a été normalisé sous le nom de CCITT n° 5.

ASE (Agence spatiale européenne) (angl. : *ESA*). Organisation internationale européenne regroupant les principaux États européens et contribuant à la définition et à la mise en œuvre d'une politique spatiale commune. Elle assume notamment la responsabilité du développement du programme Ariane, financé par 14 pays européens, dont la France (46,2 %), l'Allemagne (22 %), l'Italie (15 %), la Belgique (6 %), le

Royaume-Uni (3 %), les Pays-Bas, la Suède, la Suisse (2 %).

Association des agences conseils en communication (AACC). Syndicat professionnel, membre du CNPF, qui regroupe plus de 200 agences conseils* en publicité*, marketing* promotionnel, marketing direct et communication* santé, et qui représentent environ 80 % du marché. Adresse : 40, boulevard Malesherbes, BP 66-08 75362 Paris cedex 08. Tél. : 01 47 42 13 42. Site Web : http://www.aacc.fr

Association des fournisseurs d'accès (AFA). Les membres fondateurs de l'AFA sont les principaux fournisseurs* d'accès à des services en ligne et à Internet en France, représentant 80 % des accès individuels (AOL, Cegetel-Havas Online, Club-Internet, Compuserve, Francenet, France Pratique, Imaginet, Infonie et Wanadoo). Créée en octobre 1997, l'AFA prétend être l'interlocuteur des pouvoirs publics nationaux et internationaux, des représentants de la société civile et de tous les acteurs en matière d'accès à des services en ligne et à Internet. Selon l'association, le trafic mensuel enregistré par ses membres est passé de 3 millions d'heures en septembre 1997 à plus de 4 millions en janvier 1998. À titre de comparaison, le trafic Minitel représente 6,5 millions d'heures mensuelles, hors annuaire électronique.

Association française de la télématique multimédia (Aftel). Organisation professionnelle représentative du domaine de l'Internet et de la télématique : vidéotex, audiotex, multimédia communicant, télépaiement électronique... Créée en 1980, l'association regroupe près de 200 entreprises, organismes ou administrations agissant en tant qu'éditeurs et fournisseurs de services, fournisseurs de moyens, opérateurs de réseaux et fournisseurs d'accès Internet. L'Aftel assure une fonction de représentation, de réflexion et d'information en publiant notamment des études portant sur le développement de la télématique sur le plan technique, commercial et juridique. Adresse : 15, rue de La Banque, 75002

Paris. Tél. : 01 49 26 03 04. Site Web : http://www.aftel.fr

Association mondiale des journaux (AMJ) ; ex-FIEJ. Créée en 1948, cette association mondiale des journaux* représente plus de 15 000 publications* émanant des cinq continents, à travers des éditeurs de 90 pays, des associations d'éditeurs dans 54 pays, 17 agences de presse nationales et internationales, 7 associations régionales de presse ainsi qu'une Fondation pour les médias. Son objectif premier est de défendre et de promouvoir la liberté de la presse et l'indépendance économique des journaux. Organisation à but non lucratif, l'AMJ a le statut d'organisation représentative de la presse à l'Unesco, aux Nations unies, au Conseil de l'Europe et attribue, chaque année, le prix « La Plume d'or de la liberté » à un journaliste, un groupe ou une institution ayant particulièrement servi la cause de la liberté de la presse. Adresse : 25, rue d'Astorg, 75008 Paris. Tél. : 01 47 42 85 00. Site Web : http://www.fiej.org

Astreinte n.f. Procédure prévue à l'article 42-10 de la loi du 30 septembre 1986 modifiée, permettant au président du Conseil* supérieur de l'audiovisuel de saisir le président de la section du contentieux du Conseil d'État en référé en cas de manquement, par un service autorisé, aux obligations résultant des dispositions de la loi précitée. Cette procédure à caractère pécuniaire ne peut être fondée que sur des manquements passés, mais n'a d'effets que pour l'avenir.
ENCYCL. Ce système présente un grand intérêt pour les infractions répétitives. Seule difficulté : le montant de l'astreinte, calculé à une période donnée, peut se révéler dévalué quelques années plus tard. Cette procédure a essentiellement été utilisée pour sanctionner les dépassements publicitaires. → **Sanction, Publicité**

ATM (Asynchronous Transfer Mode). Standard international de transmission numérique. Cette technique de transfert asynchrone et de commutation asynchrone à haut débit d'informations numérisées permet de multiplexer sur une même ligne de transmission de la voix, des images et des données de façon adressable. L'ATM permet une transmission ultrarapide des données par « paquets », donc une utilisation optimale de la capacité des lignes. La connexion aux services est immédiate et l'usage a lieu en temps réel.

ENCYCL. L'ATM a été conçu pour faire cohabiter, sur les réseaux*, les deux modes selon lesquels le trafic d'information s'effectue : les flux en temps réel et à débit constant (voix, vidéo) et les flux de données dont le débit n'est pas régulier. Les premières études sur l'ATM se sont déroulées au Centre national d'étude des télécommunications (CNET) de France Télécom*. Il s'agissait, dans le cadre du plan câble français et des recherches sur le RNIS*, de construire un réseau universel à haut débit. Réalisé en 1987, ce réseau fonctionnera jusqu'en 1995. Une coordination européenne est engagée en parallèle dans le cadre du programme RACE. L'ETSI et l'UIT* ont adopté les premières normalisations en 1987. La création de l'ATM Forum, organisation internationale, a permis de diversifier et d'amplifier ces actions. Que l'ATM ait pu proposer une solution commune aux réseaux multimédias* publics et privés fait que cette technologie est aujourd'hui adoptée dans le monde entier.

Attaché(e) de presse n.m. ou f. Professionnel des relations publiques, chargé de fournir aux journalistes* qui le sollicitent ou qu'il sollicite des informations sur l'entreprise, l'association ou l'administration qui l'emploie, dans le souci d'en conforter l'image. → **Conférence de presse**

Atteinte à l'autorité de la justice (angl. : *contempt of court*). Comme toute autre personne ou institution, la justice doit, tout à la fois, être soumise à l'observation des journalistes* et des médias*, au nom des principes de liberté* d'expression et de droit* à l'information et, dans le même temps, voir son autorité et celle de ses décisions respectées contre les débordements et abus. Il n'est pas interdit de commenter les décisions de justice et de porter des appréciations sur son organisation et son fonctionnement, mais, comme en toute autre matière, cela doit né-

cessairement être fait sans excès, dans le respect de certaines limites.

ENCYCL. En droit français, l'article 434-25 du Nouveau Code pénal réprime « le fait de chercher à jeter le discrédit [...] sur un acte ou une décision juridictionnelle, dans des conditions de nature à porter atteinte à l'autorité de la justice ou à son indépendance ».

Atteinte à l'indépendance de la justice (angl. : *contempt of court*). La justice doit pouvoir être rendue sereinement, à l'abri de toute pression ou intervention extérieure, quelle qu'elle soit. Rien ne saurait justifier que l'exercice de la liberté* d'expression et du droit* à l'information serve à chercher à influencer les décisions des juges.

ENCYCL. En droit français, l'article 434-16 du Nouveau Code pénal considère comme constitutive d'infraction « la publication, avant l'intervention de la décision juridictionnelle définitive, de commentaires tendant à exercer des pressions en vue d'influencer les déclarations des témoins ou la décision des juridictions d'instruction ou de jugement ».

Audicabsat. → **Médiamétrie**

Audience n.f. (angl. : *audience*). **1.** Nombre de personnes ayant habituellement recours à un média donné : le cinéma, un journal, une station de radio ou une chaîne de télévision, un panneau d'affichage, un programme ou un service multimédia. **2.** Nombre de personnes ayant reçu un programme ou un bénéficié d'un service proposé par un média. **3.** Chez ceux qui « fréquentent » un média ou l'une de ses prestations, appréciation ou évaluation de ce qu'ils en perçoivent ou de ce qu'ils en pensent. **4.** Au-delà de ce que les gens font d'un média ou de l'une de ses prestations, de ce qu'ils en attendent, de ce qu'ils en perçoivent et de ce qu'ils en pensent, l'audience désigne l'effet produit sur eux par ce média en général ou par l'une de ses prestations en particulier. **5.** L'audience désigne enfin, en un sens à la fois plus large et plus vague, le rayonnement d'un média ou de certains de ses messages, au-delà du cercle plus ou moins grand de ceux qui le fréquentent directement, la notoriété ou le crédit dont le média ou son programme bénéficie, son prestige et, dans le même temps, son influence, supposée ou réelle.

ENCYCL. Les annonceurs* ont trouvé dans les sondages* le moyen de répondre à leur question : qui lit, écoute ou regarde quoi, pendant combien de temps, et de quelle façon ? La demande des annonceurs, en l'occurrence, n'est pas pour rien dans le succès des sondages. Comme elle a fini par ordonner, avec leur aide, les questions posées à propos de l'audience. Différents indicateurs ont été forgés, au fil des années, qui permettent de connaître son étendue, sa structure, les comportements de ses membres ainsi que leurs diverses appréciations. L'*audience générale* désigne le nombre de personnes ayant fréquenté au moins une fois un média donné dans un espace de temps déterminé qui vient de s'écouler. Ainsi, l'audience générale, pour le cinéma, est indiquée par le nombre de personnes qui sont allées au moins une fois au cinéma au cours de l'année écoulée. Les *indices de la fréquentation* cinématographique permettent de distinguer, au sein de cette audience générale qui en constitue l'addition : les *assidus* (au moins 1 fois par semaine) ; les *réguliers* (de 1 à 3 fois par mois) et les *occasionnels* (de 1 à 6 fois par an). L'audience générale d'un journal dénombre tous ceux qui eurent l'un de ses exemplaires en main au cours de l'année écoulée. La lecture d'un journal est mesurée par deux indicateurs : le nombre de ceux déclarant avoir lu ou feuilleté un exemplaire au cours de la dernière période de parution (*lecture dernière période* : LDP) ; ou bien, pour les quotidiens seulement, le nombre moyen de lecteurs sur les 6 numéros de la semaine (*lecture d'un numéro moyen* : LNM). Comme pour le cinéma, on distingue, pour la presse, les réguliers des autres : la *lecture régulière confirmée* (LCR) exprime la proportion de ceux qui lisent effectivement un quotidien au moins 3 fois par semaine. On distingue également les audiences, pour les journaux, selon l'origine de ces derniers : l'audience est *primaire* quand le journal a été acheté par un membre du foyer ; *secondaire* s'il a été prêté ou donné ; *tertiaire* quand il a été trouvé par hasard. D'une campagne d'affichage, on dit qu'elle est *de force 1* quand le nombre de contacts déclaré avec cette campagne est égal au nombre total de résidents de l'agglomération considérée. La radio et la télévision utilisent les mêmes indicateurs. L'*audience potentielle* comprend tous ceux qui sont susceptibles de fréquenter le média. L'*audience cumulée* désigne le nombre ou le pourcentage de ceux ayant fréquenté le média au cours d'une période donnée, si peu longtemps que ce soit, et à quelque moment que ce soit. L'*audience instantanée* est le nombre de personnes à un instant précis. L'*audience moyenne* est la moyenne des audiences instantanées, pour une période donnée. La *part de marché d'audience* (PDM) mesure, pour une période donnée, le pourcentage de personnes ou de foyers ayant regardé une émission, une chaîne ou une station par rapport à l'ensemble des gens ayant au même moment regardé la télévision ou écouté la radio. La part de marché d'audience est donc la mesure du poids relatif d'une émission* ou d'une chaîne* par rapport à ses concurrentes. En radio, on parle de part de volume d'écoute (PVE). Le *profil* – ou la structure – de l'audience permet l'identification, par catégories, de ceux qui la composent (selon l'âge, le sexe, le niveau d'instruction, de revenus, etc.). Plusieurs précautions sont à prendre avant toute interprétation concernant ces différents indicateurs d'audience. La première consiste à préciser si les chiffres sont obtenus à partir des déclarations des gens ou de leurs comportements effectivement constatés. Il faut ensuite se défier des moyennes, qui gomment les différences qui opposent les sélectifs des inconditionnels, les gros consommateurs des consommateurs particulièrement exigeants et attentifs. Enfin, il faut toujours s'enquérir de la population de référence : les moins de 15 ans sont-ils ou non inclus ? **→ Audimat, Audimètre, Audimétrie, Budget temps, Durée d'écoute, Indice de satisfaction, Panel, Sondage, Affimétrie**

Audience-foyer n.f. Nombre – ou pourcentage – de foyers où un récepteur au moins de télévision est allumé, quel que soit le nombre de personnes que comprend l'audience.

Audience utile. Nombre – ou pourcentage – de personnes effectivement touchées par un média correspondant à la cible que l'on veut atteindre.

Audimat. Appareil branché par la société française Médiamétrie* sur le téléviseur d'un certain nombre de personnes (échantillon*) afin de mesurer l'audience* respective des différentes chaînes*. L'usage du mot s'est imposé pour désigner, d'une façon souvent défavorable, moins les sondages sur l'audience de la télévision que l'utilisation qui peut en être faite par les responsables d'une chaîne quand ils déterminent la grille* des programmes diffusés. → **Médiamétrie**

Audimètre. Appareil branché sur l'appareil de télévision et permettant d'enregistrer le comportement des auditeurs ou des téléspectateurs. Si les téléspectateurs n'ont rien à faire, on parle d'une *mesure passive de l'audience*. Il n'en va pas de même quand les téléspectateurs sont invités chacun à utiliser un bouton-poussoir, soit pour indiquer leur présence devant le téléviseur, soit pour porter une appréciation sur le programme regardé.

Audimétrie n.f. Technique d'observation de l'audience de la télévision ayant recours à un appareil enregistreur. L'audimétrie est active ou passive selon que l'audimètre* utilisé est doté ou non d'un bouton-poussoir permettant au téléspectateur de fournir des renseignements sur ses comportements ou sur ses appréciations.

Audioconférence n.f. Réunion ou conférence à distance grâce à un système de télécommunications, par téléphone* ou par satellite*, et permettant d'organiser des séances de travail tenues par plusieurs personnes pouvant se parler tout en étant dans des endroits différents.

Audiographie n.f. Ensemble des procédés et des technologies d'enregistrement des sons.

Audiovisuel n.m. et adj. Désigne, en français, la radio, la télévision, le cinéma et la vidéo. Dans le langage courant, désigne seulement la radio et la télévision. Le mot n'a pas d'équivalent véritable en anglais.

Audiovisuel public. Secteur public de la communication audiovisuelle qui regroupe en France les organismes suivants : France 2, France 3, la Sept-Arte, La Cinquième, Radio France, Radio-Télévision française d'outremer (RFO), Radio France Internationale (RFI), l'Institut national de l'audiovisuel (INA), Télédiffusion de France (TDF) et la Société française de production (SFP). Héritage du passé, le secteur public de l'audiovisuel intègre toujours l'ensemble des activités en amont et en aval de l'édition de service de télévision. En 1997, le montant des ressources de l'audiovisuel public s'élevait à 17,4 milliards de francs, dont 62,7 % en provenance de la redevance*, 6,4 % du budget de l'État, 25,7 % de publicité* et parrainage* et 5,2 % de ressources diverses. → **Service public**

Auteur n.m. (angl. : *author*). Personne qui crée une œuvre*. Est, en tant que telle, titulaire originaire des droits* d'auteur sur cette œuvre.

Auto-administré adj. Dans le cadre d'un sondage, attribut du questionnaire, lorsque celui-ci est rempli par la personne interrogée, en l'absence de tout enquêteur. → **Carnet d'écoute**

Autocensure n.f. Attitude consistant, pour les journalistes* ou tous ceux qui sont amenés à s'exprimer publiquement, à se limiter eux-mêmes ou à se fixer des interdits, en deçà même de ce qui serait déterminé par d'autres ou par la loi. Il s'agit ainsi, par cette forme de censure* qu'ils s'appliquent ou s'imposent volontairement à eux-mêmes : d'anticiper, par crainte de sanctions ou de représailles de toute nature, les demandes de discrétion, directives ou interdictions qui pourraient, en fait souvent plus qu'en droit, leur être adressées par leurs supérieurs, leurs employeurs ou les autorités ; de chercher à ne pas indisposer ou choquer les annonceurs* ou le public, par la révélation de certaines informations ou la façon (style, opinions...) d'en assurer le traitement. Une telle autolimitation peut être la conséquence ou la manifestation du sens des responsabilités ou une menace pour la liberté* d'expression ou d'information.

CONTR. : *Autonomie ; Autodétermination ; Liberté*.

Autoradio n.m. Récepteur de radiodiffusion* installé à bord d'un véhicule automobile. Il peut être combiné avec un lecteur* de cassettes ou un lecteur de disques* compacts. Avec le développement de la radio numérique (système DAB*), il deviendra plus sophistiqué et intégrera des fonctions de téléphonie*, de messagerie et un écran de visualisation. → **Radiodiffusion**

Autorégulation. → **Régulation**

Autorisation n.f. Instrument de censure* ou modalité du contrôle administratif* préalable de la presse* ou des autres activités de communication*, soumettant à agrément, ou consentement préalable, des autorités la création d'une entreprise (société éditrice de journaux, radio, télévision) ou la publication d'un livre* ou d'un périodique*, la diffusion de programmes ou l'exploitation d'un film. Elle doit, de ce fait, être nettement distinguée de la simple formalité de déclaration* préalable.
DROIT. *Presse.* En droit français, au nom du principe de la « liberté de la presse », un tel mécanisme de contrôle préalable a officiellement été aboli, pour ce qui concerne les livres et les journaux, par la loi du 29 juillet 1881. Ne subsistent normalement, à l'égard de la presse périodique, sauf le cas particulier des publications* étrangères destinées à la jeunesse, que certaines formalités de déclaration* et de dépôts* qui n'ont pas les mêmes conséquences ou les mêmes effets. Un tel régime continue cependant de s'appliquer dans le secteur de la radio-télévision* et du cinéma*. CONTR. : *Interdiction ; Liberté*.
DROIT. Dans le domaine de la communication* audiovisuelle, le régime juridique de l'autorisation est la contrepartie de la pénurie des fréquences* hertziennes. Les services de télévision et de radio ne peuvent émettre que s'ils sont légalement autorisés. Pour les services diffusés par voie hertzienne terrestre, l'autorisation est délivrée à la suite d'une procédure d'appel à candidatures. Les critères de délivrance des autorisations sont notamment la diversification des opérateurs, le pluralisme des courants d'expression socio-

culturels et le respect de la libre concurrence. La loi du 1er février 1994 offre la possibilité de reconduire hors appel aux candidatures les autorisations ainsi délivrées pour deux fois cinq ans. Dans le domaine du câble, on distingue l'autorisation d'établissement du réseau, qui est de la compétence de la commune, et l'autorisation d'exploitation, celle-ci étant de la compétence du CSA*. Les autorisations de diffusion par voie hertzienne terrestre sont accordées pour une durée maximale de dix ans pour les services de télévision et de cinq ans pour les services de radio. Les refus d'autorisation doivent être motivés par le CSA, qui les notifie aux candidats. Depuis le 17 janvier 1989, la délivrance de l'autorisation est subordonnée à la signature d'une convention*. Le législateur a voulu ainsi contractualiser les engagements des opérateurs vis-à-vis du CSA, pour que, plus précis et plus différenciés, ils soient aussi plus aisément contrôlables. → **Reconduction simplifiée des autorisations**

Autorité de régulation des télécommunications (ART). Créée par la loi du 26 juillet 1996 de réglementation des télécommunications, l'autorité administrative indépendante chargée de la régulation du secteur des télécommunications* existe depuis janvier 1997. L'ART est composée de cinq membres. Trois membres sont nommés par le Président de la République. Les deux autres le sont par le président de l'Assemblée nationale et par le président du Sénat. Leur mandat est de six ans non révocable et non renouvelable. Les missions de l'ART sont essentiellement d'établir chaque année, après avis du Conseil de la concurrence, la liste des opérateurs susceptibles de se trouver dans une position dominante sur le marché des télécommunications, de proposer au ministre les montants des contributions au financement des obligations de service* universel, d'instruire pour le compte du ministre les demandes d'autorisation délivrées par celui-ci (établissement et exploitation des réseaux* ouverts au public, fourniture du service téléphonique au public, et fourniture au public des services des télécommunications utilisant des fréquences* hertziennes), de préciser les règles portant notamment sur les droits et obligations afférents à l'exploitation de réseaux ouverts au public sous réserve de l'homologation par arrêté du ministre chargé des Télécommunications, d'autoriser les réseaux indépendants autres que ceux établis librement, de recevoir les déclarations pour les services de télécommunications autres que téléphoniques qui utilisent les réseaux câblés de radio et de télévision. L'ART dispose également d'un pouvoir de sanction administrative (suspension totale ou partielle de l'autorisation pour un mois au plus, réduction de la durée de l'autorisation dans la limite d'une année, amende pécuniaire dans la limite de 1 % du chiffre d'affaires porté à 3 % en cas de nouvelle violation de la même obligation et retrait de l'autorisation). Ces sanctions sont susceptibles d'un recours de plein contentieux devant le Conseil d'État. Le contentieux des autres décisions de l'ART peut être porté devant la cour d'appel de Paris. Adresse : 7, Square Max-Hymans 75730 Paris Cedex 15. Tél. : 01 40 47 70 00.

Autoroutes de l'information (angl. : *information superhighways*). Réseaux de télécommunications (voie hertzienne terrestre, téléphone fixe ou cellulaire, câble, fibre optique, satellite) permettant de transmettre à double sens, avec de grands débits et sur des distances plus ou moins longues, des signaux porteurs de messages de formes et de finalités très diverses (textes, graphiques, parole, sons, images animées).
ENCYCL. En 1992, Al Gore, vice-président des États-Unis, faisait de la construction de pareilles « autoroutes » un enjeu pour les années à venir, seul capable de relever les défis de la croissance, de l'éducation, de la santé et de la communication. Le futur réseau des réseaux présente plusieurs caractéristiques : il est numérique, multimédia et interactif.

Dans le Livre blanc consacré à ce sujet et intitulé *Croissance, compétitivité et emploi*, l'Union européenne présente la construction d'un tel réseau comme une mutation comparable à celle de la première révolution industrielle. Depuis le milieu des années 1990, l'Internet* n'est plus seulement un laboratoire ; il est devenu une réalité, pour un nombre toujours croissant d'usagers. Il préfigure ce qui demeure une heureuse métaphore, parfois aussi un slogan pour des politiques plus enclins à l'interventionnisme qu'à favoriser la concurrence et la complémentarité entre les différents réseaux de télécommunications. → **Information**

À-valoir (ou **minimum garanti**) n.m.inv. CINÉMA. Contrat par lequel un distributeur de films en salles accorde par anticipation un minimum garanti de recettes d'exploitation au producteur* d'un film. Ce dernier peut escompter l'à-valoir auprès d'une banque et bénéficier ainsi d'un préfinancement*, sans pour autant céder une part de coproducteur*. → **Distribution**

Avica. Créée en 1986 pour représenter et défendre les intérêts des collectivités locales équipées d'un réseau de vidéocommunications (services audiovisuels et télécoms), l'Association des villes câblées regroupe plus de 400 communes, soit près de 70 % des prises câblées en France. L'Avica a pour vocation d'informer, de conseiller et de soutenir les élus locaux au cours des différentes phases d'établissement et d'exploitation d'un réseau de vidéocommunication sur leur territoire, et dans le développement des techniques de l'information sur ces réseaux. L'Avica publie des statistiques trimestrielles sur le câble en France. Adresse : 11, rue La Fayette 75009 Paris. Tél. : 01 42 81 59 99.

b

Babillard électronique (BBS). Serveur* permettant des services tels que le transfert de fichiers*, les forums* électroniques ou la messagerie* électronique entre abonnés disposant d'un code d'accès. Antérieurs à l'Internet*, plusieurs milliers de BBS existent aujourd'hui à travers le monde. Ils peuvent être mis en place par des entreprises comme par des particuliers, relier quelques personnes comme des milliers. Un BBS peut fonctionner à partir d'un simple ordinateur branché, grâce à un modem*, à une ou deux lignes téléphoniques. Il donne parfois l'accès à l'Internet.

Backbone n.m. Littéralement « épine dorsale » : réseau* fédérateur à haut débit* réalisant l'interconnexion de plusieurs réseaux.

Baladeur n.m. (angl. : *walkman*). Équipement permettant d'accéder à toutes sortes de programmes ou de services transmis, diffusés ou préenregistrés, individuellement, de façon autonome et en suivant le déplacement de la personne concernée.

Balayage n.m. Opération qui consiste, en télévision, tant à la prise de vue qu'à la réception, à déplacer de gauche à droite (balayage horizontal) ou de bas en haut (balayage vertical) le point qui est transmis. La rapidité du balayage permet à l'œil, par inertie, de percevoir l'image entière en tant qu'unité.

Banc de montage n.m. Ensemble de machines (magnétoscopes*) qui permet d'effectuer le montage*. Le plus souvent, les bancs de montage comptent seulement deux ou trois machines.

Banc-titre n.m. Dispositif composé d'une surface plane éclairée surmontée d'une caméra* servant à filmer, image par image, les titres, les intertitres et certains documents destinés à être insérés dans des films ou des vidéogrammes*.

Bande-annonce n.f. (angl. : *trailer*). Suite de courts extraits d'un film de cinéma, montés de manière à donner envie d'aller le voir. Diffusée à la télévision lors de la sortie du film ou projetée dans les salles avant sa période d'exploitation.

Bande dessinée (angl. : *strip cartoon, comic strip*). Suite d'images dessinées, proposant une histoire éclairée par des textes brefs en encadrés et par des dialogues entre les personnages, insérés dans des bulles, s'échappant de leurs bouches. Ces récits, souvent publiés dans des illustrés destinés aux enfants ou des magazines spécialisés, sont généralement ensuite édités en albums. Certains héros de BD, très populaires, sont l'objet de films de dessins animés.
ENCYCL. Inventée par le Suisse Rodolphe TÖPFFER (1799-1846), dès 1825, la BD prend son essor aux États-Unis (« comics ») à la fin du XIXᵉ siècle. À partir des années 1930, l'école belge, avec « Tintin », prend le relais. La France s'impose au cours des années 1960, avec « Astérix » et bien d'autres héros. Depuis 1973, se tient tous les ans à Angoulême un festival consacré à la BD.

Bande de fréquences (angl. : *frequency*

band). Ensemble continu des fréquences* comprises entre deux fréquences spécifiées.

Bande magnétique. Support magnétique composé d'un film plastique recouvert d'une couche d'oxyde ou de métal et support par magnétisation d'un enregistrement sonore, vidéo ou informatique.

Bande passante. Gamme de fréquences* qu'un instrument peut produire ou qu'un canal* peut transmettre sans affaiblissement ou sans détérioration du signal. La largeur de bande s'exprime en kilohertz ou en mégahertz. Plus la bande passante d'un réseau est élevée, plus grande est son aptitude à transmettre un flot riche en informations. C'est l'importance de la largeur de bande passante qui détermine le nombre d'informations qui peuvent y être véhiculées et leur bonne qualité. Elle va de 6 MHz* à 8 MHz sur le câble* et en hertzien et de 27 à 72 MHz sur les satellites*.

Bandeau (ou **bandô**) (angl. : *headband*). Aux XVIIe et XVIIIe siècles, élément décoratif rectangulaire, allongé, placé en tête des chapitres d'un livre ou en haut de la première page des anciens périodiques. → **Streamer**

Bandwagon effect. → **Suivisme**

Banque de données (angl. : *data bank*). Ensemble organisé d'informations de toutes natures stocké sur une mémoire* informatique. Il existe des banques de données dans de très nombreux domaines. Les médias eux-mêmes constituent des banques de données à partir de leurs propres contenus textes, mais aussi des sons, des images fixes ou animées, des programmes* audiovisuels de toute nature. La banque de données est aussi un élément des systèmes d'archivage* électronique de type GED. Les banques de données sont accessibles soit par des réseaux* en ligne (Télétel*, l'Internet*, réseaux dédiés) soit par CD-Rom*.
DROIT. L'article 1er de la directive européenne du 11 mars 1996, qui en détermine le régime, définit la base de données comme « un recueil d'œuvres, de données ou d'autres éléments indépendants, disposés de manière systématique ou méthodique et individuel-lement accessibles par des moyens électroniques ou d'une autre manière ».
ENCYCL. La directive européenne, appelée à être transposée dans les diverses législations nationales, introduit un double régime de protection : par le droit d'auteur, pour « les bases de données qui, par le choix ou la disposition des matières, constituent une création intellectuelle propre à leur auteur » ; et par un droit dit « sui generis » qui accorde au « fabricant d'une base de données le droit d'interdire l'extraction et/ou la réutilisation de la totalité ou d'une partie substantielle [...] du contenu de celle-ci, lorsque l'obtention, la vérification ou la présentation de ce contenu attestent un investissement substantiel du point de vue quantitatif ou qualitatif ».

Banque de programmes. Stock de programmes*, sonores ou audiovisuels, mis à la disposition des diffuseurs. Leur réalisation repose sur l'association d'un stockage sous forme numérique des programmes et de la mise à disposition d'un catalogue automatisé, d'une banque* de données, permettant d'identifier les contenus des programmes proposés. Ces banques de programmes sont nécessaires à la mise en place de systèmes de télévision* à la carte (pay* per view [PPV] et vidéo* à la demande [VOD]). Les chaînes de télévision en réalisent également pour faciliter la commercialisation des programmes dont elles détiennent les droits. Les radios* locales indépendantes ont recours à des banques de programmes, appelées également fournisseurs de programmes (AFP Audio, Génération 50, Transistor FM...), afin de compléter leur programmation. → **CFI, La Cinquième**

Bartering ou **Barter**. Expression anglaise traduite par « troc » en français. Procédé par lequel un annonceur* échange – ou troque – avec un diffuseur* (radio* ou télévision*) une émission* prête à être diffusée, qu'il finance contre des espaces publicitaires et qu'il peut pareillement utiliser à son profit ou négocier. Ce système, développé aux États-Unis, et utilisé principalement par des « lessiviers » (d'où le nom de « soap opéra* » aux fictions qu'ils financent), n'existe pratiquement pas en France, les diffuseurs considérant qu'il porte atteinte à leur pouvoir décisionnel sur la grille des programmes.

Bas de casse (angl. *lower case letter*). Terme hérité de l'ancienne composition* manuelle typographique, désignant les lettres minuscules, jadis rangées dans le bas de la casse* contenant les caractères* d'imprimerie.

Base de données (angl. : *data base*). Ensemble de programmes informatiques, de logiciels*, permettant la gestion de données, d'informations, c'est-à-dire la création, la modification, la consultation, le traitement, la mémorisation ou la suppression de données. On parlera alors de logiciels SGBD = système de gestion de bases de données, ceux-là mêmes qui permettent de créer des banques* de données.

Bassin d'audience. Zone délimitée géographiquement où l'audience* d'une aire de diffusion* est estimée en fonction de critères démographiques (taille et densité de la population), techniques (topographie, type d'habitat), socio-économiques (revenus disponibles) et socio-culturels (pratiques culturelles).

BAT. → **Bon à tirer**

Baud n.m. Unité de rapidité de modulation d'un signal caractérisant les télécopieurs* ou les modems*. Contraction de *binary digit* (chiffre binaire), unité élémentaire d'information en informatique qui ne peut prendre pour valeur que 0 ou 1, unité de mesure du débit. Le nombre de changements par seconde de l'état du milieu de communication en cours de transmission de l'information. Par exemple, dire qu'un modem est à 9 600 bauds signifie que le modem change le signal qu'il envoie sur la ligne téléphonique 9 600 fois par seconde.

Bayard Presse. Groupe de presse né en 1873, sous la dénomination de Maison de la Bonne Presse, d'un bulletin de liaison, *le Pèlerin*, hebdomadaire (devenu *Pèlerin Magazine* en 1984). Il est créé par un ordre religieux : la Congrégation des augustins de l'Assomption, qui en demeure aujourd'hui encore l'unique actionnaire. En 1883 est

lancé le quotidien *la Croix*. Aujourd'hui, le groupe développe ses activités, en France et à l'étranger, dans cinq domaines : presse*, édition de livres, médias électroniques, prestations industrielles, voyages. Dans le domaine de la presse, qui représente plus de 75 % du chiffre d'affaires du groupe, Bayard occupe une place de premier plan dans la presse religieuse, dont la presse paroissiale, avec plus de 500 titres, dans la presse « jeune », où le groupe développe des titres qui vont de la petite enfance *(Popi, Pomme d'Api, Youpi...)* à l'adolescence et au jeune adulte *(Okapi, Phosphore, Talents...)*, et dans la presse senior *(Notre Temps,* notamment). Pour les adultes, il édite, entre autres, *Enfants Magazine, Bonne Soirée, Eurêka, Capital santé, Terre sauvage, l'Ami des jardins...* et, en coédition avec le groupe anglais EMAP*, des magazines de loisirs *(le Chasseur français).* À travers de nombreuses filiales et partenaires licenciés, le groupe s'est considérablement internationalisé : sur les quelque 90 magazines qu'il édite, 48 font l'objet d'éditions dans 14 pays et 10 langues. C'est le cas en particulier de *Pomme d'Api* et *Notre Temps*. Les activités d'édition (10 % du chiffre d'affaires) portent sur des livres pour enfants mais aussi pour adultes (éditions du Centurion et Pierre Terrail). Le groupe développe l'édition de CD-Rom* et de services* en ligne. Les activités industrielles (moins de 3 % du chiffre d'affaires) portent sur le traitement de l'image et le routage* de presse. En matière d'audiovisuel, après quelques tentatives dans le secteur radio*, le groupe conserve une participation d'environ 6 % dans la chaîne* câblée Canal J. Enfin, le groupe contrôle une agence de voyages spécialisée dans les séjours à caractère religieux (4,5 % du chiffre d'affaires). En 1997, le chiffre d'affaires du groupe était de 2,2 milliards de francs et ses effectifs de l'ordre de 1 500 personnes. Adresse : 3 et 5, rue Bayard, 75393 Paris cedex 08. Tél. : 01 44 35 63 09.

BBS (Bulletin Board System). → **Babillard électronique**

Bélinographe n.m. Appareil mis au point entre 1907 et 1912 par l'ingénieur français Eugène BÉLIN (1876-1963) pour transmettre une photographie par fil télégraphique ou téléphonique. Ancêtre des procédés actuels de télécopie* et de fac-similé*.

Belle page (angl. : *recto page*). Page impaire, de droite ou recto, ainsi dénommée parce qu'elle est d'abord vue par le lecteur lorsqu'il feuillette un journal, un magazine ou un livre.

Below the line. 1. Partie du devis d'une production audiovisuelle qui correspond aux frais fixes, c'est-à-dire aux frais techniques. **2.** Signifie « hors médias* ». → **Above the line, Hors médias**

Berlinois. → **Format**

Betacam. 1. n.m. Format vidéo broadcast lancé par Sony et repris par de nombreux constructeurs et fabricants de bandes vidéo. La qualité du Betacam est considérée comme un standard minimal pour la diffusion d'un programme*. Le Betacam SP est un format dérivé qui dispose de deux pistes audio supplémentaires. **2.** n.f. Caméscope* qui utilise le format Betacam. Ce type de caméra* a fait évoluer les techniques de reportage* en même temps qu'il a favorisé l'émergence de journalistes reporters d'image (JRI*) prenant en charge le contenu, l'image et le son, ce qui diminue le nombre des journalistes* constituant les équipes de tournage* et favorise du même coup l'essor d'une écriture audiovisuelle nouvelle.

Betamax n.m. Format d'enregistrement vidéo sur cassette 1/2 pouce, mis au point par Sony, destiné au grand public, mais qui ne trouva de succès qu'auprès des professionnels. Il est à l'origine du Betacam.

Bidonner v.tr. (argotique). Donner une information imaginaire ou déformant la réalité. La photographie se prête particulièrement au bidonnage par trucage du cliché ou par falsification de sa légende.

Bihebdomadaire n.m. et adj. Périodique* qui paraît deux fois par semaine. → **Périodicité**

Billet n.m. Genre journalistique. Article* court commentant dans un style humoristi-

que un événement* ou une situation d'actualité*. Les billettistes qui les rédigent sont le plus souvent des journalistes* chevronnés.

Bimensuel n.m. et adj. Périodique* qui paraît deux fois par mois. → **Périodicité**

Bimestriel n.m. et adj. Périodique* qui paraît tous les deux mois. → **Périodicité**

Bit n.m. Abréviation du terme anglais *binary digit*. Unité de mesure informatique correspondant à un élément de base, 0 ou 1, c'est-à-dire à la plus petite unité d'information transmise dans un système fonctionnant en mode numérique* binaire. Cette unité sert à la mesure de débit des réseaux* (bit par seconde) ou à l'évaluation des capacités de stockage des mémoires informatiques* (en bits ou en octets). Une combinaison de bits peut indiquer un caractère alphabétique, un chiffre ou remplir d'autres fonctions, parmi lesquelles la signalisation et la commutation. → **Octet**

BLIC. → **Bureau de liaison des industries cinématographiques**

Bobine n.f. Papier* pour rotative*, de largeur ou « laize » uniforme, enroulé sur une grande longueur : les bobines de 169,5 cm de laize contiennent 10 à 11 km de papier.

Bogue n.m. (angl. *bug*). Analogie phonétique avec l'anglicisme désignant, dans le langage des informaticiens, un défaut ou une erreur contenu dans un logiciel*, ce qui empêche son bon fonctionnement. → **Déboguer, Débogueur**

Bon à tirer (BAT). Épreuve* prête pour l'impression définitive après avoir été corrigée, puis approuvée par son auteur.

Bonnes feuilles (angl. : *advance sheets*). Épreuves* définitives d'un ouvrage avant rognage et brochage. Par extension, extraits d'un ouvrage publiés dans la presse* avant sa sortie en librairie.

Bookmark n.m. Mot anglais pour désigner un signet*. → **Hot list**

Boomerang n.m. (mot angl.). On parle d'*effet boomerang*, à propos d'un média, lorsque l'objectif que s'était fixé son usager, en propageant un message, bien loin d'être atteint, semble désormais quasi hors de portée. On dit également d'un média qu'il fait boomerang, par analogie avec cette arme des indigènes australiens qui revient à son point de départ, quand la cible visée est manquée. Bien souvent, l'effet boomerang d'un média résulte du manque de crédit dont souffre celui qui apparaît comme étant à l'origine du message propagé. → **Crédibilité, Effet d'autorité, Effet pervers**

Borne interactive (angl. : *kiosk*). Support d'information reposant sur un système informatique doté d'une interface graphique et d'un écran* tactile et fonctionnant en mode conversationnel, c'est-à-dire le mode question-réponse. La borne interactive permet d'accéder à des informations variées (par exemple, renseignements horaires ou tarifaires) ou d'effectuer des transactions commerciales, telles que l'achat de billets pour les bornes interactives du réseau SNCF.

Bouclage n.m. Autrefois, dans les journaux, dernier serrage de la forme* imprimante, après bon à tirer : on bouclait la page et toute modification devenait impossible. Par extension : bouclage de l'édition, heure de bouclage.

Boucle locale. Élément d'un réseau* de télécommunications, notamment du réseau téléphonique, reliant l'utilisateur final au commutateur* de réseau le plus proche. La boucle locale représente une zone de concurrence stratégique pour les opérateurs de téléphonie*, car c'est elle qui assure le contact direct avec le client.

Bouillon n.m. (familier). Masse des exemplaires* d'une publication* qui n'ont pas trouvé d'acheteur ; différence entre le chiffre du tirage* et celui de la diffusion*. Véritable déchet, ces invendus* constituent pour la presse* une charge très lourde, variable selon les modes de distribution*. Il résulte, immanquablement, de la vente* au numéro. En revanche, l'abonnement* ou le portage* à

domicile permettent de le réduire, voir de le supprimer.

Bouillonner v.intr. Avoir des invendus*, pour une publication quelle que soit sa périodicité.

Bouquet numérique. Ensemble de chaînes* et de services interactifs (paiement à la séance...) diffusés en numérique* par satellite*. Proposé selon la formule de l'abonnement*, chaque bouquet de programmes nécessite un équipement particulier composé d'un décodeur* et d'une antenne* parabolique. En France, les trois bouquets de chaînes numériques par satellite, AB Sat*, Canal-Satellite* et TPS*, totalisaient, dès la fin 1997, plus d'un million d'abonnés. Chacun d'eux propose, en exclusivité, des chaînes thématiques variées (cinéma, musique, sport, dessins animés, documentaires...) avec un son d'une qualité identique à celle du compact disque, des services interactifs pratiques ou ludiques ainsi que des programmes de radio.

Bouygues Télécom. Filiale à 34 % du groupe Bouygues pour le secteur des télécommunications* mobiles, créée en octobre 1994, en association avec deux opérateurs européens de télécommunications : Cable & Wireless au Royaume-Uni et Veba en Allemagne, détenant respectivement au 01.04.98 20 % et 17,5 % du capital de Bouygues Télécom, auquel s'est ajouté en 1997 l'opérateur italien Telecom Italia à hauteur de 10 %. Cette société a été créée lorsque le groupe Bouygues, premier groupe français du bâtiment et des travaux publics, et propriétaire de TF1* depuis 1987, a obtenu la licence d'exploitation du troisième réseau* français de téléphonie* mobile à la norme GSM 1800. Ce réseau a ouvert le 30 mai 1997 et, grâce à un marketing efficace et à une politique tarifaire attrayante (paiement au forfait), desservait 650 000 abonnés au 31.03.98 (soit 10 % du marché français), contre 2,5 millions pour SFR (groupe Cegetel*, filiale de Vivendi) et 3,4 millions pour Itinéris (France Télécom*). Son principal handicap vient de ce que son infrastructure technique ne couvrira la totalité du territoire français qu'à la mi-99. L'objectif de Bouygues Telecom est de détenir 20 % d'un marché français de la téléphonie mobile qui devrait atteindre 15 millions d'abonnés en 2000, 25 à 30 millions en 2005 selon diverses analyses. Le groupe a annoncé qu'il tirerait parti de l'ouverture à la concurrence du marché français de la téléphonie fixe, depuis le 1er janvier 1998, en poursuivant son développement dans le secteur des télécommunications. En 1997, ce secteur n'a représenté que 1,25 milliard de francs de chiffre d'affaires contre 9,85 milliards de francs pour l'audiovisuel (TF1 essentiellement), et 59,3 milliards de francs pour la construction. Adresse : 1, avenue Eugène-Freyssinet, 78061 Saint-Quentin-en-Yvelines cedex. Tél. : 01 30 60 33 57.

Box office. Palmarès des films qui sont à l'affiche à un moment et en un lieu donnés, établi à partir du nombre total des entrées obtenues par chacun d'eux.

Brève n.f. Article* court, de quelques lignes, non signé, le plus souvent non titré, concernant une information d'importance mineure.

Brouillage n.m. **1.** Action d'une onde* non désirée ou produite volontairement qui vient perturber la réception normale d'une émission. Lorsqu'il est intentionnel, il est destiné à sélectionner ceux qui reçoivent une émission par le traitement d'un signal vidéo qui se traduit à la réception par une image brouillée de façon à ce que l'accès à ce signal soit réservé à des abonnés disposant d'un code permettant à un décodeur* d'annuler le brouillage. Le plus souvent, il s'agit de retarder les lignes vidéo de façon variable ou de les permuter. Le son est le plus souvent brouillé par inversion des graves et des aigus. **2.** Transformation d'un signal numérique en un signal numérique aléatoire ou pseudo-aléatoire, de même signification et de même débit binaire, en vue d'améliorer la transmission du signal sur un support donné. Opération inverse : le désembrouillage. Certains modems utilisent un dispositif d'embrouillage.

Browser. Anglicisme pour *navigateur*.

Bruit n.m. (angl. : *noise*). Forgé par la théo-

rie de l'information, le concept désigne toute perturbation aléatoire intervenant dans un système de communication* au cours de la transmission d'un message, d'une information, entre un émetteur et un récepteur. Les bruits ont des origines diverses : attitude et comportement des acteurs de la communication ; relations entre les acteurs ; bruits sémantiques liés aux variations de sens des mots que chaque acteur de la communication introduit ; problèmes techniques liés aux outils utilisés. Techniquement, les bruits sont le plus souvent des parasites ou des interférences. → **Information**

Budget publicitaire. 1. Ensemble des dépenses consacrées à une campagne publicitaire*. **2.** Ensemble des dépenses publicitaires concernant un bien ou un service donné, pendant une période déterminée.

ENCYCL. Le montant du budget est fonction des capacités de l'annonceur* et de l'ampleur de la campagne : durée, supports* choisis, zone géographique couverte, procédés techniques utilisés. Il dépend aussi des objectifs poursuivis – lancement d'un produit ou entretien d'une image de marque –, du budget des concurrents, du secteur d'activité de l'annonceur. Le budget se décompose en plusieurs postes : achat* d'espace, frais techniques engagés pour la réalisation des messages et les travaux d'édition, promotion*, publicité* sur le lieu de vente, publicité directe, administration (coûts de fonctionnement des services publicitaires de l'annonceur), honoraires des agences* et des services d'études.

Budget temps. Manière dont les gens répartissent le temps dont ils disposent dans une journée entre leurs diverses activités. Le temps consacré en moyenne chaque jour aux différents médias est pris sur le temps de loisir, ou le temps libre, celui qui n'est occupé ni par les obligations biologiques (sommeil, repas), ni par le travail.

Bug. Anglicisme pour *bogue*.

Bulle n.f. Surface plus ou moins circulaire dans laquelle s'inscrivent les paroles des protagonistes d'une bande* dessinée.

Bulletin n.m. **1.** Publication* interne, soit recueil d'actes administratifs, soit organe de liaison d'une association ou d'un groupe social bien délimité (comme le bulletin d'anciens élèves ou le bulletin paroissial...). **2.** Genre journalistique. Article* à parution régulière rendant un compte factuel d'un domaine particulier de l'actualité* (bulletin de l'étranger, bulletin financier...).

Bureau n.m. Service détaché de la rédaction* centrale d'une agence* de presse ou d'un journal* couvrant l'activité de la zone géographique où il est installé. → **Desk**

Bureau de liaison des industries cinématographiques (BLIC). Le BLIC regroupe les organisations professionnelles du cinéma* et a pour mission de défendre les intérêts des producteurs, distributeurs, exploitants et laboratoires, notamment dans leurs relations avec les chaînes* de télévision. Adresse : 43, boulevard Malesherbes, 75008 Paris. Tél. : 01 42 66 05 32.

Bureau de vérification de la publicité (BVP). Fondé en 1935 sous l'appellation Office de contrôle d'annonces, le BVP a pour vocation de contrôler, pour tous les médias*, la conformité des messages* publicitaires avec la réglementation et la déontologie* en vigueur. Association loi 1901, cet organisme d'autodiscipline rassemble les annonceurs*, les agences de publicité* et les médias. Le BVP agit par voie de recommandations qui, ensemble, constituent un véritable code de déontologie. Élaboré par des organisations professionnelles représentatives, il a valeur de référence pour le pouvoir judiciaire comme pour tous les profession-nels de la publicité. Le contrôle des messages diffusés, quel que soit le support, est effectué soit sur demande d'un tiers (consommateurs ou professionnels), soit par auto-saisine. Depuis le 1er septembre 1991, le BVP s'est vu confier, par l'UDA*, l'AACC* et des régies* de télévision, le contrôle *a priori* des messages publicitaires diffusés sur les chaînes françaises, le CSA* ne procédant plus depuis lors qu'au contrôle *a posteriori*. Adresse : 5, rue Jean-Mermoz, 75008 Paris. Tél. : 01 43 59 89 45.

Bureautique n.f. Né de la contraction entre *bureau* et *informatique,* le mot désigne l'ensemble des matériels et des logiciels* informatiques utilisés dans les activités de bureau : secrétariat, comptabilité, gestion.

Bus mailing. Technique de promotion qui consiste à adresser par la poste, à des prospects*, des séries de coupons de réduction pour des produits de marques différentes. → **Publipostage**

Bus multimédia. Équipement – ou interface – permettant d'établir des liaisons à haut débit entre divers équipements informatiques ou audiovisuels accessibles aux particuliers et utilisant le langage numérique (Caméscopes*, ordinateurs* multimédias*). Développé grâce à des protocoles définis par un groupement comprenant notamment Grundig, Philips, Thomson et Toshiba, le bus multimédia permettra, dans l'avenir, la mise en place de réseaux domestiques, à l'intérieur de périmètres relativement limités.

Butiner v.tr. → **Naviguer**

Câble n.m. Équipement, « fil » ou « tuyau », reliant une source d'émission à un récepteur. Par extension, industrie des réseaux câblés et de la télévision* par câble.

ENCYCL. Mode de distribution de la télévision dès les années 1940 aux États-Unis, c'est-à-dire né quasiment au même moment que la télévision hertzienne, le câble est longtemps demeuré un palliatif du hertzien dans les zones* d'ombre que ce dernier ne peut atteindre. C'est sa capacité à apporter chez le téléspectateur* des images de très bonne qualité technique mais aussi à permettre de sélectionner les foyers qui les regardent qui lui a donné toute son importance face à la diffusion* hertzienne. Cette double caractéristique technique et commerciale, associée au développement progressif d'une offre de programmes* spécifique, a fait qu'aujourd'hui la technologie est confondue avec l'activité commerciale qu'elle a permis d'engendrer. Longtemps sans concurrence, le câble est aujourd'hui en compétition avec les satellites* de diffusion directe qui offrent les mêmes avantages commerciaux sans impliquer de construire de lourdes infrastructures. Depuis peu, son potentiel d'interactivité* l'a ouvert au monde des services et des télécommunications*. → **Câblodistribution, Câblodistributeur**

Câble coaxial. Câble composé de deux conducteurs cylindriques de cuivre séparés par un isolant qui ne permet qu'une faible interactivité*. Les câbles coaxiaux sont les câbles les plus répandus au monde pour la télédistribution par câble large bande et voie* de retour.

Câble optique. Câble composé de fibres de verre placées dans des rainures longitudinales et qui permet une bonne interactivité*.

Câblo. → **Câblodistributeur**

Câblo-opérateur n.m. Entreprise dont l'objet est la câblodistribution*. Le métier des câblodistributeurs consiste à construire des réseaux* câblés et à en assurer la maintenance. Il inclut la recherche, la composition et l'assemblage des services distribués (et achetés à leurs éditeurs par le câblodistributeur), le marketing de cette programmation et sa commercialisation.

Câblodistribution n.f. Distribution de programmes* audiovisuels et de services (télévision*, radio*, données, téléphone*...) par l'intermédiaire de réseaux* câblés. Par extension, secteur d'activité de la distribution de programmes par le câble.

ENCYCL. La distinction entre diffusion* et distribution* des programmes de télévision, permise par le câble, est à l'origine d'un nouveau métier qui introduit un nouveau mode de financement des programmes : l'abonnement*. Avec le câble, la télévision est commercialisée comme n'importe quel produit « distribué », c'est-à-dire qu'elle est payée directement par le téléspectateur* à un distributeur qui ne conçoit pas son produit, et non plus, indirectement, à celui qui conçoit le programme, sous forme fiscale ou financée par des annonceurs*. Les origines de la câblodistribution remontent aux années 1940 aux États-Unis. Il s'agissait alors de distribuer (et non plus de simplement diffuser) la télévision dans des zones, dites d'ombre, que le hertzien ne pouvait atteindre. Elle s'est développée lentement sous cette forme jusqu'au milieu des années 1970. Des chaînes locales et communautaires y sont alors peu à peu apparues. C'est avec l'arrivée des satellites* et des chaînes thématiques (notamment HBO puis CNN aux États-Unis) que la câblodistribution a connu un développement quasi exponentiel aux États-Unis et au Canada. En Europe, c'est d'abord en Belgique et aux Pays-Bas, pays qui étaient « arrosés » par les chaînes des pays voisins, qu'elle a trouvé son premier essor dès les années 1960. Les satellites et les chaînes thématiques lui ont permis de trouver un véritable marché en Europe du Nord (notamment en Allemagne) à partir du milieu des années 1980. Elle a été beaucoup plus lente à se développer en France et ne fait que naître en Europe du Sud. Avec le numérique*, la câblodistribution s'oriente aujourd'hui vers la distribution de services de télécommunications comme le téléphone* et l'Internet*.

Cadreur n.m. (angl. : *cameraman*). Au cinéma* et à la télévision*, personne responsable du cadrage, c'est-à-dire de l'image obtenue par le positionnement de la caméra, d'après les instructions du réalisateur* lors du tournage d'un film* ou d'une émission*.

Cahier des charges. Texte (décret) définissant de façon précise le cadre juridique d'exploitation des sociétés du secteur public de l'audiovisuel, notamment les obligations générales et déontologiques (respect du pluralisme*, respect de la personne humaine, protection* des mineurs, promotion de la langue française, service minimum, etc.) ; les obligations particulières (communication du gouvernement, campagnes électorales, expression directe, émissions à caractère religieux, émissions d'informations spécialisées, émissions éducatives et sociales, etc.). Pour les chaînes privées, ces obligations sont définies par la convention* qui les lie au CSA* au nom de l'État.
ENCYCL. Dans sa décision du 18 septembre 1986 (Cons. const. 18 septembre 1986, n° 86-217, JO du 19 septembre), le Conseil constitutionnel a précisé que les cahiers des charges devaient se conformer aux principes fondamentaux du service* public, notamment au principe d'égalité et à son corollaire, le principe de neutralité.

Calibrage n.m. Action de calibrer* un texte.

Calibrer v.tr. Mesurer à partir d'un manuscrit ou d'un dactylogramme, selon le nombre de signes typographiques et la justification des lignes, la place qu'un texte occupera finalement dans les colonnes imprimées du journal*. Cette opération dépend à la fois du rédacteur, qui doit savoir apprécier à l'avance la longueur de son texte, et du metteur en pages, qui doit intégrer la composition de l'article* dans le cadre de la maquette. → **Justification, Composition, Maquette, Calibrage**

Camelot n.m. Vendeur* colporteur ambulant de journaux.

Caméra (film, vidéo) n.f. Équipement technique permettant la captation – ou la « capture » – de l'image, lors de la prise de vue en cinéma* ou en vidéo*. La caméra de cinéma utilise un film photographique sur lequel viennent se fixer les images des scènes filmées. La caméra vidéo n'est qu'un relais de transmission qui capte des signaux lumineux issus de la décomposition de l'image de la scène à enregistrer. Ces signaux peuvent ensuite soit être inscrits immédiatement sur une bande magnétique (Betacam* ou Caméscope*), soit être transmis à un réseau de diffusion.

Caméscope n.m. Caméra* vidéo à magnétoscope* intégré qui a considérablement accéléré l'introduction de la vidéo dans le grand public. → **Betacam**

Campagne de presse. Série continue d'articles* sur un même sujet dans le dessein de faire pression sur le pouvoir politique et sur l'opinion* publique pour orienter leurs réactions dans le sens voulu par le journal*. La politique, en particulier lors des campagnes* électorales, en fournit la plupart des thèmes, mais certaines dénoncent aussi une injustice ou un scandale. → **Campagne publicitaire**

Campagne publicitaire. Ensemble des actions mises en œuvre par un ou plusieurs publicitaires, pour faire connaître et faire valoir, auprès d'un public* déterminé, un produit, un service ou l'activité d'un annonceur*. La campagne peut porter sur une période et/ou une zone géographique données. → **Publicité**

Campagne électorale. Actions entreprises afin de faire connaître et de faire valoir un candidat à une élection, sa personnalité, ses idées, son programmes.
DROIT. Le CSA* fixe les règles concernant les conditions de production, de programmation, de diffusion des émissions diffusées pendant les périodes électorales par les chaînes* du secteur public, ainsi que celles auxquelles doivent être astreints les services autorisés pendant ces mêmes périodes (article 16 de la loi du 30 septembre 1986 modifiée). En vertu du Code électoral, le temps accordé varie selon les élections et dépend de la représentativité des formations politiques. Les actes adoptés dans ce cadre par le CSA sont susceptibles d'être déférés devant la juridiction administrative dans la mesure où ils sont détachables de l'élection proprement dite. En vertu de la loi du 30 septembre 1986 modifiée, le CSA adopte une recommandation s'appliquant à tous les diffuseurs et portant sur le respect des règles de pluralisme* et d'équité en période d'élection. Il distingue de manière coutumière une période de pré-campagne et la période de campagne proprement dite. La règle des trois tiers* continue de s'appliquer pour tout propos non lié à l'élection. → **Propagande électorale**

Canal n.m. **1.** Selon la théorie* de l'information, partie d'un système de communication qui assure la transmission de l'information entre une source et un destinataire. **2.** Espace de fréquences* attribué à un service en analogique*, et de quatre à dix services en compression numérique, pour la diffusion de leurs émissions par les stations de radio et les chaînes de télévision (hertzien, par câble* ou par satellite*). **3.** Chaîne de télévision* diffusée sur un canal.

Canal Assemblée. → **Chaîne parlementaire**

Canal France International (CFI). Créé en 1989 à l'initiative du ministère de la Coopération, CFI est un opérateur français de diffusion par satellite de programmes français à destination des télévisions hertziennes de plus de 100 pays. Détenue à 100 % par la Sofirad (holding d'État), CFI est un instrument de la politique audiovisuelle extérieure française avec pour mission de promouvoir l'image de la France dans le monde. Avec une diffusion satellitaire 24 heures sur 24, en remplacement du mode antérieur de distribution de cassettes vidéo, CFI couvre un bassin d'audience potentielle de 350 millions de téléspectateurs. Les programmes de CFI sont repris plus particulièrement par les télévisions de l'Afrique, par celles des pays de l'Europe centrale et orientale, du Proche et Moyen-Orient et de l'Asie). Les opérateurs étrangers de télévision utilisent les programmes de leur choix qu'ils insèrent comme ils le souhaitent dans leur propre grille. Par ailleurs, l'absence de cryptage des émissions permet une réception directe individuelle et fait de CFI une chaîne de télévision à part entière. CFI diffuse également en Afrique un programme en clair, 24 h sur 24, accessible aux foyers dotés de moyens de réception adéquates (paraboles, câble, MMDS). Depuis 1995, CFI développe une politique de régionalisation en proposant des modules de programmation adaptés à chacune des zones géographiques couvertes. Utilisant les possibilités nouvelles offertes par le numérique, CFI devient également un outil de promotion des programmes français à l'étranger en adoptant une démarche commerciale auprès de télévisions étrangères solvables. Son budget est d'un montant de 180 millions de francs pour 1998. Les pouvoirs publics ont engagé en 1997 un processus de rapprochement de CFI avec la chaîne francophone TV5*, qui devrait conduire à la nomination d'une présidence commune aux deux sociétés. Adresse : 19, rue Cognacq-Jay, 75007 Paris. Tél. : 01 40 62 32 32.

Canal +. Première chaîne à péage lancée en France, en novembre 1984. En créant une multitude de filiales, Canal + a intégré peu à peu l'ensemble des activités de la filière audiovisuelle et cinématographique, de la production à la distribution. En exportant son concept de programmation à dominante cinéma et sport, Canal + est devenu le leader européen de la télévision à péage, s'associant à partir de 1989 avec des partenaires nationaux : Canal + Belgique, lancé en 1989, avec 181 500 abonnés fin 1997 ; Canal + Espagne, lancé en 1990, avec 1,46 million d'abonnés fin 1997 ; la chaîne Premiere, lancée en Allemagne en 1991, avec 1,4 million d'abonnés fin 1996 et cédée en 1997 ; Canal + Pologne, lancée en 1995, avec 237 610 abonnés fin 1997. La chaîne a poursuivi dès 1991 son internationalisation en Afrique avec Canal + Horizons, chaîne reprise au Sénégal, en Tunisie, Côte-d'Ivoire, Gabon, Maroc, Mali, Togo, Niger et reçu en réception directe par satellite au Maroc, au Proche-Orient, au Liban, soit 120 000 abonnés fin 1997. À la suite de la fusion en 1997 entre Canal + et le groupe néerlandais NetHold (troisième opérateur européen de télévision à péage, présent notamment dans les pays d'Europe du Nord, au Benelux et en Italie), les chaînes de télévision ainsi acquises, dont l'italienne Telepiù, ont été reformatées sur le modèle Canal +, qui compte dès lors près de 10 millions d'abonnés sur le continent européen. À partir de 1990, Canal + participe à la création en France de chaînes thématiques* diffusées sur le câble (parmi elles, Planète, Canal Jimmy, Ciné Cinémas, Ciné Cinéfil, Monte Carlo TMC, Seasons, C : Direct, Spectacle, Eurosport France, auxquelles s'ajoutent des participations dans Canal J, Paris Première, MCM). Afin d'exporter ces chaînes spécialisées, Canal + a créé Multithématiques en partenariat avec le premier câblo-opérateur américain TCI en 1995. Conjointement à l'édition et la commercialisation de chaînes de télévision, Canal + a développé un véritable pôle technologique. Après la conception de systèmes de contrôle d'accès et de décodeurs* analogiques, la chaîne s'est la première tournée vers la technologie numérique en mettant notamment au point les systèmes de contrôle d'accès « Mediaguard » et d'interactivité « Mediahighway ». Avec plus de 1,5 million de terminaux numériques utili-

sant ses systèmes à travers l'Europe, le groupe est aujourd'hui le premier fournisseur de technologie numérique sur le territoire européen. Pour s'approvisionner en programmes, le groupe s'est également diversifié en amont dans la production* cinématographique (Le Studio Canal +) et audiovisuelle (Ellipse Programme, Le Studio Ellipse, Docstar) et dans l'exploitation de droits audiovisuels* (Canal + DA). Depuis l'acquisition, en 1996, du premier catalogue* français de droits audiovisuels UGC DA et du catalogue de films américains Carolco, la chaîne possède l'un des plus importants portefeuilles de droits cinéma et télévision (4 800 films et plus de 3 000 heures de programmes télévisuels) du monde. Afin de consolider la place qu'il occupe sur le marché du cinéma, le groupe a également créé en 1998 une société de production et de distribution de films avec la major* Warner Bros, déjà actionnaire de CanalSatellite et partenaire de Canal + dans le secteur de l'exploitation et de la distribution de longs métrages. En 1992, les chaînes thématiques du groupe sont diffusées par satellite en analogique grâce au lancement de CanalSatellite*, qui deviendra à partir de 1996 le premier bouquet de télévision numérique en France. Canal + lance CanalSatellite Digital en Espagne en janvier 1997, le bouquet numérique D + en Italie en août 1997 et devient, avec plus d'un million d'abonnés en janvier 1998, le leader du numérique en Europe. En septembre 1997, Canal + prend le contrôle de la Compagnie générale de vidéocommunication* (CGV), filiale câble de la Compagnie générale des eaux (aujourd'hui Vivendi). Le deuxième réseau câblé de France est rebaptisé NC-NumériCâble* et son offre commerciale est rénovée. Canal + est également présent dans le secteur de la vidéo avec sa filiale Canal + Vidéo, détenue à 100 %, dans la fabrication d'images de synthèse avec Medialab et, enfin, dans le multimédia avec Canal + Multimédia. Au début de l'année 1998, Canal + a annoncé le lancement d'un accès à haut débit par satellite à l'Internet et s'est engagé également à travers sa filiale Canal-Pro, créée en 1997, dans la télévision institutionnelle en lançant un premier service d'informations par satellite réservées aux médecins. D'autres services devraient être lancés, destinés aux entreprises, à d'autres professions ou aux collectivités locales. Les actionnaires de Canal + sont, au 31.12.97, Havas* 34 %, Richemont 15 % (ancien actionnaire de NetHold), CDC 4,8 %, Société générale 2,0 % et public 44,2 % (dont 60 % détenus par des investisseurs étrangers). Le chiffre d'affaires du groupe (hors chaînes étrangères) est de 13,6 milliards de francs en 1997, dont plus de 65 % proviennent de la chaîne Canal + France qui compte 4,3 millions d'abonnés. La chaîne s'est vu renouveler son autorisation d'émettre par le CSA, pour une durée de cinq ans, par la signature d'une nouvelle convention en juin 1995. Aux termes de celle-ci, en plus de l'obligation qui lui avait été initialement faite de consacrer 20 % de ses ressources totales à l'acquisition de droits de diffusion de films (soit 1,7 milliard en 1996), la chaîne devra, par palier, d'ici l'an 2000, investir 4,5 % de son chiffre d'affaires annuel dans la production d'œuvres* audiovisuelles européennes et d'expression originale française. Adresse : 85/89, quai André-Citroën, 75015 Paris. Tél. :   01 44 25 10 00.   Site   Web : http://www.canal-plus.fr → **Préachat, Cinéma, Production, Chaîne cryptée, Concession de service public**

CanalSatellite. Lancée en 1992, cette filiale de Canal +* diffuse par satellite des programmes en analogique, avant de se convertir au numérique à partir d'avril 1996, avec pour actionnaires Canal + (70 %), Pathé* (20 %) et le studio américain Warner Bros (10 %). CanalSatellite propose une offre très large de programmes* variés, composée d'une cinquantaine de chaînes françaises (cinéma*, sports, informations*, jeux*, dessins* animés, documentaires*, musique, mode, emploi, météo... à l'exception des chaînes du service public* France 2* et France 3*, dont TPS* a l'exclusivité, et de TF1* et M6*, actionnaires de ce bouquet concurrent), auxquelles s'ajoutent une vingtaine de chaînes étrangères de langues anglaise, allemande, espagnole, arabe, portugaise et italienne. Sont proposés, en option, des chaînes de cinéma et d'événements sportifs avec paiement à la séance, des programmes musicaux thématiques ou encore la possibilité de télécharger des logiciels* éducatifs et de diver-

tissement. Certaines chaînes disposent d'applications interactives. CanalSatellite a lancé également, avec le groupe Expand, Médecine Plus, la première chaîne réservée à des professionnels. Diffusé sur le satellite Astra, le bouquet CanalSatellite utilise le décodeur* Médiasat, permettant également de recevoir Canal + numérique et le bouquet concurrent AB Sat*. Avec un investissement de 1,3 milliard de francs, CanalSatellite devrait atteindre son point d'équilibre, selon les prévisions de départ, en 1999, avec 1 200 000 abonnés. Le bouquet dénombrait plus de 760 000 abonnés fin 1997. Adresse : 25, rue Leblanc, 75906 Paris cedex 15. Tél. : 01 44 25 10 50.

Canard n.m. (familier). Fausse nouvelle* répandue volontairement ou involontairement. Information peu crédible. Feuille* volante présentant des faits divers ou merveilleux, vendue par colportage* dès la fin du XVIe siècle. Par extension, nom donné au journal* avec une connotation péjorative pour le caractère peu sérieux de son contenu.

Canard enchaîné (Le). Né en 1915-1916, cet hebdomadaire* satirique est un des titres les plus connus de la presse française. Illustré de caricatures, c'est avant tout un journal d'échos impertinents, d'enquêtes et de chroniques*. Il refuse la publicité* et il est la propriété d'une coopérative formée et détenue par ses rédacteurs. Sa diffusion, variant au rythme des « affaires » qu'il révèle, est souvent supérieure à 350 000 ou 400 000 exemplaires. Adresse : 173, rue Saint-Honoré, 75051 Paris cedex 01. Tél. : 01 42 60 31 36. → **Écho**

Capitale n.f. (angl. : *capital*). Lettre majuscule dérivée des lettres des anciennes inscriptions latines. Les « petites capitales » ne sont pas plus hautes que les lettres minuscules. → **Bas de casse**

Caractère n.m. (angl. : *character, letter*). Ou « type » en typographie*. Fondu dans un alliage* de plomb, parallélépipède présentant en relief, sur sa face supérieure, l'« œil » ou partie imprimante (une « lettre » à l'envers). La « hauteur en papier », ou distance entre l'œil et le « pied », toujours la même, était de

62 points et demi (23,56 mm). On distingue les caractères par leur chasse*, leur corps*, leur police*, leur style.

ENCYCL. Inventés vers 1440 par GUTENBERG (1394/99-1468), les caractères mobiles, remplacés par les matrices des Linotypes (1886) et des Monotypes (1896), sont aujourd'hui numérisés dans les mémoires* des ordinateurs*. → **Casse, Typographie**

Carnet d'écoute. Questionnaire élaboré de telle sorte qu'il puisse être rempli par les personnes interrogées elles-mêmes, sans le secours d'un enquêteur, dans le cadre d'un sondage auprès d'auditeurs de radio ou de téléspectateurs. → **Auto-administré**

Carte d'identité de journaliste professionnel. Selon les pays ou les régimes, carte nécessaire à l'exercice de la profession de journaliste* ou simple attestation permettant à son détenteur de bénéficier des facilités (entrée dans certains lieux, circulation, transports...) accordées à tous ceux qui exercent le métier de journaliste.

ENCYCL. En droit français, attestation délivrée, par une commission spécialisée (la Commission* de la carte d'identité de journaliste professionnel, sous le contrôle de la Commission* supérieure de la carte d'identité de journaliste professionnel et du Conseil d'État), de ce qu'un individu est journaliste professionnel, à la suite du constat fait de ce qu'il satisfait aux critères et éléments – bien imprécis et insatisfaisants – de la définition de cette profession. La détention de la carte d'identité de journaliste n'est pas absolument indispensable pour exercer la profession. Elle est normalement destinée à faciliter cet exercice. L'employeur et l'administration fiscale notamment peuvent contester le fait qu'une personne, détentrice de cette carte, soit véritablement journaliste.

Carte à mémoire. Carte qui comporte un microprocesseur intégré dans l'épaisseur du plastique. Ce microprocesseur permet de stocker certaines informations. Elle peut servir de carte de paiement (Télécarte pour le téléphone) ou de carte de contrôle d'accès pour les chaînes* à péage ou au paiement* à la consommation. → **Microprocesseur**

Casse n.f. (angl. : *case*). Grande boîte de bois, plate et sans couvercle, ne contenant qu'un seul corps* de la même série de caractères*.

ENCYCL. La casse parisienne contenait 115 cassetins* : en haut de la casse, les cassetins, d'égales dimensions, étaient réservés aux capitales* et aux lettres accentuées, réparties dans l'ordre alphabétique ; en bas, les cassetins, plus ou moins étendus selon le nombre et la fréquence d'emploi du caractère, présentaient les minuscules, les ponctuations, les chiffres, les blancs, dans un ordre différent, pour économiser les gestes du compositeur. Ce dernier travaillait devant le « rang », meuble à pupitre et à tiroirs : sur le pupitre, à hauteur convenable, était disposée la casse utilisée ; dans les tiroirs au-dessous, étaient rangées les autres casses. → **Bas de casse**

Cassetin n.m. Compartiment de la casse*. → **Caractère**

Catalogue de droits (angl. : *motion pictures library* pour le cinéma ; *TV programming library* pour la TV). Appelé également « portefeuille de droits », regroupement d'un certain nombre de films ou de programmes* audiovisuels dont les droits sont commercialisés auprès de diffuseurs. Les sociétés de gestion des catalogues de droits sont des entreprises ayant acquis pour une longue période les droits sur des films ou des programmes audiovisuels ayant la plupart du temps déjà connu une carrière commerciale.

ÉCON. Ces sociétés rentabilisent leur investissement en tentant de commercialiser ces droits sur différents supports (salle, télévision*, vidéo*) et sur différentes zones ou pays durant un temps donné. Le nombre des sociétés de portefeuille (parfois contrôlées par des grands groupes* de communication) et le coût des catalogues ont beaucoup augmenté, depuis le début des années 1980, du fait de l'explosion du nombre de chaînes* de télévision et de la demande d'images qui s'ensuit. Ces catalogues font désormais l'objet de batailles financières dues à la convoitise des diffuseurs en concurrence.

Cautionnement n.m. Arme économique utilisée pour freiner l'expansion du marché des journaux par les régimes autoritaires du XIXᵉ siècle. Il fut en France instauré en 1818 et supprimé en 1881. Tout journal politique devait à sa création verser dans les caisses publiques un capital, souvent fort important, qui garantissait le paiement des amendes et dommages et intérêts auxquels il pouvait être condamné. → **Timbre**

Caviardage n.m. Méthode jadis utilisée par les autorités tsaristes pour censurer les journaux étrangers servis à des abonnés* russes. On noircissait à l'encre les articles dont les contenus ne devaient pas être lus. Synonyme de censure*. → **Caviarder**

Caviarder v.tr. Supprimer un mot ou un passage dans un texte, avant sa publication* par voie de presse, sa diffusion sur les ondes*, son impression* sur un média* autonome. → **Caviardage**

CCIR (Comité consultatif international de la radiodiffusion). Organe permanent de l'UIT* donnant son avis sur les normes internationales concernant les radiocommunications, ainsi que sur la conception et l'exploitation des services de téléphone, les réseaux de transmission de données et les protocoles applicables à ces réseaux. En 1993, le CCIR a été rebaptisé UIT-R (R pour *radiocommunication*).

CCITT (Comité consultatif international télégraphique et téléphonique). Organe permanent de l'UIT* chargé de déterminer les règles d'exploitation des services, les spécifications techniques des réseaux* et des terminaux, et de les publier sous forme de normes s'imposant à tous. En 1993, le CCITT a été rebaptisé ITU-TS (International Telecommunication Union-Telecommunication Sector).

CD (Compact Disc) n.m. Disque optique amovible utilisé dans différents types d'applications professionnelles ou grand public. Le premier modèle de CD – le disque compact audio – fut lancé en 1982 dans le grand public par ses co-inventeurs, Philips et Sony. À la fois amovible, bon marché, résistant et d'accès direct, le CD s'est imposé comme le support privilégié des program-

mes multimédias*. Les spécifications du CD sont regroupées dans un livre rouge qui sert de référence à tous les autres types de CD.

CD-DA (Compact Disc-Digital Audio) n.m. Disque compact destiné à l'enregistrement et à la restitution des sons. Par extension, appareil de lecture de ce type de disque compact.

CD-I (Compact Disc-Interactive) n.m. Disque compact interactif pouvant contenir des images fixes ou animées, du son ainsi que des programmes informatiques. Philips a tenté de faire du CD-I, lu par une console* qui se connecte au téléviseur, le format privilégié de l'édition multimédia* grand public. Le CD-I n'a rencontré le succès qu'auprès des collectivités professionnelles, où ses applications sont appréciées.

CD-Photo n.m. Disque compact conçu par Kodak et servant de support de stockage de photos.

CD-R (Compact Disc-Recordable) n.m. Disque compact permettant l'enregistrement du son, une seule fois, ainsi que sa restitution, grâce à un lecteur de disques compacts. L'enregistrement, d'une durée de 60 ou de 74 minutes, est donc définitif : en cas d'erreur, il est possible de supprimer la plage concernée de la table des matières du disque (TOC), créée automatiquement quand celui-ci est intégralement enregistré. Un système particulier de codage, le *Serial Cpy Management System*, rend impossible l'enregistrement d'un CD-R à partir d'un CD préenregistré, afin d'empêcher le piratage.

CD-Rom (Compact Disc-Read Only Memory) n.m. Extension du CD audio, dont il reprend toutes les caractéristiques extérieures. Ce disque compact interactif, qui peut contenir des données de toute nature, a été conçu pour l'informatique* : il est consultable sur un ordinateur* équipé d'un lecteur* (interne ou externe) adapté. D'abord utilisé par les professionnels comme mémoire* auxiliaire de l'ordinateur, le CD-Rom est maintenant le support de l'édition multimédia hors* ligne tant professionnelle que grand public.

CD-Rom XA n.m. (eXtended Architecture). CD-Rom à mémoire* étendue apportant une plus grande capacité multimédia*. Mis au point en 1988, ce support permet donc d'ajouter de la vidéo* et du son aux données informatiques.

CD-RW (Compact Disc ReWritable) n.m. Disque compact « réenregistrable », permettant l'enregistrement du son, autant de fois qu'on le souhaite. Conçu par Philips, ce disque, vierge, coûte entre 3 et 5 fois plus cher que le CD-R*. Son essor est freiné par le petit nombre de lecteurs dotés de la fonction « lecture multiple » *(multiread)*.

Cédérom n.m. Dénomination française de *CD-Rom**.

CEEFAX n.m. Standard de télétexte* européen diffusant toutes sortes d'informations sous forme de textes ou de graphiques sur les lignes non utilisées qui portent les images de télévision (les sous-porteuses) et accessible par des téléviseurs équipés d'un décodeur*. Ce service est diffusé et non interactif.

Cegetel. Rassemblant lors de sa création à l'automne 1996, les activités de communications mobiles du groupe Vivendi (ex - Compagnie générale des eaux), son actionnaire de référence (44 % du capital), allié à de grands opérateurs internationaux – British Telecom (26 %), Mannesmann, industriel allemand de l'électronique (15 %) et SBC., Southwestern Bell, opérateur régional américain (15 %) –, Cegetel se positionne comme le premier opérateur privé de télécommunications* en France depuis l'ouverture complète du marché à la concurrence, le 1er janvier 1998. Grâce à l'accord de partenariat signé avec la SNCF en février 1997, Cegetel s'appuie sur son propre réseau national de télécommunications, entièrement numérique et constitué de 10 000 km de câbles* optiques, pour proposer une offre globale de services de télécommunications. Cegetel s'appuie aussi sur le réseau hertzien de SFR qui couvre aujourd'hui 95 % de la population, ainsi que sur un réseau national de transmission de données et sur des réseaux locaux en fibres optiques déployés

dans les quartiers d'affaires. L'offre de Cegetel s'adresse au grand public, avec SFR pour la téléphonie* mobile (3 millions de clients en juin 1998), le « 7 » pour la téléphonie fixe, TAM TAM pour la radiomessagerie* et « AOL par Cegetel » pour l'accès à l'Internet*. Cette offre couvre aussi l'ensemble des besoins des entreprises : téléphonie fixe et mobile, transmissions de données, Internet, Intranet*, commerce* électronique...

Censure n.f. (angl. : *censorship*). Opération consistant à supprimer, avant sa publication*, dans un livre ou un journal*, une opinion, une idée, de la relation d'un événement ou de la révélation d'un fait. Du fait des autorités (politiques ou administratives, et non judiciaires) qui y procèdent et du moment (contrôle *a priori,* préalable ou préventif, et non répressif ou *a posteriori*) auquel il est effectué, un tel contrôle est contraire au principe de la liberté de « communiquer ses pensées ou ses opinions ». La crainte de la censure conduit immanquablement, de la part des médias, de leurs responsables ou de leurs journalistes, à une certaine autocensure*.

DROIT. En droit français, si la censure a – en principe ou officiellement – disparu, en période normale (par opposition à certaines périodes dites « exceptionnelles » : état d'urgence, état de guerre, état de siège...), à l'égard de l'ensemble des publications (périodiques ou non périodiques) écrites, certaines de ces publications* (étrangères ou destinées à la jeunesse) continuent cependant de faire l'objet de diverses modalités de contrôle administratif, pouvant aboutir à des mesures de restriction ou d'interdiction de diffusion. La censure subsiste officiellement à l'encontre du cinéma*. Aucun film ne peut être exploité ou exporté s'il n'a reçu un visa de contrôle. Ce dernier peut être subordonné à certaines modifications ou amputations, ou comporter diverses restrictions pour certaines catégories de mineurs (moins de 12 ou de 16 ans). CONTR. : *Autodétermination ; Caviardage ; Liberté.*

Centrale d'achat d'espace. Société qui négocie l'achat, à l'avance, en grande quantité et au prix de gros, des espaces publicitaires. Elle se place donc entre l'agence* conseil d'un annonceur* et la régie* d'un support*. ENCYCL. Créées à la fin des années 1960, les centrales ont été accusées de détourner à leur profit des ristournes consenties aux agences, de pousser les supports à augmenter le prix des espaces vendus et surtout de rendre opaques aux annonceurs les flux financiers de la publicité*. Pour toutes ces raisons, la loi Sapin du 29 janvier 1993 stipule que l'achat* d'espace ne peut plus être pratiqué qu'avec le statut de mandataire et que l'intermédiaire ne peut être rémunéré que par l'annonceur au vu des factures du support. Certaines centrales se sont ainsi réorientées vers des activités d'expertise, suivant l'exemple de Carat : études, informations et conseils, afin d'optimiser l'efficacité publicitaire des campagnes*. Elles se nomment maintenant « agences médias ».

Centre d'étude des supports de publicité (CESP). Association interprofessionnelle, créée en 1956, et regroupant l'ensemble des acteurs du marché publicitaire concernés par l'étude de l'audience* des médias* : annonceurs*, supports, agences* conseils en communication*, centrales* d'achat d'espace et régies* publicitaires, soit environ 300 adhérents. À l'origine, le CESP avait pour objet de mener des études d'audience sur les médias. Depuis 1992, le CESP est devenu l'organe d'audit, de contrôle et d'authentification (on dit aussi « labélisation ») des études d'audience de référence, parmi lesquelles l'étude AEPM* sur l'audience de la presse magazine, l'étude EUROPQN*-SPQR (Syndicat de la presse quotidienne régionale)-IPSOS* sur l'audience de la presse quotidienne, l'étude IPSOS sur « la France des cadres actifs », le panel* audimétrique « Médiamat » et l'étude « 75 000* » (radio*, télévision*, cinéma*) de Médiamétrie*, l'étude « Affimétrie* » pour l'affichage*. Le CESP contribue à l'harmonisation des méthodologies d'enquête au niveau européen par le biais de sa collaboration au groupe de travail médias de l'UER*. Adresse : 136, boulevard Haussmann, 75008 Paris. Tél. : 01 42 89 12 26.

Centre national de la cinématographie (CNC). Établissement public à caractère administratif, institué par la loi du 25 octobre 1946, le CNC est placé sous l'autorité du Ministre chargé de la culture. Il a pour mission principale de réglementer, gérer et contrôler le soutien économique au cinéma et à l'audiovisuel. Au cœur du dispositif de soutien, le CNC délivre les autorisations d'exercice aux producteurs, distributeurs et exploitants, octroie des agréments et attribue des aides financières pour la production et la distribution des films, la création ou la modernisation des salles de cinéma, l'édition vidéo et la promotion du cinéma. Il contribue de même au financement des industries techniques et à la production des programmes destinés à l'ensemble des réseaux télévisuels. Le CNC assure un suivi permanent de l'économie générale du cinéma et de l'audiovisuel et participe aux différentes formes de financement : gestion du compte de soutien, suivi du mécanisme d'incitation fiscale que sont les Sofica* et tutelle de l'Institut de financement du cinéma et des industries culturelles (IFCIC*). Ces attributions s'inscrivent dans un cadre réglementaire et législatif élaboré par/ou avec la collaboration du CNC qui veille également à son respect. A cet effet, le CNC réunit de nombreuses commissions, notamment les commissions d'agrément, d'avance sur recettes, du Cosip et de classification des œuvres cinématographiques dont le contrôle subordonne l'obtention du visa d'exploitation et d'exportation des films. Pièce maîtresse de la législation et de la réglementation élaborée en concertation avec les professionnels et les pouvoirs publics, le registre public (RPCA) enregistre et assure la publicité des actes, conventions et jugements concernant les œuvres cinématographiques et audiovisuelles. Le CNC, par sa dimension culturelle, est chargé en outre de favoriser la promotion et la diffusion du cinéma et de l'audiovisuel en France et à l'étranger, d'assurer la protection et la diffusion du patrimoine cinématographique ainsi que de développer la formation professionnelle et continue aux métiers du cinéma et de l'audiovisuel. A ce titre, il attribue des subventions à de nombreuses manifestations et s'appuie sur la collaboration des collectivités locales et de l'Education nationale, et principalement sur les actions des institutions partenaires qu'il subventionne et contrôle, dont les plus connues sont notamment l'ENSMIS (École nationale supérieure des métiers de l'image et du son), la BIFI (Bibliothèque du film), la Cinémathèque française, Unifrance* Film International, le Festival international de Cannes, l'ADRC (agence pour le développement régional du cinéma), le GREC (groupe de recherche et d'essais cinématographiques) et la CST (Commission supérieure technique de l'image et du son). Il assure plus directement avec le service des archives du film et du dépôt légal et la mission chargée du projet du Palais du cinéma sa mission patrimoniale. Enfin, doté d'une délégation au multimédia* depuis septembre 1996, le CNC contribue au développement des nouvelles technologies de l'information et de la communication sur l'ensemble des activités du Ministère de la culture et de la communication. Adresse : 12, rue de Lübeck 75016 Paris. Tél. : 01 44 34 34 40. Site Web : http://www.cnc.fr

Cercle de web (angl. : *webring*) Regroupement autour d'un thème ou d'un domaine déterminé d'un certain nombre de sites* références et sélectionnés, ce qui apparente ce regroupement à une chaîne* thématique de télévision. Le phénomène du chaînage répond à la nécessité de classer les nombreux sites accessibles sur le web*. → **Internet**

CESP. → **Centre d'étude des supports de publicité**

Cessation de publication. Interruption définitive (ou, au moins, envisagée comme telle à ce moment-là) de la parution d'un titre de publication périodique*.
ENCYCL. En droit français, et en application de l'article L. 761-7 du Code du travail, la « cessation de la publication du journal ou périodique » est un des trois cas qui permettent aux journalistes* de donner leur démission* en faisant jouer la clause* de conscience. Cela leur permet notamment de percevoir les indemnités qui leur auraient été dues en cas de licenciement*. Pour le cas où la cessation de la publication n'entraînerait pas, d'elle-même, rupture du contrat de travail, parce que le journaliste aurait été reclassé dans un autre titre de la même société édi-

trice ou du même groupe* de presse*, cette nouvelle affectation serait très probablement analysée comme constituant une modification substantielle dans les conditions d'exécution du contrat, considérée aujourd'hui, en droit commun du travail, comme un licenciement ou une rupture du contrat de travail du fait de l'employeur (entraînant, de ce fait, droit à indemnités* de licenciement).

Cession n.f. Vente d'une publication* ou, bien plus fréquemment aujourd'hui, d'une part au moins du capital de la société éditrice de cette publication périodique*.
ENCYCL. En droit français, au nom des obligations de transparence*, constitutives du statut* des entreprises de presse, l'article 6 de la loi du 1er août 1986 impose de « porter à la connaissance des lecteurs de la publication [...] **1.** toute cession ou promesse de cession de droits sociaux ayant pour effet de donner à un cessionnaire au moins un tiers du capital social ou des droits de vote ; **2.** tout transfert ou promesse de transfert de la propriété ou de l'exploitation d'un titre de publication de presse ». La « cession du journal ou du périodique » constitue, aux termes de l'article L. 761-7 du Code du travail, un des trois cas qui permettent aux journalistes* de mettre en jeu la clause* de conscience. C'est-à-dire, notamment, de donner leur démission* tout en ayant droit aux indemnités* dites de licenciement. L'appréciation de ce qui peut ou doit être considéré comme constitutif de cession se révèle aujourd'hui fort délicate. La plupart des entreprises œuvrant dans le secteur des médias* sont constituées sous forme de sociétés. Quelle part de capital doit alors être cédée, et à qui, pour que l'on considère qu'il y a cession ? Nombre de ces entreprises appartiennent désormais à des groupes ou sont des filiales de sociétés plus importantes. Ne doit-on prendre en compte que les cessions concernant directement la société qui emploie le journaliste ou aussi celles, même indirectes, susceptibles d'avoir un effet sur les conditions d'exercice de son activité ?

CFI. → **Canal France International**

CFPP. → **Compagnie française des papiers de presse**

Chaînage. → **Cercle de web***

Chaîne à péage (angl. : *pay TV*). Chaîne de télévision à accès payant qui, étant volontairement brouillée ou cryptée, ne peut être regardée que par les téléspectateurs ayant payé un abonnement, ces abonnés disposant d'un décodeur à code d'accès ou à carte à mémoire ; il s'agit, le plus souvent, de chaînes de télévision thématiques consacrées à des émissions dont le contenu est délimité, à moins qu'elles soient destinées à une audience spécifique et identifiable.

DROIT. Ces chaînes sont soumises à des contraintes spécifiques en matière de publicité*, puisque les écrans publicitaires ne peuvent être diffusés que dans les plages « en clair* » de leurs programmes. Canal +*, la première chaîne française cryptée, est née le 4 novembre 1984. En ce qui concerne les obligations de diffusion des œuvres* cinématographiques et audiovisuelles sur les services cryptés diffusés par voie hertzienne, le décret n° 95-668 du 9 mai 1995 a abrogé le décret n° 89-35 du 24 juin 1989. Ce décret fixe les quotas* de diffusion des œuvres cinématographiques et audiovisuelles d'expression originale française. Dans le domaine du câble*, c'est le décret n° 92-882 du 1er septembre 1992 qui fixe les obligations applicables à ces services. On dit également « chaîne cryptée » : une chaîne à péage est forcément cryptée. → **Chaîne cinéma**

Chaîne cinéma. Les services de cinéma* soumis à des conditions d'accès particulières dites « chaînes cinéma » sont définis par le décret n° 92-882 du 1er septembre 1992 modifié par le décret n° 95-77 du 24 janvier 1995. Il s'agit de services qui font l'objet d'un abonnement* spécifique, qui consacrent à l'acquisition de droits de diffusion d'œuvres* cinématographiques européennes 20 % au moins de leur chiffre d'affaires hors taxe, dont 14 % pour l'acquisition de droits de diffusion d'œuvres cinématographiques d'expression originale française, et qui tirent 75 % au moins de leurs ressources de la fourniture de leurs programmes aux sociétés ou organismes les mettant à disposition du public.

ENCYCL. Le régime* de diffusion de ces chaînes est particulier : la programmation des œu-vres cinématographiques de longue durée ne peut être annoncée plus de deux mois avant la date de programmation effective ; le nombre maximal d'œuvres cinématographiques de longue durée diffusées annuellement est fixé à 416 ; chaque œuvre cinématographique de longue durée ne peut être diffusée plus de huit fois, pendant une période de deux semaines ; aucune œuvre cinématographique de longue durée ne peut être diffusée ou rediffusée le vendredi de 18 heures à 21 heures, le samedi de 15 heures à 23 heures, le dimanche et les jours fériés de 13 heures à 18 heures ; pour les services ne diffusant que des œuvres cinématographiques de longue durée en noir et blanc, l'interdiction de diffusion ou de rediffusion ne porte que sur le samedi de 18 heures à 23 heures, le dimanche et les jours fériés de 14 heures à 18 heures ; les quotas* de diffusion doivent être respectés sur l'ensemble de la programmation ainsi qu'aux heures de grande écoute, fixées à la tranche horaire 18 heures-minuit.

Chaîne de journaux (angl. : *newspapers chain*). Ensemble formé par deux ou plusieurs journaux, contrôlés par un même propriétaire, paraissant sous des titres différents et dans des localités différentes, qui opèrent séparément tout en publiant des articles communs. Ce système est très développé aux États-Unis et en Allemagne.

Chaîne parlementaire. La loi n° 94-88 du 1er février 1994 a introduit dans la loi du 30 septembre 1986 un nouvel article 45-1, qui dispose que : « chaque assemblée parlementaire peut, sous le contrôle de son bureau, produire et faire diffuser par voie hertzienne ou distribuer par câble* un programme de présentation et de compte rendu de ses travaux. Ce programme peut également porter sur le fonctionnement des institutions parlementaires et faire place au débat public dans le respect de la représentativité des groupes et formations siégeant dans chacune des assemblées ».

ENCYCL. Ce texte, qui entérine une pratique déjà en vigueur sur les réseaux câblés sous le nom de « Canal Assemblée », s'agissant de la seule Assemblée nationale, soulève deux problèmes : le contrôle de la « chaîne » et les modalités du « débat public ». Canal Assemblée est repris par l'ensemble des réseaux de la Lyonnaise des eaux et par la plupart des réseaux France Télécom*. Sur le contrôle, il ne paraît pas contestable que cette chaîne relève du bureau de l'Assemblée parlementaire concernée, sans intervention possible du CSA, le bureau, composé de tous les groupes représentés, offrant toutes garanties de respect du pluralisme. Quant au débat public, il doit répondre à des exigences d'équilibre et d'impartialité qu'il appartient au bureau de l'Assemblée concernée de mettre en œuvre. La diffusion de cette chaîne est indépendante des obligations de diffusion des débats du Parlement imposées aux chaînes publiques. → **Pluralisme, Trois tiers (règle des)**

Chaîne de télévision. Ensemble des programmes de télévision diffusés sur un canal déterminé et identifié, par une voie quelconque, par voie hertzienne terrestre, par câble ou par satellite, programmes diffusés à des heures connues à l'avance, selon des rendez-vous périodiques qui composent ce que l'on appelle une grille* de programmation. Ainsi, TF1 et France 3 sont-elles chacune une chaîne de télévision, au même titre que CNN, Planète ou LCI. La notion de chaîne s'estompe dans l'esprit du public : malgré les efforts qui sont faits pour s'attacher leur fidélité, les téléspectateurs déclarent plus nombreux ignorer sur quelle chaîne ils ont regardé un programme déterminé, et ce, d'autant plus que le nombre des chaînes offertes est élevé. Grâce à une abondance toujours plus grande, les téléspectateurs choisissent les programmes eux-mêmes plutôt que les chaînes.

ENCYCL. Les usages de la télévision en tant que technique – les utilisations qui en sont faites – font apparaître plusieurs distinctions. La première concerne l'audience* visée, différenciée ou indifférenciée : celle-ci, qui correspond au grand public*, est dite « généraliste », ou de masse, parce qu'elle est destinée à tous les publics, sans discrimination, et qu'elle aborde par conséquent tous les sujets susceptibles de retenir leur attention. Quand l'audience visée est différenciée, et qu'on lui prête par conséquent certaines attentes ou curiosités particulières, la

chaîne de télévision est dite « thématique » parce qu'elle se consacre, pour l'essentiel, à certaines catégories de programmes (cinéma, information, sports) ; « ciblée », quand elle est destinée, prioritairement, à un public identifié par une caractéristique commune à tous ses représentants (l'âge, le sexe, le niveau d'instruction, l'appartenance sociale, etc.) ; ou bien encore « communautaire », lorsqu'elle se consacre à une collectivité, géographiquement rassemblée ou dispersée, dont les membres sont reliés par un sentiment très fort d'appartenir à une même communauté. La deuxième distinction, parmi les chaînes de télévision, concerne le mode de rétribution de leurs initiateurs : on distingue ainsi la télévision publique de la télévision privée. Parmi les chaînes « privées », on oppose celles qui sont « gratuites » pour le téléspectateur*, parce que financées par les annonceurs, à celles qui sont payantes ou à péage*, le paiement pouvant s'opérer au forfait ou à la consommation*. La troisième distinction concerne la participation du téléspectateur au choix des programmes, c'est-à-dire le degré d'interactivité* que la technique lui offre : depuis la télévision dite « passive », où le téléspectateur est prisonnier de ce qui est diffusé, des chaînes qui lui sont offertes et de leurs grilles de programmes, jusqu'à la télévision « à la carte », « à la demande », ou « interactivie », celle qui permet la commande et le paiement* à la consommation, en passant par le paiement par abonnement* forfaitaire.

Chapeau ou **Chapô** n.m. Texte de quelques lignes placé après le titre d'un article* assez long. Composé en plus gros caractères que le texte de l'article lui-même, il en offre un résumé soit pour inciter le lecteur à en poursuivre la lecture, soit pour l'en dispenser en lui en révélant les données essentielles.

Chargeurs International. → **Pathé**

Charte des devoirs des journalistes (angl. : *Code of ethics*).
ENCYCL. Texte, déterminant certains principes éthiques ou déontologiques, élaboré en 1918 et révisé en 1938 par le principal syndicat de journalistes* français, le Syndicat national des journalistes (SNJ). N'a aucune valeur ou

force contraignante, faute notamment de toute institution – pourtant prévue dans la Charte elle-même ! – susceptible de veiller à son application. Les journalistes se privent ainsi de la possibilité de faire preuve de leur sens des responsabilités et, dès lors, de renforcer leur liberté*. Cette Charte est ainsi rédigée : « Un journaliste digne de ce nom prend la responsabilité de tous ses écrits, tient la calomnie, les accusations sans preuve, l'altération des documents, la déformation des faits, le mensonge, pour les plus graves fautes professionnelles ; ne reconnaît que la juridiction de ses pairs, souveraine en matière d'honneur professionnel ; n'accepte que des missions compatibles avec sa dignité professionnelle ; s'interdit d'invoquer un titre ou une qualité imaginaire, d'user de moyens déloyaux pour obtenir une information ou surprendre la bonne foi de quiconque ; ne touche pas d'argent dans le service public ou une entreprise privée où sa qualité de journaliste, ses influences, ses relations soient susceptibles d'être exploitées ; ne signe pas de son nom des articles de réclame commerciale ou financière ; ne commet aucun plagiat, cite les confrères dont il reproduit un texte quelconque ; ne sollicite pas la place d'un confrère ni ne provoque son renvoi en offrant de travailler à des conditions inférieures ; garde le secret* professionnel, n'use pas de la liberté de la presse dans une intention intéressée ; revendique la liberté de publier honnêtement ses informations, tient le scrupule et le souci de la justice pour des règles premières, ne confond pas son rôle avec celui du policier ».

Charte graphique. Ensemble des éléments visuels tels que la typographie, la couleur et le logotype comme permettant l'identification et la reconnaissance d'une marque ou d'un organisme. La charte graphique est utilisée pour une communication* institutionnelle.

Chasse n.f. (angl. : *width, set*). Emprise, en largeur, du caractère* (lettre, chiffre, élément de ponctuation, blanc séparant les mots). Un *M* ou un *m* « chasse » plus qu'un *I*, un *i* ou une virgule. → **Chasser**

Chasser. Se dit des caractères* pour éva-

luer la largeur de la place qu'ils occupent dans la ligne. → **Chasse**

Châssis n.m. (angl. : *chase, plateholder*). Cadre d'abord en bois puis en métal, plus bas que les caractères*, enserrant solidement la composition* typographique pour constituer la forme* imprimante.

Chef de rubrique n.m. ou n.f. Journaliste* responsable de l'équipe des rédacteurs d'une rubrique*. → **Rubricard**

Chemin de fer. Représentation de la succession des pages d'une publication*, ce qui permet de visualiser son organisation d'ensemble.

Chien de garde (angl. : *watch-dog*). Appellation péjorative pour désigner, au sein d'une société donnée, celui ou celle qui sélectionne les idées, les nouvelles, les œuvres ou les informations, avant de les rendre accessibles au plus grand nombre, de telle sorte que celles-ci ne remettent pas en cause l'ordre social qu'il convient de préserver et de consolider. L'appellation vise particulièrement les journalistes, et parmi eux ceux qui exercent des responsabilités hiérarchiques, soupçonnés de conformisme ou de connivence avec les représentants de l'ordre établi. → **Conformisme, Propagande, Spirale du silence, Suivisme**

Chicago (École de). Groupe de sociologues américains constitué de plusieurs générations différentes, ayant renouvelé l'approche de certains phénomènes sociaux par une méthode très fine d'observation sur le terrain. La première génération est principalement représentée par Ernest BURGESS et Robert PARK : ce dernier a lancé, durant les années 1920 et 1930, de nombreuses études monographiques sur les phénomènes d'urbanisation, les relations entre groupes ethniques, les contacts entre les races et les cultures, et enfin le rôle de la presse. Il considérait la communication comme un processus par lequel la société fonctionne, transmet ses traditions et assure un consensus parmi ses membres. La méthode d'analyse de la seconde génération, formée durant les années 1940 et 1950, est plus connue sous l'appellation d'« interactionnisme symbolique » : Everett HUGHES, Anselm STRAUSS, Howard BECKER considèrent que les membres d'une société sont liés par un système d'influences personnelles et que les actions des individus constituent des réponses aux actions d'autrui. L'école de Chicago a une prédilection pour la démarche ethnographique, pour l'attention portée aux détails. Elle a notamment étudié les institutions, le travail, les professions et le monde de l'art.

Chiffrement n.m. (angl. : *encryption*). Technique qui permet de modifier un message, au moment où il est transmis, afin que son destinataire, détenteur de la clef* ayant permis cette modification, soit le seul capable de le recevoir dans son intégralité et dans sa forme originelle. Cette technique permet d'assurer la confidentialité des échanges d'informations entre plusieurs personnes.
ENCYCL. Deux thèses s'affrontent, dans le monde, concernant le chiffrement de l'information qui circule sur les réseaux et, notamment, sur l'Internet. La première estime que le chiffrement est une affaire privée et qu'en aucun cas son utilisation ne saurait être subordonnée à la délivrance d'une autorisation de la part d'une quelconque autorité publique. La seconde considère qu'une libéralisation du chiffrement pourrait faire bénéficier de protections indues les activités mafieuses ou terroristes, qui mettent en danger les libertés publiques ou privées. Devant la nécessité d'assurer la sécurité des transactions, celles notamment du commerce et de la monnaie électronique, le débat s'est déplacé sur un autre terrain : celui du « tiers de confiance », également appelé « tiers de séquestre », équivalent du notaire, auprès duquel est déposé un « double » des clefs. L'autorisation du chiffrement est ainsi subordonnée au dépôt de ce double, chez un tiers agréé par la puissance publique. Aux États-Unis, ce « chipper chip » a été combattu, en 1994, au nom de la liberté d'expression : ses contempteurs redoutent l'engrenage au bout duquel un contrôle s'exercerait, de l'extérieur ou de l'intérieur, sur les activités privés des personnes. → **Clef, SCSSI**

CHOMSKY (Noam Avren), linguiste américain (Philadelphie, 1928). Il propose, pour toute phrase, une description « générative », par une suite de « règles de réécriture », qui aboutit à une structure profonde et une suite de transformations qui, elles-mêmes, conduisent à une structure superficielle, réalisée par la parole qui est prononcée. Opposée au behaviorisme ainsi qu'à une observation exclusive du discours, la grammaire générative transformationnelle qu'il a fondée (*Syntactic Structures*, 1957) repose sur la double hypothèse de l'origine innée du langage et de l'universalité des structures profondes. Ce qu'il prétend, à travers l'examen des faits de langage, c'est comprendre l'esprit humain et, au-delà, la nature humaine : quelle peut être, s'interroge-t-il, la contribution de l'étude du langage à notre compréhension de la nature humaine ? (*Language and Mind*, 1968.) En s'opposant de façon radicale à la politique de son pays au Vietnam, il a dénoncé la manipulation de l'opinion des médias, inféodés selon lui aux seuls intérêts du complexe « militaro-industriel » américain.

Chrominance n.f. Énergie lumineuse correspondant à la représentation des couleurs dans les systèmes de décomposition d'images, vidéo* en particulier.

Chronique n.f. (du grec *chronikos*, « qui se rapporte au temps »). Genre journalistique dont la nature a évolué dans le temps. À l'origine, article rapportant les événements* d'un domaine particulier de l'activité. Aujourd'hui, article de commentaire* général, au sein d'une rubrique spécialisée, dévolu le plus souvent à un chroniqueur* dont la signature a acquis, dans sa spécialité, une notoriété suffisante pour retenir l'intérêt du lecteur. CONTR. : *Reportage*.

Chroniqueur n.m. Rédacteur chevronné signataire d'une chronique*.

Chronologie des médias. Dispositions concernant le délai entre la sortie d'une œuvre* cinématographique en salles et son exploitation par un service de communication audiovisuelle. Ainsi, le délai à compter duquel une œuvre cinématographique est disponible en vidéocassettes* est d'un an à compter de l'obtention de son visa d'exploitation (décret n° 83-4 du 4 janvier 1983). Ce délai peut être plus bref en fonction des résultats du film en salles. S'agissant des services de télévision privés, aucune œuvre cinématographique ne peut être diffusée moins de trois ans après l'obtention du visa d'exploitation. Si la chaîne est coproductrice du film, ce délai peut être raccourci sans être inférieur à deux ans. Par ailleurs, au vu des résultats d'exploitation en salles, les délais peuvent être réduits par dérogation accordée par le ministre de la Culture après avis d'une commission auprès du Centre* national de la cinématographie sans pouvoir être inférieurs à dix-huit mois après l'obtention du visa d'exploitation (décret n° 87-36 du 26 janvier 1987).

ENCYCL. L'article 70-1 de la loi du 1er septembre 1986 tel que modifié par la loi du 1er février 1994 prévoyait l'adoption d'un décret d'application fixant les différents délais de diffusion des œuvres cinématographiques sur les différentes catégories de services de communication audiovisuelle. Ce texte n'a pu être appliqué dans la mesure où la directive* européenne fixe le point de départ du délai pour la diffusion d'une œuvre cinématographique sur un service de télévision à partir de sa sortie en salles dans un pays de l'Union européenne, disposition que la France ne souhaitait pas transposer, préférant, s'agissant de la diffusion sur le câble, la date de sortie en salles en France. Ce défaut de transposition a été sanctionné par le Conseil d'État (CE, Ciné-Cinémas, câble, 12 novembre 1993). Désormais, la directive européenne du 30 juin 1997 qui modifie la directive « Télévision sans frontières » du 3 octobre 1989 prévoit que la chronologie des médias relève d'accords entre les détenteurs des droits* et les organismes de radiodiffusion télévisuelle. Ainsi, le décret « câble » (décret n° 92-882 du 1er septembre 1992 modifié par le décret n° 95-77 du 24 juin 1995) ne comporte plus de référence à la chronologie des médias. Il en est également ainsi du décret n° 95-668 du 9 mai 1995 sur les services cryptés diffusant par voie hertzienne terrestre, les diffuseurs français concluant désormais sur ce sujet des accords avec le Bureau* de liaison des industries cinématographiques (BLIC). → **Directive « Télévision sans frontières »**

Chute n.f. Phrase qui termine un article*.

Cible n.f. (angl. : *target*). Fraction de population visée par une campagne* publicitaire. Elle est définie en fonction des objectifs de la campagne par des caractéristiques socio-économiques ou des comportements d'achat. On distingue le *cœur de cible*, constitué par les acheteurs réels ou potentiels, et l'*environnement du cœur* que sont les prescripteurs*, leaders d'opinion, distributeurs.

Cicero n.m. Hauteur d'un caractère* typographique de corps 12. → **Typographie, Typographe**

Cinéma n.m. 1. Ensemble des techniques et des procédés qui permettent la projection sur un écran d'images fixes ou animées, sonorisées ou non. 2. Salle où l'on projette, sur un grand écran, un film ou une œuvre vidéo. On dit également salle d'exploitation. 3. Ensemble des activités nées du cinéma parlant, par opposition au cinéma muet, et qui ont fait d'une technique à la fois une industrie et un art (le « 7e », selon la formule de René CLAIR [1898-1981]), avec ses règles d'organisation et de fonctionnement, ses lois économiques particulières, ses usages et ses publics.

HIST. La première séance de cinématographe est due aux frères Lumière. Elle s'est déroulée en décembre 1895, au Café de la Paix, boulevard des Capucines à Paris. Le véritable ancêtre du cinématographe remonte à 1832 : le phénakistiscope, dû au Belge Joseph PLATEAU, était un cylindre creux percé de fentes régulièrement espacées en face desquelles des images, en se succédant, donnaient l'impression du mouvement. En 1839, les photographies, inventées par NIEPCE et DAGUERRE, remplacèrent les dessins. En 1882, le Français MARLY construisit le « fusil cinématographique », ancêtre de l'actuelle caméra. Les salles d'exploitation se multiplient dès les premières années du XXe siècle : en 1908, on dénombrait déjà plus de 8 000 salles pour l'ensemble des États-Unis. Un an plus tôt, Pathé avait lancé sur le marché, en France, les premières bandes d'une longueur de 600 mètres. C'est au lendemain de la Première Guerre mondiale que l'industrie cinématographique a pris son essor, aux États-

Unis, à Hollywood. Le film de cinéma était devenu, peu avant 1930, l'objet d'une industrie ou d'un marché, une forme d'expression nouvelle, un art à part entière, un véritable média. ÉCON. Le développement de la télévision* a très tôt suscité des controverses entre l'industrie cinématographique et les chaînes* de télévision. Tandis que le cinéma perdait des spectateurs en salles, tout en s'affirmant dépouillé à vil prix de ses recettes au profit de la télévision, accusée de réaliser à bon compte de larges audiences*, source de revenus publicitaires, la télévision, pour sa part, estimait offrir une chance de rentabilisation supplémentaire au cinéma. En France, les négociations entre la télévision et le cinéma, défendu notamment par le BLIC* (Bureau de liaison des industries cinématographiques), ont conduit à une réglementation qui organise les droits et les devoirs de chacun. Elle comporte en premier lieu des mesures défensives du cinéma en salle qui ont pour objet d'interdire, limiter ou retarder le passage des films à la télévision. C'est ainsi qu'ont été imposés : **1.** un nombre limité de films diffusables, chaque année, sur chaque type de chaîne ; **2.** des quotas* de nationalité (40 % au moins de films d'expression originale française, 60 % au moins de films européens) ; **3.** une chronologie* de la diffusion des films qui débute par la salle, passe par le support vidéo, et finit par la diffusion télévisuelle ; **4.** une réglementation des grilles* de programmes, avec des jours et heures de passage interdits. Mais elle comporte aussi des mesures « offensives » qui obligent les chaînes à participer de plus en plus à l'économie du cinéma grâce à trois types de mesures : renchérissement progressif des droits de passage, obligation de participation au financement de la production* de façon directe par le biais de préachats* de droits ou de coproductions*, et de façon indirecte par le versement d'une taxe, assise sur l'ensemble des recettes des chaînes, alimentant le Cosip*. Devenue ainsi la première source de financement de la production cinématographique, la télévision a pu augmenter le nombre total de films diffusés sur les chaînes généralistes et créer des chaînes spécialisées dans le cinéma proposées par abonnement*. → **Chaîne** ci-néma, CNC, Œuvres cinématographiques, Production

Cinquième (La). La chaîne du savoir, de la formation et de l'emploi, appelée La Cinquième, est une chaîne à vocation éducative appartenant au secteur public. Elle a été créée par la loi du 1ᵉʳ février 1994. Son capital est détenu par l'État (83 %), La Sept-Arte (5 %), France 3 (5 %), l'INA (5 %), la Réunion des Musées nationaux (1 %) et la Bibliothèque nationale de France (1 %). Lancée en décembre 1994, La Cinquième occupe les heures diurnes (6 h 45 à 19 heures) du cinquième réseau hertzien. Elle est également diffusée par satellite (Telecom, Eutelsat et Astra) en analogique* et en numérique* aux mêmes heures et de 19 heures à 24 heures sur TPS et CanalSatellite. Le préambule de son cahier des charges (décret n° 95-70 du 20 janvier 1995) précise que la chaîne a pour mission de favoriser l'acquisition, « par tous les publics », des connaissances facilitant la découverte et la compréhension du monde, l'accession à l'univers du travail et l'insertion dans la société contemporaine. Ainsi, La Cinquième doit concevoir, réaliser et diffuser des émissions à caractère éducatif et culturel, destinées à l'acquisition de nouvelles connaissances dans tous les domaines, notamment à destination du public scolarisé ; des émissions consacrées au travail, à l'emploi et à la formation professionnelle ; des émissions destinées à répondre aux interrogations du public sur la vie sociale concernant plus particulièrement la vie civique, l'insertion des étrangers et la connaissance des institutions. La Cinquième doit recourir à des prestations extérieures pour la fabrication des émissions qu'elle produit. En 1996, la chaîne du savoir a expérimenté, notamment auprès des écoles, universités et bibliothèques, sa banque de programmes et de services, BPS, accessible via Internet. Destiné aux acteurs du monde éducatif et social, avec environ 1 400 heures de programmes documentés d'une fiche pédagogique, ce service en ligne, auquel est notamment associé l'INA*, sera commercialisé à partir de 1999. L'effectif de La Cinquième est d'environ 150 personnes, son budget de l'ordre de 780 millions de francs en 1998, dont près de 91 % en provenance de la redevance* et moins de 3 % de publicité* et de parrainage*. Sa part d'audience foyers se situe autour de 1,8 %. La fusion des deux chaînes diffusées sur le même réseau hertzien, La Cinquième et La Sept-Arte*, a été inscrite dans le projet de loi sur la communication audiovisuelle dès le printemps 1997, date à laquelle les deux sociétés ont été dotées d'une présidence commune. Adresse : 10, rue Horace-Vernet, 92136 Issy-les-Moulineaux cedex. Tél. : 01 41 46 55 55.

Cinq W. → **Règle des 5 W**

Circulation (taux de). Rapport entre le nombre de personnes qui ont lu un exemplaire* d'une publication* (lectorat*) et le nombre de celles qui l'achètent (diffusion*). Il permet de savoir combien de personnes ont lu un exemplaire d'une publication.

Clair (en). Diffusion de programmes* audiovisuels sans système de cryptage*. À l'exception de Canal +*, toutes les grandes chaînes* nationales hertziennes diffusent en clair, alors que la plupart des chaînes du câble* et du satellite* sont cryptées.

Clause de conscience. Privilège accordé, en France et dans quelques autres pays, aux journalistes*, et qui leur permet, en certaines circonstances, en raison de leur engagement personnel et moral dans l'exercice de leur activité, de donner leur démission* tout en pouvant prétendre aux indemnités* dites « de licenciement ».
ENCYCL. En droit français, l'article L. 761-7 du Code du travail envisage trois situations ou trois cas différents : « **1.** cession* du journal* ou du périodique* ; **2.** cessation de la publication du journal ou périodique pour quelque cause que ce soit ; **3.** changement notable dans le caractère ou l'orientation du journal ou périodique si ce changement crée, pour la personne employée, une situation de nature à porter atteinte à son honneur, à sa réputation ou, d'une manière générale, à ses intérêts moraux ». La clause de conscience est assurée ce qu'il y a aujourd'hui de plus spécifique dans le statut* des journalistes. Elle pourra cependant apparaître assez négative, puisqu'elle ne donne aux journalis-

tes que la possibilité de se soumettre ou de se démettre, sans moyen de participation individuelle ou collective (par la voie de sociétés* de rédacteurs, notamment) aux décisions essentielles pour la vie ou l'avenir de l'entreprise ou de la publication*.

Clavier n.m. (angl. : *keyboard*). Périphérique* d'un système informatique permettant d'entrer des chaînes de caractères alphanumériques* et d'interagir avec lui, grâce à des touches dites touches de fonction. Le clavier est désormais complété par la souris*. Selon la disposition des lettres sur la ligne supérieure, il est dit AZERTY ou QUERTY.

Claviste n.m. ou f. Homme ou femme dactylo ayant remplacé le linotypiste, ouvrier* du livre qualifié, pour la composition* programmée dite « au kilomètre », puis la saisie* sur clavier* d'ordinateur*. Les clavistes disparaissent à leur tour, du fait de la saisie directe par les journalistes.

Clef n.f. (angl. : *key*). Code ou protocole permettant d'accéder à un message ayant fait l'objet d'un chiffrement*, avant sa transmission par un système informatique. Le chiffrement d'un message est d'autant plus sérieux, d'autant plus difficile à violer, que la clef est « longue », que son algorithme comprend un grand nombre de bits* (une clef de sécurité, en l'occurrence, est d'au moins 40 bits). On dit d'une clef qu'elle est privée quand toutes les personnes qui la détiennent ont accès, en l'utilisant, à tous les messages concernés par le chiffrement : en ce cas, le système informatique est « symétrique », car les émetteurs et les récepteurs connaissent l'intégralité du chiffrement. Dans les systèmes asymétriques, chacun dispose de deux clefs : l'une, publique, est portée à la connaissance de tous ceux dont on souhaite qu'ils puissent recevoir des messages ; l'autre, privée, permet seule d'accéder aux messages qui leur ont été envoyés. Grâce à l'utilisation de cette paire de clefs, on est ainsi assuré que seul le destinataire du message pourra le déchiffrer.

Clichage n.m. (angl. : *platemaking*). Moulage d'une « empreinte » sur une composition* typographique, par les ouvriers clicheurs, afin d'en obtenir une ou plusieurs répliques.

ENCYCL. Essayé dès la fin du XVIIIᵉ siècle, le clichage est développé au siècle suivant à travers la stéréotypie et la galvanoplastie. Introduite dans la presse quotidienne en 1852, la stéréotypie permettait d'obtenir, en à peine dix minutes, un cliché* demi-cylindrique, prêt à être « mis sous presse » : moulé sur la composition*, le flan portant l'empreinte recevait une coulée d'alliage d'imprimerie*. Mise au point entre 1840 et 1850, la galvanoplastie donnait, par électrolyse, des clichés fidèles et résistants. Ce long procédé – au moins 24 heures – n'était utilisé que pour les impressions de haute qualité à tirage élevé : publicité, périodiques de luxe, livres. → **Cliché**

Cliché n.m. (angl. : *plate*). En typographie*, forme métallique d'un seul tenant, reproduisant, par clichage*, une composition* en caractères* mobiles, en vue de son impression. En photogravure*, terme aux acceptions multiples, désignant tout phototype utilisé.

Clip n.m. → **Vidéoclip**

Clipper chip. → **Chiffrement**

Cliquer v. intr. (angl. : *to click*). Action liée à l'utilisation d'une souris agissant sur le pointeur d'écran, ce qui permet de se déplacer dans un texte ou un document, en utilisant les « ascenseurs » (vertical et horizontal), ou bien en déplaçant le pointeur d'écriture, soit de donner des instructions à partir des menus* déroulants, soit de réaliser directement certaines actions (sélection et/ou déplacement d'éléments).

CNC. → **Centre national de la cinématographie**

CNED (Centre national d'enseignement à distance). → **Futuroscope**

CNIL. → **Commission nationale de l'informatique et des libertés**

Coauteurs. Auteurs* d'une œuvre* de collaboration qui, ayant voulu, par la concertation, créer ensemble une seule et même œuvre, détiennent en commun les droits sur cette œuvre.

Coaxial adj. → **Câble coaxial**

Cobranding n.m. En publicité, pratique qui consiste à associer deux marques au sein d'une même annonce.

Codage n.m. (angl. : *coding, encoding*). Action consistant à appliquer un code*.

Code d'accès. Chaîne de caractères, explicite ou non, qui identifie un service* en ligne et permet d'y accéder. Les services Minitel* sont accessibles par des codes d'accès dont les quatre premiers chiffres déterminent le niveau de tarification du service. Sur le réseau Internet*, on parle plutôt d'adresse* pour désigner l'identité des sites*. Ce terme de code d'accès est utilisé, de façon abusive, à la place de code utilisateur* (ou de mot* de passe).

Code de la communication. Encore inexistant en droit français, un tel Code, regroupant – comme il en existe dans bien d'autres domaines (Code civil, Code pénal, Code* du travail... ou, plus proches, Code* de la consommation, Code* de la propriété intellectuelle...) – l'ensemble des dispositions spécifiques applicables à ce secteur d'activités, présenterait l'avantage de faciliter la connaissance des règles, aujourd'hui très dispersées ou difficiles d'accès, et d'obliger à instaurer une cohérence qui semble parfois leur faire défaut.

Code de la consommation. Regroupant et coordonnant les dispositions relatives à la protection des droits des consommateurs, comporte notamment celles qui concernent la publicité* mensongère et la publicité* comparative.

Code général des impôts.
ENCYCL. En droit français, détermine, en certains de ses articles, quelques-unes des modalités de l'aide* de l'État à la presse en instituant, à son profit, un régime fiscal de faveur en matière, notamment : de taxe* professionnelle, d'impôt* sur les sociétés, de taxe* à la valeur ajoutée. Détermine égale-

ment les conditions d'admission à certaines au moins de ces modalités d'aide. Le régime d'aide de l'État est ainsi juridiquement organisé et s'applique, de la même façon, en toute impartialité, à tous ceux qui répondent aux mêmes critères, sans possibilités d'influence ou de favoritisme qui menaceraient l'indépendance* et la liberté* de la presse.

Code de la propriété intellectuelle.
ENCYCL. En droit français, adopté par la loi du 1er juillet 1992, rassemble et coordonne, entre autres choses, les dispositions de l'ancienne loi du 11 mars 1957 sur la propriété* littéraire et artistique et de celle du 3 juillet 1985 sur les droits* dits voisins du droit d'auteur*.

Code du travail. Rassemble les dispositions législatives et réglementaires constitutives du droit du travail, par lesquelles sont déterminés les droits et obligations réciproques des employeurs et des salariés dans l'exercice de l'activité professionnelle : conditions et modalités d'embauche, durée du travail, rémunération, congés, rupture du contrat de travail...
ENCYCL. En droit français, le Code du travail, en ses articles L. 761-1 à L. 761-16 et R. 761-1 à R. 761-23, détermine les éléments spécifiques constitutifs du statut* des journalistes.

Code utilisateur ou **mot de passe** (angl. : *pass word* ; *user name*). Attribution d'une clef symbolique aux utilisateurs de systèmes à accès restreint (systèmes informatiques, réseaux* de communication ou de diffusion). Cette clef est un identifiant, généralement une chaîne de caractères alphanumériques*, qui est créé pour l'utilisateur (code utilisateur) et qui permet de contrôler son droit à utiliser des services (cas des abonnés* à des services* en ligne) ou à pénétrer à tel ou tel niveau d'un système informatique (cas des employés d'une organisation). Ces codes utilisateurs constituent l'un des éléments de la sécurité des systèmes informatiques.

Codirecteur de la publication.
ENCYCL. Personne qui, en application des articles 6 de la loi du 29 juillet 1881 « sur la liberté de la presse » et 93-2 de la loi du 29 juillet 1982 « sur la communication audiovisuelle », et dans le cas où le directeur* de la publication bénéficierait de l'immunité parlementaire, doit être désignée pour assumer, à sa place, la responsabilité* pénale de certaines des infractions commises dans les colonnes de la publication* périodique ou sur les ondes* de l'organisme de radio* ou de télévision*.

Colonnage n.m. Dans un journal*, espace en largeur, mesuré en nombre de colonnes*, occupé par un titre*, un article*, une illustration*.

Colonne n.f. (angl. : *column*). Division verticale habituelle de la page d'un journal*. Mesure de longueur d'un article* (un quart de colonne, une, deux... colonnes). Se dit aussi pour désigner une chronique* ou une rubrique d'échos* occupant habituellement une colonne. → **Colonnage**

Colportage n.m. Vente des journaux, au numéro*, assurée sur la voie publique par un vendeur ambulant – appelé colporteur* – qui est un travailleur indépendant au regard du droit du travail et qui agit en qualité de mandataire-commissionnaire de l'éditeur. → **Camelot**

Colporteur. → **Colportage, Camelot**

Columnist. Mot anglais. Aux États-Unis, éditorialiste renommé dont les articles* sont reproduits simultanément par toute une chaîne* de journaux.

Comédie de situation (angl. : *soap opera*). Appelée aussi *sitcom*, production télévisuelle à faible budget, généralement diffusée en access* prime time et conçue pour toucher une audience aussi nombreuse que possible. Les comédies de situation mettent en scène les situations plus ou moins burlesques de la vie quotidienne, avec les mêmes personnages, dans les mêmes décors.
ENCYCL. Ce genre de programme se retrouve sur les chaînes du monde entier. Le genre s'est développé à la télévision française au milieu des années 1980, avec l'importation de comédies de situation américaines diffu-

sées en *access prime time* comme « Santa Barbara », puis des productions françaises comme « Maguy », qui connurent un vif succès. Dans les années 1990, la production française dans ce domaine est florissante et exportable, à l'instar fameux de la série « Hélène et les garçons ».

Comité intersyndical du Livre parisien. → Filpac

Comité technique radiophonique (CTR). Organe local du CSA*, ne disposant pas de personnalité morale distincte de celui-ci, chargé d'instruire les appels aux candidatures radiophoniques et d'être le relais local de l'action du Conseil en matière de radio* (observation des programmes*, examen des demandes de modification des données de l'autorisation*). Créés par la loi du 17 janvier 1989 afin d'aider la nouvelle instance de régulation à traiter les problèmes de radio, seize CTR ont été mis en place. Ils sont présidés par un membre de juridiction administrative désigné par le vice-président du Conseil d'État et sont composés de trois à cinq membres au total.
ENCYCL. Dans le cadre du déroulement de la procédure d'appel aux candidatures, les CTR effectuent un préexamen des dossiers des candidats et proposent au CSA une présélection de ceux-ci. Le CSA n'est pas tenu de suivre leurs propositions. Enfin, ils suivent et contrôlent au niveau local ces autorisations*. Ils peuvent proposer au CSA des mesures de sanction* à l'encontre des services de radio. Le CSA demeure cependant seul compétent pour saisir le parquet en cas d'infraction pénale constatée par un CTR. → **CSA, Instance de régulation**

Commande (des chaînes). Afin de favoriser l'industrie des programmes* audiovisuels francophones et européens, des réglementations diverses imposent aux diffuseurs français de chaînes* hertziennes en clair ou cryptées de consacrer une part de leur budget à des commandes – préachat* et part coproducteur* – d'œuvres* audiovisuelles (OAV) européennes ou d'expression originale française (EOF). Au moins 15 % du chiffre d'affaires net de l'exercice précédent pour les chaînes hertziennes, et 4,5 % pour

les chaînes cryptées, doivent être consacrés à la production* d'œuvres audiovisuelles. De plus, 10 % du chiffre d'affaires annuel doivent être consacrés à des commandes faites à des sociétés* de production indépendantes (non contrôlées par les diffuseurs), de façon à ne pas favoriser les filiales de production des chaînes.

Commentaire n.m. Forme de journalisme où le récit des faits est moins important que leur interprétation ou le jugement porté sur leur signification. CONTR. : *Reportage ; Enquête.*

Commentateur n.m. Journaliste pratiquant le commentaire*. En télévision, journaliste couvrant, en direct ou non, par ses paroles un reportage* filmé.

Commerce électronique (angl. : *e-business*). Vente ou achat de biens et de services par l'intermédiaire d'un média interactif, qu'il s'agisse d'un téléviseur ou d'un micro-ordinateur.
ENCYCL. En France, le commerce électronique se pratique depuis le début des années 1980 grâce au Minitel. Cependant, l'expression désigne plus généralement les échanges commerciaux réalisés par l'intermédiaire de l'Internet. Grâce au multimédia*, l'Internet offre de nouvelles possibilités au commerce électronique, ajoutant une dimension internationale à un surcroît d'interactivité. Des sites d'entreprise créés à cet effet ou de véritables galeries marchandes se développent, grâce auxquelles les acheteurs potentiels peuvent choisir, commander et payer. Sans se déplacer, il devient facile et rapide de comparer les produits offerts en passant d'une boutique virtuelle à l'autre. Les transactions entre entreprises dominent le marché électronique, ces dernières privilégiant souvent les réseaux privés, Extranet*, pour leurs relations commerciales avec leurs clients et fournisseurs. Dès l'an 2000, le commerce électronique entre entreprises pourrait représenter plus de 80 % des transactions. Selon l'Observatoire du commerce électronique, plus de la moitié des achats est consacrée au matériel informatique et aux logiciels pouvant être facilement téléchargés. Viennent ensuite les biens culturels, tels

que les livres, les cédéroms de loisir, les journaux et magazines, l'hôtellerie et les billets de voyage. Le chiffre d'affaires du commerce électronique sur l'Internet en France est évalué à plus de 1 milliard de francs en 1997. Il aurait dépassé les 60 milliards de francs aux États-Unis. Le développement du commerce électronique en France est lié à l'augmentation du nombre d'internautes, à la sécurité des échanges ainsi qu'au respect, par les prestataires de services, de la vie* privée de leurs clients. Fin 1997, les États-Unis et l'Union européenne ont conclu un accord-cadre pour le commerce électronique mondial, faisant notamment de l'Internet une zone de libre-échange. Ainsi seraient exemptés de droits de douane l'ensemble des produits qui circulent sur le réseau.
→ **Chiffrement**

Commercialisation des données publiques. Mode d'exploitation d'éléments d'information* (rapports, études, statistiques...) élaborés, recueillis ou détenus par les différentes administrations et entreprises publiques dans l'exercice de leurs fonctions et responsabilités. Ne pas publier de tels éléments et documents constituerait un grand gâchis et une atteinte au droit du public à l'information. Ne satisfaire que les seules demandes de consultation individuelles, formulées au nom du droit* d'accès aux documents* administratifs, serait tout à fait insuffisant. La publication de ces données par des institutions publiques, qui en ont pourtant supporté les frais de collecte, d'analyse et de conservation, est considérée, par les éditeurs privés, qui semblent souvent vouloir en tirer les bénéfices sans en assumer la charge, comme une atteinte au principe de libre concurrence.

Commission d'accès aux documents administratifs (CADA). Institution dont la création a été prévue par la loi du 17 juillet 1978 posant, au nom de la nécessaire transparence* de l'administration et de la garantie du droit* du public à l'information, le principe de la « liberté d'accès aux documents administratifs ». Elle est chargée de veiller au respect de ce droit et intervient notamment « lorsqu'elle est saisie par une personne qui rencontre des

difficultés pour obtenir la communication d'un document administratif ». Elle rend alors un avis sur la possibilité ou nécessité de communiquer le document administratif demandé. Elle établit en outre un rapport annuel sur la pratique de l'administration à l'égard de la liberté d'accès* aux documents administratifs et fait toutes propositions de modification des textes en vigueur.

Commission d'agence (angl. : *advertising agency commission*). Somme destinée à rémunérer les services rendus par les agences* de publicité. Elle est prélevée par l'annonceur*, qui la verse à l'agence, sur le montant des achats* d'espaces facturés par les supports* et opérés pour son compte. Elle est ordinairement de l'ordre de 15 % mais ne rémunère pas les frais d'études et les frais techniques de l'agence liés à la campagne* publicitaire (réalisation de typon, de film, de spot...). Simple à calculer pour l'annonceur, elle ne tient pas compte du travail réellement accompli et se cale uniquement sur l'ampleur du budget consacré aux supports.

Commission arbitrale.
DROIT. En droit français, cette commission est, aux termes de l'article L. 761-5 du Code* du travail, « composée de deux arbitres désignés par les organisations professionnelles d'employeurs et de deux arbitres désignés par les organisations professionnelles » de journalistes*, et « présidée par un haut fonctionnaire ou par un haut magistrat ». Elle a pour compétence de déterminer le montant des indemnités* de licenciement dues à un journaliste dont « la durée des services » dans l'entreprise « excède quinze années », ou, quelle que soit l'ancienneté du journaliste dans l'entreprise, en cas de licenciement pour « faute grave » ou « fautes répétées ». Le même article pose encore que « la décision de la commission arbitrale ne peut être frappée d'appel ».

Commission de la carte d'identité des journalistes professionnels. En droit français, organisme paritaire chargé d'attribuer la carte* d'identité de journaliste* professionnel. Aux termes de l'article

R. 761-5 du Code* du travail, « la Commission de la carte d'identité des journalistes professionnels est composée de seize membres : huit représentants des employeurs, dont sept au titre des directeurs* de journaux et agences* de presse et un au titre des entreprises de communication audiovisuelle du secteur public, et huit représentants des journalistes* professionnels ». L'article R. 761-7 C.T. dispose que la Commission « est présidée alternativement par un représentant » des employeurs et « un représentant » des journalistes. Selon les termes de l'article R. 761-16 C.T., « les intéressés peuvent formuler une réclamation contre toute décision de la Commission de la carte d'identité des journalistes professionnels devant une commission supérieure ». → **Commission supérieure de la carte d'identité de journaliste professionnel**

Commission nationale de l'informatique et des libertés (CNIL). Instituée par la loi du 6 janvier 1978 relative à l'informatique, aux fichiers et aux libertés, la CNIL est une autorité administrative indépendante. Composée de 17 membres nommés pour cinq ans, elle est chargée de veiller au respect des dispositions de la loi de 1978. Elle a notamment pour mission d'informer toutes les personnes concernées de leurs droits et obligations et de contrôler les applications de l'informatique aux traitements des informations nominatives, disposant à cet effet d'un pouvoir réglementaire. En son article 1er, la loi qui l'institue dispose que « l'informatique ne doit porter atteinte ni à l'identité humaine, ni aux droits de l'homme, ni à la vie privée, ni aux libertés individuelles et publiques ». La Commission remet un rapport annuel au président de la République et au Parlement. En 1998, la loi « informatique et libertés » devrait être modifiée afin d'être conforme à la réglementation européenne (en l'occurrence la directive du 24 octobre 1995 relative à la protection des données personnelles et à la libre circulation de ces données) et de répondre au développement des nouvelles technologies. Adresse : 21, rue Saint-Guillaume, 75340 Paris cedex 07. Tél. : 01 53 73 22 22 ou 01 53 73 22 00. Site Web : http://www.cnil.fr

Commission paritaire des publications et agences de presse (CPPAP). Organisme collégial composé, en nombre égal, de représentants de l'administration et des milieux professionnels (entreprises éditrices de journaux et agences de presse). Il n'est officiellement investi que d'un rôle consultatif. Il a, en réalité, un véritable pouvoir de décision. Dans sa composition de sous-commission des publications de presse, il intervient dans la détermination des bénéficiaires de certaines des modalités de l'aide* de l'État à la presse. Dans sa composition de sous-commission des agences de presse, il intervient, en application de l'article 1er de l'ordonnance du 2 novembre 1945, pour fixer la liste des entreprises pouvant se prévaloir de l'appellation agence* de presse.

Commission supérieure de la carte d'identité de journaliste professionnel. En droit français, organisme collégial compétent pour connaître des réclamations formulées contre les décisions de la Commission* de la carte d'identité des journalistes professionnels. Aux termes de l'article R. 761-16 du Code* du travail, cette Commission est composée : d'un conseiller à la Cour de cassation ; de deux magistrats de la cour d'appel de Paris ; d'un représentant des employeurs ; et d'un représentant des journalistes*. Les décisions de cette Commission peuvent faire l'objet d'un recours devant le Conseil d'État.

Communauté virtuelle. Communauté créée sur un réseau* dont les membres communiquent par ce moyen, plutôt que de se rencontrer effectivement, en face à face.

Communication n.f. (angl. : *communication*). Action consistant, pour les hommes, à échanger des messages, en face à face ou bien à distance, avec ou sans le secours d'un média*, et quelle que soit la forme ou la finalité de cet échange. La communication désigne donc à la fois une action et le résultat de cette action : *communicare* et *communitas*. ENCYCL. La communication s'est développée en suivant l'essor des nouveaux médias, tout au long du xxe siècle : le téléphone*, la radio*, la télévision*, les réseaux* multimédias*. Et les raisons de communiquer se mul-

tiplient au même rythme que les moyens de le faire : pour informer, pour divertir ou pour instruire, mais aussi pour influencer, convaincre ou convertir. Les actions de communication se sont multipliées à mesure que se répandaient les médias : pour susciter l'adhésion, pour vendre un produit, pour « construire », d'un homme ou d'une femme, d'une entreprise ou d'une organisation publique, une image plus favorable, capable d'inspirer un surcroît de bienveillance ou de considération. Les actions dites de « communication » revêtent une signification très différente, pour leurs initiateurs comme pour leurs destinataires, selon leur objet, selon les objectifs qu'elles poursuivent, avec des chances très variables de succès. Ces actions s'apparentent plus ou moins à des entreprises de relations publiques consistant à présenter sous un jour favorable, sinon flatteur, des institutions, des hommes ou leurs œuvres respectives. L'art de ceux qui engagent de telles actions est de prétendre le contraire : ils préfèrent parler d'information plutôt que de relations publiques, espérant ainsi un surcroît de confiance chez ceux auxquels ils s'adressent et, du même coup, un pouvoir de persuasion plus grand. Parmi ces communications, très proches en réalité des relations publiques : la *communication publicitaire,* autre nom de la publicité ; la *communication d'entreprise,* qu'elle soit destinée à ses personnels *(interne)* ou bien à ses clients ou ses fournisseurs *(externe),* avec ses journaux, eux aussi qualifiés d'internes ou d'externes ; la *communication politique,* destinée à faire connaître et à faire valoir les hommes politiques et leurs actions, ou bien, selon la définition de Jean-Marie COTTERET, « mise en commun d'informations entre les hommes politiques et les citoyens, par des moyens structurés ou informels, légaux ou illégaux », ou encore, selon celle de Michel BONGRAND, fondateur de la discipline en France, « exercice de formulation destiné à optimiser la forme de la communication et à en assurer la diffusion par toutes techniques appropriées » *(Le marketing politique,* 1986). La *communication dite événementielle,* quant à elle, n'est éloignée des relations publiques qu'en apparence : elle vise à appeler l'attention des médias, à partir d'un événement – le lancement d'un nou-

veau produit, l'inauguration d'une usine –, afin de gagner un surcroît de notoriété ou de considération. Deux catégories d'actions se distinguent des relations publiques : d'un côté, la *communication scientifique,* qu'elle s'instaure au sein d'une communauté de savants ou bien qu'elle soit destinée à un public de profanes ; et, de l'autre, la *communication institutionnelle,* obligatoire pour toutes les entreprises faisant appel à l'épargne.

SOCIOL. La communication est justiciable de trois approches complémentaires : comme processus, d'abord, avec ses mécanismes et ses déterminations ; à travers ses enjeux, voulus ou non, pour la société et pour chacun de ses membres ; en évaluant enfin son influence, en regard de ses propres ambitions ou des valeurs permettant d'apprécier cette influence. La communication, en effet, précède l'information, chronologiquement et logiquement. Il faut d'abord que la relation soit établie avant qu'un message puisse être reçu ; et c'est de la perception de cette relation que dépend le déchiffrement et, partant, l'efficacité du message auprès de son destinataire. Ce qui éclaire la réflexion de Paul WATZLAWICK : « Toute communication présente deux aspects : le contenu et la relation, tels que le second englobe le premier » *(Une logique de la communication,* 1967). Ou cette autre formule de l'école de Palo Alto : « On ne peut pas ne pas communiquer. »

ÉCON. Pour la science économique, la communication est considérée comme un secteur d'activité mal défini, aux frontières fluctuantes et qui recouvre des activités plurielles. Bernard MIÈGE (dans *la Société conquise par la communication,* 1989 et 1997) estime que le secteur recouvre au moins trois types d'industries souvent articulées entre elles : 1. les industries de programmes ; 2. les industries de matériels et de supports non édités ne supposant pas l'emploi de programmes ; 3. les réseaux. Les industries de programmes englobent les programmes édités ne supposant pas l'usage de matériels (livre et presse), les programmes édités consommés via des matériels (vidéo, CD, CD-Rom...) et des programmes diffusés sur ou depuis des médias (programmes cinématographiques et audiovisuels, programmes radiophoniques). Les industries de matériels recouvrent ces matériels audiovisuels et informatiques d'enregistrement et de reproduction du son, de l'image et des données, ainsi que les matériels et supports nécessaires à la production des programmes (caméras, ordinateurs, logiciels...). Enfin, les réseaux se subdivisent en deux grandes catégories : 1. les *réseaux de connexion,* qui permettent le transfert d'information et de données vers plusieurs usagers, tels les réseaux loués aux Télécoms ; 2. les *réseaux de diffusion,* où l'exploitant est impliqué par la production et la diffusion de programmes (réseau de TV câblée ou satellitaire, réseau de radio FM). Au fil du temps, l'industrie de la communication devient ainsi indissociable de trois grands types d'activités : la télévision, les télécommunications et l'informatique. Si les différentes filières fonctionnent selon des méthodes variées et avec des rentabilités peu comparables, elles permettent des analyses économiques qui mettent en lumière l'ampleur des capitaux investis, la variété des acteurs, leurs relations croissantes et leur internationalisation accrue, notamment en raison de l'extension des réseaux transfrontaliers.

DROIT. La communication n'est pas seulement un ensemble de médias, ou de techniques, une diversité d'activités, donc un marché, une industrie : c'est aussi une liberté. À ce titre, elle fait l'objet de règles de droit, édictées et appliqués au nom de certains principes ou de certaines valeurs. La liberté de communication, dans le droit fil de la proclamation, par la Déclaration française de 1789 (art. 11) de la « libre communication des pensées et des opinions », peut se définir, à l'ère des multimédias, comme étant le droit, pour chacun, d'utiliser librement le média de son choix pour exprimer sa pensée en la communiquant à autrui, ou pour accéder à l'expression de la pensée d'autrui, quelle que soit, dans les deux cas, la forme ou la finalité de cette expression. → **Chicago (École de), Francfort (École de), Influence, Information, Médias, Médiation, Palo Alto (École de)**

Communication audiovisuelle.

DROIT. La loi du 30 septembre 1986 modifiée sur la communication audiovisuelle définit cette dernière comme « la mise à disposition du public ou de catégories de public, par un procédé de télécommunications, de signes, de signaux, d'écrits, d'images, de sons ou de messages de toute nature qui n'ont pas le caractère d'une correspondance privée ». → **Correspondance privée**

Communication du gouvernement.

DROIT. Aux termes de l'article 54 de la loi du 30 septembre 1986, le gouvernement peut à tout moment faire diffuser par les sociétés nationales de programme toutes les déclarations et communications qu'il jugera nécessaires. Elles peuvent donner lieu à un droit* de réplique dont les modalités sont fixées par le CSA et qui permet d'assurer l'expression pluraliste des courants d'opinion. Il est précisé que ces « communications sont assurées sans limitation de durée et à titre gratuit ». La jurisprudence a précisé la notion de communication de gouvernement (CE, Labbé et Gaudin, 20 mai 1985). → **Cahier des charges, Pluralisme**

Commutateur n.m.
Système qui réalise une liaison temporaire entre deux circuits ou entre deux points d'un réseau*. → **Commutation**

Commutation n.f.
1. Action consistant à orienter une information généralement électrique dans une direction choisie parmi plusieurs. 2. Aiguillage d'une communication à travers un réseau* de télécommunications*, depuis la source émettrice jusqu'au récepteur. 3. Action consistant à associer temporairement des organes, des voies de transmission ou des circuits de télécommunications pendant la durée nécessaire au transfert de l'information.

Commutation de circuit (angl. : *circuit switching*).
Mise en relation de deux utilisateurs qui peuvent ainsi utiliser de façon exclusive un circuit physique pendant toute la durée de la communication.

Commutation par paquets ou Commutation de paquets (angl. : *packet switching*).
Processus d'acheminement dans lequel les messages sont découpés en paquets, chaque paquet comportant les adresses nécessaires à son routage. Dans les nœuds* du réseau*, ces paquets sont reçus dans une file

d'attente et retransmis, après analyse des adresses, sur la voie de transmission appropriée. À l'arrivée, les messages sont reconstitués à partir des paquets reçus. Un paquet n'occupe qu'une voie pendant sa transmission, la voie est ensuite disponible pour la transmission d'autres paquets appartenant soit au même message, soit à d'autres messages. → **TCP/IP, ATM**

Compagnie française des papiers de presse (CFPP). Créée en 1987 à l'initiative des grands quotidiens nationaux et régionaux, cette centrale d'achat commune leur permet d'accéder au marché mondial du papier dans des conditions commerciales plus favorables, sachant que les variations à la hausse du prix de cette matière première perturbent considérablement l'économie de la presse. → **Société professionnelle des papiers de presse**

Complexe multisalles. Ensemble de salles de cinéma* situées sur un même site avec un hall d'entrée commun. La pratique de programmation* des films* y est très mobile, avec passage dans des salles de plus en plus petites au fur et à mesure de leur exploitation*. Ces « multiplexes » comportent au moins dix salles – pour un minimum de 1 800 à 2 000 fauteuils – dont certaines peuvent accueillir des écrans d'au moins 10 m de « base » (ou de largeur). Ils doivent développer, dans leur enceinte, divers commerces, restauration et autres services et offrir des facilités de stationnement. ENCYCL. Au début de l'année 1998, on comptait 36 multiplexes dans toute la France. Ils ont incontestablement contribué à la hausse de la fréquentation mais brisent la concurrence. → **Exploitant**

Compositeur n.m. (angl. : *compositor ; type-setter*). Ouvrier du livre jadis chargé de la composition* manuelle des formes* typographiques. Remplacé par le linotypiste* à la fin du XIXᵉ siècle.

Composition n.f. (angl. : *composition, setting*). Assemblage des caractères* pour former des mots et des lignes. Résultat de cette opération : ensemble des lignes réunies en colonnes*.

Composition « à froid ». → **Photocomposition**

Composition manuelle (angl. : *hand composition*). Assemblage des caractères* levés de la casse*, un à un, par le compositeur*, à la vitesse de 1 000 à 1 200 à l'heure, et alignés sur le composteur*. La ligne, justifiée par des blancs, rejoignait les autres sur la *galée*, ou plateau. ENCYCL. Inventée par GUTENBERG vers 1440, la composition manuelle fut pratiquée jusqu'à l'extrême fin du XIXᵉ siècle.

Composition mécanique « à chaud ». Assemblage mécanique rapide de matrices (5 000 à 6 000 à l'heure), suivi de la fusion des caractères*. La Linotype* (1886), employée dans les journaux, produisait des lignes-blocs ; la Monotype (1896), réservée à l'édition, donnait des caractères séparés. ENCYCL. Difficilement acceptée par les ouvriers du livre, la Linotype se généralise dans les journaux français à partir de 1900 seulement.

Composition programmée, dite « au kilomètre ». Texte frappé « au kilomètre », sur bandes de papier perforé, sans justification* ni coupure de mot, sur des claviers* semblables à ceux des machines à écrire. L'ordinateur* lit les premières bandes, donne les consignes de mise en page sur la dernière bande qui fera travailler la composeuse-fondeuse ultrarapide produisant 18 000 à 24 000 signes à l'heure. ENCYCL. La composition programmée apparaît dans la presse française régionale en 1966. Elle est facilitée par la mise au point, aux États-Unis, dès 1955, des composeuses-fondeuses ultrarapides (Comet, Monarch, Elektron).

Composteur n.m. (angl. : *composing stick, type holder*). Petite règle creuse, entourée de deux bords d'équerre, sur laquelle le compositeur* constituait la ligne à l'aide des caractères* pris dans la casse*. → **Composition**

Compression n.f. Traitement des données numériques qui réduit leur volume. Dès lors que des informations sont numérisées (converties en séries de bits*), elles peuvent être compressées afin d'occuper moins de place. La compression permet de ne transmettre, sur la base d'une première image, que la différence avec la seconde, le récepteur reconstituant la continuité. Les techniques de compression impliquent un codage* par algorithmes mathématiques. La décompression est ensuite effectuée grâce aux formules inverses. Ces techniques ont tant progressé que l'on peut à présent compresser des données, et les restituer sans perte de qualité, dans un rapport de 1 à 10. Cette technique numérique multiplie la capacité de transport des réseaux* de 4 à 10 fois par canal*. Elle fonctionne sur le hertzien, le câble*, le satellite*, le téléphone* et la diffusion micro-ondes. La norme de compression est le MPEG 2* et le DVB* en matière de production et dans le domaine de la diffusion.

Comprimer v.tr. Action consistant à traiter des données numériques afin de diminuer leur volume. → **Compression**

Compte de soutien aux industries de programme (Cosip). Mécanisme français d'aide au cinéma* et à la télévision*, issu du système instauré en 1948 au seul profit du cinéma et destiné à redistribuer des fonds prélevés essentiellement sur les recettes des salles, afin d'aider la production* et la distribution* du cinéma français. Le système actuel, réaménagé en 1986, s'apparente à un système d'épargne forcée organisé par le législateur. Le financement provient essentiellement de trois sources : **1.** une taxe* spéciale additionnelle (TSA), perçue sur les billets de cinéma (environ 11 % des recettes guichets) et entièrement affectée au soutien du cinéma ; **2.** une taxe de 5,5 % perçue sur toutes les recettes des diffuseurs télévisuels (redevance*, abonnements* et recettes* publicitaires) répartie entre la section cinéma et la section audiovisuelle du compte ; **3.** une taxe sur la commercialisation des vidéogrammes*. Le budget du Cosip en 1996 atteignait 2,155 milliards de francs. Le compte accorde en premier lieu des subventions automatiques destinées à la production* de films* français ou de coproductions* françaises, à la production de vidéogrammes ainsi qu'à la distribution* et à l'exploitation* des

films en salles. Les montants accordés sont fonction des recettes antérieures réalisées en salles ou lors de la diffusion* télévisuelle par les bénéficiaires concernés. De la même façon, la section audiovisuelle accorde des subventions aux producteurs* d'œuvres* audiovisuelles calculées en proportion des recettes générées par la diffusion télévisuelle des œuvres antérieures et compte tenu de certains paramètres caractéristiques de chaque type d'œuvre. Ce dispositif peu favorable aux nouveaux créateurs est complété, tant pour le cinéma que pour l'audiovisuel, par des aides sélectives opérées sur dossier et généralement au stade du scénario : avances sur recettes pour le cinéma, modernisation ou création de salles en région, aide aux salles d'art et d'essai, aides à certains types de programmes de fiction*, d'animation*, aides à la préparation et à l'écriture de documentaires*. Si certains assurent que ce système d'aides a permis le maintien d'une industrie cinématographique vivace et a favorisé le développement d'une industrie* audiovisuelle, d'autres lui reprochent de limiter les risques et de favoriser la production d'œuvres trop ésotériques ou au contraire bâclées et qui ne répondent pas aux lois du marché, seules capables de permettre l'expression des goûts du public.

Concentration n.f. (angl. : *concentration*). Processus économique et financier qui caractérise un marché marqué tout à la fois par la réduction du nombre des unités qui y opèrent et par l'augmentation de leur taille. Il résulte de la disparition, de la fusion ou de l'absorption d'entreprises. Il conduit généralement vers la domination de quelques unités de grande taille (oligopole*), ou la suprématie, voire l'hégémonie, d'une seule (monopole*).

ÉCON. On distingue la *concentration horizontale*, qui se situe à un même niveau d'activité ou qui porte sur des produits de même type, de la *concentration verticale* (ou *intégration*), qui regroupe des entreprises situées à des stades complémentaires d'un processus de production* et de diffusion*, et qui permet d'aller de l'amont (matières premières) vers l'aval (commercialisation). La combinaison de ces deux types de concentration permet une diversification*. Enfin, le *conglomérat* regroupe des entreprises ayant des activités totalement différentes, afin de répartir les risques de placements financiers. La concentration permet de rationaliser les charges, de réaliser des économies* d'échelle, de compenser les risques et les pertes, d'accroître les parts de marché et le pouvoir des entreprises en affaiblissant les concurrents.

Les médias* n'échappent pas à ce processus qui diminue le nombre de publications*, de radios*, de chaînes* de télévision, de producteurs* de cinéma indépendants. Ainsi s'explique la présence de groupes* de communication très diversifiés dont les activités portent sur tous les aspects de la conception, la production et la diffusion de l'écrit, du son et de l'image.

DROIT. *Presse.* En droit français, des limites à la concentration sont définies, dans le secteur de la presse quotidienne « d'information politique et générale », par l'article 11 de la loi du 1er août 1986. Celui-ci interdit à une personne ou à un groupe de personnes « de posséder, de contrôler, directement ou indirectement, ou d'éditer en location-gérance des publications quotidiennes imprimées d'information politique et générale dont le total de la diffusion excède 30 % de la diffusion sur le territoire national de toutes les publications quotidiennes imprimées de même nature ». Un dispositif anticoncentration dit « multimédia », prenant également en compte la propriété de « publications quotidiennes imprimées d'information politique et générale », est défini, à l'échelle nationale ou locale, par les articles 41-1 et 41-2 de la loi du 30 septembre 1986 sur la communication audiovisuelle. *Audiovisuel.* La loi du 30 septembre 1986 modifiée comporte plusieurs dispositions de nature à limiter la concentration au sein du secteur audiovisuel, dispositions largement inspirées par la décision du Conseil constitutionnel du 18 septembre 1986 qui a Abouti à la loi du 27 novembre 1986. Le Conseil constitutionnel avait en effet considéré que la loi du 30 septembre 1986 ne comportait pas de dispositions suffisantes pour garantir l'exigence constitutionnelle de pluralisme « ni dans le secteur de la communication* audiovisuelle, ni dans celui de la communication en général ». Le dispositif anticoncentration résultant de la loi du 27 novembre 1986 a été une

nouvelle fois modifié par la loi du 1er février 1994. Les règles anticoncentration en matière de télévision fixent à la fois des limitations quant à la participation d'une personne physique ou morale au capital d'une entreprise de communication audiovisuelle (49 % en matière de télévision hertzienne terrestre) et des limitations de cumul des autorisations* afin de préserver la diversité des opérateurs tant au niveau local que national, quel que soit le support (câble, hertzien terrestre ou satellite). Le dispositif anticoncentration concernant les radios* est différent de celui de la télévision*. En effet, pour ce qui est des radios, il n'existe aucun contrôle de type capitalistique mais une même personne morale ne peut contrôler un ou plusieurs réseaux diffusant des programmes au-delà du seuil de 150 millions d'habitants. Comme en télévision cependant, un ou plusieurs partenaires étrangers ne peuvent détenir plus de 20 % du capital d'une radio, à l'exception des engagements internationaux souscrits par la France (cette règle ne concerne pas les radios dont les programmes seraient émis dans une autre langue que le français).
→ **Pluralisme, Diversité**

Concepteur multimédia. Chef du projet ou réalisateur d'un produit – ou d'une œuvre – multimédia*. Il assume la responsabilité artistique du produit, c'est-à-dire la sélection, voire la création, de ses éléments artistiques : images, textes, séquences sonores, etc. Il contrôle la cohérence de l'ensemble, y compris celle du programme informatique qui organise la navigation*. Il coordonne enfin la réalisation artistique et technique avec l'ensemble des autres professionnels.

Concession de service public. Mode d'exploitation des services privés de télévision de 1982 à 1986. Le traité de concession précisait l'objet et la durée du service de télévision ainsi que les obligations du concessionnaire (continuité, adaptation du service, égalité d'accès) et les obligations financières des parties. La loi du 30 septembre 1986 a mis fin à ce régime pour lui substituer celui de l'autorisation* délivrée à la suite d'un appel aux candidatures.

ENCYCL. Seul Canal +* est demeuré une

concession de service public jusqu'au 6 décembre 1995, date à laquelle s'achevait sa concession de douze ans. Aux termes de la loi du 1er février 1994, Canal + est en effet désormais soumis au régime de l'autorisation et régi par la convention* signée avec le CSA le 1er juin 1995. → **Chaîne cryptée, Service public**

Concurrence n.f. (angl. : *competition*). Système économique qui ne comporte aucune intervention de l'État en vue de limiter la liberté de l'industrie et du commerce (liberté d'entrée, liberté des prix) et qui considère les coalitions de producteurs et de distributeurs comme des délits. La concurrence pure et parfaite suppose que les entreprises doivent être nombreuses, de taille égale, et que l'information sur les marchés où elles opèrent soit accessible à tous. Ainsi, la politique de la concurrence interdit les pratiques anticoncurrentielles telles que les ententes ou les abus de position dominante et réglemente la concentration*. En France, depuis le rétablissement de la liberté des prix et la fin du monopole public de l'audiovisuel, les médias* sont en situation de concurrence, même si l'exploitation d'une chaîne de radio* ou de télévision* nécessite une autorisation* délivrée par le CSA*. L'ensemble des médias doit aussi se plier à des lois anticoncentration qui n'empêchent pas, néanmoins, l'existence de groupes* de presse* ou de communication*.

DROIT. Trois séries de règles ont vocation à s'appliquer au secteur audiovisuel : **1.** les règles communautaires de concurrence, fondées sur les articles 85 et 86 du traité de Rome ; **2.** les règles françaises du droit commun de la concurrence, fondées sur l'ordonnance du 1er décembre 1986 et relevant du Conseil de la concurrence ; **3.** les principes spécifiques à la sauvegarde du pluralisme en matière audiovisuelle, ainsi que les règles anticoncentration applicables aux diffuseurs, prévues par la loi du 30 septembre 1986 modifiée que le CSA* a en charge de contrôler. En pratique, ces règles se confondent en une double préoccupation : la limitation de la participation au capital des opérateurs dans les entreprises de communication* audiovisuelle et le contrôle du cumul des autorisations*. Une coopération entre le

CSA et le Conseil de la concurrence est dans ce domaine nécessaire puisque, aux termes de la loi sur la communication audiovisuelle, le CSA doit veiller au respect du principe de la libre concurrence dont le Conseil de la concurrence est le gardien. L'article 41-4 de la loi précise que le Conseil de la concurrence consulte le CSA pour avis quand il est saisi d'une question concernant le secteur audiovisuel. Aux termes de l'article 17 de la loi du 30 septembre 1986 modifiée, le CSA peut également saisir pour avis le Conseil de la concurrence. → **Pluralisme**

Conducteur n.m. Menu* d'un journal* radiodiffusé ou télévisé. Il comporte la liste des sujets qui vont être traités à l'antenne, avec quelques éléments d'identification (phrase d'ouverture ou titre et derniers mots du texte), la durée de chacun des sujets et l'origine du sujet (présentateur, invité, sujets déjà enregistrés, etc.). Il permet au réalisateur* ainsi qu'au technicien de régie de gérer les aspects techniques du journal au fur et à mesure de son déroulement. Pour le présentateur du journal* télévisé, le conducteur est complété par le prompteur*.

Conférence de presse. Réunion de journalistes* invités par un homme politique, un parti, une organisation ou une entreprise pour qu'ils entendent une déclaration, reçoivent de la documentation et puissent poser des questions à leur hôte. Son organisation exige une minutieuse préparation, prise en charge par des attachés* de presse. → **Accrédité**

Conférence de rédaction. Réunion, autour du directeur de la rédaction*, des différents chefs de service où se prépare le menu* des numéros à venir et où sont répartis entre les services et les rédacteurs* les sujets des articles* du prochain numéro. Leur rythme varie avec la périodicité* du média*.

Conformisme (effet de) (angl. : *conformity*). Inclination subie ou voulue par un individu qui adopte les attitudes, les opinions ou les comportements des autres, quels qu'ils soient, en espérant de leur part un surcroît de bienveillance ou de considération. → **Suivisme, Spirale du silence**

Conglomérat n.m. → **Concentration**

Connexion n.f. **1.** Liaison ou mise en relation d'un appareil à un circuit ou à un réseau*. **2.** Liaison ou mise en relation de circuits ou de réseaux entre eux. **3.** Voie de transmission point à point spécialisée ou commutée.

Conseil constitutionnel. Organe chargé du contrôle de la constitutionnalité des lois et des engagements internationaux et de garantir le respect des principes fondamentaux de la République et notamment la liberté* d'expression. Ses décisions successives constituent une des sources fondamentales du droit français de la communication* audiovisuelle et de la régulation*. Le Conseil a ainsi affirmé et rappelé que la communication audiovisuelle ne peut être qu'une liberté publique encadrée. Son exercice est donc soumis à plusieurs limites que l'on retrouve dans sa jurisprudence.

ENCYCL. Le Conseil constitutionnel a ainsi précisé dans une décision du 18 septembre 1986 qu'« il appartient au législateur, compétent en vertu de l'article 34 de la Constitution pour fixer les règles concernant les garanties fondamentales accordées aux citoyens pour l'exercice des libertés publiques, de concilier, en l'état actuel des techniques et de leur maîtrise, l'exercice de la liberté de communication telle qu'elle résulte de l'article 11 de la Déclaration* des droits de l'Homme, avec d'une part les contraintes techniques inhérentes aux moyens de la communication audiovisuelle et, d'autre part, les objectifs de valeur constitutionnelle que sont la sauvegarde de l'ordre public, le respect de la liberté d'autrui et la préservation du caractère pluraliste des courants d'expression socioculturels auxquels ces modes de communication, par leur influence considérable, sont susceptibles de porter atteinte ». → **Concurrence, Pluralisme, CSA, CNCL**

Conseil de l'Europe (angl. : *Council of Europe*). Organisation internationale constituée, en mai 1949, par référence aux « principes de liberté individuelle, de liberté politique et de prééminence du droit, sur lesquels se fonde toute démocratie véritable », selon les termes du *Préambule* de ses

statuts. Depuis son élargissement aux pays de l'Europe centrale et de l'Est, à la suite du démantèlement de l'ancien « bloc communiste », le Conseil de l'Europe rassemble dorénavant 40 États membres. C'est dans le cadre du Conseil de l'Europe qu'ont été élaborés et adoptés des textes tels que : la Convention* européenne de sauvegarde des droits de l'homme, du 4 novembre 1950 ; la Convention* européenne sur la télévision transfrontière, du 5 mai 1989 ; la Convention européenne concernant des questions de droit d'auteur et des droits voisins dans le cadre de la radiodiffusion transfrontière par satellite.

Conseil en publicité. Prestataire de service qui conçoit et met en œuvre une campagne* publicitaire pour le compte d'un annonceur*. Ses principales fonctions sont : l'étude du marché de l'annonceur, la conception et la création du message (recherche de l'argumentation et de son expression par tous les moyens graphiques, rédactionnels, sonores, audiovisuels), la réalisation physique des messages, l'élaboration du plan* média, l'achat* d'espace, le suivi de l'exécution du plan. Les conseils en publicité* peuvent être des entreprises ou des personnes indépendantes ou être des services intégrés de grandes agences de publicité.

Conseil supérieur de l'audiovisuel (CSA). Le CSA est le troisième organe de régulation* de la communication* audiovisuelle. Il a été créé par la loi du 17 janvier 1989 et a succédé à la Haute* Autorité de la communication audiovisuelle (HACA), créée en 1982, et à la Commission* nationale pour la communication et les libertés (CNCL), créée en 1986. Autorité administrative indépendante, le CSA est composé de neuf membres nommés selon les mêmes modalités que ceux du Conseil* constitutionnel (trois membres nommés par le président de la République dont le président, trois membres nommés par le président du Sénat, trois membres nommés par le président de l'Assemblée nationale). La durée du mandat a été réduite par rapport à celui des membres de la CNCL de neuf à six ans, mais les dispositions concernant l'indépendance des membres sont restées identiques : ils ne sont ni révocables, ni renouvelables en principe, et leurs fonctions sont incompatibles avec tout mandat électif, tout emploi public et toute activité professionnelle.

ENCYCL. Aux termes de la loi du 17 janvier 1989, le CSA dispose d'un pouvoir de délivrance et de contrôle des autorisations* pour les services audiovisuels diffusés par voie hertzienne, d'un pouvoir de nomination des présidents des sociétés nationales de programme, d'un pouvoir de recommandation et d'un pouvoir de sanction. Ce dernier a été renforcé en 1989 afin d'améliorer son efficacité. → **HACA, CNCL, Régulation audiovisuelle, Régulation (instance de), Autorégulation, Sanctions**

Console n.f. **1.** Terminal* composé d'une commande et/ou d'un clavier* et permettant d'interagir avec un programme interactif. **2.** Relié au téléviseur, équipement qui permet la lecture de programmes multimédias. Les consoles de jeux vidéo* sont caractérisées, notamment, par leur puissance : 8 bits*, 16 bits, 32 bits ou 64 bits.

Consumer magazine. Journal à périodicité plus ou moins régulière, souvent proposé gratuitement, s'apparentant à un magazine luxueux et dont la vocation est d'assurer la promotion de certains produits pour plusieurs annonceurs ou pour des représentants de la grande distribution. Ils comportent souvent des bons de réduction et font la publicité des produits, à la faveur de reportages, de fiches pratiques ou d'entretiens qui sont proches, dans la forme, des articles publiés dans les journaux.

Contact n.m. Exposition d'une personne à un support. L'occasion de contact étant l'exposition au message contenu par le support. Pour la radio, on parle d'ODE* (occasion d'entendre) et, pour la télévision, d'ODV* (occasion de voir).

Contentieux électoral. → **Campagnes électorales**

Contestation de crime contre l'humanité. Remise en cause de la réalité des crimes nazis, de l'existence des chambres à gaz et de l'extermination des Juifs pendant la Seconde Guerre mondiale. Est également qualifiée de « révisionnisme ». Considérer de tels points de vue et leur expression comme constitutifs d'infraction heurte apparemment l'idée qu'il n'y aurait pas de « vérité historique ». Cela semble, à certains, s'opposer à la liberté de la recherche et d'expression ou au libre débat des idées et des opinions. Comme toute autre cependant, ces libertés trouvent leurs nécessaires limites dans le respect de l'ordre, de l'égalité des droits et de la dignité de la personne humaine... Dès lors qu'elles sont, dans le cadre des principes constitutionnels, définies par la loi et sanctionnées par le juge, de telles limites, soucieuses d'assurer un juste équilibre entre les droits et les libertés, doivent être considérées comme justifiées.

ENCYCL. En droit français, l'article 24 *bis* de la loi du 29 juillet 1881, « sur la liberté* de la presse », réprime le fait de contester « l'existence d'un ou plusieurs crimes contre l'humanité tels qu'ils sont définis par l'article 6 du statut du Tribunal militaire international, annexé à l'accord de Londres du 8 août 1945, et qui ont été commis soit par les membres d'une organisation déclarée criminelle en application de l'article 9 dudit statut, soit par une personne reconnue coupable de tels crimes par une juridiction française ou internationale ». Sont aussi utilisées les expressions *négationnisme, révisionnisme*.

Contrat à compte d'auteur.
DROIT. En droit français, aux termes de l'article L. 132-2 du Code* de la propriété intellectuelle, est dit contrat à compte d'auteur, différent du contrat d'édition, celui par lequel « l'auteur* ou ses ayants droit versent à l'éditeur* une rémunération convenue, à charge pour ce dernier de faire fabriquer en nombre, dans la forme et suivant les modes d'expression déterminés au contrat, des exemplaires de l'œuvre* et d'en assurer la publication* et la diffusion*. Ce contrat constitue un louage d'ouvrage ».

Contrat de compte à demi.
DROIT. En droit français, aux termes de l'article L. 132-3 du Code* de la propriété intellectuelle, est dit contrat de compte à demi, différent du contrat d'édition, celui par lequel « l'auteur* ou ses ayants droit chargent

un éditeur* de fabriquer, à ses frais et en nombre, des exemplaires de l'œuvre, dans la forme et suivant les modes d'expression déterminés au contrat, et d'en assurer la publication* et la diffusion*, moyennant l'engagement réciproquement contracté de partager les bénéfices et les pertes d'exploitation, dans la proportion prévue. Ce contrat constitue une société en participation ».

Contrat d'édition. Accord par lequel un auteur*, en contrepartie des droits* d'auteur qui lui seront versés, confie son œuvre* à un éditeur* qui assume le risque de faire réaliser les exemplaires – généralement ou dans le langage courant, du livre*, mais aussi d'autres types de création – et de leur distribution.
ENCYCL. En droit français, une définition précise du contrat d'édition est donnée par l'article L. 132-1 du Code* de la propriété intellectuelle. Il y est considéré qu'il s'agit du « contrat par lequel l'auteur d'une œuvre de l'esprit ou ses ayants droit cèdent, à des conditions déterminées, à une personne appelée éditeur, le droit de fabriquer ou de faire fabriquer en nombre des exemplaires de l'œuvre, à charge pour elle d'en assurer la publication et la diffusion ».

Contrefaçon n.f. Reproduction* ou représentation* non autorisée d'une œuvre ou d'une prestation, en violation des droits* d'auteur ou des droits voisins du droit d'auteur*.
ENCYCL. En droit français, le Code* de la propriété intellectuelle, en son article L. 335-2, pose que « toute édition d'écrits, de composition musicale, de dessin, de peinture ou de toute autre production, imprimée ou gravée, en entier ou en partie, au mépris des lois et règlements relatifs à la propriété des auteurs* est une contrefaçon ». Il ajoute que « toute contrefaçon est un délit ». Aux termes de l'article L. 335-3 du même Code, « est également un délit de contrefaçon toute reproduction, représentation ou diffusion, par quelque moyen que ce soit, d'une œuvre* de l'esprit, en violation des droits de l'auteur, tels qu'ils sont définis et réglementés par la loi ». Est également constitutive de contrefaçon la violation des droits voisins du droit d'auteur.

Contre-programmation n.f. Stratégie de programmation élaborée par certaines chaînes de télévision*, consistant à proposer aux téléspectateurs* des rendez-vous décalés par rapport aux grandes chaînes généralistes afin de conquérir un nouveau public. Ces chaînes jouent la carte de la complémentarité en diffusant par exemple des bulletins d'information* en dehors du créneau habituel de 20 heures ou en programmant des genres d'émission délaissés par leurs concurrents. Les chaînes de télévision M6*, Arte* et, dans une certaine mesure, France 3* ont adopté cette stratégie afin de se démarquer des grandes chaînes généralistes que sont TF1* et France 2*.

Contrôle administratif. En raison, tout à la fois, de la nature des autorités (administratives) qui y procèdent et du moment (avant ou pour empêcher la publication) auquel il est effectué, un tel type de contrôle *a priori*, préalable ou préventif*, constitutif de la censure*, apparaît contraire au principe de liberté* d'expression ou d'information*. Celle-ci ne se satisfait véritablement que d'un contrôle de type judiciaire, répressif ou *a posteriori*.
ENCYCL. En dépit de son attachement au principe de la liberté d'expression, le droit français comporte ou laisse subsister certains éléments ou modalités d'un contrôle administratif préalable, permettant aux autorités de ce type (maires, préfets, ministre de l'Intérieur) de prononcer des mesures d'interdiction* ou de saisie* de publications*, en vue d'assurer le maintien ou le rétablissement de l'ordre public. Un contrôle de ce type pèse particulièrement sur les publications* étrangères et les publications* destinées à la jeunesse.

Convention n.f.
DROIT. L'article 28 de la loi du 30 septembre 1986 modifiée précise que la délivrance des autorisations* d'utilisation des fréquences est « subordonnée à la conclusion d'une convention passée entre le CSA* au nom de l'État et la personne qui en demande l'autorisation ». Ce contrat, de nature administrative, a pour objet la fixation de règles particulières applicables à la chaîne* « compte tenu de la zone desservie, de la part du ser-

vice dans le marché publicitaire, du respect de l'égalité de traitement entre les différents services et des conditions de concurrence* propres à chacun d'eux ». Ces conventions comportent des pénalités contractuelles susceptibles d'être infligées par le CSA en cas de manquements à leurs dispositions. La loi énumère de manière non exhaustive les points pouvant figurer dans ces conventions, notamment : la part du chiffre d'affaires consacrée à l'acquisition des droits de diffusion d'œuvres* cinématographiques d'expression originale française, les dispositions propres à assurer l'indépendance des producteurs*, la contribution à des actions culturelles, etc. → **Quotas, Autorisation, Cahier des charges**

Convention de Berne. Traité international datant de 1886, modifié et complété à plusieurs reprises par la suite, établissant certains principes communs essentiels en matière de protection des droits* d'auteur. Un minimum de protection à l'échelle internationale et, pour cela, d'harmonisation des législations nationales était devenu nécessaire dès lors que les œuvres* ont commencé à circuler d'un pays à l'autre. Le besoin en est évidemment fortement accru aujourd'hui. La gestion de cette convention est assurée par l'Organisation* mondiale de la propriété intellectuelle (OMPI). → **Direction « Télévision sans frontières »**

Convention de Genève (Convention universelle sur le droit d'auteur). Traité international datant de 1952, élaboré pour assurer, à l'échelle internationale, un minimum de protection des droits* d'auteur entre des pays (il s'agissait, à l'époque, aussi bien des États-Unis que de l'URSS) qui trouvaient que le niveau ou les conditions de protection imposés par la Convention* de Berne étaient trop forts. La gestion de cette convention est assurée par l'Organisation des Nations unies pour l'éducation, la science et la culture (Unesco).

Convention de Rome. Traité international datant de 1961, établissant, comme cela était préalablement apparu nécessaire dans le domaine du droit* d'auteur, certains principes communs essentiels en matière de

protection des droits* voisins du droit d'auteur. Concerne la protection des droits des artistes-interprètes*, des producteurs* de phonogrammes et des organismes de radiodiffusion*. La gestion de cette convention est assurée par l'Organisation* mondiale de la propriété intellectuelle (OMPI).

Convention européenne des droits de l'homme. Signée à Rome le 4 janvier 1950 et entrée en vigueur le 3 septembre 1953, cette Convention était ratifiée, en 1998, par 36 des 40 États membres du Conseil de l'Europe. S'ajoutent à la Convention, en la complétant ou en l'amendant, onze protocoles additionnels. La Convention définit un certain nombre de droits fondamentaux que chaque État s'engage à garantir à l'égard de tous les individus, sans discrimination, qui se trouvent sous sa juridiction. À l'exception de la liberté syndicale et du droit au respect des biens, il s'agit pour l'essentiel de droits civils et politiques (dont la liberté d'expression et d'information). La Convention met en place un mécanisme international de contrôle qui comporte deux phases. La première se déroule devant une commission, composée d'experts indépendants, qui juge de la recevabilité de la requête introduite par un État partie ou par la victime elle-même et soumet le cas échéant un rapport sur le fond. La seconde phase se situe devant la Cour européenne des droits de l'homme ou devant le Comité des ministres du Conseil de l'Europe, qui tranche le litige par une décision à la majorité des deux tiers lorsque la Cour n'a pas été saisie. Un protocole, dit « protocole 11 », ratifié par tous les États parties, mis en œuvre le 1er novembre 1998, amende profondément le mécanisme de contrôle. Depuis cette date, une Cour unique et permanente exerce la totalité du contrôle. → **Cour européenne des droits de l'homme**

Convention européenne de sauvegarde des droits de l'homme et des libertés fondamentales (angl. : *European Convention on Human Rights*). Traité relatif aux droits et libertés fondamentaux, adopté, dans le cadre du Conseil* de l'Europe, le 4 novembre 1950. La liberté* de communication est consacrée par l'article

10 de la Convention : « **1.** Toute personne a droit à la liberté* d'expression. Ce droit comprend la liberté d'opinion et la liberté de recevoir ou de communiquer des informations ou des idées sans qu'il puisse y avoir ingérence d'autorités publiques et sans considération de frontière. Le présent article n'empêche pas les États de soumettre les entreprises de radiodiffusion, de cinéma* ou de télévision* à un régime d'autorisations*. **2.** L'exercice de ces libertés comportant des devoirs et des responsabilités peut être soumis à certaines formalités, conditions, restrictions ou sanctions prévues par la loi, qui constituent des mesures nécessaires, dans une société démocratique, à la sécurité nationale, à l'intégrité territoriale ou à la sûreté publique, à la défense de l'ordre et à la prévention du crime, à la protection de la santé ou de la morale, à la protection de la réputation ou des droits d'autrui, pour empêcher la divulgation d'informations confidentielles ou pour garantir l'autorité et l'impartialité du pouvoir judiciaire. » Outre la reconnaissance ou consécration des droits, ce texte détermine, de façon très spécifique et remarquable en droit international, grâce à la Cour* européenne des droits de l'homme, un mécanisme juridictionnel de contrôle du respect, par les États, de leur engagement.

Convention « Télévision transfrontière ». La convention a été adoptée le 5 mai 1989 dans le cadre du Conseil de l'Europe (40 États membres 1996) et elle est en vigueur depuis le 1ᵉʳ mai 1993. En 1998, elle était ratifiée par 15 États (dont la France). Son objectif est de faciliter entre les États contractants la circulation transfrontière des émissions télévisées en déterminant un cadre comportant un certain nombre de règles minimales que chaque État partie s'engage à faire respecter par les radiodiffuseurs qui se situent sous sa juridiction. Cela a pour but d'éviter un second contrôle de la part de l'État de réception. Chaque État reste maître de conserver des caractéristiques propres à usage purement national. Mais il ne pourra plus s'appuyer sur ces dernières règles pour empêcher la retransmission de programmes qui sont par ailleurs conformes à la convention. La convention comporte des disposi-

tions relatives au contenu de la programmation (respect de règles de « déontologie » et protection de l'enfance, honnêteté de l'information, accès du public à des événements majeurs), ainsi que des obligations de caractère quantitatif concernant par exemple les seuils maximaux fixés en matière de publicité et, de manière souple, les seuils minimaux (préférences) en matière de diffusion d'œuvres européennes. La révision, en 1997, de la directive de l'Union européenne « Télévision sans frontières » aura entraîné, en 1998, des modifications nombreuses qui permettront à la convention du Conseil de l'Europe de ne pas entrer en contradiction avec elle.

Cookie n.m. (terme anglais ; plur. : *cookies*). Technique permettant à un serveur de recueillir auprès de ceux qui lui sont reliés, grâce à l'envoi de données sur le disque* dur de leur ordinateur*, toutes sortes d'informations : pages consultées, date et durée des diverses consultations. Cette technique, qui fait office d'espion en direction des internautes, permet notamment d'opérer une meilleure adéquation de l'offre et de la demande des pages Web*.

Coopérative n.f. Société fondée sur la solidarité de ses adhérents. Elle vise à réduire le prix de revient des produits ou des services utiles au fonctionnement des activités de ses membres. Elle n'a pas pour objectif le profit : ses éventuels bénéfices sont réinvestis ou font l'objet de ristournes réparties entre les divers coopérateurs. Elle est soumise à une gestion collégiale égalitaire : chaque membre dispose d'une voix, quel que soit le montant de son apport. En France, depuis la loi Bichet du 2 avril 1947, les entreprises de groupage et de distribution de la presse* ne peuvent être que le fait de sociétés coopératives dont le capital est détenu par des entreprises de presse. Ces coopératives peuvent cependant confier cette activité à des sociétés commerciales dont elles détiennent la majorité du capital (ce qui est le cas des NMPP* et de SAEM-TP*). C'est ainsi que les coopératives unissent différentes entreprises de presse où chacune dispose d'une voix quelle que soit la taille des publications* qu'elle édite. Ce système assure l'égalité des chances entre entreprises, avec les mêmes conditions pour tous pour ce qui est de la vente* au numéro. S'il interdit l'exclusion de tout adhérent qui demande à participer à la coopérative, il n'est cependant pas obligatoire. Il existe également des coopératives de presse qui contrôlent une centrale d'achat des papiers de presse : la Compagnie* française des papiers de presse (CFPP). → **Distribution de la presse, Messagerie de presse**

Copie n.f. (angl. : *copy*). Texte manuscrit ou dactylographié préparé pour la composition*. Disparaît avec la saisie directe. Par extension, tout texte destiné à être publié dans un journal*, travail du journaliste*.

Copie privée.
DROIT. En droit français, la copie privée constitue une des exceptions* au droit patrimonial d'auteur. Le Code de la propriété intellectuelle* fait bénéficier de ce régime de faveur « les copies ou reproductions* strictement réservées à l'usage privé du copiste et non destinées à une utilisation collective ». Nombre de copies, ne pouvant, parce qu'elles ne remplissent pas toutes les conditions, bénéficier de ce régime d'exception, doivent aujourd'hui être soumises au régime particulier de la reprographie*.

Coproducteur n.m. Associé d'un producteur* qui investit des capitaux en échange de parts de propriété d'une production audiovisuelle ou cinématographique et donc d'une participation à toutes les recettes d'exploitation de la coproduction*. Cette part peut représenter un pourcentage des droits mondiaux de l'œuvre ou se limiter à certains territoires. En cas de coproduction internationale, le partenaire étranger se voit en général octroyer la totalité des droits sur son territoire et une partie des recettes mondiales.

Coproduction n.f. Programme* audiovisuel ou œuvre cinématographique associant plusieurs producteurs, ce qui en facilite le financement. La coproduction entre le cinéma* et la télévision* s'est développée depuis la fin des années 1960 : elle permet de raccourcir les délais de diffusion entre la sortie en salles d'un film et son passage sur le petit écran. → **Coproducteur, Production, Cinéma**

Coquille n.f. (angl. : *literal error, wrong fount, wrong letter*). Erreur de composition*. Autrefois, substitution d'une lettre à une autre, par mauvaise distribution des caractères* dans la casse*. Par extension, aujourd'hui, erreur portant sur des mots entiers ou un groupe de mots.

Corporate n.m. Désigne, dans le langage des professionnels des relations publiques, les actions de communication destinées à améliorer l'image, à l'extérieur, d'une entreprise ou d'une institution.

Corps n.m. (angl. : *body size, point size*). Hauteur en ligne du caractère* imprimé. La « force de corps » est exprimée en points*.

Correspondance de presse. Bulletin publié par une agence* de presse à l'intention d'abonnés dont la majorité, le plus souvent, est composée de médias d'information.

Correspondance privée.
DROIT. La notion de *correspondance privée* n'est définie dans aucun texte de droit positif. Les jurisprudences, anciennes sur ce sujet, n'éclairent guère la notion puisqu'elles recourent à des concepts de plus en plus délicats à appliquer, tels que « tout échange personnel et actuel de pensée » ou l'existence d'un « intérêt commun ». C'est une simple circulaire du 17 février 1988 prise en application de l'article 43 de la loi du 30 septembre 1986 sur le régime déclaratif applicable à la communication audiovisuelle qui constitue la tentative la plus claire de définition de la notion de correspondance privée. Aux termes de ce texte, la correspondance privée est définie comme « tout message exclusivement destiné à une (ou plusieurs) personne déterminée et individualisée ». Concrètement, cependant, malgré cette circulaire, la distinction entre la communication audiovisuelle et la correspondance privée est souvent difficile. En effet, la circulaire du 17 février 1988 prévoit que le caractère mixte des informations circulant sur les réseaux n'em-

pêche pas la détermination de leur régime juridique. Il suffit, théoriquement, que le contenu du service relève en partie de la communication audiovisuelle pour que celui-là soit soumis au régime de celle-ci en matière de déclaration – s'il ne constitue pas un service de radio ou de télévision diffusé par voie hertzienne ou distribué par câble (article 43 de la loi du 30 septembre 1986 modifiée). Mais, en pratique, la frontière est souvent très ténue. La jurisprudence en est le reflet. Ainsi, les services « destinés à transmettre des correspondances privées entre utilisateurs, au nombre desquels figurent les services de téléconvivialité, permettant l'échange d'informations ou de messages entre utilisateurs et receveurs téléphoniques, ne constituent pas des services de communication audiovisuelle au sens de la loi du 30 septembre 1986 » (Conseil d'État, 29 mai 1981, Fédération nationale des radio-répondeurs et autres c/PTT). Par ailleurs, la cour d'appel de Metz (CA 18 juillet 1980) considère que « pour que la communication soit considérée comme privée, il faut non seulement que l'appel soit personnel, libre et privé, mais encore que l'échange téléphonique le soit, c'est-à-dire ne présente aucune volonté possible et formelle de porter un acte de communication au public ». Le seul élément sur lequel on puisse se fonder pour distinguer la communication audiovisuelle de la correspondance privée est celui de l'existence d'un message dont le contenu est fonction d'un destinataire identifié et individualisé. Sans doute l'exigence de la personnalisation du message permettrait-elle de restreindre le champ d'application de la correspondance privée au profit de la communication audiovisuelle, dont le régime juridique est plus protecteur. Si ce critère distinctif est assez facilement applicable au service de « New video on demand », le message étant délivré de la même façon au demandeur ou aux prestations de téléchargement – le demandeur dispose dans ce cas de l'élément demandé (image, son, logiciel, données), mais tout demandeur du même élément qui compose le code d'accès et dispose de l'équipement nécessaire peut recevoir le même élément –, il est plus délicat à manier dans d'autres cas de figure.
→ Communication

Correspondant n.m. Journaliste* détaché de la rédaction* centrale dans un bureau* de province ou de l'étranger. Dans ce dernier cas, il s'agit d'un correspondant permanent ; le correspondant particulier est, lui, un journaliste du cru, rémunéré à la pige*.

Cosip. → **Compte de soutien aux industries de programme**

Couch potatoes. Expression péjorative désignant ceux des téléspectateurs, avachis dans leur fauteuil (couch), et regardant la télévision de façon plutôt distraite, sans avoir vraiment choisi les programmes, et tout en mangeant n'importe quoi (potatoes). Les téléspectateurs ainsi désignés ne sont ni sélectifs, ni inconditionnels : la télévision n'est pour eux ni un moyen de s'informer, ni un moyen de se divertir ; elle n'est une activité que par défaut d'autres activités.

Couplage publicitaire. Accord liant plusieurs titres de presse* ou supports* qui offrent en commun, et avec un tarif unique, leurs espaces publicitaires. Ce procédé a pour mérite d'accroître l'audience* offerte et de simplifier les négociations pour les annonceurs*. Il valorise des supports qui, isolés, auraient du mal à attirer la publicité* ou les annonces* classées. Le 66/3 est un couplage qui propose en bloc aux annonceurs 66 quotidiens* régionaux français (soit la quasi-totalité d'entre eux) avec trois parutions d'une annonce en dix jours. Pour la presse quotidienne, le couplage baptisé « Piment » réunit Le Figaro*, Libération*, La Tribune* (pour une annonce rédactionnelle en quadrichromie à paraître 4 fois en 15 jours dans les trois quotidiens). Le couplage « Plein Cadre » propose l'insertion en trois formats différents durant une semaine dans Le Monde*, L'Équipe*, Les Échos*. Il existe également ment des couplages pour la presse magazine (comme « Planète Femme », conçu pour toucher une femme active sur deux à travers 11 magazines) ainsi qu'en radio.

Couponing. Mot anglais pour couponnage*.

Couponnage n.m. (angl. : couponing). Technique de promotion des ventes qui consiste à distribuer des bons de réduction valables sur un achat lors d'un passage à la caisse. Ces coupons sont insérés dans la presse* ou disponibles dans les magasins avec les produits concernés.

Coupure publicitaire. Interruption d'une œuvre* audiovisuelle ou cinématographique ou d'un autre programme* en vue de l'insertion d'écrans* publicitaires. Pour les œuvres audiovisuelles ou cinématographiques, les règles d'insertion des écrans publicitaires dans les programmes sont définies par les dispositions de l'article 73 de la loi du 30 septembre 1986 modifiée et pour les autres émissions* par le décret du 27 mars 1992 sur la publicité* et le parrainage*. L'article 73 de la loi du 30 septembre 1986 modifiée limite à une coupure unique sur les seules chaînes* privées l'interruption des œuvres cinématographiques ou audiovisuelles, sauf dérogation accordée par le CSA*. S'agissant des œuvres cinématographiques, la durée maximale de l'interruption publicitaire est fixée à six minutes par le décret du 27 mars 1992. Pour les autres émissions, cette durée est fixée par les conventions* ou les cahiers* des charges des chaînes sans pouvoir excéder 20 % du temps de diffusion et 15 % pour une heure donnée, limites maximales fixées par la directive* européenne du 3 octobre 1989.

ENCYCL. Pour les émissions autres que les œuvres cinématographiques ou audiovisuelles, l'article 15 du décret du 27 mars 1992 dispose que sur les chaînes privées la coupure doit être insérée entre les émissions, mais qu'elle peut l'être aussi à l'intérieur des émissions s'il est tenu compte « des interruptions naturelles du programme, ainsi que de sa durée et de sa nature ». Dans ce cas, une période d'au moins vingt minutes doit séparer deux interruptions publicitaires d'une même émission. Une autre règle concerne les émissions composées de parties autonomes, les émissions sportives et les retransmissions de spectacles ou événements comprenant des intervalles. Pour ces émissions, la publicité ne peut être insérée qu'entre les parties autonomes ou les intervalles. Le CSA interprète cette disposition, notamment dans le cadre des retransmissions sportives, avec souplesse. S'agissant des sociétés nationales de programmes, les règles d'interrup-

tion publicitaire sont fixées par leurs cahiers des charges. Les écrans publicitaires sont insérés entre les émissions. Les émissions qui assurent la retransmission de compétitions sportives comportant des intervalles peuvent être interrompues par des messages publicitaires à condition que ces derniers soient diffusés dans ces intervalles. Les émissions autres que les œuvres audiovisuelles et composées de parties autonomes diffusées avant 20 heures peuvent être interrompues par des messages publicitaires insérés entre ces parties autonomes à condition d'en avoir reçu l'autorisation du CSA. Le décret interdit par ailleurs, que ce soit pour les chaînes privées ou publiques, toute interruption publicitaire des journaux télévisés, des magazines d'actualité, des émissions religieuses et des émissions pour enfants lorsque la durée de ces catégories d'émissions est inférieure à trente minutes. Les services religieux ne peuvent être interrompus par la publicité.

Cour européenne des droits de l'homme. La Cour européenne, qui siège à Strasbourg, constitue selon sa propre expression « l'instrument constitutionnel de l'ordre européen des libertés ». La Cour est composée d'autant de juges que d'États membres du Conseil de l'Europe (40). Une fois que la Commission est intervenue, elle rend des arrêts ayant force obligatoire pour trancher des litiges qui lui sont déférés et qui allèguent une violation des droits garantis par la Convention. La Cour statue soit en Chambre (9 juges), soit en Grande Chambre (19 juges). La procédure est écrite et orale, publique et contradictoire. Sa jurisprudence en matière de liberté d'expression et d'information est particulièrement riche. À la suite de l'entrée en vigueur du protocole 11, la totalité du contrôle international est exercée, depuis le 1er novembre 1998, par une Cour unique et permanente qui doit statuer sur la recevabilité et le fond des requêtes qui lui sont directement soumises, par un État partie ou par l'individu lui-même, à l'égard d'un État contractant qui aurait enfreint les droits fondamentaux définis par la Convention. Cette réforme supprime donc l'intervention de la Commission et du Comité des ministres.

ENCYCL. La Cour a mis nettement l'accent sur le droit à une information libre et pluraliste. Cette préoccupation l'a conduite non seulement à condamner toute concentration excessive ou monopole rigide (en ce qui concerne la radio et la télévision, voir l'arrêt du 24 novembre 1993 relatif à l'Autriche), mais aussi à proclamer, pour la première fois, le principe du secret des sources d'information du journaliste... sauf circonstances tout à fait exceptionnelles (arrêt Goodwin contre Royaume-Uni du 27 mars 1996).
→ **Convention européenne des droits de l'homme**

Cour de justice des Communautés européennes. Siégeant à Luxembourg, la Cour de justice est l'organe juridictionnel permanent et commun créé par les traités institutifs des Communautés. Elle est composée de 15 juges et de 9 avocats généraux qui sont nommés pour six ans d'un commun accord par les gouvernements des États membres. La Cour a une fonction consultative et une fonction contentieuse. Étant donné l'abondance du contentieux européen, il a été institué un Tribunal de première instance (TPI), entré en fonction le 1er septembre 1989. Le TPI a une fonction exclusivement contentieuse et ne peut connaître que de certaines catégories de recours, à l'exception des questions préjudicielles (art. 177). Le traité prévoit des voies de recours directs devant les juridictions communautaires, ayant pour objet de faire respecter le droit communautaire par les États membres (recours en manquement), de même que par les institutions communautaires (recours en annulation, recours en carence, recours en réparation). Ces recours peuvent être introduits à l'initiative des institutions communautaires et des États membres. Les personnes physiques et morales ne peuvent provoquer l'action en manquement qu'au moyen de plaintes adressées à la Commission. Pour les autres recours, leur action ne sera jugée recevable que si la décision ou l'acte communautaire litigieux les concerne directement et individuellement. Le traité prévoit également un mécanisme de renvoi préjudiciel (art. 177) qui permet aux juridictions nationales de demander à la Cour de prendre position sur des questions de vali-

dité et d'interprétation du droit communautaire.
ENCYCL. Par ce dernier biais, dans l'affaire « ERT », le 18 juin 1991, la Cour de Luxembourg a bien mis en évidence que toute entrave à la libre prestation « transfrontière » de services télévisés doit être justifiée au regard des droits fondamentaux, et en particulier à la « liberté d'information sans considération de frontières », telle qu'elle est garantie par l'article 10 de la Convention* européenne des droits de l'homme.

Courrier n.m. Genre journalistique. À côté des comptes rendus de séances parlementaires, de tribunaux, de réunions diverses, de spectacles sportifs ou encore des critiques d'œuvres de l'esprit (pièces de théâtre, concerts, films, livres), le courrier en rapporte, le plus souvent sous forme d'échos, les aspects marginaux : bruits de couloir ou de coulisses, interviews, nouvelles indiscrètes, etc. Aujourd'hui, le courrier a souvent pris dans les médias* une place plus importante que le compte rendu ou la critique.
→ **Écho, Critique, Courriériste**

Courrier électronique (angl. : e-mail). Ensemble des correspondances réalisées sur support électronique, informatique et acheminées par des réseaux* télématiques. C'est une évolution de la correspondance traditionnelle sur papier recourant aux services postaux. Le courrier électronique permet une quasi-instantanéité de la réception et accélère ainsi les échanges. Les systèmes techniques d'acheminement et de stockage des boîtes à lettres électroniques sont désignés sous le terme de réseaux de messageries électroniques. → **Mel**

Courrier des lecteurs. Rubrique* dans laquelle le journal publie les demandes ou les réactions de ses lecteurs, sous forme de lettres ou le plus souvent de brefs extraits de leur correspondance. → **Courriériste**

Courriériste n.m. (vieilli). Journaliste* spécialiste du courrier*.

Coût au mille. Rapport, exprimé en francs, entre le coût d'une insertion publicitaire et son audience*, multiplié par 1 000.

Couverture n.f. Dans le vocabulaire courant des journalistes, action consistant à rapporter un événement de l'actualité après s'être livré à une enquête à son sujet.

Couvrir v.tr. Dans le langage courant des journalistes, enquêter sur un événement d'actualité dont on considère qu'il répond à la curiosité ou qu'il correspond à l'intérêt des destinataires de l'organe d'information concerné. → **Événement, Actualité**

Crédibilité n.f. (angl. *credibility*). Appréciation subjective en fonction de laquelle un individu ou un groupe d'individus accorde, globalement, une confiance plus ou moins grande à un organe d'information déterminé, qu'il s'agisse d'un journal imprimé ou d'un journal radiodiffusé ou télévisé.

ENCYCL. La notion de *crédibilité*, qui a connu une singulière fortune depuis le milieu des années 1970, diffère sensiblement du simple « crédit » accordé à une information ou à un organe d'information déterminé, tout au moins si l'on considère son acception courante : la confiance accordée à un média déterminé (par exemple une chaîne de télévision, TF1, France 3) apparaît comme la condition indispensable pour que ce média puisse être cru. Ce dont la langue anglaise rend bien compte en distinguant un média qu'elle dit tour à tour *trustworthy* et *believable*. « Digne de confiance », et, par conséquent, « digne d'être cru » pour ce qu'il dit, ce qui suppose, dans tous les cas, que le média est fiable *(reliable)*, et que l'on peut compter sur lui pour acheminer l'information sans entraves ni risques d'altérations.

Critique. 1. n.f. Rubrique d'un journal, ou bien genre journalistique consacré à la présentation critique des œuvres de l'esprit, livres, arts plastiques, cours rythmiques, films et spectacles vivants, émissions de radio ou de télévision. Cette fonction de critique culturelle des médias* pose, parmi d'autres, le problème de l'indépendance à l'égard des pressions de la publicité* et des services de relations publiques. **2.** n.m. Journaliste chargé de la critique littéraire, théâtrale, artistique ou musicale. → **Courrier**

Croix (La). Quotidien français du soir, né en 1883 à l'initiative des Pères assomptionnistes, il se veut à la fois indépendant et fidèle aux convictions religieuses de ses fondateurs. Il constitue l'un des fleurons du groupe Bayard*. Sa diffusion est d'environ 91 000 exemplaires en 1997. Adresse : 3-5, rue Bayard 75393 Paris Cedex 08. Tél. : 01 44 35 60 60.

Cryptage n.m. Action consistant à rendre illisible un programme* audiovisuel ou un service de télécommunications* en le modifiant avec un algorithme informatique afin de ne le rendre accessible qu'à des destinataires payants qui disposent d'une clef de décryptage (algorithme inverse). Synonyme de chiffrement*. → **Multicrypt, Simulcrypt, Décodeur/Décrypteur**

Cryptographie n.f. Étude descriptive, visant à leur classification, des différents procédés de chiffrement* qui permettent de rendre certains messages inaccessibles à tous, à l'exception de ceux auxquels ont été communiquées les clefs* de ce chiffrement. → **Chiffrement, Cryptologie**

Cryptologie n.f. Étude des procédés, des procédures et des méthodes utilisés par la cryptographie. → **Chiffrement, Cryptographie**

CSA. → **Conseil supérieur de l'audiovisuel**

Cul-de-lampe n.m. (angl. : *tal piece*). Vignette, de forme triangulaire, ornant la dernière page du chapitre d'un livre ou d'une revue, ou séparant les paragraphes dans certains périodiques*.

Culture de masse. Désigne, à l'origine, dans l'esprit des chercheurs de l'école de Francfort*, la culture qui s'adresse au plus grand nombre (masse sociale) et qui, obéissant aux normes de la production industrielle en série, est diffusée sous forme standardisée. Cette notion a connu un grand succès dans les années 1960 et a été associée à la question de la consommation de la culture diffusée par les *mass media*, puis aux activités générées par le monde des loisirs en général. Face à la culture d'élite, elle incarne, selon Edgar MORIN, la quantité, la production, le matérialisme, la marchandise, la grossièreté, l'ignorance, par opposition à la qualité, la création, la spiritualité, l'esthétique, l'élégance et le savoir. L'association des termes « culture » et « masse » présente cependant une imprécision sémantique : on assimile « culture pour les masses » (production uniformisée) à « culture des masses » (consommation en réalité diversifiée). En outre, on confond l'ampleur de la diffusion (nombre très important de personnes) et la qualité du contenu (vulgarité). C'est la raison pour laquelle cette notion est aujourd'hui quelque peu abandonnée.

Curseur n.m. (angl. : *wiper, cursor*). Icône ou image apparaissant sur un écran d'ordinateur et servant de guide ou de repère pour l'utilisateur. Ce repère lumineux permet de gérer les diverses fonctionnalités de l'ordinateur. Son déplacement est possible, grâce à une souris, un clavier ou une boule. Les écrans tactiles* suppriment la nécessité du recours à un curseur. → **Clavier, Interactivité, Souris**

Cyan n.m. Encre* « primaire » de couleur bleue, obtenue par synthèse additive des couleurs bleu et vert. → **Magenta, Jaune**

Cyber (angl. : *cyber*). Utilisé comme un préfixe, élément marquant un lien avec le multimédia*, les images de synthèse* ou les mondes virtuels* en général. → **Cyberpublicité**

Cybermonde n.m. Traduction du mot anglais *cyberspace*, inventé par l'écrivain américain de science-fiction William GIBSON, qui publia en 1984 un roman futuriste intitulé *Neuromancer,* dans lequel il imaginait un monde virtuel fondé sur des réseaux informatiques. Par extrapolation, le terme désigne l'univers défini par les nou-velles techniques de communication. → **Internaute, Internet, Web**

Cybermonitorr. → **Médiamétrie**

Cybernaute. → **Internaute**

Cybernétique n.f. (du grec *kubernêtikê,* l'art ou la science de gouverner). Terme forgé par le mathématicien Norbert Wiener pour désigner la science du contrôle et de la communication chez les animaux et les machines. La cybernétique appréhende les phénomènes comme des systèmes, c'est-à-dire un ensemble d'éléments organisés de telle sorte que toute modification apportée à un élément affecte tous les autres. Elle est aussi un modèle de circulation de l'information qui peut être appliqué à l'ensemble de l'organisation sociale et qui a constitué, au lendemain de la Seconde Guerre mondiale, une nouvelle idéologie censée lutter contre le « bruit » et la désorganisation grâce, notamment, à une utilisation efficace des machines à communiquer, en particulier des ordinateurs. La cybernétique vise à maintenir la régulation et l'équilibre du système et assimile, d'une certaine manière, la communication humaine à une communication machinique. Elle est à l'origine des recherches sur l'intelligence artificielle (création de machines simulant le comportement humain).

Cyberpublicité n.f. Contraction des mots *cyberelectronic* et *publicité* pour désigner la publicité diffusée sur l'Internet. La vente d'espaces publicitaires en ligne aurait atteint un montant compris entre 3,5 milliards et 6 milliards de francs pour l'année 1997 selon diverses sources d'estimation, soit une hausse minimale de plus de 150 % par rapport à l'année précédente. L'essentiel des investissements publicitaires est réalisé par un petit nombre d'annonceurs et il est concentré sur quelques sites, particulièrement ceux des moteurs* de recherche du réseau.

Cyberspace. → **Cybermonde**

DAB. → **Digital Audio Broadcasting**

DAT (Digital Audio Tape). Support permettant l'enregistrement et la restitution du son en langage numérique et en stéréo. Lancé sur le marché par Sony en 1987, le support, qui permet d'enregistrer trois heures environ de son numérique et stéréo sur une cassette deux fois plus petite que les cassettes audio traditionnelles, s'est imposé, non pas auprès du grand public, mais auprès des professionnels. N'ayant pas recours à la compression, il permet la restitution intégrale du son enregistré : le DAT constitue ainsi un support idéal de stockage. D'autre part, l'indexation de la bande et son rembobinage très facile permettent d'accéder à la partie du programme désiré très facilement et de façon parfaitement synchrone : d'où son utilisation par les professionnels, mais aussi parmi les mélomanes les plus exigeants.

Day parts (expression anglaise). Tranches horaires qui permettent l'étude de l'audience, aux différents moments de la journée : day time*, access* prime time, prime time*, night time*, et, parfois, seconde partie de soirée. → **Audience**

Day time (expression anglaise). Tranche horaire correspondant, pour une station radio ou une chaîne de télévision, à la journée, depuis le matin jusqu'au début de l'access prime time* (18 heures, en France).

DBS. → **Direct Broadcasting Satellite**

DCC (Digital Compact Cassette). Support permettant l'enregistrement et la restitution du son en langage numérique et en stéréo. Lancé par Philips en 1991, la production de ce support a été abandonnée devant le succès du mini-disque préenregistré : bien qu'associé à des lecteurs compatibles, capables de lire également les cassettes audio analogiques, la DCC, dont les appareils étaient plus onéreux, ne permet pas cet accès direct et rapide auquel le disque compact avait déjà habitué le grand public.

D2MAC. Norme européenne de télévision* analogique haute définition avec son numérique, développée à partir de 1986. Le codage des signaux son, luminance et chrominance*, et l'augmentation de la définition de l'image (700 pixels* par ligne et 625 lignes) amélioraient la netteté de l'image et permettaient le passage au format 16/9. La norme a été abandonnée devant l'essor et le succès de la télévision numérique.

Débit n.m. (angl. : *rate*). Capacité de transport d'un réseau*, ou quantité d'informations qui peut être acheminée dans une unité de temps donnée. Il se mesurait en bauds (unité d'information par seconde) et, depuis la numérisation des réseaux, en bits* par seconde (bit/s ou bps). Le débit est un indicateur pertinent de la qualité d'un réseau. C'est aussi par l'évaluation des débits nécessaires que se fait l'évaluation des besoins des différents clients des réseaux.

Déboguer v.tr. (angl. : *to debug*). Supprimer les erreurs (bogues*) d'un programme informatique. → **Bogue, Débogueur**

Débogueur n.m. (angl. : *debugger*). Programme permettant d'éliminer les bogues*.
→ **Bogue, Déboguer**

Déclaration n.f. Simple formalité d'information des autorités auprès desquelles elle doit être effectuée de l'existence d'une entreprise ou institution ou de l'exercice d'une activité. À la différence de l'autorisation*, la déclaration, dès lors que les pièces et les renseignements requis sont réunis, doit être enregistrée par les autorités, sans possibilité, pour elles, de s'y opposer. La déclaration ne constitue donc pas un obstacle à la liberté. Par l'identification de l'activité et de ses responsables, elle doit seulement faciliter la poursuite des abus de la liberté, dans le cadre d'un nécessaire contrôle judiciaire, répressif ou *a posteriori,* en lui-même ou, par principe, respectueux des libertés.
ENCYCL. En droit français, la publication d'un « journal* ou écrit périodique* » est soumise à la simple formalité de déclaration préalable. Prescrite par l'article 7 de la loi du 29 juillet 1881, celle-ci doit être effectuée « au parquet du procureur de la République ». Elle doit comporter notamment : le titre de la publication, le nom et l'adresse du directeur de la publication, l'indication de l'imprimerie*. Les publications* périodiques destinées à la jeunesse doivent, en application de la loi du 16 juillet 1949, faire l'objet d'une déclaration supplémentaire au ministère de la Justice.

Déclaration des droits de l'homme et du citoyen.
DROIT. Texte, adopté le 26 août 1789, fondateur, en France, du régime démocratique, établissant les libertés et les droits civils et politiques, privés et publics. Valeur constitutionnelle, dont le respect s'impose donc à tous les pouvoirs, lui est, aujourd'hui encore, reconnue en droit français. En son article 11, la Déclaration des droits de l'homme pose le principe de la liberté* d'expression ou de communication. La formulation allie élégance et précision : « La libre communication des pensées et des opinions est un des droits les plus précieux de l'homme ; tout citoyen peut donc parler, écrire, imprimer librement, sauf à répondre de l'abus de cette liberté dans les cas déterminés par la loi ». Il

s'agit là de la consécration de la conception libérale, que l'on qualifie aujourd'hui de « classique », de cette liberté. L'interprétant dans le contexte actuel, le Conseil constitutionnel y a cependant trouvé le fondement – sans employer expressément la formule ! – du droit du public à l'information*, faisant notamment du « pluralisme* des quotidiens* d'information politique et générale » un « objectif de valeur constitutionnelle » et comptant les lecteurs « au nombre des destinataires essentiels de la liberté proclamée » par ce texte (décision des 10-11 octobre 1984).

Déclaration universelle des droits de l'homme. Proclamée par l'Assemblée générale des Nations unies, le 10 décembre 1948, la Déclaration universelle reste le texte fondamental auquel se réfèrent tous les autres instruments internationaux relatifs aux droits de l'homme, universels ou régionaux. En son article 19, ce texte pose que : « Tout individu a droit à la liberté d'opinion et d'expression, ce qui implique le droit de ne pas être inquiété pour ses opinions et celui de chercher, de recevoir et de répandre, sans considération de frontières, les informations et les idées par quelque moyen d'expression que ce soit. » Pour donner une valeur juridique plus forte à ces principes, la plupart des éléments en ont pratiquement été repris, le 19 décembre 1966, dans deux pactes : l'un, dit « Pacte international sur les droits civils et politiques* » ; l'autre, dit « Pacte international sur les droits économiques, sociaux et culturels ». C'est à travers ces droits et à travers la coutume internationale que le contenu de la Déclaration trouve une expression juridique contraignante. La Déclaration appréhende l'ensemble des droits civils et politiques, ainsi que les principaux droits sociaux de l'homme. Son apport principal est de reconnaître que la liberté de l'homme est devenue une valeur imprescriptible et internationale. Cela signifie que tout homme, sans aucune discrimination, détient en propre un ensemble de droits opposables à tous et en particulier aux États souverains. De plus, comme le soulignait René Cassin, un des pères de la Déclaration, cette dernière insiste également sur les devoirs des hommes les uns à l'égard des autres. Cela met l'accent sur le principe, maintes fois invoqué par les Cours internationales sur les droits de l'homme, selon lequel les droits de l'homme doivent toujours être interprétés et appliqués dans le souci de les rendre concrets et effectifs et donc à l'abri de toute atteinte, qu'elle émane d'États ou de personnes privées. La Déclaration reconnaît la liberté d'expression et d'information à l'article 19, chiffre symbole qui a été repris comme dénomination par l'organisation non gouvernementale qui, au niveau mondial, combat contre la censure* et pour la liberté* de la presse*.

Décodeur/Décrypteur n.m. Appareil, boîtier branché sur la prise péritel* du téléviseur et permettant de décrypter des chaînes* de télévision reçues par satellite* ou par câble*. Il fonctionne avec un code d'accès ou avec une carte* à mémoire.

Décodeur interactif. (angl. : *set top box*). Doté de capacités informatiques, ce type de décodeur, le plus souvent numérique*, permet à l'utilisateur de transmettre des ordres aux serveurs* d'un réseau* de télévision* interactive.

Décrochage n.m. **1.** Action qui permet de « décrocher » un ou plusieurs émetteurs* locaux d'un réseau de diffusion large (télévision ou radio) afin de leur faire émettre un programme* différent de celui véhiculé par le reste du réseau. **2.** Programme de télévision ou de radio, régional ou local, spécifique, diffusé au même moment qu'un programme national et sur le même réseau de diffusion. DROIT. La loi du 30 septembre 1986 modifiée par la loi du 1er février 1994 a prévu en son article 28-12 : « Les conditions dans lesquelles les services de télévision bénéficiant d'une autorisation nationale en clair* sont autorisés à effectuer des décrochages locaux sous leur responsabilité éditoriale, dans la limite cumulée de trois heures par jour, sauf dérogation du Conseil* supérieur de l'audiovisuel. Les décrochages locaux visés au présent alinéa ne sont pas considérés comme des services distincts bénéficiant d'autorisations locales et ne peuvent comporter de messages publicitaires ni d'émissions parrai-

nées. » Le Conseil* constitutionnel, dans sa décision n° 93-333 DC du 21 janvier 1994, a précisé que la forme de l'autorisation par l'instance de régulation* de ces décrochages locaux devait être celle de la convention*, ce qui n'est guère surprenant puisque ces dispositions ont été insérées à l'article 28 de la loi sur les conventions. Le Conseil d'État a jugé légal le refus du CSA d'étendre le décrochage local de M6* à Lyon, compte tenu de la concurrence susceptible d'être faite à Télé-Lyon-Métropole, télévision locale diffusée par voie hertzienne terrestre à Lyon (CE, Métropole TV (M6*), 16 juin 1997). Seule Métropole TV (M6) effectue des décrochages locaux. → **Concurrence, Programme local, Régulation**

DECT (Digital Enhanced Cordless Telecommunications). Nouvelle norme numérique* de télécommunications* sans fil élaborée par les instances européennes.

Définition n.f. Qualité d'une image mesurée par les éléments qui permettent de la percevoir. Cette qualité se mesure en nombre de lignes et de pixels* pour la vidéo* et l'informatique*.

Dégressif adj. et n.m. Remise consentie aux annonceurs* par les supports* et pour diverses raisons : volume des achats, choix des horaires, saisonnalité (périodes creuses), couplage* publicitaire, achat en « floating* », nouveau client. Depuis la loi, dite loi Sapin, du 29 janvier 1993, ces remises doivent être clairement indiquées dans les conditions de vente des espaces publicitaires proposées par les régies*.

Démassification n.f. Processus à la faveur duquel les « mass media » occupent une place toujours plus relative, parmi les médias offerts ou fréquentés, à l'intérieur du périmètre d'une société déterminée. Ce processus s'inscrit dans une évolution qui favorise la « personnalisation » des médias et la fragmentation de leurs marchés. → **Glocalisation, Mass media, Média**

Démodulateur n.m. Appareil qui permet de démoduler. → **Démodulation, Modulation**

Démodulation n.f. Action qui permet de retrouver la nature originelle d'un signal après sa modulation*.

Démultiplexage. → **Multiplexage**

Déontologie n.f. (angl. : *ethics*). Ensemble des règles de conduite que des professionnels se donnent à eux-mêmes et qu'ils s'efforcent de respecter et de faire respecter dans l'exercice de leurs activités. À condition de ne pas devenir un instrument de défense d'intérêts catégoriels ou corporatistes, la déontologie ou éthique professionnelle permettrait d'échapper à l'élaboration de dispositions législatives, considérées comme contraignantes, et à leur application par des juges, auxquels il est souvent reproché de ne rien connaître aux contraintes et réalités professionnelles et de restreindre les libertés. La déontologie présenterait notamment l'avantage d'une plus grande souplesse et adaptabilité. Elle est l'expression, par une profession, d'une certaine conscience collective et du sens des responsabilités, pour plus de liberté et un meilleur service du public.
ENCYCL. En France, toute idée d'une déontologie de l'information* continue de susciter de très fortes réserves. Les professionnels de la publicité* sont peut-être, à cet égard, un peu moins réticents que ne le sont les journalistes*. Une « Charte* des devoirs du journaliste » a été élaborée en 1918 et révisée en 1938 par le principal syndicat de journalistes.

Dépêche n.f. Nouvelle* transmise par télécommunications ; plus particulièrement, composante des services d'agences* de presse. Après un court titre, appelé lead* et qui indique l'origine, l'heure et la nature de l'événement* rapporté, son bref récit factuel comporte de 10 à 20 lignes de texte. CONTR. : *Feature.* → **Flash, Scoop**

Dépositaire n.m. Commerçant chargé de l'exposition et de la vente* au numéro des publications* qui lui sont confiées en dépôt par l'éditeur ou une messagerie* de presse. Le dépositaire peut exploiter personnellement un magasin de vente au détail, ou bien faire office de grossiste pour les sous-dépositaires ou diffuseurs qu'il approvi-

sionne. Il est chargé du réglage des ventes et de la reprise des invendus*. Il est rémunéré par une commission d'environ 10 %, prélevée sur le prix de vente des publications. Depuis la réforme des NMPP*, on comptait, fin 1997, 372 dépositaires contre 2 470 en 1990. → **Distribution**

Dépôt n.m. Remise, au moment de la parution, de quelques exemplaires d'une publication (périodique*, livre*, disque...), imposée par la loi, en vue de permettre : l'information des autorités (dépôt administratif*), la constitution de preuve (dépôt judiciaire*) ou la conservation des éléments du patrimoine (dépôt légal*).

Dépôt administratif.
ENCYCL. En droit français, au moment de la parution de chaque nouveau numéro d'une publication* périodique écrite, livraison gratuite et forcée, imposée par l'article 10 de la loi du 29 juillet 1881, de dix exemplaires de la publication, au ministère de l'Information ou à ce qui en tient lieu, pour Paris ; à la préfecture, à la sous-préfecture ou à la mairie, en province. En application de la loi du 16 juillet 1949, les publications* destinées à la jeunesse font l'objet d'un dépôt supplémentaire au ministère de la Justice.

Dépôt judiciaire.
ENCYCL. En droit français, au moment de la parution de chaque nouveau numéro d'une publication* périodique écrite, livraison gratuite et forcée, imposée par l'article 10 de la loi du 29 juillet 1881, de deux exemplaires de la publication, au parquet du procureur de la République ou à la mairie. Est ainsi assurée la constitution ou conservation de la preuve d'éventuelles infractions. En cas d'omission du dépôt, l'article 51 de la même loi de 1881 pose que le juge d'instruction pourra ordonner, à fin de preuve, la saisie* de quatre exemplaires de la publication.

Dépôt légal.
ENCYCL. En droit français, tel que déterminé par la loi du 20 juin 1992 et son décret d'application du 31 décembre 1993, livraison gratuite et forcée, à la Bibliothèque nationale, pour Paris, ou dans une bibliothèque

classée, en province, de deux exemplaires de tous « documents imprimés, graphiques, photographiques, sonores, audiovisuels, multimédias » (loi du 20 juin 1992, art. 1ᵉʳ). Aux termes de l'article 2 de la loi de 1992, « le dépôt légal est organisé en vue de permettre : **1.** la collecte et la conservation des documents ; **2.** la constitution et la diffusion de bibliographies nationales ; **3.** la consultation des documents ». La conservation et la mise à disposition des programmes nationaux des sociétés de télévision sont, en fait, assurées par l'« Inathèque », qui est un des départements de l'Institut national de l'audiovisuel (INA*). La finalité est sans doute différente s'agissant de l'exemplaire qui, en application des mêmes textes pourtant, doit être remis à la Régie du dépôt légal du ministère de l'Intérieur, pour Paris, et à la préfecture en province.

Dernière n.f. Ellipse pour la dernière édition* journalière d'un quotidien*, ou pour sa dernière page.

Désinformation n.f. (angl. : *disinformation ; propaganda*). Action consistant à présenter les événements de l'actualité de façon partiale ou tendancieuse, et résultat de cette action auprès de ceux qu'elle vise.
ENCYCL. La désinformation est l'autre nom de la propagande : elle désigne l'action entreprise en vue de faire faire ou de faire croire quelque chose à un individu ou à un groupe d'individus, en même temps que le résultat de cette action, quelles que soient, du reste, les modalités et les techniques utilisées pour cette action. Ainsi, le mot est utilisé, à notre époque, pour désigner des réalités très différentes, comme le mot propagande depuis les années 1930 : souvent, il est employé avec la seule intention de jeter le discrédit sur l'idée, la « cause » ou l'« idéologie » que les hommes espèrent propager. L'acception que le mot a pu prendre, à la faveur de son usage courant, est donc très éloignée de celle qu'il avait en 1921, lorsque Lénine l'utilisait pour la première fois. Alors que l'État soviétique s'employait à promouvoir une Nouvelle Politique économique (NEP), Lénine parlait alors de ces « manœuvres spéciales » tournées vers l'opinion publique des pays « capitalistes », et destinées exclusivement à y

faire triompher la cause de Moscou. Ainsi la désinformation dont parlait l'initiateur de la NEP est-elle inséparable, entendue comme il l'entendait, de l'univers de pensée et de l'univers d'action du monde soviétique. Ce qui rend totalement étrangères l'une à l'autre l'acception courante et l'acception originelle du mot « désinformation ».

Desk n.m. (angl. : *bureau*). Bureau* central d'une agence* de presse où convergent les dépêches* venant de l'extérieur ; elles y sont *traitées*, c'est-à-dire complétées et mises en forme. Chaque service d'agence a aussi son propre desk.

Dessin animé. → **Animation**

Déverminage n.m. (angl. : *debugging*). Recherche et suppression des erreurs (bogues*) présentes dans un programme informatique. → **Déboguer, Débogueur**

Didacticiel n.m. Logiciel* dont l'objet est de permettre l'apprentissage d'un savoir-faire, d'une discipline ou d'un domaine quelconque de la connaissance.

DIDOT, famille de libraires, imprimeurs, graveurs, fondeurs et papetiers français (XVIIIᵉ-XXᵉ s.), ayant inventé le point* typographique Didot (1775), la presse* à bras « à un coup » (années 1770), fait graver le caractère* Didot, etc.

Diffamation n.f. (angl. : *libel*). Mise en cause d'une personne, portant atteinte à son honneur ou à sa considération. La diffamation est, avec l'atteinte à la vie* privée, une des infractions, liées à l'exercice des activités d'information*, les plus fréquemment commises, poursuivies et sanctionnées. Elle est une des illustrations de la nécessité d'établir l'équilibre entre liberté* d'expression et droit* à l'information, d'un côté, et protection des droits des personnes mises en cause, de l'autre.
ENCYCL. En droit français, le régime de la diffamation est déterminé par les articles 29 et suivants de la loi du 29 juillet 1881 « sur la liberté de la presse ». Y est définie comme constitutive de diffamation « toute allégation ou imputation d'un fait qui porte

atteinte à l'honneur ou à la considération de la personne ou du corps auquel le fait est imputé ». La référence à un « fait » est l'élément qui doit conduire à différencier la diffamation de l'injure*. Les articles 30, 31 et 32 de la même loi déterminent, en raison des personnes visées, différentes catégories de diffamations : « envers les cours, les tribunaux, les corps, les armées » ; envers les membres du gouvernement, les parlementaires, les fonctionnaires, les dépositaires et agents de l'autorité publique ; « envers les particuliers » ; ou encore les diffamations raciales ou racistes*. La personne poursuivie pour diffamation a, en principe, pour sa défense, la possibilité d'apporter la preuve de la vérité des faits qualifiés de diffamatoires. Aux termes de l'article 35 de la loi de 1881, cette preuve ne peut cependant être rapportée : « a) lorsque l'imputation concerne la vie privée de la personne ; b) lorsque l'imputation se réfère à des faits qui remontent à plus de dix années ; c) lorsque l'imputation se réfère à un fait constituant une infraction amnistiée ou prescrite, ou qui a donné lieu à une condamnation effacée par la réhabilitation ou la révision ». À défaut de pouvoir apporter la preuve de la vérité des faits diffamatoires, le prévenu peut tenter de convaincre le juge de sa bonne foi. Celle-ci sera retenue si le prévenu démontre : qu'il a agi avec prudence ; qu'il a procédé à un certain nombre de vérifications ; qu'il n'a pas particulièrement cherché à nuire à la personne en cause ; qu'il a eu le souci de l'information du public ; que l'intérêt général commandait la divulgation de l'information.

Différé n.m. et adj. Diffusion de séquences audiovisuelles dans un intervalle de temps plus ou moins long après leur enregistrement. CONTR. : *Direct.*

Diffuseur n.m. 1. *Presse.* Dernier maillon de la chaîne commerciale de la presse vendue au numéro. Les diffuseurs de la presse nationale sont en France au nombre d'environ 32 000. Ils doivent vendre les publications* qui leur sont confiées en dépôt au prix marqué par l'éditeur et sont rémunérés sur la base d'une commission moyenne de 17 % de ce prix. 2. *Audiovisuel.* Le terme désigne

une chaîne de télévision et plus rarement une station de radio. → **Messagerie, Distribution, Diffusion**

Diffusion n.f. 1. *Presse* (angl. : *circulation*). Nombre d'exemplaires* d'une publication* ayant effectivement atteint le public. On distingue la diffusion totale annuelle et la diffusion moyenne au numéro. La diffusion totale est la somme de la diffusion payée (vente au numéro, abonnement postal et portage à domicile) et la diffusion gratuite (services de presse réguliers ou exceptionnels). De façon restrictive, elle peut être définie comme la différence entre le tirage* et les invendus*. La diffusion moyenne résulte de la somme des ventes annuelles d'une publication, rapportée au nombre de parutions annuelles. Elle est le principal indicateur de la « taille » économique d'un titre. Tandis que seule la diffusion payée assure des recettes de ventes à l'éditeur, la diffusion totale entre en jeu dans la détermination de l'audience* et participe donc des paramètres utilisés pour fixer le prix de vente des espaces publicitaires. De fait, c'est essentiellement la diffusion payée en France qui est utilisée par les médiaplanneurs*. C'est pourquoi la diffusion fait l'objet de déclarations précises et contrôlées par un organisme spécialisé : Diffusion* Contrôle (ex-OJD). 2. *Radio, Télévision* (angl. : *broadcasting*). Mode de transmission-distribution des services de communication (télévision, radio, données) dans lequel un émetteur* transmet vers plusieurs destinataires, généralement inconnus. → **Diffuseur**

Diffusion Contrôle (ex-OJD ; angl. : *Audit Bureau of Circulation*). Association professionnelle créée en 1922, régie par la loi de 1901 et qui a pour vocation de mesurer et d'apprécier la diffusion* des publications* de presse des éditeurs adhérents de l'association. D'abord appelé office du justification des tirages (OJT), l'association devint office de justification de la diffusion (OJD) en 1923, avant d'adopter sa nouvelle appellation en 1992. Diffusion Contrôle réunit alors, avec l'OJD, les adhérents des quatre autres bureaux de l'association : Écrits spécialisés, supports imprimés, supports audiovisuels télématiques et multimédia et presse gratuite. Ainsi, l'association comprend aujourd'hui près de 1 500 titres ou supports et réalise plus de 1 300 contrôles par an. Diffusion Contrôle est formée de trois collèges : éditeurs, grands annonceurs*, professionnels de la publicité*, agences* et régies*. Les contrôles qu'elle effectue permettent de disposer de statistiques portant sur : **1.** les chiffres de tirage utile des publications, sur la diffusion totale moyenne payée par année et au numéro avec la distinction France et étranger ; **2.** le détail de la diffusion des titres par période de parution (mois) et par type de diffusion (abonnements* individuels ou collectifs, vente* au numéro, diffusion à prix réduit ou non payée) ; **3.** la répartition géographique des ventes par département et région ; **4.** le prix de vente au numéro et le tarif d'abonnement. Les contrôles annuels, bisannuels ou biennaux, selon la taille et le type de publication, sont réalisés à partir de documents fournis par les éditeurs et vérifiés soit par le directeur de Diffusion Contrôle ou un de ses représentants, soit par un expert-comptable. Les publications ainsi contrôlées représentent, en nombre d'exemplaires, près de 90 % du total de la diffusion payante de la presse* française. Diffusion Contrôle gère aussi la presse gratuite et les supports* télématiques de la publicité. Ces statistiques mises à la disposition des adhérents sont aussi consultables sur une banque* de données informatique. Elles sont très utiles pour permettre la valorisation des supports presse auprès des annonceurs et servir de base à des stratégies de conquête des lecteurs*. Adresse : 40, boulevard Malesherbes, 75008 Paris. Tél. : 01 43 12 85 30.

Digital adj. Équivalent anglais de *numérique**.

Digital Audio Broadcasting (DAB).
Système de diffusion radio numérique* terrestre qui nécessite un matériel de réception spécifique. Le DAB permet, outre d'écouter la radio avec du son de qualité numérique, de recevoir des données et des images. Il permet enfin une certaine interactivité*, transformant les récepteurs mobiles en terminaux multimédias*, capables de recevoir notamment l'Internet*.

Digital Video Broadcasting (DVB).
Famille européenne de normes de diffusion* numérique* associée au MPEG 2* (norme de production) pour le câble*, le hertzien et le satellite*, mise au point par un groupe de l'Union européenne de radiodiffusion (UER). Cette norme, qui pourrait devenir mondiale, intègre l'ensemble des systèmes et des services numériques aujourd'hui possibles, y compris cryptés et interactifs.

Dircom n.m. Contraction de « *dir*ecteur de la *com*munication ». L'usage a fini par imposer le mot.

Direct n.m. et adj. Programmes* de radio* ou de télévision* susceptibles d'être reçus par leurs destinataires en même temps qu'ils sont captés par les micros et les caméras. CONTR. : *Différé*.

Direct Broadcasting Satellite (DBS).
Satellite* diffusant ou distribuant des programmes pouvant être reçus directement au moyen d'une antenne* de faible diamètre (en Europe : Eutelsat, Hot Bird, Astra ou Hispasat). Les satellites DBS distribuent notamment les bouquets* numériques.
ENCYCL. À l'origine, les satellites DBS (satellite de diffusion directe) étaient des satellites de forte puissance (plus de 130 W), disposant de peu de canaux et destinés à desservir directement des récepteurs individuels ou les usagers collectifs d'une habitation. Ils sont régis par des accords de l'Union internationale des télécommunications (UIT*) pour ce qui concerne leur position orbitale et leur bande de fréquence*. Leur coût et leur fragilité ont fait que la plupart des satellites DBS lancés (ainsi, TDF1 en France) ont été des échecs commerciaux. Les rapides progrès des technologies, pour ce qui concerne tant les satellites que les antennes de réception, ont permis de multiplier le nombre des canaux disponibles tout en diminuant la puissance nécessaire (40 à 50 W). Aujourd'hui, la notion de satellite de diffusion directe concerne tous les satellites dont les programmes peuvent être reçus directement dans les foyers avec un matériel léger de réception.

Directeur de la publication (angl. : *chief editor*). Personne qui assume, en droit, la responsabilité d'une publication périodique imprimée.

DROIT. **1.** *Presse.* L'article 6 de la loi du 29 juillet 1881, modifié par la loi du 1ᵉʳ août 1986, dispose que « toute publication de presse doit avoir un directeur de publication ». Le même article détermine celui qui, dans une entreprise de presse, doit être désigné comme directeur de la publication : la personne physique propriétaire ou locataire-gérante de l'entreprise éditrice ou, s'agissant de société, le représentant légal de cette société. En application du régime de responsabilité en cascade qu'il institue, l'article 42 de la loi de 1881 fait assumer au directeur de la publication, à titre d'auteur principal, la responsabilité pénale des infractions de presse. L'article 6 de la loi prévoit, en conséquence, que si le directeur de la publication jouit de l'immunité parlementaire, doit être désigné un codirecteur de la publication qui assumera, à sa place, cette responsabilité. **2.** *Audiovisuel.* Selon les termes de l'article 93-2 de la loi du 29 juillet 1982 sur la communication audiovisuelle (maintenu en vigueur par la loi du 30 septembre 1986), « tout service de communication audiovisuelle est tenu d'avoir un directeur de la publication [...]. Lorsque le service est fourni par une personne morale, le directeur de la publication est le président du directoire ou du conseil d'administration, le gérant ou le représentant légal suivant la forme de la personne morale. Lorsque le service est fourni par une personne physique, le directeur de la publication est cette personne physique ». Les mêmes dispositions prévoient que, lorsque le directeur de la publication jouit de l'immunité parlementaire, doit être désigné un codirecteur* de la publication qui assumera, à sa place, la responsabilité pénale des infractions commises.
→ **Convention Television transfrontière**

Directive européenne (angl. : *european directive*). Texte élaboré par les instances de l'Union européenne, pour préciser et compléter, dans des domaines particuliers, les principes posés par le traité de l'Union, afin de supprimer notamment les obstacles à la libre circulation des produits et à la libre prestation de services entre les pays membres. Les États membres sont tenus d'adapter leur législation et leurs pratiques à ces principes. Dans le domaine du droit* d'auteur et des droits* voisins du droit d'auteur, on peut mentionner : la Directive CEE du 19 novembre 1992 relative au droit de location et de prêt et à certains droits voisins du droit d'auteur dans le domaine de la propriété intellectuelle ; la directive CEE du 27 septembre 1993 relative à la coordination de certaines règles du droit d'auteur et des droits voisins du droit d'auteur applicables à la radiodiffusion par satellite et à la retransmission par câble ; la directive CEE du 29 octobre 1993 relative à l'harmonisation de la durée de protection du droit d'auteur et de certains droits voisins ; la directive CEE du 11 mars 1996 concernant la protection juridique des bases de données.

Directive « Télévision sans frontières ». Adopté le 3 octobre 1989, ce texte européen a pour objet la coordination de certaines dispositions législatives et réglementaires des États membres de l'Union européenne relatives à l'exercice d'activités de radiodiffusion télévisuelle. Il ne concerne que les services de télévision, que ceux-ci soient diffusés par voie hertzienne terrestre, ou distribués par câble ou par satellite. Cette directive a permis d'harmoniser les législations européennes et de préciser certaines notions comme notamment en France les dispositions relatives à la protection des mineurs. Les États membres peuvent prendre des dispositions plus strictes que celles définies dans le texte de la directive.

ENCYCL. Ce texte a été amendé après trois années de négociations par une nouvelle directive du 30 juin 1997. Celle-ci ne bouleverse pas l'économie de la directive de 1989. Elle clarifie notamment la notion d'organisme de radiodiffusion télévisuelle établi dans un État membre en l'assimilant au siège social de l'organisme de radiodiffusion. Elle prévoit l'établissement par les États d'une liste des événements d'une importance majeure et reconnaît l'existence des chaînes* thématiques de téléachat*. Sur les autres points, le respect des quotas*, la non-inclusion des nouveaux services dans le champ d'applica-

tion de la directive, le texte reste inchangé.
→ **Protection des mineurs, Publicité, Violence**

DISC. Sigle pour Documents, Information, Services, Culture. Désigne l'ensemble des émissions concernant ces différents domaines ou fonctions, dont on mesure la part ou l'importance, parmi les émissions proposées aux téléspectateurs par une ou plusieurs chaînes, ou parmi celles qu'ils regardent effectivement.

Disque compact. → **CD**

Disque dur (angl. : *hard disk*). Élément intégré à l'unité centrale d'un ordinateur* et sur lequel sont stockés les logiciels* d'application et certaines données. Sa capacité de stockage, mesurée en Mo* ou en Go*, est un élément de la qualité d'un système informatique.

Disque magnétique. Disque utilisé dans les systèmes informatiques comme support de mémoire* auxiliaire. Ces systèmes constitués d'un disque recouvert d'un oxyde métallique magnétisable vont de petites capacités pour les ordinateurs* personnels jusqu'à de très grandes capacités pour les plates-formes plus importantes.

Disque optique. Disque sur lequel l'information est inscrite sous forme de petites cavités détectées par un laser*. Les disques optiques constituent la famille des disques compacts (CD* audio et multimédia) et celle des vidéodisques*.

Disque optique numérique (DON) (angl. : *digital optical disk*). → **Disque optique**

Disquette n.f. (angl. : *floppy disk ; diskette*). Support de stockage d'informations numérisées utilisé notamment comme mémoire* annexe des ordinateurs personnels. Sa capacité de stockage reste faible. Elle devrait à terme être remplacée par les disques inscriptibles de grande capacité (DVD Ram*).

Dissonance cognitive. Différence perçue par le récepteur d'un message en prove-

nance d'un média, entre le contenu de ce message, tel qu'il est reçu, et l'expérience vécue ou concrète que le récepteur peut en avoir.

Distributeur n.m. → **Distribution**

Distribution n.f. **1.** Activité consistant à organiser le transport et la vente des exemplaires* d'une publication*, depuis l'imprimerie* jusqu'à son public. En raison du caractère périssable de la presse*, cette activité nécessite des infrastructures complexes et performantes, souvent onéreuses.
ÉCON., SOCIOL. Trois procédés de distribution, d'importances inégales selon les types de presse et les pays, sont mis en œuvre et correspondent à des comportements d'achat différents : 1. la *vente au numéro*, qui laisse la liberté d'achat au consommateur mais exige des systèmes de messageries* rapides et un réseau commercial d'une grande capillarité pour la presse nationale. Il est onéreux pour l'éditeur (en moyenne en France 36 % du prix de vente de la presse) tout en entraînant des invendus*. La vente peut se faire dans des commerces spécialisés (kiosque*, dépositaire*, diffuseur*, maisons* de la presse) ou non (supermarché, librairie), être le fait d'individus isolés (colporteur*) ou réalisée au moyen de distributeurs automatiques ; 2. la *vente par abonnement*, effectuée par La Poste*, qui accorde à la presse des tarifs préférentiels, mais qui suppose un versement forfaitaire anticipé de l'acheteur. Elle supprime les invendus mais engendre des frais de recherche et de gestion des abonnés parfois coûteux ; 3. le *portage* à domicile*, assuré soit par l'éditeur, soit par un porteur indépendant, soit par le diffuseur en contrepartie d'un paiement mensuel ou hebdomadaire. Il fidélise l'acheteur mais demeure onéreux et parfois difficile ou impossible à organiser sur de grandes distances et pour des périodicités trop espacées.
2. *Télévision et cinéma.* Activité consistant à commercialiser le droit d'exploitation d'un film* ou d'un programme* audiovisuel auprès des exploitants* de salles de cinéma, des diffuseurs de télévision* ou des éditeurs vidéo*. Pour la distribution en salles, le distributeur assure la fourniture de copies pour le compte du producteur* et effectue la pro-

motion des films. Le producteur cède des droits de passage temporaires et limités selon deux formules : 1. le *mandat*, qui correspond au droit de diffuser un film ou un programme précis sur un territoire désigné et une période donnée ; le distributeur est alors rétribué à la commission ; 2. la *cession*, qui correspond à la vente globale des droits d'exploitation pour une période et un territoire donné. Face à l'accroissement des risques dans le domaine du cinéma*, le distributeur participe aussi au préfinancement, soit en devenant coproducteur* (ce qui lui donne accès au Cosip*), soit en accordant des à-valoir*.

DROIT. En droit français, aux termes de la loi du 2 avril 1947, la distribution ou « diffusion de la presse imprimée est libre. Toute entreprise de presse est libre d'assurer elle-même la distribution de ses propres journaux et publications périodiques ». Pour des raisons économiques évidentes, chaque publication ne peut cependant, en dehors d'une zone géographique restreinte, supporter seule la charge de l'organisation et de l'exploitation d'un réseau de distribution, pour un nombre parfois limité d'exemplaires. Les entreprises éditrices de journaux ont donc intérêt à se regrouper pour en partager les frais et à faire appel à des sociétés de messageries* de presse spécialisées, offrant leurs services à des titres différents et même concurrents. Pour que la liberté de communication ne soit pas menacée par des discriminations dans la distribution, la loi impose à ces sociétés de messageries un certain nombre de règles relatives à leur nature (sociétés coopératives*), leur forme d'organisation et l'exercice de leurs activités. Ces principes de neutralité et d'égalité de traitement dans la distribution des journaux risquent cependant d'être partiellement remis en cause par les dispositions de l'article 4 de la loi qui permettent aux sociétés coopératives de messageries « de confier l'exécution de certaines opérations matérielles à des entreprises commerciales » ordinaires, même si le texte prévoit que, dans ce cas, les sociétés coopératives doivent « s'assurer une participation majoritaire dans la direction de ces entreprises, leur garantissant l'impartialité de cette gestion et la surveillance de leurs comptabilités ». C'est en application de ces dispositions que les

Nouvelles Messageries de la presse parisienne (NMPP, société commerciale ordinaire) ont pu se reconstituer et reprendre leurs activités.
3. Mode de transmission-distribution des services (télévision, radio, données) dans lequel un émetteur* transmet vers plusieurs destinataires susceptibles d'être identifiés.
→ **Câble, Câblodistribution, Câblodistributeur**

Diversification n.f. Adjonction d'une nouvelle activité, dans le cadre d'une entreprise, ou implantation de celle-ci sur de nouveaux marchés. Elle peut être réalisée de diverses façons : intégration verticale, diversification vers des produits proches des produits habituels de la firme, diversification vers des marchés proches du marché d'origine grâce, notamment, à de nouvelles technologies, diversification totale ou hétérogène vers des produits ou des marchés totalement nouveaux pour l'entreprise, diversification internationale. La diversification est un processus qui s'accompagne souvent d'une concentration* financière. Elle obéit à de nombreux objectifs : volonté de mieux répartir les risques, nécessité de répondre à des concurrents, volonté d'expansion ou simplement de survie. Dans le secteur des médias*, les entreprises pratiquent de plus en plus cette stratégie qui les pousse à contrôler un nombre croissant de supports* et de types de communication*, en associant l'écrit et l'audiovisuel, la production* et la diffusion* de médias mais aussi le contrôle d'activités publicitaires ou de matériels électroniques ou informatiques. Elles s'internationalisent aussi. Dans le même temps, des entreprises industrielles étrangères au domaine, comme les compagnies de services aux collectivités, les industries de matériels divers, voire les entreprises de bâtiment ou les industries du luxe, investissent dans les médias tout comme le font, très traditionnellement, les institutions financières.

DNS. → **Domaine Name Server**

Docudrama n.m. Contraction des mots *documentaire** et *dramatique** pour désigner une œuvre* audiovisuelle relevant des deux genres à la fois, c'est-à-dire de la fiction* et du documentaire. On reconstitue une histoire qui a sa part de vérité, une histoire arrangée ou « fictionnalisée », à seule fin de mieux expliquer la réalité ou de la faire mieux comprendre.

Documentaire n.m. Œuvre audiovisuelle* ou cinématographique* relatant des éléments ou des événements de la réalité et dont l'objet est de les porter à la connaissance d'un public avec une ambition pédagogique. Le documentaire dit de création est une œuvre qui se veut plus élaborée et marquée, en l'occurrence, par le regard original de son auteur.
ENCYCL. À la télévision, le documentaire est proche du reportage*, mais son format* est de 26 ou 52 minutes. Les chaînes généralistes réservent généralement la deuxième partie de soirée, après 22 h 30, à ce type de programme. Cependant, certaines chaînes câblées y sont entièrement consacrées, comme Planète en France ou Discovery Channel aux États-Unis.

Documentaliste n. (angl. : *information scientist*). Personne qui a pour fonction le traitement et la gestion de l'information. Elle est chargée de la constitution de fonds documentaires variés, de leur gestion, de leur exploitation et de leur mise à disposition. Elle recourt pour cela à l'ensemble des techniques informatiques de stockage et de traitement disponibles (GEID*, SGBD, etc.).
→ **Banque de données, Base de données**

Documentation de presse. Service d'un média où est rassemblée, traitée et mise à disposition une sélection d'articles* de la presse* nationale, régionale et internationale. La documentation de presse permet notamment la réalisation de dossiers documentaires de presse pour les journalistes, soit à partir de collections papier, soit, aujourd'hui le plus souvent, à partir de l'exploitation de banques* de données.

Documents administratifs. Éléments de documentation élaborés et détenus par les différentes administrations et sur lesquels pèse, dans les sociétés démocratiques, au nom de la transparence* de l'administra-

tion et du droit* du public à l'information, le principe de liberté d'accès.
ENCYCL. Sont, en droit français, aux termes de l'article 1ᵉʳ de la loi du 17 juillet 1978, ainsi considérés : « Tous dossiers, rapports, études, comptes rendus, procès-verbaux, statistiques, directives, instructions, circulaires, notes et réponses ministérielles qui comportent une interprétation du droit positif ou une description des procédures administratives, avis, à l'exception des avis du Conseil d'État et des tribunaux administratifs, prévisions et décisions revêtant la forme d'écrits, d'enregistrements sonores ou visuels, de traitements automatisés d'informations non nominatives. » → **Accès aux documents administratifs**

Domaine n.m. Tout réseau est organisé de manière hiérarchique en régions et sous-régions, autrement appelées domaines ou sous-domaines. Les adresses sur l'Internet sont découpées selon ces différents niveaux, appelés domaines, allant du plus large au plus précis, c'est-à-dire du nom du pays ou du type d'organisation au nom du serveur. L'adresse est donc composée d'une hiérarchie de domaines, chaque nom de domaine étant séparé d'un autre par un point. Ainsi, la dernière partie d'une adresse Internet désigne le domaine le plus large et correspond soit à l'abréviation d'un nom de pays (*fr* pour France ; *it* pour Italie ; *uk* pour United Kingdom), soit à des abréviations américaines (*com* pour commercial ; *edu* pour éducation ; *org* pour organisation ; *net* pour organismes impliqués dans le réseau ; *gov* pour gouvernement et *mil* pour militaire).

Domaine Name Server (DNS). Sur tout réseau, chaque ordinateur dispose d'une adresse unique qui permet de s'y connecter. Le DNS est le service qui assure la conversion de l'adresse numérique de la machine (par exemple 129.12.320) en une adresse composée de noms (par exemple www.u-paris2.fr) qui lui correspondent.

Domaine public. En matière de droit* d'auteur, on dit d'une œuvre* qu'elle est « tombée dans le domaine public » lorsque, un certain délai s'étant écoulé depuis la mort de l'auteur*, les droits* patrimoniaux

d'auteur sont expirés. L'œuvre peut alors être librement utilisée et exploitée, sans avoir à solliciter une quelconque autorisation ni à payer des droits, redevances ou rémunérations.
ENCYCL. En droit français, la durée de protection des droits patrimoniaux d'auteur a, par la loi du 27 mars 1997, modifiant sur ce point le Code* de la propriété intellectuelle (pour répondre aux exigences d'une directive* communautaire), en principe, été portée à soixante-dix ans après la mort de l'auteur. À cette échéance, l'œuvre est libre de droits.

Dommages-intérêts n.m.pl. À la suite de la mise en jeu de la responsabilité* civile, mode de réparation* des dommages causés, ordonné par le juge civil, après qu'il a constaté la faute commise. Considérant que le dommage a un caractère essentiellement moral, le juge accorde souvent, à la victime, 1 « franc symbolique », à titre de réparation. Si ce n'est cette condamnation de principe, dont l'effet peut être renforcé par l'obligation d'insertion ou de publication de la décision, dans l'organe condamné lui-même, une telle condamnation n'est peut-être pas très dissuasive. On peut également douter de l'effet véritable, à l'égard des moyens d'information, de toute condamnation à dommages-intérêts dont le montant est inférieur au bénéfice direct (augmentation de la diffusion*) ou indirect (augmentation des recettes* publicitaires) tiré de la faute, en matière d'atteinte à la vie* privée ou au droit* à l'image de certaines personnalités, par exemple. Les représentants de certains organes d'information affirment, au contraire, que leur survie serait menacée dès lors que deux ou trois condamnations de ce type seraient prononcées à leur encontre. Rien de tel n'a cependant jamais été constaté !

Domotique n.f. (angl. : *integrated home system*). Ensemble des services domestiques ou professionnels d'une habitation, individuelle ou collective, assurés par des systèmes électroniques et contrôlés par un tableau de bord. Informatisé, cet équipement permet notamment la commande à distance des appareils ménagers, des systèmes de sécurité et des équipements de chauffage.

DROIT. → **Information, Média, Influence, Palo Alto (école de), Francfort (école de)**

Donnée n.f. (angl. : *data*). Plus petite unité d'information susceptible d'être codée sous forme numérique*.

Données publiques. Éléments d'information et de documentation, élaborés, collectés ou détenus par les différentes administrations, auxquelles certains éditeurs privés, qui voudraient pouvoir en assurer l'exploitation ou la publication, contestent, au nom des principes de libre concurrence*, le droit d'en assurer la commercialisation.
ENCYCL. Dans l'attente de l'élaboration d'un régime propre à la commercialisation des données publiques, certains principes et orientations ont déjà été fixés, en droit français, par une circulaire du Premier ministre du 14 février 1994, par diverses décisions du Conseil de la concurrence et, par voie d'appel de ces décisions, par les autorités judiciaires.

DOS (Disc Operating System) (français : Système d'exploitation sur disque [SED]). Ensemble de programmes permettant la gestion d'un micro-ordinateur et de ses différentes disquettes. Le système MS/DOS, dont les versions se succèdent et ne cessent de s'améliorer, est utilisable par les micro-ordinateurs compatibles IBM.PC. Certains constructeurs développent des systèmes d'exploitation qui leur sont propres : ainsi Apple, avec Apple DOS et MacOS, Atari, avec TOS, et Commodore, avec Amiga DOS. → **Système d'exploitation**

Dossier de presse. Document d'une entreprise ou d'une organisation destiné aux journalistes et réalisé par un attaché de presse à l'occasion d'un événement particulier. On utilise également ce terme comme synonyme de dossier de coupures de presse, dossier documentaire regroupant des articles* sur un sujet donné et réalisé par les documentations* de presse des médias en réponse aux questions des journalistes.

Doublage n.m. Enregistrement, sur une bande-son distincte, des dialogues ou des commentaires dans une autre langue que celle utilisée pour le tournage, afin de permettre l'exploitation d'une œuvre cinématographique ou audiovisuelle à l'étranger. → **Version originale**

Double flux de la communication (angl. : *two-step flow of communication*). Théorie ou interprétation concernant l'influence des médias selon laquelle ceux-ci s'adresseraient d'abord à une première catégorie d'individus, les guides* d'opinion, avant d'atteindre le reste de leur audience. Formulée pour la première fois en 1944 par Paul LAZARSFELD (1901-1976), cette interprétation n'a jamais été réfutée : elle a été complétée, légèrement corrigée mais jamais récusée. Elle souffre sans doute d'être, pour beaucoup, rassurante, à un double titre : d'abord parce que les messages en provenance des grands médias sont comme « filtrés » par des guides d'opinion qui sont censés être plus responsables que les autres ; ensuite parce que l'organisation sociale ne semble pas remise en cause par les médias, puisque ceux-ci confèrent aux « corps intermédiaires », au moins selon l'apparence, un rôle supplémentaire. Il reste que cette théorie figure bien au nombre de ce que Robert K. MERTON (1910) appelle les « théories intermédiaires » *(middle range theories)* : un ensemble de faits avérés, mis en lumière et expliqués dans le cadre d'hypothèses formulées en toute rigueur, mais qui n'ont guère vocation à constituer les éléments d'une véritable théorie. → **Guide d'opinion, Influence**

Double marché. → **Publicité**

Dramatique n.f. Terme désignant une œuvre de fiction*. → **Fiction, Téléfilm, Docudrama, Série, Feuilleton**

Droit à l'antenne. Application du principe de la liberté de réception permettant à un particulier d'installer sur son toit une antenne en vue de capter des chaînes* de radio* ou de télévision*. Ce régime institué en 1953 a nécessité une modification en raison de l'évolution des services audiovisuels. Cette réforme institua un nouveau droit : le droit* au câble.

ENCYCL. Le décret n° 93-534 du 27 mars 1993 modifiant le décret n° 67-1171 du 22 décembre 1967 pris en application de la loi du 2 juillet 1966 a précisé les conditions de mise en œuvre de ce droit. Le propriétaire ne peut s'opposer à cette installation que s'il justifie d'un motif sérieux et légitime dont fait partie la proposition de raccordement au câble*.

Droit d'auteur (angl. : *copyright*). Ensemble des règles qui assurent la protection des droits* de l'auteur sur son œuvre* et qui régissent, à ce titre, les formes et conditions d'exploitation ou d'utilisation des créations intellectuelles.
ENCYCL. En droit français, les règles constitutives du droit d'auteur sont, avec quelques autres éléments, aujourd'hui l'objet du Code* de la propriété intellectuelle, qui rassemble notamment les dispositions des anciennes lois du 11 mars 1957 et du 3 juillet 1985.

Droit au câble.
DROIT. Droit, institué par la loi du 29 décembre 1990 complétant ainsi celle du 2 juillet 1966, qui instituait un droit* à l'antenne, et permettant à toute personne locataire ou propriétaire de se raccorder à un réseau* câblé. En vertu de ce principe, le propriétaire, ou un syndic de copropriété, ne peut s'y opposer que s'il justifie d'un motif sérieux et légitime. La loi considère comme motif sérieux et légitime l'offre faite par le propriétaire de raccordement soit à une antenne collective soit à un réseau interne d'immeuble permettant d'accéder à l'ensemble des services de radiodiffusion sonore et de télévision distribués par un réseau câblé.
ENCYCL. Le propriétaire désirant s'opposer à ce raccordement peut saisir le tribunal d'instance du lieu d'établissement de l'immeuble dans les trois mois à compter de la réception de la demande de l'occupant.

Droit de la communication (de l'information*, des médias*, de la presse*) Ensemble des règles qui régissent l'exercice de ces activités. Empruntées aux diverses branches et disciplines juridiques (droit civil, droit pénal, droit commercial, droit du travail, droit administratif... droit national ou interne, européen ou international), et en l'absence d'un Code* de la communication, elles ne parviennent pas toujours à une parfaite cohérence... nuisant ainsi à la réalité de la mise en œuvre et de la garantie du principe de liberté* de communication. La différence de terminologie (droit de la presse*, de l'information*, de la communication*, de l'audiovisuel, des médias*...), employée par les uns ou les autres, de façon plus ou moins précise et évolutive selon les périodes, illustre la diversité des éléments de réglementation applicables à chacun de ces médias.

Droit de divulgation. Élément ou attribut du droit* moral d'auteur qui réserve, à l'auteur* seul ou, après sa mort, à certains de ses ayants droit, la faculté de décider si et quand il considère son œuvre comme achevée et susceptible d'être rendue publique.

Droit à l'image.
DROIT. Droit qu'a toute personne sur l'utilisation qui pourrait être faite de son image, élément d'identification et attribut de sa personnalité, y compris dans les cas où il n'y aurait pas atteinte à sa vie* privée, notamment parce que la photographie aurait été prise dans un lieu public. La protection du droit à l'image est assurée au titre des droits de la personnalité ou en application du régime général de responsabilité* civile, dès lors qu'il y a une faute et un préjudice et une relation de cause à effet entre l'une et l'autre. Un certain nombre de personnes (vedettes, mannequins, artistes, sportifs...) tirent profit de leur notoriété et de l'exploitation faite de leur image. Il serait, dès lors, anormal que d'autres puissent les priver de ce droit et en tirer, seuls, avantage.

Droit à l'information. Conception ou théorie nouvelle qui voudrait, dans les systèmes démocratiques les plus avancés, constituer l'un des fondements ou principes essentiels du droit applicable aux activités d'information* et de communication*. Il s'agit notamment de donner ainsi au principe de liberté* d'expression ou de communication plus de réalité et de faire de ce qui risquerait, sinon, de n'être que très « formel » ou de constituer le privilège de

quelques-uns (éditeurs, journalistes*) un droit dont tous pourraient bénéficier. Sans remettre en cause les valeurs et acquis des régimes de liberté d'expression, la théorie du droit du public à l'information vise à les conforter. Elle entraîne, pour cela, un changement de perspective. « La libre communication des pensées et des opinions » (selon la formulation de l'article 11 de la Déclaration* des droits de l'homme et du citoyen de 1789) ne lui paraît pas suffisante. Le droit à la connaissance des faits et événements, constitutifs de l'information, est une préoccupation nouvelle. Leur libre diffusion ne suffit pas. Il faut aussi pouvoir y accéder et enquêter. Ce sont les droits du public, destinataire final de l'information, qui sont alors mis en avant. L'abstention de l'État, considérée, dans la conception libérale « classique », comme la condition et la garantie de la liberté d'expression, laisse ici place, au contraire, à certaines modalités d'intervention étatique (service* public, aides* de l'État...).
ENCYCL. En droit français, cette théorie du droit à l'information est sans doute implicitement et partiellement consacrée par certaines des décisions du Conseil constitutionnel. Il y est, de façon expresse, fait référence dans deux dispositions législatives concernant les domaines spécifiques de l'accès aux documents administratifs* et de l'information sportive. Elle inspire certains des éléments du statut* des entreprises de presse (transparence*, pluralisme*, aides de l'État...) et de la radio-télévision (publique et, à certains égards aussi sans doute, privée). Elle sert, aux tribunaux, à apprécier les nécessités ou le bien-fondé de la diffusion de certaines informations, dans les cas de procès en diffamation* ou pour atteinte à la vie* privée, par exemple.

Droit moral d'auteur.
DROIT. Éléments ou attributs du droit* d'auteur qui, dans les législations (d'origine ou d'inspiration européenne, par opposition au système anglo-saxon du *copyright*) qui les consacrent, visent, à travers l'œuvre*, à protéger la personnalité de l'auteur. Comporte : le droit* de divulgation, le droit* au nom ou à la paternité, le droit* au respect de l'œuvre, le droit* de retrait ou de repentir.

Droit au nom (ou **à la paternité**).
DROIT. Élément ou attribut du droit* moral d'auteur qui réserve à l'auteur* seul la faculté de signer l'œuvre* de son nom, de la reconnaître comme sienne et d'en revendiquer ainsi la paternité. Faculté est ainsi donnée à l'auteur véritable de s'opposer à ce qu'un autre tente de s'approprier une œuvre en y apposant son nom. Constitue, pour l'auteur, un droit et non un devoir ou une obligation. Il peut toujours publier son œuvre sous un autre nom que son nom véritable, en utilisant un autre nom ou un pseudonyme (à condition qu'ils ne soient pas déjà ceux d'un autre auteur avec lequel il y aurait risque de confusion), ou de façon anonyme. Il a aussi toujours le droit de revenir sur ce choix ou cette décision. Un droit semblable est, au titre des droits voisins* du droit d'auteur, reconnu également aux artistes-interprètes*.

Droit à la paternité. → Droit au nom

Droit patrimonial d'auteur.
DROIT. Éléments ou attributs du droit* d'auteur qui permettent en principe à l'auteur* ou à ses ayants droit, tant que l'œuvre n'est pas tombée dans le domaine* public, de tirer profit de l'exploitation de l'œuvre en percevant les droits d'auteur.

Droit de priorité.
DROIT. L'article 26 de la loi du 30 septembre 1986 modifiée constitue une exception à la règle générale de l'appel à candidatures pour les services de télévision hertzienne. Aux termes de celui-ci : « Le Conseil attribue en priorité à la société mentionnée à l'article 51 l'usage des fréquences* supplémentaires qui apparaîtront nécessaires à l'accomplissement par les sociétés nationales de programme de leurs missions de service public. » C'est donc Télédiffusion* de France (TDF) qui est l'attributaire de ces fréquences. ENCYCL. Le CSA* s'est interrogé sur la portée de l'article 26 de la loi. Si ce texte donne compétence au CSA pour attribuer ces fréquences supplémentaires, il ne précise pas très clairement l'autorité compétente pour apprécier la nécessité de ces fréquences pour l'accomplissement des missions de l'opérateur concerné (société nationale de programme, chaîne culturelle européenne ou La

Cinquième*). Il semble que, au vu des travaux préparatoires de la loi du 30 septembre 1986 modifiée, le législateur ait souhaité qu'existe un pouvoir d'appréciation du Conseil quant au caractère nécessaire des fréquences sollicitées pour l'accomplissement par les sociétés nationales de programme de leurs missions de service* public.
→ **Autorisation**

Droit de rectification.
DROIT. En droit français, faculté accordée, par l'article 12 de la loi du 29 juillet 1881 « sur la liberté de la presse », à un « dépositaire de l'autorité publique », de faire insérer, dans les colonnes d'une publication* périodique, un texte corrigeant des informations concernant des « actes de sa fonction » qui lui seront apparus avoir été « inexactement rapportés » par ledit journal* ou écrit périodique ». Aux termes de la loi, l'insertion du texte de la rectification doit être faite « gratuitement, en tête du plus prochain numéro du journal ou écrit périodique ». Il y est également prévu, pour éviter tout abus, que « ces rectifications ne dépasseront pas le double de l'article auquel elles répondront ». Les cas d'exercice d'un tel droit sont, aujourd'hui, bien plus qu'exceptionnels.

Droit de réplique.
DROIT. Droit défini à l'article 54 de la loi du 30 septembre 1986, permettant à l'opposition parlementaire de répondre aux communications gouvernementales. Les conditions d'exercice de ce droit sont fixées par le Conseil* supérieur de l'audiovisuel. La mise en œuvre du droit de réplique a posé un problème délicat puisque la notion de communication* du gouvernement n'est pas définie par la loi. La Haute* Autorité, et cela a été confirmé par le Conseil d'État, a considéré qu'une interview du Premier ministre, organisée à l'initiative de la chaîne* qui diffusait, ne constituait pas une communication du gouvernement et ne justifiait donc pas d'exercice du droit de réplique (CE, Labbé et Gaudin, 20 mai 1985). → **Pluralisme**

Droit de réponse (angl. : *right of reply*). Faculté accordée, à une personne mise en cause dans une publication* périodique écrite ou un organe de radio* ou de télévision*, d'accéder gratuitement à ces mêmes moyens pour faire connaître son point de vue sur les éléments de cette mise en cause. Condition et garantie de la liberté* d'expression et du droit* du public à l'information, instrument du pluralisme* des points de vue et des opinions, l'exercice du droit de réponse se heurte cependant, en pratique, en France même, à de fortes réticences et résistances de la part des médias* et de leurs collaborateurs.

ENCYCL. En droit français, les conditions et modalités d'exercice du droit de réponse sont définies notamment par les articles 13 et 13-1 de la loi du 29 juillet 1881, s'agissant de la presse* périodique écrite, et par l'article 6 de la loi du 29 juillet 1982 (maintenu en vigueur par la loi du 30 septembre 1986), pour la radio et la télévision. L'article 13 de la loi de 1881 détermine la dimension du texte de la réponse. Celle-ci est, en principe, « limitée à la longueur de l'article qui l'aura provoquée. Toutefois, elle pourra atteindre cinquante lignes, alors même que cet article serait d'une longueur moindre, et elle ne pourra dépasser deux cents lignes, alors que cet article serait d'une longueur supérieure ». Le même texte fixe à un an, à compter de la date de la publication de la mise en cause, le délai pendant lequel une demande d'insertion d'une réponse peut être adressée à un journal périodique. Sans doute déjà bien trop long pour que cela soit utile et efficace, un tel délai peut même être rouvert, à compter de la date d'une décision définitive de non-lieu, de relaxe ou d'acquittement, au profit d'une personne mise en cause dans des conditions ayant porté atteinte à sa présomption* d'innocence. Reçue par la publication périodique, et conforme aux exigences légales, la réponse doit, dans la presse écrite, en principe être insérée : « dans les trois jours » (et même vingt-quatre heures en période électorale), s'il s'agit d'un quotidien ; et « dans le numéro qui suivra le surlendemain de la réception », pour les publications ayant une autre périodicité. Cette insertion de la réponse doit normalement « être faite à la même place et en mêmes caractères que l'article qui l'aura provoquée et sans aucune intercalation ». Le régime du droit de réponse à la radio-télévision est déterminé par

l'article 6 de la loi du 29 juillet 1982 et le décret du 6 avril 1987. Il n'est accordé à une personne qu'en réaction à la diffusion préalable d'imputations susceptibles de porter atteinte à son honneur ou à sa réputation. Cela est à peu près la définition de la diffamation*. Les associations de lutte contre le racisme* ont aussi, comme dans la presse écrite, la possibilité de faire usage du droit de réponse. Le délai accordé à une personne pour adresser une demande d'exercice du droit de réponse, à la radio comme à la télévision, est particulièrement court. « La demande d'exercice du droit de réponse doit être présentée dans les huit jours suivant celui de la diffusion du message contenant l'imputation qui la fonde. » Ce même délai peut être rouvert, en cas d'atteinte à la présomption d'innocence, à compter de la date de la décision de non-lieu, de relaxe ou d'acquittement. Dans les huit jours qui suivent la réception de la demande, le directeur* de la publication doit faire connaître la suite qu'il entend y donner. L'insertion de la réponse doit être assurée « dans un délai maximum de trente jours à compter de la date du message contesté ». Le même texte pose encore que la réponse « doit être diffusée de manière que lui soit assurée une audience équivalente à celle du message » auquel il est réagi. En cas de refus ou de non-diffusion de la réponse dans les formes ou les délais prescrits, il est expressément posé par la loi que « le demandeur peut saisir le président du tribunal de grande instance, statuant en matière de référés ». Il est une catégorie de messages qui sont exclus, de par la loi (article L. 121-13 du Code* de la consommation), de la possibilité d'exercice du droit de réponse. Ce sont les messages de publicité* comparative.

Droit au respect de l'œuvre. Élément ou attribut du droit* moral d'auteur qui permet à l'auteur* de veiller à ce qu'aucune atteinte ne soit, sans son accord, portée à son œuvre*, par transformation, modification, coupure ou ajout, telle que son œuvre ne serait plus le reflet de sa personnalité. Un droit semblable est, au titre des droits voisins* du droit d'auteur, reconnu aux artistes-interprètes* sur leurs prestations ou interprétations.

Droit de retrait (ou de **repentir**). Élément ou attribut du droit* moral d'auteur qui permet à l'auteur* de revenir sur le consentement préalablement donné par lui pour que son œuvre* soit publiée, lorsque, pour des raisons personnelles profondes, son style ou ses opinions ayant changé, il ne se reconnaît plus dans cette création ancienne.

Droit à la voix. Droit qu'a toute personne sur l'utilisation qui pourrait être faite de sa voix, élément d'identification et attribut de sa personnalité, y compris dans les cas où il n'y aurait pas atteinte à sa vie* privée, notamment parce qu'il ne s'agirait pas de « paroles prononcées à titre privé ou confidentiel » (art. 226-1 du Nouveau Code pénal). La protection du droit à la voix est assurée, au titre des droits de la personnalité ou en application du régime général de responsabilité* civile, dès lors qu'il y a une faute et un préjudice, et une relation de cause à effet entre l'une et l'autre. Un certain nombre de personnes (vedettes, acteurs*, chanteurs, artistes-interprètes*...) tirent profit de leur notoriété et de l'exploitation qui est faite de leur voix. Il serait, dès lors, anormal que d'autres puissent les priver de ce droit et en tirer, seuls, avantage, par utilisation ou imitation de la voix.

Droits d'auteur. Rémunérations dues aux titulaires du droit* patrimonial d'auteur à raison de l'exploitation publique de l'œuvre*.

Droits voisins du droit d'auteur. Droits, dits intellectuels, reconnus aux artistes-interprètes*, aux producteurs* de phonogrammes et de vidéogrammes* et aux organismes de radio ou de télévision, qui leur permettent de tirer profit de l'exploitation publique faite de leurs prestations. Sont ainsi qualifiés parce qu'ils empruntent bien de leurs éléments aux mécanismes du droit* d'auteur dont ils se sont largement inspirés et parce qu'ils entretiennent des relations de voisinage ou de proximité et sont étroitement liés les uns aux autres.
ENCYCL. En droit français, les droits* voisins du droit d'auteur ont été formellement consacrés par la loi du 3 juillet 1985. Les

dispositions de cette loi sont, depuis la loi du 1er juillet 1992, codifiées dans le Code* de la propriété intellectuelle.

Duplex bidirectionnel. Mode de transmission permettant le transfert d'informations dans les deux sens et sur un même canal*. Il peut être simultané (on parle souvent alors de « full duplex ») ou non simultané.

Duplication (taux de). Pourcentage de lecteurs* d'une publication* qui sont également touchés par une autre publication. Il permet de mesurer le pourcentage de lecteurs communs à deux titres donnés.

Durée d'écoute par auditeur, par téléspectateur ou par individu. La durée d'écoute par auditeur (DEA) mesure le temps consacré en moyenne à la radio en général, ou à une station en particulier, par les personnes faisant partie de l'audience* cumulée correspondante. La durée d'écoute par téléspectateur (DET) en est l'équivalent pour la télévision. La durée d'écoute par individu (DEI) est le temps moyen passé devant la télévision ou à l'écoute de la radio par individu et par jour. Ainsi, la DEI est le produit de la DEA par le taux de l'audience cumulée (TAC), celle-ci représentant le pourcentage d'individus ayant écouté la radio ou regardé la télévision au moins une fois dans la journée. (DEI = TAC × DEA). Le plus souvent, ces données (DEA, DET, DEI) sont calculées sur des périodes allant d'un mois à un an.

DVB. → Digital Video Broadcasting

DVD (Digital Versatile Disc). Disque compact de même taille que le CD audio (12 cm de diamètre) et dont les capacités de stockage, beaucoup plus importantes, en font aussi bien un support pour le son de très grande qualité qu'un support vidéo ou un support multimédia. Il existe donc trois catégories de DVD. Le **DVD audio** permet l'enregistrement et la restitution d'un son de très grande qualité : la guerre des standards a été relancée par le retrait de trois grands constructeurs du consortium du DVD (voir PCR*). Seuls probablement les professionnels seront intéressés, à l'avenir, par ce support. Le **DVD vidéo,** lancé aux États-Unis et au Japon en 1996, un an plus tard en Europe, permet de restituer, grâce à la compression, jusqu'à 8 heures de vidéo numérique avec plusieurs canaux son. (133 minutes sur disque simple face et une seule couche, et 8 heures sur un disque deux faces et double couche.) On peut donc regarder un film dans son intégralité, choisir la langue, le sous-titrage, faire à volonté des arrêts ou des retours sur image, etc. Entre 600 000 et 1 million de lecteurs ont été vendus en 1997 aux États-Unis, et le même nombre, à égalité, au Japon et dans les autres pays d'Asie : plus de 2 millions de lecteurs ont ainsi été commercialisés à la fin de 1997 dans le monde, pour un total de 1 200 titres, dont un millier d'origine japonaise ou américaine. Le **DVD-Rom** est un disque multimédia susceptible d'être lu par un ordinateur équipé du lecteur approprié. Le DVD-Rom peut équivaloir jusqu'à 30 CD-Rom. Les lecteurs DVD sont commercialisés depuis 1997 par Toshiba et Matsushita. Philips et Sony ont attendu l'arrivée des enregistrables, fin 1998 : le DVD-R *(rewritable),* enregistrable une seule fois ; le DVD-Rom, enregistrable à volonté, avec une mémoire à accès aléatoire *(Random Access Memory)* et d'une capacité de 2,6 gigaoctets.

e

E. Initiale de *electronic,* en anglais, utilisée comme préfixe, pour signifier qu'une activité se réalise grâce à des réseaux télématiques ou multimédias. Ainsi du *e-business* (ou commerce* électronique, ou commerce B to B, entre plusieurs entreprises), de la *e-pub* (publicité sur les réseaux, notamment l'Internet), du *e-magazine* (magazine envoyé en mode *push** vers son lecteur), ou encore du *e-mail** (courrier électronique).

Écart de connaissance (angl. : *knowledge gap*). Thèse ou interprétation selon laquelle les médias, bien loin de réduire les inégalités de connaissance ou d'information entre les catégories sociales, contribuent à les maintenir, voire à les accentuer.
SOCIOL. L'observation montre en effet que, parfois, les médias ont une influence opposée à celle qu'en attendaient des gens généreux et bien intentionnés. Ce résultat, paradoxal seulement pour les naïfs, comporte un enseignement : les instances ou les institutions sociales ont une certaine vocation et il est vain de les contraindre ou d'attendre d'elles autre chose que ce à quoi elle sont destinées ou prédestinées, et que d'autres peuvent faire plus aisément.

Échantillon n.m. Ensemble de personnes choisies afin de représenter, dans sa diversité et aussi fidèlement que possible, une population plus nombreuse. Deux méthodes permettent d'obtenir ce résultat : le choix au hasard et la technique des quotas. → **Sondage**

Écho n.m. Genre journalistique. Brève information à caractère indiscret ou piquant.

Certains périodiques* populaires ou mondains tirent l'essentiel de leur succès de leurs rubriques d'échos et des photographies qui les illustrent. → **Échotier**

Échos (les). Quotidien économique français qui aborde, notamment depuis 1995, les différents aspects de l'actualité nationale et internationale, ayant trait, plus ou moins directement, avec l'économie. Né en 1908 sous forme de mensuel, il devient quotidien sous son titre actuel en 1928, à l'aube de la crise économique. Depuis 1995, sa diffusion dépasse les 100 000 exemplaires pour atteindre 110 400 exemplaires en 1997. Le groupe Les Échos auquel il appartient est une filiale du groupe anglais Pearson. Adresse : 46, rue La Boétie 75381 Paris Cedex 08. Tél. : 01 49 53 65 65. Site Web : http://www.Lesechos.fr

Échotier n.m. Journaliste* spécialisé dans la recherche et la rédaction d'échos*.

Éclairagiste n.m. (angl. : *lighting engineer*). Technicien responsable de la gestion des lumières dans un théâtre ou sur un plateau de tournage* (cinéma ou vidéo).

Économie d'échelle (angl. : *economy of scale*). Baisse du coût unitaire d'un produit lorsqu'on augmente les quantités produites. Elle résulte d'une meilleure répartition des coûts fixes (siège social, bâtiment, salaires, équipement, frais financiers, réseau commercial, frais de publicité*...) et des achats en grande série. Elle se réalise pour autant que les coûts fixes restent constants et que l'entreprise écoule le surplus de production.

Dans le domaine des médias*, il existe des possibilités d'économies d'échelle essentiellement dans les activités éditoriales, qui correspondent à une production physique. Ainsi, la presse* peut réaliser de sensibles économies d'échelle si ses tirages* et sa diffusion* augmentent, car les coûts rédactionnels, certains coûts administratifs (gestion et promotion) et les frais généraux ne varient pas. Il en va de même dans l'édition de livres, de disques ou de vidéogrammes*. Par extension, on peut aussi parler d'économie d'échelle dans l'audiovisuel, lorsqu'un programme* peut être utilisé plusieurs fois ou par plusieurs chaînes* contrôlées par le même propriétaire, les coûts de production* ayant été amortis lors de la première diffusion*.

Écoute cumulée veille. Nombre de personnes (ou pourcentage), au sein d'une population donnée, ayant écouté, au moins une fois, une station de radio, la veille de l'enquête, quelle que soit la durée de cette écoute.

Écoute occasionnelle. Nombre de personnes (ou pourcentage), au sein d'une population donnée, ayant écouté une station de radio, au moins une fois par semaine.

Écoute régulière. Nombre de personnes (ou pourcentage), au sein d'une population donnée, ayant écouté, au moins une fois, une station de radio pendant la semaine qui a précédé l'enquête.

Écoute totale. Nombre de personnes (ou pourcentage), au sein d'une population donnée, ayant écouté la radio, quelle que soit la station, et quelle que soit la durée de cette écoute, régulièrement, au moins une fois par semaine, pendant une période déterminée (la journée ou la semaine précédant l'enquête).

Écran publicitaire. Durée pendant laquelle un annonceur* peut diffuser, moyennant une certaine rétribution, un message publicitaire sur une chaîne* de télévision. Des réglementations fixent, pour chaque chaîne, la durée totale et moyenne, par heure, des écrans et leur possibilité d'inser-

tion selon le type de programme*. Ainsi les écrans sont-ils limités en nombre et en durée, voire interdits, durant la diffusion des œuvres* cinématographiques et audiovisuelles. → **Coupure publicitaire**

Écran tactile. Dispositif comprenant des boutons de contrôle affichés à l'écran. En appuyant sur une région particulière de l'écran, l'utilisateur déclenche une action spécifique de l'ordinateur*. Cette technique permet de se dispenser d'un clavier*. Elle est utilisée principalement avec les bornes* interactives accessibles au grand public.

Écran de visualisation. Surface d'un tube cathodique sur laquelle il est possible de voir la reproduction d'une image, d'un texte ou d'un document multimédia*.

EDI. → **Téléinformatique, Télématique**

Édition n.f. Ensemble des numéros d'une publication* dont le contenu est identique. Les journaux ont souvent plusieurs éditions dont certaines parties sont différentes. Pour les quotidiens* nationaux, il s'agissait (avant l'utilisation de fac-similé*) de l'édition pour la province, tirée quelques heures avant celle de la capitale. Pour les journaux de province, les diverses éditions locales se différencient par leurs pages d'informations locales qui varient selon leur zone de diffusion. Certains magazines* ont des éditions internationales dont le contenu est adapté aux publics étrangers auxquels elles sont destinées.

Édition. → **Contrat d'édition**

Édition électronique (angl. : *electronic editing*). Réalisation de documents grâce à des systèmes informatiques. L'édition électronique désigne aujourd'hui tout un secteur d'activité qui réalise des documents sur support électronique, disque* ou mémoire* informatique, documents de toute nature, y compris des documents multimédias*. Ces produits d'édition sont réalisés selon des normes de description techniques du document et de balisage de ses contenus (SGML*, HTML*, XML*). Dans le secteur des disques numériques, il s'agit surtout des CD-Rom* multimédias ou des disques compacts interactifs. Dans le secteur des réseaux* télématiques, il s'agit de la production de services* en ligne, le plus souvent des services d'information ou de renseignements alimentés par des banques* de données. L'édition électronique concerne aussi bien l'édition de nouveaux produits que la numérisation des fonds d'archives*. Ce terme est peu utilisé dans le monde de la presse*, où l'on préfère celui de rédaction* électronique ou bien celui de système* éditorial.

Édition spéciale. Édition nouvelle publiée à l'occasion d'un événement* exceptionnel pour répondre à la curiosité impatiente des lecteurs. Aujourd'hui, les quotidiens* ont pratiquement renoncé à en publier, car la radio* et la télévision* suffisent à satisfaire cette attente particulière du public. C'est sous forme de supplément*, à l'occasion d'un anniversaire, que certains journaux, parfois, publient une édition spéciale.

Éditions mondiales. → **Emap France**

Éditorial n.m. (angl.: *editorial*). Article* unique de commentaire* engageant, sous la signature du responsable de la publication* ou du simple nom du journal*, l'avis du journal sur tel ou tel sujet de l'actualité*. Dans les pays anglo-saxons, les éditoriaux sont des articles de commentaires (*views*) liés à chacune des rubriques du journal, nettement séparés des articles de nouvelles (*news*).

Éditorialiste n.m. Rédacteur d'un éditorial*.

Éducâble. Banque de programmes, gérée par le Centre* national d'enseignement à distance (CNED). La banque de programmes fonctionne en autoprogrammation par cassettes. Les cassettes sont choisies sur le service Minitel, selon les programmes et les horaires disponibles. Utilisé selon les besoins et les disponibilités des réseaux, Éducâble est en général diffusé sur le canal local. Éducâble met ainsi à la disposition des établissements scolaires câblés un catalogue de 500 programmes concernant tous les niveaux, de la maternelle au lycée, pour la plupart des matières.

ENCYCL. Le service télématique permet la recherche d'un film, par matière, thème ou mot-clef, dans le catalogue. Chaque titre est assorti d'une notice pédagogique. Ce système de réservation donne à l'usager la liberté de programmer le film de son choix dans les plages horaires proposées. La banque peut s'enrichir de produits locaux acquis, produits en partenariat ou issus d'activités audiovisuelles menées dans les établissements.

Edutainment. Né de la contraction de *education* et de *entertainment* (« divertissement »), le mot anglais désigne l'ensemble des programmes ou des services, ayant un objectif d'éducation, qui sont traités avec les procédés du divertissement, afin d'être accessibles à un nombre plus élevé de personnes.

Effet d'autorité, de source. Influence* accrue d'un média sur son audience*, en raison soit du crédit dont il bénéficie, de façon générale, auprès de son public, soit de la confiance que celui-ci lui accorde, à travers l'une de ses figures les plus marquantes ou les plus charismatiques. → **Crédibilité, Influence**

Effet de croyance. Mécanisme à la faveur duquel s'accroît l'impact ou l'influence d'un organe d'information, dans l'exacte proportion où les gens lui accordent leur confiance.

Effet dormant (angl.: *sleeping effect*). Influence d'un média qui est censée s'exercer sur son public subrepticement, à l'insu de ses membres, au bout d'un certain laps de temps, à la faveur par conséquent de la répétition des mêmes messages, présentés sous des formes variées et à des moments différents de la journée. → **Influence, Propagande**

Effet de réalité. Mécanisme à la faveur duquel une prédiction devient réalité, du seul fait que, subrepticement, on la croit soudainement réalisable. On parle également de *prédiction créatrice :* la prophétie réalise ce qu'elle annonce.

Effet de réel. Résultat obtenu quand un

média finit par créer une réalité qu'il est censé seulement enregistrer et communiquer. Pareil effet désigne souvent la puissance évocatrice de l'image : être, c'est être perçu.

Effets spéciaux. Ensemble des techniques permettant l'incrustation, la transformation ou la création d'images pour un film ou un document vidéo.

ENCYCL. La numérisation des images filmées a favorisé l'essor des effets spéciaux, notamment pour le cinéma. La technique dite du « morphing » permet ainsi la transformation d'une image en une autre. Ce sont les images de synthèse qui sont le plus spectaculaires : les dinosaures de *Jurassic Park* en sont l'application la plus célèbre.

Electronic Frontier Foundation (EFF) → **Fondation de la Frontière Électronique**

Emap France. Le groupe Emap France rassemble une quarantaine de titres de presse, en 1998, après avoir poursuivi une politique d'acquisitions. En 1989, le groupe s'associe à Bayard Presse pour lancer la version anglaise du titre *Notre Temps,* baptisée *Choice.* Les deux groupes collaborent à nouveau, l'année suivante, dans la reprise du mensuel *le Chasseur français.* Installé à Paris en 1991, Emap lance *Réponses Photo* en 1992 et *Pêche pratique* en 1993. Le rachat de 28 titres aux Éditions mondiales et de 10 magazines du groupe Hersant, en 1994, place le groupe au troisième rang de la presse magazine en France, derrière Hachette* et Prisma Presse*. Emap France consolide son portefeuille de titres magazine avec la reprise au groupe CLT de *Télé Star, Télé Star Jeux* et *Top Santé* en 1996. L'année suivante, en 1997, le groupe acquiert *Golf Magazine, Neptune Moteur* et lance *Décision Auto.* Emap France est organisé autour de six pôles presse : loisirs, TV/cinéma, automobile, nature, presse féminine et presse spécialisée et professionnelle (Emap Alpha) avec 11 titres hi-fi, vidéo, cinéma, photo, jeux vidéo, dont *Tarif Média, le Film français,* repris tous deux en 1994. En mars 1998, le groupe a lancé un hebdomadaire grand public sur la télévision baptisé *Télémax.* Avec un chiffre d'affaires de 1,4 milliard de francs (hors Télé Star SA) pour l'année 1995-1996, Emap France atteint une diffusion annuelle de près de 275 millions d'exemplaires, soit 16 % du marché de la presse magazine grand public. Emap France a choisi d'associer ses salariés à la gestion de l'entreprise (55 % d'actionnariat salarié). Emap France contribue à hauteur de 36 % au chiffre d'affaires du groupe britannique Emap, spécialisé dans les médias, plus particulièrement dans le secteur de la presse (avec plus de 90 titres, le groupe est numéro deux de la presse magazine britannique) et celui de la radio en Grande-Bretagne. Le groupe a annoncé au printemps 1998 le lancement d'un magazine sur la télévision destiné aux professionnels. Adresse : 43, rue du Colonel-Pierre-Avia, 75754 Paris cedex 15. Tél. : 01 41 33 50 00.

Embargo n.m. Interdiction, imposée par une agence* d'information à ses clients, d'utiliser ou de publier une information pendant une durée déterminée.

Émetteur n.m. **1.** Générateur qui produit une onde* électromagnétique à haute fréquence* et porteuse d'informations. Appliquée à une antenne*, cette énergie est rayonnée dans l'espace et peut ensuite être reçue par l'utilisateur à l'aide d'un système de réception approprié. **2.** Un des trois éléments qui constituent un transistor (émetteur-base-collecteur) dont la fonction est de favoriser la mise en mouvement dans la matière des charges électriques positives ou négatives.

Émission n.f. Production diffusée à la radio ou à la télévision, identifiée par un générique. → **Programme**

Émission d'expression directe. L'article 55 de la loi du 30 septembre 1986 met à la charge des chaînes publiques la diffusion de certaines émissions propres à assurer un égal accès des organisations politiques représentées au Parlement et des organisations syndicales représentatives. Les émissions d'expression directe constituent une des formes permettant le respect du pluralisme*.

ENCYCL. Les modalités de ces émissions sont fixées chaque année par le CSA* afin de tenir compte des contraintes de programmation* des chaînes publiques. La jurisprudence a contribué à définir la notion de représentativité (CE, 17 juin 1990, UNAPL ; CE, 25 novembre 1991, UNAPL et UPA ; CE, 2 juin 1994, Pierre Alleaume et autres). → **Droit de réplique, Communication gouvernementale**

Emoticon. Contraction des mots « émotion » et « icône » indiquant cette pratique des internautes* consistant à utiliser certains signes typographiques afin de représenter une tête avec les yeux, le nez et la bouche, ce qui permet d'exprimer une attitude ou une opinion. Ainsi : :-) je suis content, je souris :-/ je suis sceptique :-**D** je me moque de vous... *(Pencher la tête vers la gauche pour les lire.)*

Encadré n.m. Article* d'un journal* ou texte dans un livre, entouré d'un filet, sur ses quatre côtés. Élément d'un article plus long, présenté tout à côté, à part, valorisé par des filets.

Encart n.m. Feuille* volante ou cahier, généralement publicitaire, introduit dans un journal* ou dans tout autre périodique*, pour être diffusé en même temps que lui auprès de ses lecteurs.

Encre n.f. (angl. : *ink*). Substance permettant d'imprimer, composée d'un liant ou vernis (résine et huile naturelles) et d'un principe colorant (pigment broyé en poudre). La typographie* et l'offset* utilisent des encres grasses, l'héliogravure* des encres liquides.
ENCYCL. D'abord fabriquée par chaque imprimeur, l'encre est produite en France de manière industrielle à partir de 1818.

Encre « primaire » (angl. : *primary ink*). Obtenue par synthèse additive à partir des trois couleurs primaires – bleu, vert, rouge : le *cyan* (bleu + vert), le *magenta* (rouge + bleu) et le *jaune* (vert + rouge). Superposées en quadrichromie, ces trois encres et l'encre noire permettent d'imprimer dans toutes les couleurs.

En ligne (angl. : *on line*). Équipement (un terminal) connecté à un réseau* de télécommunications*, (radiodiffusion*, téléphone*, télématique*), par opposition au *off line* ou produit d'édition (ou consommable), qui désigne des produits dont la consommation ne nécessite pas une liaison à un réseau. Cette notion n'implique pas une circulation continue des signaux mais une possibilité offerte en permanence de se connecter pour recevoir, via un réseau de diffusion, ou pour rechercher des informations sur un réseau télématique. → **Hors ligne, Service en ligne**

Enregistrement n.m. Captation d'un signal et transfert sur un support de stockage.

Entrefilet n.m. Article court, séparé des autres et mis en valeur par deux filets horizontaux.

Entreprise de presse. → **Statut des entreprises de presse**

Entropie n. f. (angl. : *entropy*). Empruntée à la physique, où elle mesure le degré de désordre ou de désorganisation d'un système, cette notion a été adoptée par Claude SHANNON, dans sa théorie mathématique de l'information* (1947), pour évaluer tout ce qui peut faire obstacle à la transmission parfaite d'un message, comme serait parfait le « mouvement perpétuel » dont Aristote avait rêvé. La *déperdition d'énergie* ou l'*érosion* caractérisent le monde réel, comme le bruit, jamais vaincu et peut-être providentiel, fait partie du monde de la communication et de l'information. En l'occurrence, le bruit s'oppose à l'information.

Envoyé spécial. Reporter* spécialement envoyé sur les lieux d'un événement* pour le couvrir*. CONTR. : *Correspondant*.

Épisode n.m. Élément d'un feuilleton* ou d'une série*. → **Feuilleton, Série**

Épreuve n.f. (angl. : *proof*). Tirage préalable d'une composition sur papier, permettant la correction du texte. Après la première épreuve, la seconde sert à vérifier si les corrections ont bien été exécutées. → **Morasse**

Équipe (L'). Quotidien* sportif généraliste qui a repris, en 1946, la formule de l'*Auto* (1900-1944). Depuis 1967, il appartient au groupe Amaury* et participe, à travers celui-ci, à l'organisation du Tour de France avec *le Parisien*. Il diffuse plus de 386 000 exemplaires, en 1997.

Équipement n.m. Possession par un ménage ou un individu d'un bien durable. L'équipement audiovisuel est constitué de nombreux biens tels que téléviseurs et matériels de réception annexes (antennes*, parabole, décodeurs*) ; matériels de péritélévision : magnétoscopes*, Caméscopes*, micro-ordinateurs* grand public ; radio-récepteurs et autoradios ; chaînes électroacoustiques. À mesure qu'un bien se diffuse auprès des ménages, le taux d'équipement (c'est-à-dire le pourcentage de ménages équipés) augmente et tend vers la saturation. Les achats portent alors sur du multiéquipement* ou des matériels de remplacement, souvent plus performants.
ENCYCL. Selon l'institut Médiamétrie*, 98,7 % des foyers français sont équipés d'un téléviseur couleur, 35,5 % sont multiéquipés c'est-à-dire possèdent un deuxième poste utilisé au moins une fois par mois et 71,7 % ont un magnétoscope* en 1996. En ce qui concerne l'équipement radio, 99 % des foyers français sont équipés d'au moins un récepteur, sachant que les Français disposent en moyenne de six postes par foyer. 28 % des foyers français sont équipés d'un baladeur*, 78 % d'un radioréveil et 77 % d'un autoradio.

Espace public. Désigne l'ensemble des lieux et des institutions où se déroule la vie en société, par opposition à ceux qui concernent la vie privée, qu'elle soit individuelle ou familiale.
ENCYCL. C'est principalement à Jürgen HABERMAS, philosophe et sociologue allemand, né en 1929, membre de l'école de Francfort*, que l'expression doit sa fortune : l'espace public désigne ainsi cet espace dans le périmètre duquel se déroule la vie publique, irriguée par les représentations sociales et les différentes formes d'expression ou les œuvres de la culture, à un moment donné et pour une société donnée. L'espace public

s'apparente à l'*agora* de la cité grecque, là où se tenait l'*ekklêsia*, l'assemblée du peuple. Il est le lieu où s'ordonnent les relations entre les gens, selon des règles plus ou moins codifiées. C'est enfin à l'intérieur de ce périmètre que l'information et la communication s'organisent, avec ou sans le secours des médias.

Étalonnage n.m. Opération de laboratoire visant à obtenir, pour un film*, la densité et la couleur voulues pour chaque plan en fonction de l'ensemble des autres plans. En vidéo*, opération de postproduction* visant le même objectif.

Éthique des programmes.
DROIT. La notion d'éthique des programmes*, pas plus que celle de déontologie* d'ailleurs, à la différence du concept de qualité, n'apparaît explicitement dans la loi du 30 septembre 1986 modifiée. Pourtant, divers principes posés par les textes s'y rattachent. En vertu de la loi du 30 septembre 1986 modifiée, la liberté* de communication* audiovisuelle peut être limitée dans la mesure requise par un certain nombre de principes se rattachant à la notion d'éthique : la dignité de la personne humaine, la liberté et la propriété d'autrui, l'ordre public ainsi que le caractère pluraliste des courants de pensée et d'opinion (article 1er). En outre, les programmes doivent respecter la sensibilité des enfants et des adolescents (article 15) ainsi que l'honnêteté de l'information (article 28).
ENCYCL. Par ailleurs, un certain nombre de dispositions civiles et pénales innervent ce concept en matière audiovisuelle : l'éthique des programmes passe aussi par leur respect. On retiendra notamment : les crimes et délits visés par la loi du 29 juillet 1881 sur la liberté de la presse* rendue en partie applicable à l'audiovisuel depuis la loi du 13 décembre 1985 – la diffamation*, l'injure*, l'offense* au président de la République, la haine ou la violence à l'égard d'une personne ou d'un groupe de personnes en raison de leur origine ou de leur appartenance ou de leur non-appartenance à une ethnie, une nation, une race ou une religion déterminée... –, ou ceux visés par des dispositions non contenues dans la loi de 1881 – les atteintes à la vie privée (articles 226-1 à 226-9

du Nouveau Code pénal), les atteintes aux droits de la personnalité du fait de l'obtention de certaines informations : violation du domicile, violation du secret* des correspondances, violation du secret professionnel. → **CSA, Protection des mineurs**

Étude de marché. Ensemble des recherches entreprises afin de connaître le marché réel ou potentiel d'un produit ou d'un service et d'organiser, en conséquence, les stratégies à mener en vue d'atteindre des objectifs de vente ou de notoriété. On peut distinguer les *études quantitatives,* qui ont pour but de mesurer la taille du marché (acheteurs et lectorat* dans le domaine de la presse* ; abonnés* et audience* dans le domaine de l'audiovisuel ; ampleur du marché* publicitaire dans les deux cas), et les *études qualitatives* et *socio-économiques,* qui visent à repérer les attitudes du public face à un produit (journal* ou rubrique* nouvelle, chaîne* ou émission* nouvelle), à ses variations de prix ou à son mode de diffusion.

Études culturelles (« Cultural studies »). Expression renvoyant aux travaux menés par les chercheurs du Centre de recherche de Birmingham créé en 1964 et composé de Richard Hoggart, Stuart Hall, Raymond Williams et Edward Thompson. Ce centre s'était donné comme objectif d'étudier les formes, les pratiques et les institutions culturelles dans leurs rapports avec la société et le changement social. En raison de leur formation et de leur itinéraire atypique (militantisme de gauche, milieu de l'éducation populaire et de la formation permanente), ces chercheurs ont choisi des objets d'étude longtemps délaissés : les communautés, les sous-cultures, la déviance sociale, le féminisme, l'ethnicité. Dans la lignée d'une approche marxiste de la société, ils analysent les rapports de pouvoir, le rôle de l'idéologie dans les systèmes de valeurs et les mécanismes de résistance. Ils s'intéressent également à l'influence des médias, en particulier à celle de la presse populaire (journaux et magazines lus par la classe ouvrière) et, plus récemment, à celle de la télévision (encodage et décodage des messages). Les médias participent à l'ordre culturel dominant qui, selon le contexte,

autorise cependant une certaine capacité d'interprétation et de résistance du récepteur.

Euronews. Lancée en 1993 à l'initiative de l'UER*, chaîne* européenne d'information* en continu qui diffuse 20 heures par jour, en six langues (français, anglais, allemand, italien, espagnol, arabe) vers 40 pays par voie hertzienne*, câble* ou satellite*. Établie en France, Euronews a comme principaux actionnaires, détenant 51 % du capital, 19 télévisions publiques* d'Europe et du Bassin méditerranéen (dont France Télévision*, et à l'exception des télévisions publiques allemande et britannique). Fin 1997, le groupe français Alcatel Alsthom a vendu les 49 % du capital de la chaîne, qu'il détenait depuis 1995, à l'agence d'information britannique ITN, déjà le premier fournisseur d'images de la chaîne. Malgré une audience* potentielle de plus de 91 millions de foyers, Euronews souffre de la concurrence des grandes chaînes d'information internationales, comme CNN, Sky News ou la BBC. Adresse : 60, chemin des Mouilles, BP 161, 69131 Écully cedex. Tél. : 04 72 18 80 00.

Europe 1. Radio* généraliste diffusée en grandes ondes* et en FM*. → **Europe 1 Communication**

Europe 1 Communication. Les activités du groupe Europe 1 Communication se concentrent autour de trois secteurs : la radio*, l'affichage* et l'audiovisuel*. Le pôle radio s'est construit autour de la radio périphérique généraliste Europe 1, lancée en 1955 et émettant à partir de la Sarre. Après un lancement difficile, Europe 1 est détenue en 1959 par la société Images et Son (avec pour principaux actionnaires la Sofirad*, le groupe Floirat [Matra] et le Trésor monégasque), qui deviendra Europe 1 Communication en 1982. En 1986, la Sofirad cède ses parts au groupe Hachette*. Europe 1 a innové en créant un style original, notamment en matière d'information, avec des journalistes-reporters en remplacement des speakers, des éditorialistes, mais aussi avec des émissions de variétés et des jeux donnant la parole aux auditeurs qui rencontrèrent très vite un vif succès. Europe 1 diffusait alors sur tout l'est du territoire et l'Île-de-France. Confrontée à RTL* pour la première place en termes d'audience à partir de 1968, Europe 1 va surtout devoir s'adapter à la concurrence des nouvelles radios privées à partir de 1981. En 1986, l'État autorise les radios périphériques à émettre sur la bande FM, étendant ainsi leur diffusion sur tout le territoire. Europe 1 s'installe sur la bande FM et, avec la volonté de rajeunir son auditoire, crée en 1987 Europe 2, fournisseur de programmes devenu, depuis, un réseau national pour « jeunes adultes » ainsi qu'une régie publicitaire commune avec la radio FM Skyrock. En 1994, Europe 1 entre dans le capital de la station RFM, programme musical pour adultes. Dépassée en termes d'audience cumulée par France-Inter* à partir de 1994, puis par France-Info* et NRJ* en 1995, Europe 1 relève difficilement le défi de la concurrence, notamment sur le terrain de l'information, qui occupe plus de la moitié de son temps d'antenne. En audience cumulée, Europe 1 est passée de plus de 25 % en 1980 à 9,2 % en 1997. Le groupe Europe 1 Communication a adopté une stratégie de développement international en matière de radio à travers sa filiale Europe Développement International (EDI), présente dans 16 pays avec 25 radios : en Europe centrale et orientale (Russie, Pologne, République tchèque, Roumanie, Hongrie, Arménie, Ukraine, Estonie, Moldavie...), en Europe occidentale (Allemagne, Luxembourg), également en Afrique du Sud. EDI a aussi ouvert deux bureaux en Chine et développe des projets en Asie pour 1998. Europe Régies commercialise l'espace publicitaire d'Europe 1, d'Europe 2, de RFM, de Skyrock et Les Indépendants ainsi que celui d'autres radios, soit plus de 30 % du marché publicitaire national de la radio. À travers son pôle audiovisuel, Europe 1 Communication est devenu un acteur important dans le secteur de l'image avec sa filiale Europe Audiovisuel, détentrice notamment des sociétés de production* audiovisuelle GMT Productions (100 %), DEMD Productions (100 %), Images et Compagnie (50 %), Les Films d'ici (61 %), Léo Productions (50 %), Cipango (50 %), 13 Production (34 %) et Vision 7 (100 %) ainsi que la société de production cinématographique Hachette Première

(100 %). Important détenteur et distributeur de catalogues de droits, Europe Images a fusionné en 1997 avec la société Amaya Distribution (catalogue Cousteau), rachetée en 1996 et a renforcé ainsi sa politique d'acquisition et de distribution. L'ensemble fusionné a pris le nom d'Europe Images International. Enfin, Europe 1 Communication détient 56 % de Giraudy, groupe spécialisé dans l'affichage en France et en Espagne. Europe Régies et Giraudy se sont associés pour proposer aux annonceurs* des couplages* radio-affichage. Introduit en Bourse, le groupe Europe 1 Communication est détenu par le groupe Lagardère à 45,1 %, la Trésorerie générale des Finances de Monaco à 4,9 % et 50 % répartis dans le public. Pour l'année 1996-1997, le groupe a réalisé un chiffre d'affaires de 2,9 milliards de francs, dont 1,270 milliard de francs pour le pôle radio et 423,5 millions pour le pôle audiovisuel. L'effectif du groupe est de 2 150 personnes. Adresse : 26 *bis*, rue François-Ier, 75008 Paris. Tél. : 01 47 23 13 00.

European Video News (EVN). À partir des structures de l'UER*, établies à Bruxelles et à Genève, cette organisation internationale assure la transmission d'images d'actualité à destination des associations d'opérateurs de télévision du monde entier.

EUROPQN. L'association loi 1901 Études et unité de recherches opérationnelles de la presse quotidienne nationale a pour objet l'étude, la promotion et la valorisation de la presse* quotidienne nationale française. Regroupant l'ensemble des quotidiens* nationaux, y compris un quotidien du dimanche, EUROPQN réalise, notamment, l'étude semestrielle consacrée à la mesure d'audience des quotidiens nationaux et mène également des recherches sur l'étude du temps publicitaire et du temps de lecture ainsi que sur la variation de lecture en fonction de la mobilité. L'association est dirigée par un bureau composé d'un représentant de chacun des titres adhérents et elle représente, au titre de son expertise technique et de ses bases de données d'audience, la presse quotidienne nationale au sein des instances nationales et internationales concernées.

Adresse : 13, rue La Fayette, 75009 Paris.
Tél. : 01 53 20 90 66.

Euroradio. → Union européenne de radiodiffusion (UER)

Eurosport. Première chaîne sportive pan-
européenne, créée en 1987 à l'initiative de
17 adhérents de l'UER* afin de mieux exploiter les droits de diffusion des événements
sportifs acquis pour les membres de l'UER.
En 1991, TF1 s'est vu confier l'exploitation
technique et commerciale de cette chaîne.
Depuis 1993, le rapprochement des réseaux
Eurosport et European Sport Network
(ESPN) a permis la commercialisation d'un
seul programme sportif paneuropéen avec
Eurosport qui affiche ses premiers bénéfices
en 1996 pour un chiffre d'affaires de 750 millions de francs. Diffusée en 14 langues, la
chaîne Eurosport touche 72 millions de
foyers répartis dans 43 pays en 1997.
Adresse : immeuble Quai Ouest, 42, quai du
Point-du-Jour, 92653 Boulogne cedex. Tél. :
01 46 10 61 00.

Eurovision. → Union européenne de radiodiffusion (UER)

Eutelsat. 1. Organisation européenne de
satellites* créée en 1977 par les opérateurs
de télécommunications européens fournis-
sant des services internationaux de téléphone*, de télévision*, et des services aux
entreprises, de communications par satellite. Sa zone d'activité couvre la totalité de
la grande Europe. Eutelsat a mis en place
deux réseaux satellitaires. Le premier, dont
les satellites occupent plusieurs positions
orbitales, est dédié principalement aux télécommunications. Le second, dont tous les
satellites occupent la même position, est
dédié à la télévision numérique* directe. Eutelsat est l'un des principaux opérateurs satellitaires dans le monde. Son siège est à
Paris. **2.** Nom des satellites de télécommunications européens gérés par cette organisation. Adresse : 70, rue Balard 75502 Paris
Cedex 15. Tél. : 01 53 98 47 47.

E-vap (« service électronique à valeur ajoutée »). Nom donné au prestataire capable de
concilier et de mettre en place, pour une

organisation ou une entreprise, des services
correspondant à des demandes précises
auxquelles il est répondu par l'utilisation de
réseaux télématiques ou multimédias et,
notamment, de l'Internet. La contribution de
ces prestataires se distingue de celles des
sociétés de services en informatique (SSII),
davantage tournées vers la construction des
systèmes informatiques. Les solutions re-
cherchées par les e-vap concernent l'organisation ainsi que l'intégration des équipements et des programmes, beaucoup plus
que l'innovation technologique proprement
dite.

Événement n.m. (angl. *event*). Fait qui se
produit, qui arrive, aussi bien dans la vie
individuelle que dans l'actualité publique.
De l'énorme masse des événements, le journalisme ne retient que ceux qui sont nota-
bles et qui peuvent donc intéresser le public.
L'événement ne devient une nouvelle* que
lorsqu'il est entré dans le circuit journalistique. → **Actualité**

Événement médiatique (angl. : *media
event*). Désigne plus particulièrement, parmi
les événements de l'actualité qui retiennent
l'attention des médias, ceux qui sont retransmis en direct par la télévision et qui retiennent effectivement l'attention d'une
audience très vaste et souvent planétaire :
depuis les funérailles de John Kennedy, en
1963, jusqu'à celles de lady Diana, en 1997,
en passant par Sadate à Jérusalem ou le mariage du prince Charles.
SOCIOL. Daniel DAYAN et Elihu KATZ analysent
ces événements comme s'il s'agissait de véritables cérémonies, intégrant « la société en
la faisant battre d'un même cœur et [susci-
tant] un renouveau de loyauté envers la société et son autorité légitime » (*la Télévision
cérémonielle*, 1996). Loin de constituer des
pseudo-événements, des divertissements
inutiles, voire un opium pour le peuple,
comme la religion selon Marx, ces événements répondent à une nécessité : en resser-
rant le lien social, ils servent la démocratie.

EVN. → **European Video News**

Exception culturelle. Expression désignant la volonté de sauvegarder certaines

valeurs ou certaines singularités culturelles en s'efforçant de les soustraire aux lois du marché, notamment à celles du commerce international. L'invocation de l'exception culturelle a donc constitué le meilleur moyen de préserver le secteur de l'audiovisuel d'une application générale et inconditionnelle des règles découlant des accords du GATT (General Agreement on Tariffs and Trade). Cette exception justifie le maintien de la directive* « Télévision sans frontières » et du système des quotas* qu'elle instaure, de l'ensemble de nos dispositifs de subventions et permet l'adaptation de ces réglementations à l'évolution du secteur.

ENCYCL. Un arrêt de la Cour de justice des Communautés européennes du 4 mai 1993, concernant les licences de doublage espagnoles, a contribué à renforcer la position de la France sur l'exception culturelle dans la mesure où la Cour se fonde notamment sur le constat que la politique culturelle ne figure pas parmi les exceptions à la libre prestation des services prévus à l'article 56 du traité de Rome pour condamner la réglementation espagnole sur les licences de doublage. Cette jurisprudence montre, *a contrario,* qu'il convient, pour protéger la réglementation européenne, de mentionner explicitement l'audiovisuel au titre des exceptions au principe du libre-échange prévu par le GATT. → **Spécificité culturelle**

Exceptions au droit patrimonial d'auteur. Situations ou formes d'exploitation prévues par la loi comme ne devant pas donner lieu à paiement des droits* d'auteur. ENCYCL. En droit français, l'article L. 122-5 du Code* de la propriété intellectuelle pose, au titre de ces exceptions au droit* patrimonial d'auteur, que « lorsque l'œuvre* a été divulguée, l'auteur* ne peut interdire : **1.** les représentations* privées et gratuites effectuées exclusivement dans un cercle de famille ; **2.** les copies ou reproductions* strictement réservées à l'usage privé du copiste et non destinées à une utilisation collective [...] ; **3.** sous réserve que soient indiqués clairement le nom de l'auteur et la source : a) les analyses et courtes citations* justifiées par le caractère critique, polémique, pédagogique, scientifique ou d'information* de l'œuvre à laquelle elles sont incorporées ; b) les re-

vues* de presse ; c) la diffusion, même intégrale, par la voie de la presse ou de télédiffusion, à titre d'information d'actualité, des discours destinés au public [...] ; **4.** la parodie, le pastiche et la caricature, compte tenu des lois du genre ».

Exclusivité (droit d'). Clause d'un contrat par laquelle l'une des parties s'engage à ne pas conclure d'autres accords identiques avec un tiers. Ce genre de dispositions peut permettre de conférer à un diffuseur la possibilité d'être le seul à détenir les droits sur une œuvre*. ENCYCL. Pour être légale, cette clause doit se conformer aux principes généraux du droit des contrats et respecter les dispositions de l'ordonnance de 1986 et les articles du traité de Rome visant à protéger le libre exercice du droit de la concurrence*.

Exemplaire n.m. (angl. : *copy*). Unité considérée séparément, dans cet ensemble constitué par le tirage* d'un numéro déterminé, pour un journal ou un périodique* : ce dernier est tiré à *n* exemplaires par numéro.

Exonération de la redevance. Dispense légale de s'acquitter du versement de la redevance*, accordée sous certaines conditions. Elle concerne, en France, les personnes de plus de 60 ans non soumises à l'impôt sur le revenu, les invalides, les établissements hospitaliers publics ainsi que les petits hôtels. L'ampleur exceptionnelle de ces exonérations accordées, dans un but social, à près de quatre millions de foyers, soit 20 % des foyers TV français, représente un manque à gagner d'environ 2,6 milliards de francs, plus du cinquième du budget de l'audiovisuel* public français, compensé en partie seulement par une dotation budgétaire.

Exploitant n.m. Gérant ou propriétaire de salle de cinéma* qui a pour activité principale la projection de films* et l'accueil du public. Il reçoit la recette-guichet qu'il fait remonter au distributeur* après prélèvement de droits et taxes (SACEM, TSA*, TVA*). Les exploitants sont rémunérés sur la base d'un pourcentage de la recette brute qui avoisine les 45 %. En France, de nombreux exploitants sont rattachés à des circuits (ou groupements) de distribution très concentrés, qui imposent la même programmation* à un très grand nombre de salles (groupement Gaumont*, Pathé*, UGC), ce qui limite l'accès des exploitants indépendants à certains films. On compte environ 4 600 salles de cinéma en France. Les exploitants offrent également des espaces publicitaires, gérés par les régies* de films publicitaires.

Exploitation cinématographique.
→ **Exploitant**

Exportation n.f. Vente à l'étranger de biens ou de services. Dans le domaine des médias*, les exportations peuvent aussi bien concerner les matières premières (papier, supports magnétiques...), les biens de production (rotatives, équipements et logiciels informatiques...), ou les équipements de réception (récepteurs et matériels annexes), ainsi que les médias eux-mêmes : livres, journaux*, disques, vidéogrammes*, films*, programmes* audiovisuels. On constate que certains pays ou régions sont plus particulièrement exportateurs que d'autres et qu'il existe des spécialisations : pâte à papier pour les pays scandinaves et le Canada, matériels de réception asiatiques, logiciels, films et programmes audiovisuels pour les États-Unis. Si les biens d'équipement sont soumis aux règles normales du commerce international (avec droits de douane et contingentements éventuels), les produits de contenu (produits culturels) bénéficient parfois de règles plus favorables justifiées par le souci de permettre la libre circulation des idées, ou se heurtent au contraire à des quotas* destinés à « protéger » une langue ou une culture. De plus, des obstacles de type culturel ou linguistique freinent les exportations. Il est plus facile alors d'exporter des « concepts » ou des droits de diffusion assortis de possibilités de traduction, voire d'adaptation*.

ENCYCL. Selon TVFI*, le chiffre d'affaires global de l'exportation de programmes français en 1997 s'élevait à 1,290 milliard de francs, dont 19 % pour le documentaire* et 35 % pour le dessin animé* et la fiction*. → **OMC**

Exposition sélective (angl. : *selective exposure*). → **Guide d'opinion**

Expressive adj. (angl. : *expressive*). Selon l'interprétation de JAKOBSON*, la fonction expressive – ou *émotive* – comprend toutes les voies choisies par l'émetteur d'un message, – son destinateur –, les gestes, les accents ou les modulations de la voix, pour modifier, aux yeux de son destinataire, le sens du message qui lui est communiqué.

Extranet. Réseau informatique reliant une entreprise à ses partenaires. Il s'agit d'un Intranet* ouvert sur l'extérieur, c'est-à-dire rendu accessible par l'Internet à un public restreint, extérieur à l'entreprise, comme ses fournisseurs ou ses clients.

Fac-similé n.m. **1.** Système de transmission de documents sur un réseau* téléphonique. Il est notamment utilisé par la presse*, qui peut ainsi transmettre des pages de journaux vers une imprimerie*. Cette technique permet soit d'accélérer la distribution des journaux en diminuant la distance entre l'imprimerie et les points de vente, soit de délocaliser cette impression*. **2.** Télécopie.

Faisceau hertzien. Système de transmission des ondes* entre deux points fixes. Les ondes, à fréquence* très élevée, sont concentrées en un faisceau très étroit qui se propage en ligne droite, d'où la nécessité de relais pour les longues distances (80 à 100 km) ou les reliefs accidentés. Les faisceaux hertziens peuvent transmettre du son, des données ou des images.

Fanzine n.m. Bande* dessinée réalisée et diffusée hors des circuits ordinaires de l'édition et de la distribution des journaux. Le fanzine est souvent dû à des groupes ou à des groupements dits marginaux ou radicaux.

FAQ (Frequently Asked Questions). Questions les plus fréquemment posées. → **Foire* aux questions**

Fascicule n.m. (angl. : *part*). Élément particulier (cahier ou groupe de cahiers) d'une publication*, disponible séparément et commercialisé selon une périodicité* régulière.

Fast-thinker n.m. Expression péjorative désignant une personne qui se veut penseur ou savant, et qui se présente comme tel, alors qu'elle n'obéit pas à toutes les disci-y plines de la pensée. Utilisée par Pierre Bourdieu, l'expression vise notamment ceux qui utilisent les médias pour conquérir la notoriété auprès du grand nombre : cette notoriété seule leur importe, plutôt que la considération de leurs pairs ou de leurs collègues, seuls capables pourtant d'évaluer la qualité de leurs travaux. Pour eux, l'important, si l'on en croit Raymond Boudon, est de dire quelque chose qui puisse « passer » dans les médias, même s'ils disent n'importe quoi. L'important n'est pas de penser avec justesse, mais de parler afin d'être « repris » par les médias.

Feature. Mot anglais. **1.** Dépêche* d'agence* de presse. **2.** Article de style magazine* fourni sur commande ou proposé à des clients particuliers dans le cadre d'un abonnement spécial.

Fédération française des agences de presse (FFAP). Union de cinq syndicats patronaux (Syndicat des agences de presse multimédia, Syndicat des agences de presse de nouvelles, Syndicat des agences de presse photographiques d'information et de reportage, Syndicat des agences de presse d'informations générales et Syndicat des agences de presse télévisée), la FFAP regroupe plus de 100 agences* de presse de droit français. Fondée en 1945, quand le législateur dotait la presse d'un nouveau statut, la fédération a participé à l'élaboration de la plupart des textes réglementaires ou législatifs postérieurs à l'ordonnance du 2 novembre 1945. Elle est représentée dans l'ensemble des commissions paritaires et des organismes régissant la profession, notamment la Commission* paritaire des publications et agences de presse et la Commission* de la carte d'identité des journalistes. Adresse : 32, rue de Laborde, 75008 Paris. Tél. : 01 42 93 42 57.

Fédération française des travailleurs du Livre (FFTL). Fédération syndicale des ouvriers* du Livre, fondée en 1881 à partir des anciennes chambres syndicales, notamment celle des typographes*, réunissant les divers personnels et métiers de l'imprimerie*. D'obédience CGT depuis la création de celle-ci, en 1895, et en situation de monopole dans de très nombreuses imprimeries de presse à Paris comme en province, elle avait obtenu pour ses adhérents de très nombreux avantages : monopole d'embauche, rémunérations élevées, durée du travail réduite, prescription restrictive de production limitant les gains de productivité. Par crainte de licenciements et de déqualification, elle est à l'origine de nombreux conflits lors des divers processus de modernisation des imprimeries dont elle a négocié l'introduction en cherchant à limiter leur impact sur les salaires, la classification et les effectifs. En 1986, elle fusionne avec la Fédération des travailleurs des industries papetières pour former la Filpac*.

Fédération des industries du livre, du papier et de la communication (Filpac). Née en 1986 de la fusion de la FFTL* et de la Fédération des industries papetières, justifiée par l'impact de la modernisation des imprimeries*, tant sur le plan technique que par la nature des produits imprimés (support télématique et plus généralement informatisé), elle comporte deux branches : Filpac province et Filpac Paris. Cette dernière regroupe les syndicats de cadres et d'employés et le puissant Comité intersyndical du Livre parisien, qui rassemble lui-même divers « syndicats de métiers » : le Syndicat des correcteurs, celui des typographes* et le Syndicat général du Livre, regroupant à son tour d'autres métiers, notamment les photograveurs, les rotativistes, les personnels chargés de l'expédition des journaux et les personnels des NMPP*. Ces diverses composantes ont été longtemps

soudées (notamment lors de grèves), mais toujours soucieuses de négocier des conditions de travail catégorielles. La Filpac doit aujourd'hui faire face à certaines dissensions, notamment celle émanant des rotativistes, et obtient de plus en plus difficilement le maintien des avantages acquis par la FFTL. L'irréversible informatisation des imprimeries, qui affecte aussi les rédactions (saisie* et programmation assistée par ordinateur), la crise des quotidiens*, qui frappe l'économie des entreprises, nécessitent moins de personnel et des personnels moins qualifiés. Aussi les derniers conflits se traduisent-ils par la négociation de plans sociaux qui, en conservant certains avantages acquis (notamment pour ce qui est des salaires et de la durée du travail), entraînent d'importantes réductions des effectifs par retraites anticipées et reconversion, tout en instaurant une plus grande polyaptitude.

Fédération internationale des éditeurs de journaux (FIEJ). → Association mondiale des journaux

Fédération nationale de la presse française (FNPF). Organisation professionnelle patronale de la presse française, née en 1944 de la Fédération de la presse clandestine, elle fédère six organisations professionnelles de branche (quotidiens* nationaux, régionaux, départementaux, hebdomadaires régionaux, magazines d'opinion et presse technique et professionnelle). La FNPF a pour mission de représenter la diversité et l'originalité des formes de presse auprès des pouvoirs publics et des organismes de services communs à la profession. Selon l'article 2 de ses statuts, la FNPF a pour vocation le maintien et le développement de la liberté de la presse en préservant les conditions morales, politiques et économiques indispensables à la garantie du pluralisme de la presse, fondement de la démocratie. Adresse : 13, rue La Fayette, 75009 Paris. Tél. : 01 53 20 90 50.

Feuille n.f. Unité de fabrication ou d'utilisation du papier*.

Feuille volante. Sous l'Ancien Régime, imprimé sans périodicité* fixe, traitant d'un fait d'actualité*, constitué d'une seule feuille et diffusé par colportage*.

Feuillet n.m. Unité de production des textes dactylographiés et correspondant à 1 500 signes* typographiques, y compris les blancs, sur le recto seul d'une feuille.

Feuilleter v.tr. → **Naviguer**

Feuilleton n.m. (angl. : *feuilleton*). **1.** *Presse.* Pied* de page du journal, où l'on plaça au début du XIXᵉ siècle des critiques ou des chroniques littéraires, dramatiques ou artistiques à périodicité régulière. Finit par voisiner avec le roman-feuilleton*. **2.** *Audiovisuel.* Genre radiophonique ou télévisuel favorisant une fidélisation* de l'audience, le feuilleton raconte une histoire à suivre, avec des personnages récurrents, construite pour être diffusée périodiquement pendant plusieurs mois, parfois même pendant plusieurs années.

ENCYCL. Sans aucun doute, l'un des plus célèbres feuilletons de l'histoire de la télévision est d'origine américaine. Diffusé pour la première fois en 1978, sur CBS, une des trois grandes chaînes aux États-Unis, « Dallas » est une saga familiale dans l'« univers impitoyable » du pétrole. Diffusée tous les samedis pendant plus de six ans, la série réalise une moyenne de 45 % de part de marché d'audience. Plus de 350 millions de téléspectateurs dans le monde ont suivi les aventures du héros JR. La diffusion de « Dallas » débute en 1981 sur TF1. En 1985, la chaîne publique Antenne 2 riposte avec la diffusion d'une coproduction européenne, « Châteauvallon », surnommée à l'époque « Dallas à la française », qui rassemble chaque vendredi soir 6 millions de téléspectateurs. → **Telenovela**

Feuilletoniste n.m. (angl. : *feuilletonist*). Journaliste* chargé de la critique littéraire, dramatique ou musicale. Auteur de roman-feuilleton*. → **Feuilleton**

FFAP. → **Fédération française des agences de presse**

FFTL. → **Fédération française des travailleurs du Livre**

Fibre optique ou **fibre de verre.** Fibre constituée de silice ou de matière synthétique, utilisée pour la construction de réseaux* de communication modernes. Elle transporte des signaux lumineux émis par un laser* et reçus par une cellule photoélectrique. Moins lourde, moins encombrante, mais plus chère que le câble* coaxial, la fibre optique permet le transport d'un très grand nombre d'informations à la vitesse de la lumière. L'extrême largeur de bande de fréquence* utilisée par la fibre optique lui permet de transporter de très nombreux signaux et d'ouvrir les réseaux* à l'interactivité*.

Fichier n.m. (angl. : *file*). En informatique, un fichier est un ensemble de données organisées et rassemblées sous un nom. Un fichier correspond alors à un document, document texte ou autre, généré grâce à un logiciel* d'application. Grâce au système* d'exploitation, il est possible d'organiser les fichiers, en fait les documents électroniques, en les rassemblant, suivant des critères variés, dans des répertoires*. En documentation* et en bibliothéconomie* (gestion des bibliothèques), un fichier désigne le catalogue d'une bibliothèque ou d'un fonds documentaire, catalogue qui permet d'identifier et de retrouver des documents. Ces fichiers peuvent être manuels (fiches cartonnées rassemblées dans des tiroirs) ou informatisés. Les fichiers documentaires informatisés sont souvent dénommés banques* de données bibliographiques ou banques* de données de références.

Fiction n.f. Genre ou catégorie de programmes* comprenant les films cinématographiques*, les téléfilms*, les séries* ou feuilletons*, les dessins animés, soit des productions élaborées à partir d'une histoire imaginaire.

ENCYCL. Quelque peu délaissée à la radio, la fiction constitue le genre dominant en matière de production d'œuvres audiovisuelles* des chaînes de télévision. On distingue les fictions lourdes, dont le coût horaire dépasse 3 millions de francs, des fictions dites légères, ayant un coût inférieur. Les premières, d'un format* de 90 minutes, sont programmées en prime time*, tandis que les secondes, d'une durée de 26 minutes et produites en série, font l'objet d'une diffusion en journée ou en access* prime time. La fiction reste le programme d'excellence des chaînes de télévision, non seulement parce qu'il constitue un outil efficace de fidélisation* du public, mais aussi parce qu'elle est rentable. Ce programme peut en effet être rediffusé et exporté. → **Programme de stock, Œuvre audiovisuelle**

Fidélisation n.f. Action consistant, pour un média, à s'attacher la fidélité d'une fraction aussi importante que possible de son public : en l'occurrence, il s'agit de conserver ou de conquérir l'attachement d'un certain nombre de personnes ou de clients, par des moyens divers qui n'ont pas toujours un lien direct et affiché avec ce qu'ils attendent, officiellement, du média considéré.

FIEJ (Fédération internationale des éditeurs de journaux). → **Association mondiale des journaux**

Figaro (Le). Créé en 1854 par Hippolyte de Villemessant (1812-1879), devenu quotidien* en 1866, c'est le plus vieux journal parisien. Après une interruption de novembre 1942 à août 1944, il a reparu à la Libération sous la direction de Pierre Brisson (1896-1964). Il conquit alors l'audience* considérable d'un grand organe de qualité de droite modérée. Robert Hersant (1920-1996) en prend le contrôle en 1975. Il en maintint la prospérité, grâce, notamment, à ses suppléments* magazines. Il diffuse plus de 360 000 exemplaires en 1997. Adresse : 37, rue du Louvre, 75081 Paris cedex 02. Tél. : 01 42 21 62 00.

Filet n.m. **1.** Trait vertical ou horizontal séparant ou encadrant des articles. **2.** Désigne aussi un type d'article*, proche de la brève* et composé* avec un filet d'encadrement.

Film n.m. → **Œuvre cinématographique, Cinéma**

Film d'entreprise. Sur support film ou vidéo, document audiovisuel dont l'objet est de faire mieux connaître et, le cas échéant,

de faire valoir une entreprise à ses différents partenaires : salariés, actionnaires, clients ou fournisseurs. → **Communication institutionnelle, Programme de commande**

Filpac. → **Fédération des industries du livre, du papier et de la communication**

FIP. → **Radio France**

Firewall. Expression anglaise signifiant « pare-feu », qui désigne les systèmes informatiques de sécurité permettant de filtrer l'accès à un réseau pour le réserver aux seules personnes autorisées.

Fiscalité de la presse. Instrument de l'aide* de l'État à la presse*, afin, par des réductions de charges, d'en assurer la survie et d'en garantir le pluralisme*.
ENCYCL. Le régime fiscal particulier de la presse porte, en droit français, sur la taxe* professionnelle, l'impôt* sur les sociétés, appelé aussi « provisions* pour investissements », la taxe* à la valeur ajoutée.

Flash-back n.m. Retour en arrière. Procédé d'écriture utilisé par les romanciers et les scénaristes* et consistant à interrompre le déroulement du récit par un renvoi à une période antérieure à celle de l'action en cours.

Floating time. Expression anglaise. Acheter en « floating time » signifie acheter peu de temps avant la diffusion d'un écran publicitaire les quelques secondes non encore commercialisées dont la chaîne consent à brader les tarifs.

FM. Abréviation pour *modulation de fréquence*. → **Modulation**

FNPF. → **Fédération nationale de la presse française**

Foire aux questions. Sur un site Internet, et notamment les forums*, fichier qui propose des réponses aux questions posées le plus souvent par les internautes* sur un thème donné.

Folio n.m. Numéro d'ordre des pages*.

Foliotage n.m. Introduire les numéros de page*, paginer.

Fondation de la Frontière Électronique. Fondée aux États-Unis en juillet 1990, l'organisation a pour vocation de promouvoir tous les services accessibles par les réseaux de télécommunications dans le strict respect des principes de la Déclaration des droits et de la Constitution américaines. Organisée sous la forme d'une fondation, elle travaille avec les organisations locales qui ont le même objet. Ainsi, la Fondation apporte son soutien aux utilisateurs des réseaux, chaque fois que les libertés civiques ont été bafouées. Elle œuvre auprès du Congrès en faveur d'un accès égal à tous aux services d'information sur l'Internet. Enfin, elle contribue à la définition d'une politique favorable au développement de ces services au bénéfice de tous.

Fonds de soutien à l'expression radiophonique locale (FSER). Créé par la loi du 29 juillet 1982, ce fonds d'aide est destiné aux radios non commerciales. La loi de janvier 1989 autorise ces radios à bénéficier de cette subvention, dès lors que leurs recettes en provenance de la publicité ou du parrainage n'excèdent pas 20 % de leur chiffre d'affaires. Pour la grande majorité de ces radios associatives, cette aide constitue leur principale source de financement. Ce fonds, qui dépend du gouvernement, est financé par une taxe parafiscale prélevée sur les recettes publicitaires de la télévision et de la radio. En 1997, son montant était de 91,2 millions de francs. On recense en 1998 527 radios associatives employant 1 100 personnes et 12 000 bénévoles.

Format n.m. **1.** Désigne la dimension des feuilles de papier qui, après pliage, vont déterminer les dimensions (hauteur × largeur) d'une publication. Le format « tabloïd », dit demi-format (37,4 × 28,9 cm), type *Libération* ou *le Parisien*, correspond à la moitié du format dit « grand folio », qui est celui du *Figaro*. Le format « berlinois » (47 × 32 cm) est celui adopté par *le Monde* à partir de 1989 (avant cette date, son format était de 50 × 33,5 cm). **2.** Mot utilisé couramment pour désigner la durée d'un programme de radio ou de télévision. On parle également de « format » pour désigner le concept d'une émission ou d'une station de radio ou d'une chaîne de télévision pour souligner tout à la fois son genre et son style de programmation.
ENCYCL. Les formats standards sont généralement 90, 52, 26 ou 13 minutes, les formats les plus longs étant réservés au prime* time et les plus courts aux heures diurnes et à l'access* prime time. Pour les œuvres d'animation*, il existe un format supplémentaire, très court, compris entre 30 secondes et 5 minutes. Le format de 90 minutes, réservé traditionnellement aux fictions* diffusées en prime time, constitue une spécificité française qui ne favorise guère la fabrication de séries longues, plus faciles à exporter.

Formatage n.m. (angl. : *formating*). Opération par laquelle on prépare les disques* durs et les disquettes* des systèmes informatiques, afin que ces derniers puissent recevoir et enregistrer des informations. Le formatage correspond à la partition du support, à sa division en éléments distincts et à la détermination des adresses de chacun de ces éléments. Chacune de ces divisions pourra recevoir des fichiers* que le système* d'exploitation retrouvera grâce à la correspondance nom/adresse électronique. Le formatage est une des fonctions des systèmes* d'exploitation.

Forme imprimante (angl. : *form*). En typographie*, composition* enserrée dans le châssis, calée sur la presse* ; cliché*. Par extension, plaque* ou cylindre servant à l'impression en offset* ou en héliogravure*. → **Clichage**

Forum n.m. (angl. : *newsgroup*). Groupe de personnes qui échangent des informations et des avis autour d'un même sujet par messagerie électronique. Appelé aussi groupe de discussion, il y en avait autour de 20 000 sur l'Internet en 1998. → **Babillard électronique**

Fournisseur d'accès (angl. : *Internet access provider, I.A.P.*). Entreprise prestataire de services qui offre aux particuliers comme aux entreprises la possibilité d'accéder au réseau Internet, en contrepartie d'une rétribution, sous la forme, le plus souvent, d'un abonnement. Les plus importants fournisseurs d'accès proposent en plus des services* en ligne accessibles uniquement à leurs abonnés (informations, météo, Bourse, banques de données...).

ENCYCL. En France, environ 200 fournisseurs d'accès de dimension nationale, régionale ou locale offrent un accès à l'Internet. En janvier 1998, les principaux étaient Wanadoo, de France Télécom* (130 000 abonnés), America OnLine (100 000 abonnés), Compuserve (90 000 abonnés), Club Internet du groupe Hachette* (70 000 abonnés), Infonie (70 000 abonnés), Havas On Line (35 000 abonnés) et Microsoft Network (35 000 abonnés). Au début de l'année 1998, Cegetel* (groupe Générale des eaux [aujourd'hui Vivendi]) et Canal + (filiale de la Générale des eaux via Havas) annonçaient la création d'une société commune avec AOL et son associé allemand Bertelsmann. AOL, premier fournisseur mondial d'accès à l'Internet avec 11 millions d'abonnés, a déjà annoncé sa fusion avec l'américain Compuserve. Quant à Microsoft Network France (MSN), filiale du groupe Microsoft, elle a confié la gestion de ses abonnés à France Télécom* Interactive.

Foyer TV. Ménage qui possède au moins un récepteur de télévision.

France Culture. → Radio France

France 2. Chaîne de télévision de service public à vocation nationale, diffusée par voie hertzienne terrestre, câble et satellite. La deuxième chaîne de télévision, Antenne 2, était née en France en 1964. Dix ans plus tard, en 1974, date de l'éclatement de l'ORTF*, Antenne 2 devient une société nationale de programme. La publicité de marques est autorisée à partir de 1971. En septembre 1992, avec un nouveau logo et un nouvel habillage, Antenne 2 devient France 2. Ses obligations de service public, dans les domaines notamment de l'éducation, de l'information et de la culture, sont inscrites dans un cahier* des charges (décret n° 94-813 du 16 septembre 1994). Dans le cadre de ses missions, France 2 a vocation

d'atteindre un large public en proposant une gamme de programmes « diversifiée et équilibrée ». Cette chaîne rencontre des problèmes d'identité dus aux difficultés de concilier ses missions de service public et les impératifs de l'audience. En 1996, et pour la première fois depuis 1990, le budget de France 2 est à nouveau financé à plus de 50 % par la publicité. Parallèlement, la chaîne a connu une diminution progressive de sa part d'audience foyers, égale à 24,2 % en 1996 contre 35 % en décembre 1986, époque durant laquelle Antenne 2 et TF1 faisaient jeu égal... L'audience de la chaîne était en moyenne de 32,1 % en 1987 et de 26,6 % en 1988. Le chiffre d'affaires de la chaîne publique est de l'ordre de 5,4 milliards de francs en 1996 et ses effectifs sont de l'ordre de 1 330 personnes, dont 300 journalistes. À travers sa filiale France 2 Cinéma, France 2 est coproductrice d'œuvres cinématographiques. Elle détient également 50 % du capital de la régie France Espace et de France Télévision Distribution, filiale chargée des activités commerciales. France 2 possède des participations dans des sociétés de télévision comme TV5* (16,66 %), Festival (28 %), Euronews* (7,4 %) ; dans des sociétés de production comme Technisonor (6,85 %) et TVRS 98 (22,5 %) ainsi que 10,75 % de Médiamétrie*. La stratégie de diversification de la chaîne a été marquée par son engagement au sein du bouquet* numérique TPS* via sa participation de 50 % à France Télévision Numérique ainsi que dans la chaîne thématique Histoire. Adresse : 7, esplanade Henri-de-France 75907 Paris Cedex 15. Tél. : 01 56 22 42 42. Site Web : http://www.france2.fr → **ORTF, France Télévision, France Espace, Quotas, Production**

France Espace. Régie publicitaire commune aux deux chaînes de service public France 2 et France 3. La publicité diffusée au sein des programmes régionaux de France 3 est collectée par six sociétés régionales de régie publicitaire. Adresse : 7, esplanade Henri-de-France 75907 Paris Cedex 15. Tél. : 01 56 22 62 00. → **France Télévision, France 2, France 3**

France Info. → Radio France

France Inter. → **Radio France**

France Musique. → **Radio France**

France-Soir. Quotidien* national d'information générale et politique. Prenant en novembre 1944 la suite du grand journal clandestin *Défense de la France,* né en 1941, *France-Soir,* sous le patronage du groupe Hachette et la direction de Pierre LAZAREFF (1907-1972), fut le plus grand quotidien national de la IVᵉ République. Il diffusa plus de 1 million d'exemplaires de 1956 à 1966. Journal populaire par son audience mais sans tomber dans les excès de ses confrères allemands ou anglais, c'était un organe modéré, gouvernemental par nature. Son déclin s'amorça dès 1966 et s'accentua après Mai 1968. Il fut cédé en 1976 au groupe Hersant, qui ne put enrayer sa décadence. En 1997, sa diffusion dépasse à peine 160 000 exemplaires. Adresse : 37, rue du Louvre, 75081 Paris Cedex 02. Tél. : 01 44 82 87 00.

France Télécom. Premier opérateur français de télécommunications, qui vient d'être partiellement privatisé avec l'introduction en Bourse de 25 % de son capital. L'entreprise France Télécom est l'opérateur historique des télécommunications en France, c'est-à-dire l'héritière de l'administration des télécommunications (télégraphe, puis téléphone) mise en place par le gouvernement français dans le cadre du monopole public sur les systèmes de transmission de signaux à distance promulgué par la loi de mai 1837. C'est la loi du 26 juillet 1996, dite loi de réglementation des télécommunications, qui a définitivement mis fin au monopole de l'État français sur les télécommunications, en application des directives* européennes destinées à ouvrir à la concurrence le marché européen des télécommunications. Selon la loi et un cahier des charges approuvé par décret, France Telecom conserve ses missions de service public comprenant le service* universel du téléphone, les services obligatoires des télécommunications et les missions d'intérêt général, en particulier la recherche. Avec un chiffre d'affaires 1996 de 151,3 milliards de francs, France Télécom est le quatrième opérateur mondial de télécommunications, derrière NTT (Japon), ATT (États-Unis), Deutsche Telekom (Allemagne). L'entreprise emploie 165 000 salariés et compte 28 millions de clients en France, qui consomment essentiellement de la téléphonie fixe (67,6 % du chiffre d'affaires en 1996). France Télécom gère en effet 33,4 millions de lignes principales (téléphonie fixe). La transmission de données (locations de lignes dédiées à des entreprises sur les réseaux Transpac et Numéris) représente 8,7 % du chiffre d'affaires en 1996. France Télécom compte 3 millions d'abonnés à ses réseaux de téléphonie* mobile, soit 55 % de part de marché. France Télécom gère aussi le réseau Télétel*, réseau télématique grand public français qui compte 14 millions d'utilisateurs. L'ouverture du réseau télématique* international Internet* au grand public à partir de 1993 a imposé à France Télécom de développer un service d'accès au réseau Internet ; il s'agit de Wanadoo, lancé en mars 1996. Outre l'accès à l'Internet, Wanadoo propose divers services* d'information en ligne. Depuis le 1ᵉʳ janvier 1998, le marché français des télécommunications est donc entièrement ouvert à la concurrence. Les principales entreprises déjà présentes sont trois entreprises françaises : Cegetel*, Bouygues* Télécom et Omnicom. À côté de ces opérateurs sont également présents des opérateurs de réseaux alternatifs, comme la SNCF, les gestionnaires de réseaux autoroutiers (Cofiroute) ou des opérateurs du câble* (Lyonnaise des Eaux). Enfin, des opérateurs étrangers se sont également déjà installés sur le marché français et international des solutions pour les grandes entreprises : il s'agit de Worldcom et sa filiale MFS (États-Unis), Minicom et Colt (Grande-Bretagne). En prévision de cette ouverture concurrentielle du marché français, France Télécom s'était associée dès 1996 à Deutsche Telekom (opérateur historique allemand) et à Sprint (opérateur américain) dans l'alliance Global One. Premier câblo-opérateur* français avec 684 963 abonnés fin 1997, France Telecom Câble a engagé une politique résolue de numérisation de ses réseaux. Rattaché à la division Multimédia de France Télécom, France Télécom Câble est un des pôles de la stratégie de développement audiovisuel et multimédia du groupe. Cet opérateur conduit plusieurs expérimentations d'autoroute* de l'information. Adresse : 103, rue de Grenelle, 75007 Paris. Tél. : 01 44 44 43 36.

France Télévision. Structure regroupant les deux chaînes de service public France 2* et France 3*. La loi du 2 août 1989 institue une présidence commune à ces deux chaînes, afin d'assurer la complémentarité de leur programmation et celle de leur gestion. Se sont succédé à cette fonction : Philippe Guilhaume (août 1989 à décembre 1990) ; Hervé Bourges (décembre 1990 à décembre 1993) ; Jean-Pierre Elkabbach (décembre 1993 à juin 1996) et Xavier Gouyou Beauchamps (depuis juin 1996). En 1992, l'identité du groupe France Télévision est renforcée et symbolisée par un nouveau logo et un nouvel habillage : Antenne 2 devient France 2, et FR3, France 3. La constitution d'une société holding est régulièrement envisagée, depuis 1997, afin de constituer véritablement le groupe France Télévision. Adresse : 7, esplanade Henri-de-France 75907 Paris Cedex 15. Tél. : 01 56 22 60 00. Site Web : http://www.francetv.fr

France 3. Chaîne de télévision de service public à vocation régionale, diffusée par voie hertzienne terrestre, câble et satellite. La troisième chaîne de télévision française débute ses émissions en décembre 1972 : le programme est alors capté par seulement 26 % de la population. En janvier 1975, à la suite du démantèlement de l'ORTF*, la chaîne devient une société nationale de programme baptisée France Régions 3 (FR3). En 1977, FR3 est reçue sur l'ensemble du territoire. La publicité est autorisée sur le programme national en 1983. En 1992, FR3 devient France 3. Les obligations de service public de la chaîne sont inscrites dans son cahier des charges* (décret n° 94-813 du 16 septembre 1994), selon lequel France 3 doit affirmer sa vocation particulière de chaîne régionale et locale en privilégiant l'information décentralisée et la télévision de proximité. Depuis sa création, la chaîne a donc poursuivi une politique de développement local : elle dispose de 24 bureaux d'informations régionaux et 58 départementaux au sein de 13 directions régionales qui diffusent annuellement plus de 10 000 heures de programmes et d'information. Selon un sondage Médiamétrie*, réalisé en novembre 1997, sur 25 éditions locales et pluridépartementales, 15 réalisent plus de 50 % de part d'audience (15 ans et plus). France 3 se trouve cependant en concurrence sur ce terrain avec les télévisions* locales et les décrochages* locaux de M6*. La chaîne dispose de six unités de production régionales grâce auxquelles elle développe des coproductions avec le secteur privé, principalement sous forme d'apports en industrie, et produit en interne des magazines* et des émissions. Les effectifs de France 3 sont d'environ 3 760 personnes, dont 896 à Paris. En 1996, France 3 réalise un chiffre d'affaires de 5,5 milliards de francs, dont plus de 60 % en provenance de la redevance*, et une part d'audience foyers de 17,9 %. La chaîne détient une filiale de production cinématographique, France 3 Cinéma, ainsi que 50 % de la régie France Espace, 50 % de la filiale chargée des activités commerciales, France Télévision Distribution, et dispose d'un GIE, TV TEL 3, spécialisé dans la télématique. France 3 a également de nombreuses participations dans des sociétés de télévision comme La Cinquième* (5 %), La Sept* (44,12 %), Euronews* (7,4 %), TV5* (16,61 %), Festival (28 %), dans des sociétés de production comme Technisonor (3,76 %) et TVRS 98 (22,5 %), ainsi que 10,75 % de Médiamétrie*. Enfin, France 3 est engagée dans la télévision numérique à travers sa participation de 50 % à France Télévision Numérique, actionnaire de TPS*. Début 1998, la chaîne a annoncé la création d'une chaîne Régions. Dès 1996, plusieurs journaux régionaux de France 3 étaient diffusés en même temps sur Internet*, la quasi-totalité devrait l'être fin 1998. Adresse : 7, esplanade Henri-de-France 75907 Paris Cedex 15. Tél. : 01 56 22 30 30. Site Web : http://www.france3.fr → **ORTF, France Télévision, France Espace, Quotas, Production**

Francfort (École de). Courant de pensée né en 1923, avec la création, à Francfort, d'un Institut de recherche sociale, animé par un certain nombre de philosophes imprégnés de la pensée de HEGEL et de MARX : Theodor ADORNO, Max HORKHEIMER, Herbert

Marcuse et Walter Benjamin en sont les principaux représentants. Ils sont à l'origine de ce qu'on a appelé le « courant critique » de recherche sur les médias, qui considère les moyens de communication de masse comme des instruments de pouvoir et de domination, produisant de la violence symbolique et une certaine uniformisation de la pensée des récepteurs. Ils s'inscrivent donc dans une approche en termes d'effets puissants des médias et conçoivent leurs analyses comme une défense de la « théorie critique » : celle-ci vise à promouvoir le changement, à défendre l'intérêt des masses en vue de la suppression des inégalités sociales. Herbert Marcuse, avec *l'Homme unidimensionnel* (1968), a notamment rencontré un grand écho en France au tournant des années 1960 et 1970 et influencé les travaux de certains chercheurs en sciences de l'information. Le philosophe allemand Jürgen Habermas est issu de cette école de pensée, avec laquelle il a d'ailleurs pris ses distances aujourd'hui.

Fraude n.f. Action consistant à se soustraire illégalement à une obligation. La fraude en matière de déclaration de la possession d'un téléviseur prive le service* public de l'audiovisuel d'une part non négligeable de ses recettes de redevance*, puisque le nombre de fraudeurs en France est estimé à environ 600 000 foyers. Il existe également des fraudeurs en matière de télévision cryptée (fraude sur les décodeurs*).

Freed-back. → **Rétroaction**

Freeware n.m. Logiciel* proposé gratuitement sur l'Internet*.

Fréquence n.f. **1.** Caractérisation d'un mouvement vibratoire de type onde* électromagnétique. **2.** Nombre de fois où le phénomène se produit par seconde. **3.** Position occupée par un émetteur* de radio ou de télévision dans le spectre radioélectrique.

Fréquentation n.f. *Cinéma.* Nombre d'entrées ayant été vendues par les salles d'exploitation tout au long d'une période donnée (souvent une année). Les années 1980 ont

été marquées, en France, par la poursuite de la baisse de fréquentation due au développement du nombre de chaînes de télévision*, à l'augmentation des films diffusés sur le petit écran et au développement du magnétoscope*. C'est la baisse de la fréquentation du public « assidu » (qui va au moins une fois par semaine au cinéma) qui explique le plus la baisse des entrées.

ENCYCL. Une reprise est amorcée à la fin des années 1990 en raison de la modernisation des salles et de la naissance des multiplexes*. En 1997, le nombre d'entrées dans les salles de cinéma s'élevait environ à 150 millions, soit le meilleur score depuis 1987.

Frigo n.m. → **Morgue, Viande froide**

FR3. → **France 3**

FSER. → **Fonds de soutien à l'expression radiophonique locale**

FTP (File Transfert Protocol). Protocole* utilisé pour le transfert de fichiers* d'un ordinateur* à un autre sur l'Internet.

Fusion n.f. (angl. : *merger*). Processus de concentration qui fait disparaître deux entreprises A et B au profit d'une entreprise nouvelle C.

Futuroscope. Parc de loisirs entièrement consacré à l'image, à ses techniques et à ses usages, qu'il s'agisse du cinéma, de la vidéo, de la télévision ou des réseaux multimédias. Créé en 1985 à l'initiative de René Monory, président du conseil général de la Vienne (*Des Clefs pour le futur*, 1995), le Futuroscope, situé à 8 km de Poitiers, sur l'axe Paris-Bordeaux, a pour ambition d'être le « parc européen de l'image », selon l'expression de son fondateur. Il présente des réalisations en images, originales et spectaculaires, dont certaines uniques au monde, utilisant les procédés les plus sophistiqués : cinéma en relief, écrans géants, procédés IMAX, cinémas circulaires, simulateurs... Le Futuroscope est également un centre de recherche et d'enseignement, en accueillant plusieurs centres universitaires dépendant de l'université de Poitiers et du CNRS ; l'École Supérieure des personnels d'encadrement du ministère de l'Éducation nationale ; ainsi que le Centre national d'enseignement à distance (CNED). Installé depuis 1989 au Futuroscope, le CNED propose 3 300 modules de formation de tous niveaux (de l'élémentaire à l'enseignement supérieur, en formation initiale et en formation continue) dans le monde entier. Avec la police scientifique, transférée à Lyon, le CNED, dont le siège social est au Futuroscope depuis 1993, a été distingué par le Conseil économique et social pour le « succès » de sa délocalisation. Avec 400 000 inscriptions par an, c'est l'un des plus grands établissements mondiaux d'enseignement à distance. Il a connu une progression de ses activités de 50 % entre 1993, année de son transfert de Paris à Poi-tiers, et 1998. Avec une vingtaine de pavillons répartis sur près de 55 hectares, le Futuroscope accueillait déjà, en 1997, moins de dix ans après son ouverture, près de 3 millions de visiteurs, dont plus de 10 % venus de l'étranger. Grâce enfin à son téléport, le Futuroscope a permis l'installation de nombreuses entreprises aux activités à haute valeur ajoutée, devenant ainsi, au-delà de sa double vocation pour la communication et la formation, non seulement le premier employeur privé du département, mais également un élément essentiel de l'aménagement du territoire. Adresse : Téléport 4, Asterama II, BP 300, 86960 Futuroscope cedex. Tél. : 05 49 49 34 00. Site Web : http://www.cned.fr

g

Gabarit n.m. (angl. : *size*). Grille au format* réel d'une page d'une publication* permettant de construire la maquette et de calibrer les textes et les images à y insérer.

Gate-Keeper. → Sélectionneur de nouvelles

Gaumont. La société Gaumont est l'héritière de la société fondée en 1895 par Louis Gaumont, ingénieur qui, après avoir inventé des caméras*, s'est lancé dans la production* et l'exploitation* de films* qui étaient diffusés dans le monde entier. Après la Seconde Guerre mondiale, la société, qui avait fait faillite en 1938, fut exploitée par un consortium dominé par Havas*, le Crédit lyonnais et la Compagnie des compteurs. En 1974, Nicolas Seydoux, héritier de la famille Schlumberger, reprend le contrôle à 51 % de la société et va à la fois la développer au plan national et international dans le domaine de la production et de la distribution de films – activités en Italie, au Brésil, aux États-Unis –, et la diversifier en contrôlant des activités de presse *(le Point),* d'édition de livres (Ramsay) et de disques (Erato). Mais des difficultés l'obligent, à partir de 1984, à se recentrer sur les activités cinématographiques. En 1996, Gaumont (contrôlée à 56,7 % par Nicolas Seydoux) et ses filiales ont pour activités principales la production et la distribution de films, l'exploitation de salles de cinéma ainsi que la production télévisuelle. Dans le domaine du cinéma (films et salles), qui représentent 87 % du chiffre d'affaires, le groupe est producteur et gestionnaire d'un important portefeuille* de droits qui inclut, notamment, les films réalisés par Luc Besson. Avec la société Gaumont Buena Vista International, créée en parité avec Walt Disney, le groupe assure, en France, la distribution de ses films ainsi que de ceux de Disney et de ses filiales. Gaumont exploite un vaste circuit d'exploitation en France, où il possède 316 salles, et se développe en Belgique. Dans le domaine de la télévision (13 % du chiffre d'affaires), Gaumont produit des téléfilms*, des documentaires* et des séries d'animation*. En 1997, le chiffre d'affaires du groupe s'élevait à 1,9 milliard de francs et ses effectifs à 1 100 personnes. Adresse : 30, avenue Charles-de-Gaulle, 92200 Neuilly. Tél. : 01 46 43 20 00.

Gazetier n.m. Rédacteur d'une gazette*. Disparaît à la fin du XVIIIe siècle, remplacé par le journaliste. Par extension péjorative, journaliste d'échos* ou de potins. → **Gazetin**

Gazetin n.m. Feuille manuscrite de nouvelles*, rédigées par un nouvelliste*, donnant sous l'Ancien Régime des informations qu'on ne trouvait pas dans les gazettes*.

Gazette n.f. Feuille imprimée hebdomadaire ou bihebdomadaire*, donnant, aux XVIIe et XVIIIe siècles, des nouvelles surtout diplomatiques et militaires.
ENCYCL. Du vénitien *gazeta,* petite pièce de monnaie. Outre *la Gazette de France,* fondée en 1631 par Théophraste RENAUDOT (1586-1653), les Français disposaient des gazettes étrangères francophones, venues de Hollande et d'ailleurs.

Gbit. Abréviation pour *gigabit* (1 milliard de bits*).

GEID. Sigle pour *gestion* électronique d'information et de documentation.*

Générique n.m. (angl. : *cast*). Séquence d'un film*, d'un programme* de radio ou de télévision, consacrée à l'énumération des participants à sa production* et à sa réalisation*.

Géopolitique des médias. Étude des relations que les médias et la politique instaurent, conjointement ou séparément, entre les différents espaces géographiques.

ENCYCL. Cette approche s'est progressivement différenciée de la géographie politique, depuis les années 1970, tandis que les médias, apparemment ou réellement, influaient toujours davantage sur la vie internationale, en même temps qu'ils étaient influencés par elle. La géopolitique des médias fait apparaître, selon Jacques Barrat, plusieurs orientations : d'abord, celle concernant les infrastructures, comme les imprimeries, les studios, les émetteurs radio-télévision ; celle des productions proprement dites, les livres, les journaux, les films ou les programmes ; ensuite, l'étude des consommations ou de la fréquentation des médias ; enfin, celle des flux d'échanges entre les entreprises et entre les pays, ce qui conduit à l'appréciation des inégalités et des effets de domination entre les différentes régions du monde.

Géostationnaire adj. → **Orbite**

Gestion électronique d'information et de documentation (GEID) (angl. : *optical disk document storage and retrieval*). Ensemble des activités liées au traitement et à la diffusion de documents électroniques : édition*, archivage* et stockage sur disques*, diffusion sur réseaux*. La principale norme de présentation des documents électroniques ainsi produits est la norme SGML*.

GHz. Abréviation pour *gigahertz* : unité de mesure d'une fréquence hertzienne correspondant à 1 milliard de hertz.

GIX (Global Internet Exchange). Nœud d'interconnexion entre différents opérateurs de réseaux de télécommunication. C'est ce qui permet l'interconnexion

des réseaux entre eux et la constitution d'un réseau de réseaux et, notamment, de l'Internet. Ils jouent le rôle de carrefour pour les autoroutes de l'information* ; ils jouent également le rôle de véritables grossistes, puisque leurs coûts d'exploitation (entretien du matériel, rémunération de ceux qui en assurent la maintenance) sont répartis à parts égales entre les différents opérateurs qui sont connectés avec eux. → **Nœud, Réseau**

Global Position System (GPS). Système de radiolocalisation qui permet de localiser, de façon très précise et en temps réel, grâce à un réseau* satellitaire, des mobiles (bateaux, véhicules terrestres, piétons) munis d'une balise, quel que soit le point de la planète où se trouve le mobile à situer.

Globalisation n.f. (angl. *globalization*). Le mot est un anglicisme : il désigne en français, non seulement la mondialisation elle-même, mais également la conséquence de ce phénomène sur la stratégie des entreprises et les activités qui en résultent. Plus précisément, il désigne la prise en compte, par une entreprise, à l'instant où elle détermine sa stratégie – le choix de ses activités, son positionnement par rapport à ses concurrents, la manière dont elle va conserver ou conquérir ses marchés –, à la fois de la diversité de ses marchés potentiels et de l'imbrication de ses activités propres avec celles d'entreprises agissant dans des secteurs plus ou moins éloignés, sachant que cette diversité et cette imbrication se sont considérablement accrues depuis le début des années 1990, sous le double effet de la mondialisation de l'économie (extension du marché à l'échelle planétaire, libéralisation et ouverture des économies) et de la convergence des médias (informatique, télécommunications et audiovisuel). L'évolution des médias, avec notamment l'essor des multimédias, autonomes ou en réseaux, a rendu nécessaire cette globalisation, cette vision différente par les entreprises de leurs marchés et de leur positionnement. En même temps, cette nécessité est plus impérieuse encore pour les entreprises qui sont dans le secteur des médias : elles ont à prendre en compte, plus que d'autres, les effets d'une évolution dont elles sont responsables, en partie ou pour l'essentiel. → **Mondialisation**

Globe on line. Organisation lancée à l'initiative de Victoire Télématique (groupe Desfossés International, filiale du groupe LVMH), de la Dafsa et du groupe de publicité Euro-RSCG, en juillet 1995, pour ouvrir une galerie marchande sur le réseau Internet*. À côté de ces trois fondateurs, elle regroupe plusieurs médias français, des journaux, avec *le Monde*, *Libération*, *la Tribune,* mais aussi des encyclopédies *(Encyclopædia Universalis)* et des banques* de données économiques et financières. Elle s'est donné pour premier objectif de permettre aux éditeurs de se lancer sur le réseau Internet tout en conservant la maîtrise de la gestion de leurs contenus et des tarifs de leurs prestations. Ainsi, Globe on Line a mis en place un système de paiement sécurisé des transactions reposant sur le cryptage* du code de la carte bleue du client. Le client qui achète n'a donc pas besoin de souscrire un abonnement ; il paie à la consommation, suivant une logique qui s'apparente à celle du kiosque* télématique du réseau Télétel*.

Glocalisation n.f. (angl. : *glocalization*). Conciliation, par les médias et les entreprises, entre les exigences de la mondialisation des marchés et celles des habitudes ou des cultures locales, afin de capter et de retenir l'attention de publics nombreux et dispersés aux quatre coins du monde. Né de la contraction de *global* et de *local,* le mot illustre la double nécessité, pour les médias, de personnaliser et d'universaliser leurs programmes ou leurs services, tout au moins lorsqu'ils partent à la conquête d'un public international. → **Globalisation**

Go. Abréviation pour *gigaoctet* (angl. : *gigabyte*). Unité de mesure des capacités de stockage d'un système informatique correspondant à 1 milliard d'octets (ou à 8 milliards de bits).

Gopher. Premier programme permettant la consultation simplifiée des ressources de l'Internet grâce à des menus* déroulants. Ancêtre des moteurs* de recherche actuels,

Gopher est beaucoup moins utilisé depuis la création de l'hypertexte* et du Web*.

GPS. → **Global Position System**

Graisse n.f. (angl. : *weight of typeface*). Force de trait du caractère*. Il existe en général trois graisses par caractère : maigre, demigras, gras.

Grammage n.m. Poids ou « force » du papier*, exprimé en grammes par mètre carré. Le grammage standard du papier journal est aujourd'hui de 40 à 49 g/m^2 (groupe AFNOR I/1).

Grand public (angl. : *broad audience*). Expression qui désigne l'audience d'un média quelconque, dès lors que celle-ci, potentielle ou effective, est dispersée, diverse et étendue. Pareille audience est donc immanquablement indifférenciée, indéterminée et composée d'anonymes : ses membres n'ont en commun que de se trouver, à un moment donné, à l'intérieur d'un certain périmètre, celui d'un quartier, d'une agglomération, ou bien celui qui correspond à la « zone de couverture » d'un système de satellites.

Grands médias. Pour les publicitaires, ensemble formé par cinq médias et par les supports* qui les composent : la presse*, la télévision*, la radio*, le cinéma* et l'affichage* (ou publicité extérieure).
ÉCON. En France, comme dans d'autres pays développés, la part des investissements* publicitaires totaux accordés à ces médias (environ 40 %) tend à diminuer au profit du hors médias*. De même, le partage des investissements, entre les cinq médias, a évolué au fil des dernières années avec une régression de la part accordée à la presse (moins de 50 % des investissements grands médias) au profit de celle destinée à la télévision (plus de 30 %). La France est caractérisée par l'importance et la stabilité de la part consacrée à l'affichage (12 %), le reste allant à la radio (environ 7 %) et fort peu au cinéma (0,5 %).

Graphiste n.m. Spécialiste réalisant la prémaquette d'un document publicitaire, d'un périodique* ou d'un livre, selon les intentions de l'annonceur*, du rédacteur* en chef ou de l'éditeur. Spécialiste de l'infographie. → **Maquette, Numéro zéro, Infographiste**

Graticiel n.m. Équivalent français de *freeware**.

Gratuit adj. et n.m. (angl. : *free circulation sheet, shopper*). Publication distribuée gratuitement à domicile ou déposée dans des présentoirs et dont la partie rédactionnelle est limitée, voire inexistante. Son contenu a pour objet essentiel de publier de la publicité* commerciale et/ou des petites annonces*.

Gravure n.f. (angl. : *engraving*). Obtention, en relief ou en creux, de l'empreinte d'un dessin à la surface d'un matériau (bois, métal, plastique), en vue d'en multiplier les exemplaires* imprimés. Peut être manuelle, chimique, photomécanique ou électronique. ENCYCL. Au XVᵉ siècle apparaissent les illustrations gravées en relief sur bois de fil, pouvant être insérées dans une composition* typographique, ou gravées en creux sur cuivre (taille-douce* ou eau-forte), présentées en hors texte ou en fin de volume. Au XIXᵉ siècle se multiplient dans les magazines les illustrations gravées en relief sur bois debout (procédé inventé en 1775).

Gravure directe en héliogravure. Procédé de gravure par impulsions électriques d'un scanner déclenchant les stylets entamant plus ou moins profondément la surface du cylindre métallique, à la vitesse de 8 000 à 12 000 alvéoles par seconde. Performance encore améliorée par l'emploi du laser. → **Héliogravure**

Grille des programmes ou Grille de programmation. Répartition, selon des heures et des durées de diffusion fixes, des différentes émissions d'une station de radio ou d'une chaîne de télévision, ce qui équivaut à l'établissement d'un véritable agenda, avec des rendez-vous fixes, source d'habitudes et de fidélisation* de la part de l'audience* potentielle. ENCYCL. Durant les années 1980, l'offre de programmes s'accroît considérablement avec l'avènement de nouveaux diffuseurs et l'allongement des plages de programmation, les chaînes généralistes diffusant pour la plupart 24 heures sur 24. L'offre de programmes a été multipliée par 4 en une dizaine d'années, passant d'environ 10 600 heures en 1980 à plus de 40 000 en 1992. En 1996, TF1 et M6 ont diffusé 8 784 heures de programmes pour un coût total de la grille de l'ordre de 4,6 milliards de francs pour TF1 et de 905 millions de francs pour M6. → **Programme, Programmation, Programmateur**

Groupe n.m. Ensemble de sociétés, comprenant généralement une « société mère », dominant plusieurs autres sociétés « dépendantes » ou filiales (si la part de leur capital détenu dépasse les 50 %), et détenant des participations dans d'autres sociétés. La société mère assure la direction du groupe, qui poursuit généralement un objectif commun aux sociétés qui en font partie. Lorsque la société mère n'a pas d'activité productrice propre et se contente de détenir et de gérer des participations, il s'agit d'un *holding*. Les liens entre sociétés d'un même groupe peuvent être techniques, commerciaux ou financiers. Un groupe peut être formé de sociétés qui opèrent dans le même secteur (groupe de presse*, d'édition, de publicité*...), ou de sociétés qui opèrent le long d'une même filière (groupes audiovisuels avec production* d'images, édition de vidéogrammes*, diffusion* de programmes*, fabrication de matériels divers). Il peut aussi être diversifié dans des domaines voisins (groupes de communication* axés sur l'écrit et l'audiovisuel) ou sans liens entre eux (conglomérat* qui lient des activités industrielles ou de service et des activités de communication). La constitution de groupe répond aux impératifs de la concentration*. Le nombre et, surtout, la taille des groupes médiatiques ne cessent de croître à mesure que les activités culturelles s'industrialisent et nécessitent des investissements importants pour la mise en œuvre d'innovations techniques, qu'il convient ensuite de rentabiliser sur plusieurs marchés et grâce à la compensation éventuelle des prises de risque.

Groupe de discussion. → **Forum**

GRP (Gross Rating Point). Nombre de contacts* d'un plan* média pour cent personnes de la cible visée. Il résulte de la somme des pénétrations* de chaque insertion d'un message, ce qui revient au produit de la couverture* cumulée (en %) par la répétition moyenne.

GSM (Global System for Mobile Communication). Système de radiotéléphonie* cellulaire numérique utilisant une fréquence* de 900 MHz mis au point par l'Institut européen des normes de télécommunications.

ENCYCL. Ce système a fait l'objet de directives d'harmonisation au sein de l'Union européenne, dont la dernière (91/263/CEE) concerne l'agrément unique, valable pour toute l'Europe. Ces procédures ont été introduites dans le droit français (loi du 29 décembre 1990 et décret du 4 février 1992). L'adoption de cette norme par la plupart des pays d'Europe permet le développement international de la téléphonie mobile*. La voix est encodée puis modulée avant d'être acheminée, par ondes* hertziennes, vers le destinataire. Les zones à couvrir sont divisées en cellules hexagonales. Chaque cellule se voit attribuer un groupe de fréquences différentes de celles des cellules contiguës. Cette organisation permet une réutilisation efficace des fréquences : elle sera d'autant plus rentable que les cellules seront de petite taille. Les réseaux cellulaires terrestres seront relayés, à terme, par des constellations* de satellites*, ce qui permettra une couverture terrestre globale et continue par les réseaux de téléphonie mobile en GSM. Ces constellations pour les communications internationales des mobiles (Iridium* et Globalstar*) devront être multistandards car, pour l'instant, les États-Unis utilisent plusieurs normes non compatibles, AMRT, AMRC et AMPS. Les trois réseaux français de téléphonie mobile – Itinéris de France Télécom*, SFR du groupe Cegetel* et Bouygues* Télécom – utilisent la norme GSM. Le parc français de terminaux GSM était de plus de 4 millions d'utilisateurs fin 1997 : 300 000 abonnés pour Bouygues Télécom, 1 520 000 pour SFR (groupe Cegetel-Générale des eaux [aujourd'hui Vivendi]) et 2 320 000 pour Itinéris (France Télécom).

Guide d'opinion (angl. : *opinion leader*). Individu réputé, à tort ou à raison, mieux informé que les autres et qui exerce, pour cette raison, une certaine influence sur les attitudes, les opinions ou les comportements de ses proches, ceux avec lesquels il vit, travaille ou se distrait.

ENCYCL. C'est Paul LAZARSFELD (1901-1976) qui, le premier, met leur rôle en évidence, en montrant, à l'occasion de l'élection présidentielle américaine de 1940, opposant Roosevelt à Wilkie, qu'ils sont objectivement plus exposés que les autres aux médias et que cette « exposition » est « sélective », qu'elle privilégie plus ou moins subjectivement leurs opinions préalables (*The People's Choice*, 1944). Prolongeant cette démonstration, Elihu KATZ et LAZARSFELD montrent que l'influence des médias s'exerce en deux temps, en agissant d'abord sur les guides d'opinion, ceux qui sont plus et mieux « exposés » que les autres, avant que l'information ne soit retransmise par leur intermédiaire auprès d'un public plus vaste (*Personal Influence*, 1955). En réalité, les relais de l'opinion sont plus nombreux que ne le suggère ce schéma simpliste ; ensuite, les guides d'opinion exercent leur influence dans des domaines dont les contours sont variables ; enfin, l'action des médias s'exerce souvent directement, sans être relayée par personne, auprès du public le plus vaste. → **Prescripteur d'achat, d'opinion, Influence, Exposition sélective, Relais d'opinion**

Gutenberg (Johannes Gewsfleish, dit) (avant 1400 - 1468). Né à Mayence, il invente la presse à imprimer en 1434, tandis qu'il s'installe à Strasbourg. En 1441, il invente une encre qui permet l'impression* des deux faces du papier. Ayant compris les inconvénients des caractères* mobiles en bois inventés quelques années auparavant par Laurens Coster, imprimeur hollandais, il fabrique les premiers caractères métalliques. Entre 1450 et 1455, il met au point la technique typographique. Avec ses associés, il achève en 1456 l'impression du premier livre, la Bible dite « à trente six lignes » (par page). Ayant perdu son procès avec son commanditaire, Johann FUST, il fut contraint de tout abandonner. Anobli par l'archevêque de Mayence, il reprit ses travaux en 1465.

h

Hachette. → **Lagardère SCA**

Hachette Filipacchi Médias. → **Lagardère SCA**

Hardware n.m. Mot anglais pour *matériel informatique**.

Haute Autorité de la communication audiovisuelle (HACA). Créée par la loi du 29 juillet 1982 sur la communication audiovisuelle, la Haute Autorité est la première autorité administrative indépendante chargée, en France, de la régulation* de la radio et de la télévision. Sa création coïncide avec l'abrogation formelle du monopole public de « programmation », ouvrant ainsi la voie aux radios et aux télévisions privées. La loi du 30 septembre 1986 la remplacera par une institution dont les pouvoirs s'étendront aux télécommunications : la CNCL*.

Haute définition (angl. : *high definition*). Formule utilisée dans l'univers de la vidéo* pour désigner le procédé d'amélioration de la qualité de l'image et du son pour la télévision*. À l'amélioration de la qualité de l'image* affichée (augmentation de la définition de l'image) s'ajoute également l'amélioration de la qualité sonore (stéréo, *dolby**, quadriphonie, *surround**) et l'agrandissement du format d'image (passage de 4/3 à 16/9). Des essais de télévision haute définition analogique (D2 Mac* et HD-Mac*) ont ouvert la voie, depuis 1994, à la TVHD.

Havas. Le groupe est né en 1835 avec la création, par Charles-Louis Havas, de la première agence* de presse au monde. Cette activité sera très vite complétée par des activités de publicité* et notamment de régie* de presse. En 1940, la branche information, rachetée par le gouvernement de Vichy, devient l'Office français d'information dont sera issue, après la guerre, l'actuelle Agence* France Presse. À partir de 1945, l'Agence Havas sera contrôlée majoritairement par l'État, jusqu'à sa privatisation en 1987. Tout en développant son activité de publicité (régie de presse, de radio*, d'annuaires*, conseil*, affichage*), la société procède à de nombreuses opérations de diversification* : réseau d'agence de voyages, édition avec la création en 1975 d'un groupe de presse* puis d'édition qui deviendra C.E.P Communication, et audiovisuel avec le lancement, en 1984, de Canal+*. Depuis sa privatisation en 1987, de nombreuses opérations de développement et de restructuration ne cessent d'intervenir. En 1997, le capital d'Havas est détenu à 30 % par la Générale des eaux (aujourd'hui Vivendi), 7 % par Alcatel, 4,9 % par la Société générale, 4,6 % par Canal+, 8,5 % par divers institutionnels et à 45 % par le public. Premier groupe de communication français avec un chiffre d'affaires de 51,7 milliards de francs en 1997, et cinquième dans le monde, le groupe opère dans 65 pays et réalise un tiers de son chiffre d'affaires à l'international. Les sociétés qu'il a créées ou intégrées au cours de son histoire ont été réparties dans six secteurs d'activités : **1.** l'*Audiovisuel* avec Canal+ (34 %) ; une participation de 10 % dans CLT-UFA (qui détient notamment en France RTL* et M6*) ; Havas Intermédiation (100 %), groupe de régie plurimédia internationale avec IP, opérateur commercial, Adways, société de services en ligne, et Peaktime, société de services aux médias ; ITI-Télé Images (100 %), producteur de programmes télévisuels ; Mk2 (20 %), producteur de cinéma, distributeur, et exploitant de salles ; Médiavision (33 %), régie de publicité cinématographique ; **2.** le *Conseil en communication* avec Havas Advertising (38 %) qui a fusionné, en 1991, les sociétés EUROCOM et RSCG pour donner naissance au réseau mondial EURO RSCG. Le groupe est présent dans plus de 60 pays avec 220 agences aux spécialisations diverses et en constante évolution ; **3.** l'*Information-Édition* avec C.E.P Communication (100 % depuis 1997) qui contrôle 80 magazines grand public et professionnels en France et à l'étranger (dont *L'Express* et *L'Expansion*), organise des salons, et développe des activités d'édition de livres avec 45 marques couvrant tous les domaines du savoir et de la littérature (*Larousse, Nathan, Le Robert, Dalloz, Dunod, Masson, Laffont, Plon, Les Presses de la Cité, Pocket...* et le Club de livres France Loisirs, détenu à parité avec Bertelsmann) ; **4.** le *Multimédia* avec Havas Édition Électronique et Liris Interactive, éditeurs de CD-ROM et développeurs de services en ligne, et avec Havas On Line (HOL), fournisseur d'accès à Internet ; **5.** les *Médias de proximité* avec Havas Media Communication (100 %) qui développe des activités de régies de presse (Havas Régies, presse quotidienne régionale ; Havas Media Hebdos, presse hebdomadaire), d'annuaires (Oda), de publicité extérieure (Avenir, Claude Publicité...), d'édition de presse gratuite (Comareg) et de distribution de documents (Delta Diffusion), avec Métrobus (détenu à parité avec Publicis), régie publicitaire de transports urbains et d'aéroports, et enfin avec Havas Overseas (ex-Havas Dom - 100 %) une présence dans les départements et territoires d'outre-mer ; **6.** les *Voyages et Loisirs* avec Havas Voyages (100 %), premier réseau français intégré de voyages d'affaires, de tourisme et d'hébergement. L'année 1998 marque une nouvelle étape importante dans l'histoire d'Havas, amorcée en février 1997 avec l'entrée de Vivendi (ex-Compagnie Générale des Eaux) dans le capital de la société : devenu filiale à 100 % de Vivendi (par voie de fusion-absorption) en mars 1998, le groupe Havas

se recentre sur l'édition (Presse, Salons, Livres) et ses applications multimédia tout en continuant de s'appuyer sur ses métiers traditionnels, l'affichage et le conseil. Havas cède ainsi ses activités de régies (IP, Médiavision, Métrobus), de fournisseur d'accès à Internet (HOL), de production audiovisuelle (ITI-Télé Images, Mk2) et de voyages (Havas Voyages) ; les participations dans l'audiovisuel étant désormais directement rattachés à Vivendi (Canal+, CLT-UFA, Havas Overseas). Le Multimédia est développé par Havas Interactive, né de la fusion d'Havas Édition Électronique et de Liris Interactive en 1997, avec un catalogue de plus de 100 CD-ROM dont l'encyclopédie *Découvertes* et le *Petit Larousse*, et de 16 services en ligne dont CadresonLine. Adresse : 31, rue du Colisée 75383 Paris cedex 08. Tél. : 01 53 53 30 00. Site Web : http://www.havas.fr

HD MAC (High Definition Multiplexed Analog Components). Composants analogiques multiplexés haute définition. Norme européenne de télévision analogique* haute* définition avec son numérique* de qualité supérieure au D2 Mac* grâce à une définition* très fine de l'image (1 250 lignes et 1 920 pixels* par ligne). Expérimentée lors des jeux Olympiques de 1992, cette norme a été abandonnée en 1993 au profit de la télévision numérique en 16/9.

Hebdomadaire adj. et n.m. Publication* paraissant une fois par semaine. → **Périodicité**

Héliogravure n.f. (angl. : *rotogravure, photogravure*). Procédé d'impression mis au point en 1895, dont la forme* imprimante – un cylindre métallique – était gravée en creux par double insolation, d'où le nom d'héliogravure. Utilisé pour l'impression des magazines*. → **Gravure directe en héliogravure**

Hersant. Sans être un groupe au sens juridique du terme, ce qu'il est convenu d'appeler le groupe Hersant est un ensemble de sociétés reliées par un actionnariat familial centré autour de deux sociétés principales, la Socpresse et France Antilles. Sa création fut le fait de Robert Hersant, qui débuta sa carrière avec le lancement, en 1950, de *l'Auto Journal*. À partir de 1956, R. Hersant devient un repreneur d'entreprises de presse* quotidienne régionale en difficultés (*Centre Presse, l'Éclair, la Liberté du Morbihan, Nord-Matin, Havre-Presse, Paris-Normandie...*). Il achète également de nombreux hebdomadaires* ou bihebdomadaires* locaux. Puis, le groupe va acquérir une dimension nationale en prenant, à partir de 1975, successivement le contrôle du *Figaro*, de *France-Soir**, de *l'Aurore* et de *Paris-Turf*. Le groupe se dote d'imprimeries*, crée sa propre régie* publicitaire, développe des titres de presse magazine*, des suppléments* du *Figaro*, un supplément « Télévision », et poursuit son expansion dans la presse régionale (contrôle en 1983 et 1986 du *Dauphiné libéré*, du *Progrès* et des sociétés rattachées). À la fin de la décennie 1980, le groupe s'internationalise : en Belgique avec 40 % du groupe Rossel, en Espagne et dans certains pays de l'Est. Il se diversifie dans l'audiovisuel en achetant le réseau de radio* Fun et en devenant actionnaire de la chaîne* de télévision La Cinq. Mais les années 1990 vont être marquées par des difficultés. Le groupe, qui est devenu le 3e groupe de presse français avec un chiffre d'affaires estimé à 6 milliards, est très fortement endetté et subit la crise de la publicité*. Pour poursuivre sa progression dans la presse quotidienne régionale (*l'Est républicain, le Maine libre, le Courrier de l'Ouest, les Dernières Nouvelles d'Alsace*), il doit céder des actifs. Il se sépare de sa radio, se désengage de La Cinq et vend au groupe anglais EMAP*, en 1994, 10 magazines dont *l'Auto Journal*. Il cède aussi ses journaux hongrois et polonais. Le 21 avril 1996, Robert Hersant meurt et la succession du groupe s'avère complexe. Dirigé par le PDG de la Socpresse, Yves de Chaisemartin, le groupe doit restructurer certains de ses titres en difficulté dans l'Ouest et le Nord, trouver une solution pour sauver *France-Soir**. S'il contrôle encore environ 30 % de la diffusion de la presse quotidienne en France, ce qui le place en butoir du seuil légal de concentration*, il n'est plus important dans la presse périodique* et n'a pas de diversification* audiovisuelle, ce qui le met en situation d'infériorité vis-à-vis des autres groupes.

Hertz n.m. Unité de mesure de la fréquence d'un mouvement ondulatoire correspondant à une oscillation par seconde. Appliquée aux ondes* électromagnétiques qui acheminent les signaux sur les réseaux de radiodiffusion (radio sonore et télévision), cette unité a servi aussi à les nommer : on parle d'ondes hertziennes. C'est un hommage à Heinrich Hertz, celui qui, le premier, administre la preuve de l'existence des ondes hertziennes (1887), en appliquant les théories physiques de J. C. Maxwell (1864).

Heures d'écoute significative/Heures de grande écoute. Les heures de *grande écoute* sont définies comme les créneaux horaires auxquels doivent être respectés les quotas* de diffusion d'œuvres d'expression* originale française (40 %) ainsi que les quotas de diffusion d'œuvres européennes (60 %). Ces créneaux horaires pour les chaînes* en clair* diffusant par voie hertzienne terrestre sont les suivants : 18 heures-23 heures tous les jours et 14 heures-23 heures le mercredi (décret n° 90-66 du 17 janvier 1990). La loi n° 92-61 du 18 janvier 1992 modifiant l'article 27 de la loi du 30 septembre 1986 confère au CSA* la faculté de substituer aux heures de grande écoute des « heures d'écoute significative » pour les services autorisés. Ces heures d'écoute sont « définies chaque année pour chaque service, en fonction notamment des caractéristiques de son audience* et de sa programmation*, ainsi que de l'importance et de la nature de sa contribution à la production* » (art. 27-2).

encycl. Le Conseil constitutionnel, dans sa décision du 15 janvier 1992, a estimé que les dispositions nouvelles « doivent être interprétées comme permettant à l'instance de régulation* de l'audiovisuel d'assurer le respect des règles essentielles posées par la loi et des principes généraux fixés par le décret en Conseil d'État en tenant compte de la diversité des situations des différents services autorisés de communication* audiovisuelle par voie hertzienne ou par satellite ». Cette disposition rend plus aisé le respect des quotas de diffusion, notamment pour les chaînes les plus récentes, puisque les créneaux horaires retenus par le CSA ne peuvent qu'être plus larges que ceux de droit

commun. Seules Métropole Télévision
(M6*) et les télévisions locales bénéficient de
ces dispositions.

Hits. Nombre de consultations de la page
d'accueil d'un site* Internet, sachant que
sont prises en compte toutes les ouvertures
de fichiers contenus sur une même page
(texte, image, son...) : ce nombre permet de
mesurer ou d'évaluer la fréquentation d'un
site donné. Véritable « audimètre* » de l'Internet, cette mesure prend une importance
considérable avec le développement, sur
l'Internet, de la publicité et du commerce
électronique.

Holding n.m. ou f. → **Groupe**

Hors ligne (angl. : *off line*). Désigne des
produits d'édition multimédias utilisables
sans être relié à un réseau*. Il s'agit essentiellement de disques* de la gamme CDI*,
CD-Rom* et DVD*. → **En ligne**

Hors médias. Ensemble des actions publicitaires qui ne font pas appel aux grands*
médias et dont le but est surtout de favoriser
la vente de produits. Ces actions peuvent
adopter de très nombreux canaux comme :
le marketing direct* (par téléphone, courrier,
prospectus, catalogue), la promotion* (actions sur les lieux de vente, ventes avec
prime, loterie, baisse de prix, échantillons),
les insertions dans les annuaires, les foires et
salons, les relations publiques*, le parrainage* hors médias. Les investissements hors
médias, qui représentent en France environ
64 % des investissements publicitaires* et
dont la part ne cesse de croître, répondent au
souci des entreprises d'obtenir des résultats
commerciaux tangibles en temps de crise,
plutôt que de miser sur le long terme et la
construction ou l'entretien d'une image de
marque.

Hot line. Ligne directe mise en place par
les fabricants de produits informatiques afin
d'apporter un service après-vente téléphonique à leurs clients.

Hot list. Expression anglaise pour désigner
une liste de sites* favoris sur le Web*.
→ **Signet, Bookmark**

**HTML (Hyper Text Mark up Lan-
guage).** Langage normalisé de création de
documents hypertextes* dérivé de la norme
SGML*, mis au point en 1989 par le CERN
(Centre européen de recherche nucléaire) de
Genève, et qui a rendu possible la structuration du Web* sur le réseau Internet*. Il permet de décrire la structure de documents*
électroniques par l'insertion de balises
(60 actuellement) caractérisant les composantes du document (titre, paragraphes,
notes, etc.) et d'insérer des liens* hypertextes susceptibles de créer des associations logiques ou sémantiques entre des documents
quelconques.

**HTTP (Hyper Text Transmission
Protocol).** Protocole* permettant la communication entre les utilisateurs et les serveurs Web* pour le transfert de documents
utilisant le standard hypermédia*.

Humanité (L'). Quotidien fondé par Jean
JAURÈS en 1904 et qui se veut, depuis cette
date, l'organe du parti communiste français,
destiné en priorité à ses cadres et à ses militants. Devenu « le journal du PCF » en 1993,
il entend distinguer désormais les faits des
commentaires. L'adoption d'une nouvelle
maquette en 1995 coïncide avec la stabilisa-
tion de sa diffusion autour de 60 000 exemplaires.

Hypermédia n.m. (angl. : *hypermedia*). Un
hypermédia est originellement un hypertexte* multimédia. Des données de toutes
origines (textes, chiffres, images fixes, graphiques, images animées et sonorisées,
séquences sonores) sont traduites dans un
langage unique par la numérisation et sont
rassemblées sur un même support. L'établissement de liens sémantiques entre ces différentes données permet de circuler, de naviguer*, à l'intérieur du document et de
visualiser, simultanément, des objets divers :
textes, images, séquences sonores. Ce terme
est employé rarement et on lui a préféré le
terme multimédia*. → **Hypertexte, Web**

Hypertexte adj. et n.m. (angl. : *hyper text*).
Ensemble de textes numérisés et rassemblés
sur un support opto-électronique (disque*
optique numérique ou mémoire* informati-

que). Les données textuelles rassemblées ne sont pas organisées selon un ordre séquentiel traditionnel, mais elles sont reliées entre elles par un système de liens sémantiques qui permet de parcourir les textes au gré des associations d'idées qui surgissent en cours de lecture. Ce système repose sur l'utilisation de logiciels* sophistiqués qui doivent gérer plusieurs fonctions* : gestion des fichiers* de données, systèmes de formatages* et de marquages des documents (SGML*, HTML*), multifenêtrage* des écrans et systèmes de gestion de bases* de données. Ce concept trouve ses origines dans les travaux d'un mathématicien américain, Vannevar Bush, qui conçoit, en 1945, un système de gestion et d'accès aux connaissances dénommé Memex. Il envisage le stockage des livres et documents sur des bandes magnétiques et la mise au point d'une méthode d'indexation « associative » reposant sur l'utilisation de liens entre informations, liens logiques et sémantiques établis à partir d'associations d'idées. Cette voie fut poursuivie par Ted NELSON, qui conçoit en 1965 un projet de bibliothèque universelle, Xanadu, à l'intérieur de laquelle il serait possible de circuler en utilisant des liens* hypertextes. Le premier système hypertexte opérationnel est mis au point en 1967. En 1987, Apple distribue avec les Macintosh un logiciel Hypercard qui utilise les techniques hypertextes. → **Hypermedia, Web**

Icône n.f. (angl. : *icon*). Image ou picto-gramme* permettant de représenter visuel-lement des informations ou des instructions sur l'écran d'un ordinateur. Ainsi, une icône symbolise un fichier* ou un répertoire*, ou bien l'accès à un logiciel* ou à une fonction précise de ce logiciel. Dans ce dernier cas, les icônes font double emploi avec les instruc-tions textes que fournissent les menus* dé-roulants.

Iconographe n. Personne qualifiée char-gée de la recherche d'images à des fins de publication* (iconographe de presse, d'édi-tion, multimédia), ou de la gestion des col-lections d'images fixes ou animées (icono-graphe en agence d'images).

Identité visuelle. Ensemble des éléments morphologiques qui favorisent la reconnais-sance, l'identification immédiate, par simple regard, d'un média (imprimé, audiovisuel ou multimédia). → **Charte graphique**

IFCIC. → **Institut pour le financement du cinéma et des industries culturelles**

Illustrateur n.m. (angl. : *illustrator*). Colla-borateur de la rédaction* d'un journal* chargé de créer ou de réunir les illustrations. Souvent aujourd'hui infographiste*. → **Illus-tration**

Illustration n.f. (angl. : *illustration ; picture*). Élément non textuel permettant de visuali-ser l'information ou d'aérer la composition d'un journal* ou d'un magazine* : photogra-phies, dessins, graphiques, plans et cartes, tableaux. → **Infographie**

Illustré n.m. (angl. : *picturial paper ; maga-zine*). Publication périodique comprenant, pour l'essentiel, des dessins, des images ou des photographies, accompagnés de textes (bulles, légendes). Qu'il soit le support de bandes dessinées ou de photo-romans, l'il-lustré figure au nombre des publications dites populaires.
ENCYCL. Nés au début des années 1930, les illustrés ont rencontré leurs premières diffi-cultés dans les années 1950. Parmi les plus connus figuraient, aux États-Unis, *Look* et *Life* et, en France, *Candide, Match*. Ces publi-cations offraient une très grande diversité de rubriques et elles souhaitaient capter l'atten-tion d'un public aussi étendu que possible. Elles n'ont guère survécu aux assauts conju-gués de la télévision et des hebdomadaires d'information générale et politique.

Image de synthèse. Image obtenue grâce à l'utilisation des techniques informatiques : elle résulte, non pas de la captation d'une réalité par l'objectif d'une caméra, mais des calculs opérés par des traitements informati-ques, selon des schémas ou des modèles conçus par l'homme. À l'origine des repré-sentations virtuelles, les images de synthèse connaissent aujourd'hui de multiples appli-cations : médicales, aéronautiques (simula-teurs de vol), audiovisuelles (restauration d'images, trucages...), artistiques...
ENCYCL. Les premières images de synthèse sont apparues au milieu des années 1970 avec le développement des premiers simula-teurs de vol et l'imagerie médicale. Long-temps très coûteuses (de 20 000 à 50 000 F la seconde) et peu « réalistes », elles n'ont fait leur apparition dans la communication qu'au

début des années 1980 dans la publicité* et le cinéma* avec le film américain *Tron*. Le développement et le perfectionnement des technologies numériques de traitement de l'image ont été ensuite extrêmement rapides et ils ont entraîné une baisse des coûts (logiciels* et matériels) qui permet d'y recourir aujourd'hui très fréquemment (trucages au cinéma et à la télévision, animation*, jeux vidéo*...). L'émerveillement technologique des débuts a fait ainsi place à une certaine banalisation et ouvert la porte au grand potentiel de créativité qu'elles apportent, notamment pour ce qui concerne les mondes virtuels. → **Infographie, Image virtuelle**

Image virtuelle. Image obtenue grâce à l'utilisation de techniques informatiques et que l'on peut manipuler à sa guise avec d'autres outils informatiques. Les images virtuelles peuvent soit simuler des situations concrètes où l'homme peut réagir, soit visualiser ce qui est abstrait, ce que seule la pensée peut concevoir, un schéma, un modèle, une idée. Dans ce second cas, elles jettent un pont, selon la formule de Philippe QUÉAU (*le Virtuel, vertus et vertiges,* 1993), entre nos sens et l'intelligible : elles permettent de voir avec nos sens ce que seule notre pensée peut concevoir. → **Image de synthèse**

Imagologue n.m. Personne qui étudie le monde de l'image, les modalités de leur création, de leur sélection et de leur diffusion, ainsi que leur influence sur les gens, à court et à long terme. Le mot a été forgé par Milan KUNDERA.

Imposition n.f. Association logique des pages montées, à partir des films sortis de la photocomposeuse*, sur la forme* imprimante. Cela permet l'impression simultanée de plusieurs pages prêtes ensuite pour la coupe.

Impôt sur les sociétés.
ENCYCL. Instrument de l'aide* de l'État à la presse* qui permet, par des réductions de charges, d'en assurer la survie et d'en garantir le pluralisme*. Ce régime fiscal de faveur est défini, en droit français, par l'article 39 *bis* du Code général des impôts. Il consiste à accorder aux « entreprises exploitant soit un

journal, soit une revue mensuelle ou bimensuelle consacrée, pour une large part, à l'information politique », la possibilité de faire échapper à l'impôt sur les bénéfices ou sur les sociétés une partie des bénéfices réalisés dès lors qu'ils servent à des investissements immédiats nécessaires à la modernisation ou au développement de l'entreprise, ou provisionnés pour des investissements de ce type à réaliser dans un délai de cinq ans. C'est la raison pour laquelle on qualifie également ce mécanisme d'aide de régime des « provisions* pour investissements ». Une des critiques fondamentales formulées à l'encontre de ce système d'aide consiste à souligner qu'il présuppose que des bénéfices soient réalisés et qu'on aide ainsi seulement les riches ou celles des entreprises qui n'en ont pas forcément le plus besoin ! Depuis longtemps, il a été suggéré de remplacer ce mécanisme d'aide par un système de prêts à taux particulier, mais cela n'a jamais été fait.

Impression n.f. Action d'imprimer. Cette opération comporte deux étapes : la composition* et le tirage*, et, pour les grands tirages, une autre, intermédiaire, le clichage*. Elle peut se faire selon divers procédés : la typographie*, l'offset*, l'héliogravure*. → **Presse**

Imprimante n.f. (angl. : *printer*). Périphérique* de sortie d'un système informatique permettant d'obtenir sur papier les documents réalisés à l'aide de logiciels* permettant le traitement de données.

Imprimerie n.f. (angl. : *printing*). Report à l'encre* sur le papier* de textes et d'illustrations* traités préalablement. Après composition* ou photocomposition* du texte, et gravure* ou similigravure* des illustrations, viennent la mise en pages en typographie* ou le montage en offset*, en héliogravure*, puis la correction. Le clichage* (typographie), le report (offset) ou le transfert (héliogravure) permettent d'obtenir la forme* imprimante qui est calée sur la presse*. On procède alors au tirage*.

Imprimeur n.m. Spécialiste, ouvrier ou technicien, assurant la reproduction imprimée des exemplaires* d'une publication. Directeur d'une entreprise d'imprimerie*.

INA. → **Institut national de l'audiovisuel**

Indemnités de licenciement.
DROIT. Somme due à un salarié en cas de rupture du contrat de travail lorsque celle-ci est décidée par l'employeur. Selon que le licenciement intervient sans faute ou pour faute du salarié, son droit à indemnités sera total ou, au contraire, celles-ci pourront être réduites ou même supprimées.
ENCYCL. En droit français, les journalistes* bénéficient d'un régime particulier en matière d'indemnités de licenciement. Aux termes de l'article L. 761-5 du Code du travail, « si le congédiement provient du fait de l'employeur », l'indemnité due « ne peut être inférieure à la somme représentant un mois » de salaire par année d'ancienneté ; « le maximum des mensualités est fixé à quinze. Une commission* arbitrale est obligatoirement saisie pour déterminer l'indemnité due lorsque la durée des services excède quinze années ». Le même article prévoit encore que, « en cas de faute grave ou de fautes répétées, l'indemnité peut être réduite dans une proportion qui est arbitrée par la commission ou même supprimée ». Ces mêmes indemnités de licenciement sont, en application de l'article L. 761-7 CT, dues à un journaliste qui donne sa démission en faisant jouer la « clause de conscience* ».

Indépendance n.f. Situation de celui qui ne subit l'influence et n'est soumis à l'autorité de personne d'autre, qui se détermine de façon autonome et qui est libre de ses décisions et de ses actions.
ENCYCL. L'indépendance de la presse, à l'égard des puissances financières notamment, est un des objectifs du statut* des entreprises de presse. À ce titre, la loi française du 1er août 1986 fixe un seuil à la concentration, limite (à 20 %) la part du capital détenue par des étrangers (hors Union européenne), interdit aux collaborateurs d'une entreprise de presse de recevoir de l'argent ou tout autre avantage d'un gouvernement étranger ou pour « travestir en information de la publicité financière »... ce qui aurait sans doute pu ou dû être élargi à toute forme ou toute sorte

de publicité, quel qu'en soit l'objet ! CONTR. :
Assujettissement ; Soumission ; Subordination.

Indicatif n.m. (angl. : *signature tune*). Séquence sonore répétitive qui permet la reconnaissance auditive d'un programme*, sur une chaîne de radio ou de télévision.

Indice de satisfaction. Appréciation portée par un auditeur ou un téléspectateur sur un programme donné qu'il a écouté et regardé, au moins pour une partie non négligeable, et généralement exprimée par une note ou par le positionnement d'un curseur sur une échelle graduée. Pour une émission donnée, l'indice de satisfaction correspond presque toujours à la moyenne des notes collectées auprès de tous les membres d'un échantillon représentatif de la population concernée. → **Audience, Panel, Sondage**

Industries culturelles. Ensemble des activités portant sur des biens ou des services liés à la culture et qui se caractérisent par des processus de production apparentés, voire identiques à ceux des industries manufacturières. Ces activités englobent le livre*, la presse*, la radio*, la télévision*, le cinéma*, le disque sous toutes ses formes, certains produits informatiques. On y ajoute aussi la reproduction des œuvres d'art et des photographies. Par opposition à l'art ou à l'artisanat, qui créent des œuvres uniques ou en petites séries, la production et la diffusion des industries culturelles sont massives (programmation de « flot continu » ou duplication de prototype en grande série). Elles exigent la mise en œuvre de capitaux importants et des investissements techniques élevés, et s'accompagnent d'une division du travail entre concepteurs, fabricants et diffuseurs mais aussi de la concentration* de la propriété et du contrôle des moyens de production et de diffusion.
SOCIOL. Les produits culturels ont tendance à être standardisés pour plaire au plus grand nombre, car ils sont destinés à être rentabilisés à court terme auprès de consommateurs considérés comme un marché. La standardisation obéit à des normes concernant les thèmes abordés, le style et le format*. On cherche souvent à imiter des recettes éprouvées et à éviter l'excès d'innovation. La

production et les standards sont souvent internationaux, ce qui tend à une homogénéisation de la culture. Au crédit de l'industrialisation de la culture, on doit constater qu'elle permet de baisser les coûts unitaires grâce aux économies* d'échelle, et donc de multiplier les contacts* du public avec des œuvres autrefois inaccessibles.

Industries techniques. Ensemble des sociétés du secteur audiovisuel effectuant les prestations techniques liées au tournage* et à la postproduction*.

Inflight n.m. (mot anglais). Magazine de bord, distribué à leurs passagers par les compagnies aériennes.

Influence n.f. (angl. : *influence*). À propos des médias, la question de leur influence vise ce pouvoir qu'ils sont censés exercer sur chaque individu, sur la société globale ou sur la vie internationale en général. Cette question ne sera évidemment jamais tranchée, aussi sommairement du moins qu'on le voudrait. L'influence d'un média dépend de ce que les gens font de celui-ci, de ce qu'ils en attendent et de ce qu'ils en pensent. Elle dépend aussi de la place occupée, au sein de la société, par d'autres institutions, comme la famille, les Églises, les écoles, les partis ou les syndicats, qui partagent avec les médias la charge de ce que MONTAIGNE appelait l'« institution » des enfants. Enfin, l'influence des médias dépend, en ultime analyse, du sort qui est réservé à la liberté de communication* et des relations qu'ils entretiennent, du même coup, avec les autres « pouvoirs », plus ou moins institués, qui sont à l'œuvre dans la société : celui des gouvernants, bien sûr ; celui des puissances économiques, ensuite ; mais aussi et surtout celui des artistes, des savants, des créateurs ou des intellectuels, dont le prestige et la capacité d'influence varient considérablement selon les sociétés et selon les époques. C'est ce que souligne notamment Jean CAZENEUVE, quand il affirme : « Tout dépend de l'organisation des communications dans la société globale » (*la Société de l'ubiquité,* 1972).

Infographie n.f. (angl. : *computer graphic*). Traitement graphique de l'information par composition informatique de cartes, de schémas ou de toute autre représentation graphique. Dans un journal*, la conception de l'infographie relève de la rédaction* ; sa réalisation dépend du département d'infographie. Pour une réalisation multimédia, le scénariste*, en relation avec le réalisateur* et le directeur artistique, conçoit le storyboard* à partir duquel seront réalisés les écrans et les animations.

ENCYCL. Contraction des deux mots américains *information* et *graphics*. Terme né avec le quotidien *USA Today,* le 15 septembre 1982, accordant une grande place aux graphiques et aux dessins d'information. → **Infographiste**

Infographiste n.m. Dans un journal*, graphiste* chargé de la réalisation informatique d'une infographie* conçue par la rédaction. Pour un produit multimédia, graphiste chargé de la réalisation informatique des écrans du programme, de la conception et de la mise en forme des différentes animations.

Infomerciale n.f. (angl. : *infomercial*). Contraction de « *information commerciale* ». Importée des États-Unis et présente sur les écrans des télévisions commerciales depuis 1995, il s'agit d'une publicité* démonstrative d'assez longue durée (jusqu'à trente minutes aux États-Unis) au cours de laquelle une personne, souvent connue du grand public, expose toutes les qualités d'un produit ou d'un service. Un numéro d'appel permet de recueillir immédiatement les réactions des consommateurs potentiels. Il n'existe pas de régime juridique spécifique pour cette forme de publicité, qui doit donc s'inscrire dans les écrans publicitaires en respectant le temps de publicité maximal autorisé. L'infomerciale est l'équivalent télévisé du publireportage* de la presse écrite*.

Infonaute. → **Internaute**

Information n.f. (angl. : *news ; information*). **1.** Renseignement ou ensemble de renseignements concernant quelqu'un ou quelque chose, et susceptible d'être porté à la connaissance d'une personne ou de plusieurs personnes, rassemblées en un même lieu ou dispersées et sans relations les unes avec les autres. **2.** Le mot *information* désigne une tout autre réalité s'il est précédé de l'article défini : l'information concerne alors cette institution singulière, avec ses techniques, ses professionnels et ses disciplines, née avec les journaux quotidiens, au XIXᵉ siècle, sur la vague de la révolution industrielle et des libertés, politiques et personnelles. **3.** Avec la multiplicité et la diversité des médias, à la fin du XXᵉ siècle, l'information désignera davantage encore, au moins pour les économistes, depuis Fritz MACHLUP (1962) et Marc U. PORAT (1977) : non seulement les nouvelles portant sur l'actualité *(news)*, les données concernant les activités économiques, financières ou sociales *(data)*, mais aussi les œuvres divertissantes (les jeux, l'audiovisuel, l'*entertainment*), le savoir en général, les connaissances *(knowledge)*, ou bien encore les œuvres de fiction (les films, les téléfilms, les feuilletons).

ENCYCL. Chacune de ces trois acceptions donne lieu à des interprétations ou à des représentations dont la visée et la signification sont très différentes. La première acception, la plus étroite, ouvre la voie à la théorie de l'information, formulée en 1947 par Claude E. SHANNON et Waren WEAVER : à la manière des ingénieurs du téléphone, elle se propose de décomposer en plusieurs éléments toute communication d'information, depuis la source de celle-ci jusqu'à sa destination, en passant par le média, ou le canal, qui assure la transmission après avoir codé le signal, et le récepteur, qui décode ce dernier afin de retrouver le signal initial. La deuxième acception met l'accent sur les institutions auxquelles les journaux du XIXᵉ siècle ont donné naissance : le journalisme, avec ses métiers, ses disciplines, ses spécialités ; les médias, lorsqu'ils se consacrent à l'actualité plutôt qu'à la fiction, à renseigner ou à informer plutôt qu'à divertir ou à éduquer ; enfin, les relations des organes d'information et des journalistes avec, d'un côté, leurs « sources », qui cherchent à les instrumentaliser, et, de l'autre, leurs différents publics, aux attentes et aux curiosités desquels ils doivent être attentifs. L'information, en ce sens, est définie par rapport aux simples renseignements et par rapport à la connaissance. L'information, comme contenu convoyé par un média – un journal,

une station de radio –, est un ensemble de nouvelles, de renseignements, d'annonces ou de récits, auxquels un sens a été donné, à travers une mise en forme, une mise en perspective, afin d'être aisément accessible pour un public donné. La connaissance est un savoir plus ou moins ordonné, de portée plus générale, dont le lien particulier avec l'actualité est assimilé comme tel par un groupe ou par un individu donné. La troisième acception est celle que l'on retient quand on évoque, à la suite d'Al Gore (en 1992), les autoroutes de l'information* ou, depuis 1994, la société de l'information, ses réseaux et ses services. La société de l'information, pour les hommes politiques et les fonctionnaires internationaux qui utilisent l'expression, depuis 1995-1996, désigne à la fois une réalité et un projet. La réalité, selon eux, c'est la place prépondérante de l'information dans la société, place qui a été celle, jadis, de l'agriculture (jusqu'en 1900), puis de l'industrie (entre 1900 et 1975-1980). Le projet, c'est l'ensemble des objectifs que l'on peut espérer atteindre, pour le plus grand bénéfice de tous, en construisant de nouvelles autoroutes pour l'information. Au-delà de ce diagnostic et de cette volonté, il y a la représentation d'une société plus heureuse et plus harmonieuse, celle où la communication* sera facilitée et où les liens sociaux seront du même coup moins distendus. **→ Droit à l'information**

Informatique adj. et n.f. (angl. : *computer science ; informatics*). Ensemble des techniques qui permettent le traitement électronique de l'information. Le terme est apparu en 1962 pour désigner à la fois les matériels, ordinateurs* et périphériques* reliés, et les logiciels*, programmes et langages, qui permettaient d'effectuer automatiquement la saisie, le tri, la mémorisation, le traitement et la transmission de données. L'informatique opère toujours avec des données numérisées, ou binaires (bits et octets) ; elle est capable de traiter de très grosses quantités d'informations dans des délais très rapides, mais aussi de les stocker, ce qui permet d'assurer leur conservation et leur communication.

Infotainment n.m. Né de la contraction

de *information* et de *entertaiment* (« divertissement »), le mot anglais désigne l'ensemble des programmes ou des services où l'information, en radio ou en télévision, est traitée de façon divertissante, avec les procédés qui sont ceux du divertissement, afin d'être plus aisément accessibles à un nombre plus élevé de personnes.

Ingénieur du son (angl. : *audio engineer*). Personne qualifiée chargée de gérer, pour une production* audiovisuelle, les équipes techniques de prise de son, de veiller à la qualité des enregistrements et de contrôler la maintenance des matériels.

Initialisation n.f. **1.** Opération consistant à régler un récepteur de radio ou de télévision, afin que celui-ci puisse recevoir une station ou une chaîne donnée dans des conditions satisfaisantes. **2.** Résultat de cette opération, pour une station ou une chaîne donnée.

Injure n.f. Appréciation désobligeante et blessante formulée à l'encontre d'une personne ou d'un groupe de personnes. Constitue un des abus de la liberté* d'expression et justifie, à ce titre, réparation* et répression judiciaires.
ENCYCL. En droit français, l'injure, comme la diffamation*, dont elle doit être distinguée, est définie, de façon générale, par l'article 29 de la loi du 29 juillet 1881. Il y est considéré – dans une formulation qui n'est sans doute pas d'une parfaite rigueur grammaticale ! – que « toute expression outrageante, termes de mépris ou invective qui ne renferme l'imputation d'aucun fait est une injure ». L'absence de référence à un « fait » est ce qui doit normalement permettre de distinguer l'injure de la diffamation. Cela est parfois bien délicat mais doit, en raison des particularités de procédure* de la loi de 1881, être fait, à peine de nullité des poursuites, dès l'engagement de la procédure, sans possibilité de requalification postérieure. Par renvoi notamment aux articles précédents relatifs à la diffamation, l'article 33 de la loi de 1881 identifie diverses catégories d'injures : envers les cours, les tribunaux, les armées, les administrations, les membres du gouvernement, les parlementaires, les fonctionnai-

res... ; envers les particuliers ; et encore les injures raciales ou racistes*. L'injure ne comportant, par définition, pas de référence à un fait, il ne peut être question, pour la personne poursuivie, de tenter, pour sa défense, d'en apporter une quelconque preuve. S'agissant, au moins, d'injure envers des particuliers, pourra éventuellement être invoquée l'excuse de « provocations ».

Instance de régulation. → Régulation

Institut pour le financement du cinéma et des industries culturelles (IFCIC). Créé en 1983, sous l'égide du ministère français de la Culture et de la plupart des établissements bancaires français, il a pour missions : **1.** de faciliter l'accès au crédit des industries* culturelles en apportant sa garantie à des prêts et à des crédits d'investissement ; **2.** d'aider au financement de la production*, de la distribution* et de l'exportation* de films* français, des investissements des industries* techniques et des exploitants*, par l'apport de sa garantie partielle et de son expertise. Il dispose à cette fin de fonds de garantie qui lui sont confiés par l'État. L'IFCIC est un organisme de crédit mais il n'est pas directement prêteur de deniers. Il apporte sa garantie aux établissements financiers qui accordent les prêts. Les fonds de garantie confiés à l'IFCIC sont prélevés sur le Cosip*. L'IFCIC intervient également pour des entreprises des divers secteurs de la culture : livre, musique, multimédia, arts graphiques, spectacle, etc. Adresse : 46, avenue Victor-Hugo, 75116 Paris. Tél. : 01 53 64 55 55.

Institut national de l'audiovisuel (INA). Créé par la loi du 7 août 1974, l'INA est un établissement à caractère industriel et commercial, ayant à l'origine pour mission la conservation des archives audiovisuelles de l'ORTF, la formation, la production et la recherche. À partir de 1986, l'INA entre dans l'ère de la concurrence pour l'ensemble de ses activités. Cette date marque également un bouleversement radical de son mode de financement avec la fin des contributions forfaitaires versées par les télévisions publiques. Aux termes de la loi du 30 septembre 1986, l'INA a pour mission principale la conservation et l'exploitation des archives audiovisuelles du secteur public mais est autorisée également à passer des conventions avec d'autres entreprises. Après sa privatisation, TF1 continuera à confier à l'INA l'archivage de ses documents audiovisuels jusqu'à 1994, date de son désengagement, ayant pour conséquence une perte importante de recettes. Selon un plan de réorganisation baptisé « INA 2000 », entré en vigueur au premier trimestre 1997, l'établissement public est désormais organisé autour de trois départements : « Droits et Archives », « Innovation » et « l'Inathèque ». Le département « Droits et Archives » assure la conservation et l'exploitation de 45 ans d'archives télévisuelles (soit 300 000 heures de programmes nationaux, le Fonds France 3 Régions et le Fonds d'actualités cinématographiques de 1940 à 1969) et 60 ans d'archives radiophoniques (soit 400 000 heures de programmes radio). Le département « Innovation » regroupe les activités de recherche (génie documentaire audiovisuel, traitement et analyses des images et du son, études et expertises...) ; de formation aux métiers de l'audiovisuel et du multimédia ; de production de programmes de création pour la télévision et un centre de recherche et de création musicale. En application de la loi du 20 juin 1992 instaurant une obligation de dépôt légal pour les émissions de radio et de télévision, l'INA s'est vu confier en outre la conservation patrimoniale et la communication à des fins de recherche scientifique des œuvres et documents de la radio-télévision. D'après le décret d'application du 31 décembre 1993, sont uniquement concernées les sociétés nationales de programmes France 2*, France 3*, Radio France* (pour leurs émissions nationales exclusivement) et TF1*, M6*, Canal +*, La Cinquième*, Arte*. Doivent être déposées les émissions d'origine française ayant fait l'objet d'une diffusion à partir du 1ᵉʳ janvier 1995. Ainsi, près de 18 000 heures de programmes de télévision et 17 500 heures de programmes de radio par an sont mises en consultation à l'Inathèque de France installée, depuis 1998, dans les locaux de la Bibliothèque nationale de France. La filiale INA Entreprise coproduit des documentaires à base d'archives pour la télévision ou l'édition vidéo, réali-

sant 14 millions de chiffre d'affaires en 1996. En collaboration avec le Festival international de télévision de Monte-Carlo, l'INA organise Imagina, une manifestation consacrée aux nouvelles technologies de l'image qui a fêté, en 1996, son quinzième anniversaire. Présent sur l'Internet depuis 1994, l'INA gère un centre serveur multimédia, le Médiaport, avec pour ambition d'en faire un site* francophone de référence. L'INA s'est associé à Arte, au groupe Pathé*, à France Télévision ainsi qu'à ABC Channel pour le lancement, en décembre 1995, de la chaîne* thématique.

HISTOIRE. Grâce à la multiplication des chaînes thématiques et des produits multimédias, l'INA veut accroître ses recettes commerciales en simplifiant l'accès à ses documents d'archives (création de banques d'extraits, offre de consultation à distance sur des serveurs numériques), tout en baissant les tarifs de ses prestations. En 1996, son chiffre d'affaires était de 610 millions de francs, dont 270 millions de francs au titre de la redevance*. Adresse : 4, avenue de l'Europe, 94366 Bry-sur-Marne cedex. Tél. : 01 49 83 20 00. Site Web : http://www.ina.fr

Intégration n.f. → **Concentration verticale**

Intelligence artificielle. 1. Résultat de la mise en œuvre de systèmes de programmes informatiques que l'on qualifie d'intelligents, au sens humain, car ils doivent effectuer des choix parmi un ensemble de solutions le plus souvent programmées. **2.** Ensemble des systèmes et des logiciels* informatiques mis en œuvre pour simuler ou assister le travail humain dans de multiples domaines : médecine, pédagogie, planification, robotique, virtuel, simulation, jeux...

Intelsat. 1. Organisation internationale de satellites* à laquelle participent de nombreux opérateurs publics de télécommunications*. Intelsat dispose d'un réseau* de satellites à couverture mondiale. Ces satellites sont dédiés aux échanges intercontinentaux. Ils servent aussi la diffusion* télévision et radio sur des zones continentales. Enfin, ils pallient parfois les défaillances des réseaux de télécommunications des pays en voie de développement. **2.** Nom des satellites de télécommunications intercontinentaux gérés par cette organisation.

Interactionnisme n.m. (angl. : *interactionnism*). En sociologie, approche consistant « à prendre au sérieux, selon Raymond Boudon, le fait que tout phénomène social, quel qu'il soit, est toujours le résultat d'actions, de croyances ou de comportements individuels » et qu'il convient de « retrouver le sens des comportements individuels qui en sont la source ». Le paradigme interactionniste suggère par conséquent de penser ensemble les sujets de toute communication – émetteurs et récepteurs –, ainsi que son objet, quel qu'il soit. Cette approche conduit à l'élaboration de ce que l'on peut appeler une carte – et donc une cartographie – des différents usages qu'il est possible de faire des médias, quels qu'ils soient.

Interactivité n.f. (angl. : *interactivity*). Faculté, pour l'utilisateur d'un média, d'en obtenir, parmi les programmes ou les services que celui-ci est susceptible de lui offrir, ce qu'il veut et quand il le veut.
ENCYCL. Le *zapping** constitue le niveau le plus faible de l'interactivité. Le visiophone et la vidéo à la demande en constituent la forme la plus achevée, au même titre que le journal électronique et personnalisé. Entre ces deux extrêmes, on trouve la télévision payante, au forfait ou à la séance*, et la vidéo à la quasi-demande*.

Interconnexion des systèmes ouverts (ISO) (angl. : *Open Systems Interconnection [OSI]*). Architecture du modèle de référence international d'interconnexion des systèmes de communications ouverts (ou modèle de référence OSI).

Interdiction n.f. Mesure ordonnée, soit par les autorités administratives, soit par les autorités judiciaires, pour des motifs de maintien ou de rétablissement de l'ordre ou de protection de certains droits et intérêts, s'opposant à la libre diffusion d'une publication. Selon l'identité de la personne prononçant la mesure, les raisons, le moment, l'ampleur et la portée de la décision, l'atteinte

portée à la liberté d'expression* peut être plus ou moins grave. Il peut s'agir, en effet, d'une mesure, administrative ou judiciaire, de prévention ou de répression. Pour plus d'efficacité encore, l'interdiction prononcée peut être complétée par une mesure de saisie*.
DROIT. En droit français, des mesures d'interdiction administrative peuvent, faute d'autres moyens, être ordonnées, par les autorités de police administrative (maires, préfets), à l'encontre de publications dont la diffusion constituerait un trouble à l'ordre public. Un tel pouvoir d'interdiction est élargi et renforcé dans les périodes dites « exceptionnelles » (état d'urgence, de guerre, de siège). Un régime d'interdiction administrative particulier est prévu, par l'article 14 de la loi du 29 juillet 1881, à l'encontre des publications* étrangères, et, par l'article 14 de la loi 16 juillet 1949, à l'encontre de publications présentant un danger pour la jeunesse. CONTR. : *Autorisation** ; *Permission* ; *Liberté**.

Interface n.f. (angl. : *interface*). Dispositif technique reposant sur des règles physiques et logiques, et permettant à deux systèmes de communiquer l'un avec l'autre. L'interface d'utilisation correspond à une application qui permet le dialogue entre le système technique et son utilisateur, c'est-à-dire en fait l'interactivité* homme-machine. Une interface graphique repose sur un affichage à l'écran des instructions et de l'application « en mode graphique », c'est-à-dire avec des icônes* et une mise* en page sur l'écran plus agréables que le « mode texte ».

Interférence n.f. Mélange ou superposition de deux ou plusieurs signaux qui produit des perturbations dans leur transmission ou leur réception.

Interlettrage n.m. (angl. : *letter spacing*). Augmentation de l'espace (interlettre) existant normalement entre les lettres d'un mot, pour justifier* correctement une ligne.

Interlignage. → **Interligne**

Interligne n.m. (angl. : *lead*). Espace plus ou moins haut séparant deux lignes imprimées. Selon le corps*, la graisse*, le style des caractères*, la longueur des lignes, l'interlignage est réglé pour rendre le texte mieux lisible.

International Herald Tribune. Quotidien américain, publié à Paris. Héritier de l'édition parisienne du *New York Tribune* créée en 1887, il est depuis 1966, sous son titre actuel, propriété du *Washington Post* et du *New York Times*. Sa diffusion totale frôle les 200 000 exemplaires en Europe, aux États-Unis et en Asie.

Internationalisation n.f. Relations économiques ou financières qui se développent entre plusieurs pays.
ÉCON. L'internationalisation concerne, en premier lieu, les échanges de produits et de services. Elle se manifeste également par la création de filiales, l'achat ou les prises de participation dans des sociétés étrangères. L'internationalisation financière, enfin, concerne les mouvements de capitaux. Dans le domaine des médias*, l'internationalisation des matières premières concerne notamment le papier et les supports* audiovisuels. Elle porte ensuite sur les équipements de production* et de diffusion*, les programmes et matériels informatiques, les produits finis : livres, journaux*, phonogrammes, vidéogrammes*. Elle concerne également les services avec l'internationalisation des activités publicitaires. Elle passe par le commerce des droits de diffusion liés à l'exportation* de programmes audiovisuels (cinéma* et télévision*), de reproduction (disques et produits multimédias*), de traduction (livres). Elle porte pareillement sur des concepts (éditions internationales de publications*, transposition d'émissions*, de scénarios* de film). Enfin, tous les groupes* de communication cherchent à créer des filiales à l'étranger ou à prendre pied dans des entreprises étrangères de façon à étendre leurs activités sur plusieurs pays et pénétrer sur des marchés nouveaux.

Internaute n. Utilisateur de l'Internet*, appelé également *cybernaute** ou *infonaute**.
ENCYCL. Le profil de l'internaute est plutôt masculin, jeune, avec un niveau d'études supérieures.

Internet. Réseau* mondial constitué lui-même par une multitude de réseaux informatiques de dimension locale, régionale, nationale ou continentale reliés les uns aux autres, interconnectés. L'Internet est un mode de communication planétaire accessible à tous (particuliers, entreprises, administrations, associations...) avec un ordinateur* couplé à un modem*, et par le biais d'un abonnement* à un fournisseur d'accès*. L'Internet permet notamment l'échange de courrier électronique* et de fichiers*, la consultation de banques d'information de toute nature, ainsi que le commerce électronique*.
ENCYCL. L'Internet est né aux États-Unis comme réseau de défense dans les années 1970, puis comme réseau dédié à la recherche et à l'enseignement dans les années 1980, pour devenir dans les années 1990 un réseau commercial. C'est la naissance du Web* au début des années 1990 et la création du logiciel de navigation* Mosaic qui a permis peu à peu l'accès de l'Internet au grand public. Essentiellement voué à la recherche avec pour principe la gratuité des échanges, le réseau a été subventionné par le gouvernement américain jusqu'en 1995 et son développement confié à la National Science Fondation (NSF). À partir de 1994, la gestion décentralisée de l'Internet est due à des acteurs publics et privés qui y participent à travers diverses instances dont la plus importante est l'Internet Society* (Isoc). Presque tous les pays du monde y sont aujourd'hui connectés. Près de 20 millions d'ordinateurs dans le monde y sont reliés. La population mondiale des internautes* était d'environ 65 millions en 1997 et pourrait atteindre les 300 millions en l'an 2000. Les États-Unis comptaient à eux seuls près de 50 millions d'utilisateurs de l'Internet au début de l'année 1998. Selon une estimation de l'Internet Industry Almanac pour la fin de l'année 1997, parmi les quinze pays utilisant le plus l'Internet, les États-Unis sont donc les premiers, avec près de 55 % des utilisateurs dans le monde. Viennent ensuite le Japon avec environ 8 %, la Grande-Bretagne avec près de 6 %, la France occupe la dixième place de ce classement avec un peu plus de 1 % des utilisateurs. La France a été connectée à l'Internet en 1988. Dix ans plus tard, au début de l'année 1998, 2 % seulement des

foyers français étaient abonnés à l'Internet. En revanche, selon un rapport de l'AFTEL*, l'Internet a fait son entrée dans les entreprises françaises, y compris les plus petites d'entre elles : 20 % des PME de 6 à 200 salariés disposent d'un poste au moins connecté au réseau mondial. De plus, le passage du Minitel* à l'Internet semble être en cours puisque 90 % des 120 plus importants services Télétel étaient déjà présents sur l'Internet à la fin de l'année 1997. → **Messagerie électronique, Forum, Arpanet**

Internet access provider (IAP). Expression anglaise pour fournisseur* d'accès.

Internet Relay Chatest (IRC). Sur l'Internet, forum* *(news group)* dont la discussion se déroule en temps réel entre différents interlocuteurs. Aussitôt dactylographié, le texte apparaît sur l'écran de chaque interlocuteur concerné.

Internet Society. → **Société de l'Internet**

Interopérabilité n.f. L'interopérabilité des réseaux* et des services permet d'assurer toute communication entre tous les usagers, toute communication entre des clients et des fournisseurs* de services, quels que soient leurs opérateurs de référence et quel que soit le type de terminal utilisé. Le concept d'interopérabilité est complémentaire de celui d'interconnexion* des réseaux de télécommunications et de portabilité des numéros. L'interopérabilité et l'interconnexion sont d'autant plus importantes que les télécommunications ont été ouvertes à la concurrence.

Intertitre n.m. Élément de la titraille* d'un journal* qui désigne les titres intermédiaires insérés à l'intérieur de l'article*.

Intervalle de confiance. Fourchette à l'intérieur de laquelle se trouve le résultat d'un sondage auprès d'un échantillon représentatif d'une population donnée, dès lors que ce résultat est exprimé en pourcentages. L'intervalle de confiance varie en sens inverse de la taille de l'échantillon retenu : le résultat est d'autant plus fiable, en d'autres

termes, que l'échantillon compte un plus grand nombre de personnes.

Interview n.f. Entretien réalisé par un journaliste* avec une personne, et donnant lieu à une publication* dans un organe d'information quelconque. → **Interviewer**

Interviewer v.tr. Réaliser une interview*, un entretien pour le publier ou le diffuser ensuite dans un média.

Intranet. Réseau informatique interne d'entreprise et permettant l'application des technologies de l'Internet à la gestion et à la diffusion de l'information. Accessible aux seuls membres de l'entreprise, le réseau Intranet permet l'échange de documents de toute nature entre filiales ou bureaux éloignés géographiquement. Il offre également aux employés la possibilité d'utiliser les mêmes outils que l'Internet (lien hypertexte*, navigateur*, moteur de recherche*), ainsi que les services tels que le courrier électronique*, les forums* de discussion ou encore la consultation de bases de données documentaires propres à l'entreprise. Réseau sécurisé, l'Intranet offre aussi un moyen d'accès à l'Internet. → **Firewall, Extranet, Internet, Web**

Invendu n.m. Exemplaire* d'une publication* qui n'a pas été vendu et qui reste chez l'éditeur ou lui est restitué par les dépositaires*. Les invendus représentent un coût pour l'éditeur. Ils engendrent des frais de production (papier*, impression*), et leur retour (« remontée des invendus ») chez l'éditeur fait l'objet de dépenses facturées au prorata du poids et du nombre d'exemplaires transportés par les messageries*. Leur destruction peut aussi être coûteuse. Le taux d'invendus est fonction du mode de distribution* : il est d'autant plus élevé que la vente se fait au numéro. → **Vente au numéro, Diffusion, NMPP**

Investissements publicitaires. Sommes dépensées par les annonceurs* pour les opérations publicitaires qu'ils financent.
ÉCON. Les investissements correspondent aux frais de conception et de réalisation techniques des campagnes* publicitaires ainsi qu'à

des frais d'achat* d'espace. Leur montant varie selon les pays (on le calcule souvent par habitant ou par rapport au PIB), selon les secteurs d'activité, selon la taille des annonceurs. Leur ventilation, au sein des grands* médias ou des supports*, et entre grands médias et hors* médias, diffère d'un pays à l'autre, avec, cependant, presque partout une place encore privilégiée accordée à la presse*, alors même que la télévision* accroît sa part* de marché et que se développent le hors-médias et, plus récemment, des formes nouvelles de publicité (cyberpublicité* sur le Web*). Le montant des investissements et leur ventilation sont aussi fonction des habitudes nationales et de la réglementation : autorisation ou interdiction de la publicité pour certains produits ou services selon les médias, autorisation de certaines formes de publicité. Au sein des grands médias, la part des investissements qui revient à chaque support après versement de commissions aux intermédiaires (agences*, centrales*, régies*) représente une partie des recettes de la presse écrite prise dans son ensemble ou de l'audiovisuel public, mais parfois la totalité des ressources de certaines radios* ou télévisions* privées.
→ Publicité

IPSOS Médias. Au sein du groupe IPSOS-opinion, créé en 1975 en France et présent dans dix autres pays, IPSOS Médias étudie l'audience de certains médias, dans cinq pays principalement, en association avec leurs organisations professionnelles (presse magazine, presse quotidienne, nationale ou régionale, affichage), ainsi que les comportements de différents publics identifiés (cadres actifs ; hauts revenus, les équipés en ordinateurs). L'organisme conduit et coordonne également des études internationales d'audience, en Europe et en Asie. Enfin, il développe des études de marché, à vocation éditoriale ou publicitaire, autour de quatre axes principaux : lancement, croissance, concurrence ou « maturation », repositionnement. Adresse : 99-101, rue de l'Abbé-Groult, 75015 Paris. Tél. : 01 53 68 28 28.

IRC. → **Internet Relay Chatest**

IREP (Institut de recherche et d'étu-

des publicitaires). Association française selon la loi de 1901, créée en 1958, regroupant annonceurs, agences, centrales, médias et régies, ayant pour objet aussi bien l'information que la formation et la recherche dans le domaine de la publicité, des médias, et plus particulièrement de la communication commerciale. Publiée chaque année, son étude sur le « marché publicitaire » en France se réclame de trois approches complémentaires. Une première enquête est menée auprès d'un panel d'annonceurs* stratifiés en plusieurs branches d'activités (alimentation, boisson, hygiène, beauté, équipement et entretien de la maison, culture, loisirs, distraction, distribution, habillement, transport, communication, tourisme, services). Cette enquête fournit des informations sur les dépenses publicitaires relatives aux produits et services destinés au grand public*. Elle ne donne pas d'information sur la totalité des investissements publicitaires et n'aborde pas directement les dépenses « hors médias* ». Elle permet cependant de bien évaluer les évolutions d'ensemble et de faire des prévisions. Une deuxième enquête porte sur les recettes publicitaires des cinq grands médias (presse, télévision, affichage, radio, cinéma). L'organisme interroge l'ensemble des supports sur le montant et l'évolution de leurs recettes publicitaires. Enfin, une troisième approche réside dans l'observation des principaux indicateurs de l'activité publicitaire, notamment les investissements publicitaires des annonceurs (grands médias et autres actions de communication). Adresse : 62, rue La Boétie, 75008 Paris. Tél. : 01 45 63 71 73.

ISDN. → **RNIS**

Italique n.m. (angl. : *italic types*). Caractère* penché vers la droite, capitale* ou bas* de casse, utilisé pour les citations, les mots étrangers, les titres de publications, les titres d'œuvres.

Itineris. Réseau de téléphonie* mobile numérique (norme GSM*) de France Télécom*. C'est aujourd'hui le réseau* le plus important, devant SFR (Cegetel*) et Bouygues* Télécom.

ITU-TS. → **CCITT**

JAKOBSON (Roman), linguiste américain, d'origine russe (1896-1982). La philosophie et l'anthropologie lui ont permis de participer à l'« aventure sémiologique et linguistique », dès son arrivée aux États-Unis, en 1941. Il explore l'univers des signes, linguistiques, littéraires, culturels, artistiques, au sein du « cercle linguistique » de Prague, qu'il anime entre 1928 et 1938. C'est dans ses *Essais de linguistique générale* (1963) qu'il complète le modèle de la théorie de l'information*, due à SHANNON et WEAVER. Le dialogue entre deux personnes est pour lui l'exemple canonique de toute communication. Il essaie de montrer, à partir de cet exemple, que le message n'est ni le seul ni le premier élément de l'échange verbal : sur la manière dont le message est perçu, compris et mémorisé influent, de façon déterminante, la manière dont le destinateur – ou l'émetteur – s'est exprimé, les gestes qu'il a utilisés, et la façon dont il a sollicité son interlocuteur. D'où la mise en lumière, notamment, des fonctions expressive*, phatique* et poétique*, qui changent la signification des messages lorsqu'une communication est le prétexte ou l'alibi, aux côtés de ses fonctions référentielles et métalinguistiques. Jakobson a considérablement influencé Noam CHOMSKY*, qui fut son élève à Boston.

Jaune n.m. Encre* « primaire » obtenue par synthèse additive des couleurs vert et rouge.
→ **Cyan, Magenta**

Java n.m. Langage de programmation informatique qui permet de créer des applications multimédias* ouvrant une importante souplesse et une large gamme de possibilités aux services distribués sur l'Internet*. Netscape 2, qui permet de naviguer sur le Web*, inclut le langage Java parmi ses ressources. Les Java Applets sont des programmes à la fois simples, évolutifs et interactifs qui peuvent être exécutés sur le Web.

Jeu. n.m. Genre de programme destiné au grand public de la radio comme de la télévision, sous forme de rendez-vous quotidien, généralement fédérateur d'audience. Certains jeux sont devenus très célèbres par leur longévité, comme « Le Jeu des 1 000 francs » sur France-Inter, « Stop ou encore » sur RTL et, au petit écran, « La Tête et les Jambes » ou « Interville ». Les jeux se sont considérablement développés avec l'arrivée des télévisions commerciales. Les concepts qui rencontrent un grand succès sont, à quelques exceptions près, importés des États-Unis, comme « Le Juste Prix » ou « La Roue de la fortune », diffusés partout en Europe. Les gagnants de ces jeux de hasard se voient remettre des cadeaux offerts par l'entreprise qui parraine l'émission. Les chaînes de service public diffusent des jeux de nature différente, faisant davantage appel aux connaissances des candidats, à l'exemple de France 3 qui bat des records d'audience et de fidélisation avec « Questions pour un champion » et « Facile à chanter ». Aux États-Unis, le financement de ces programmes se fait, le plus souvent, par le truchement du barter*, mode de financement assez peu développé en France.

Jeu vidéo. Jeu enregistré sur support vidéo*, cassette ou disque (vidéogramme), ou accessible grâce à un serveur* en ligne* (accès à une banque de jeux). Son utilisation nécessite un équipement technique : console ou micro-ordinateur*, écran, manette* (ou *joystick*), clavier* et parfois souris*. Les jeux vidéo sont apparus à partir de 1975 et constituent un secteur important de l'édition électronique multimédia*.

Jingle n.m. Anglicisme pour « refrain ». Le jingle désigne aujourd'hui une séquence musicale courte et répétitive, intervenant comme un refrain, encadrant les séquences publicitaires qui s'intercalent entre des programmes* sonores et/ou audiovisuels. Ce terme est parfois abusivement utilisé à la place d'indicatif *.

Journal n.m. (angl. : *newspaper*). Nom commun donné à une publication* d'information générale, le plus souvent quotidienne, par analogie avec le journal intime, récit quotidien des faits et gestes d'une personne.

Journal électronique. Publication* électronique obtenue grâce à l'utilisation d'un système de production informatisé, mise à jour de façon régulière, au moins une fois par jour, et offrant des informations générales de même nature qu'un quotidien ou un magazine. La plupart des journaux imprimés commencent à éditer des journaux électroniques accessibles sur les sites* Web* du réseau Internet*. → **Cyberpresse**

Journal radiophonique. Séquence d'information diffusée par une station de radio, animée par un présentateur *. Les textes qui sont dits à l'antenne par le présentateur sont souvent préparés par l'ensemble de la rédaction* de la station. Les contenus définitifs, la hiérarchie de l'information et ses modalités de présentation (invité, reportage*, texte dit par le présentateur) sont pareillement décidés en conférence de rédaction. La prise de son et la réalisation* se font en direct*, simultanément au déroulement du journal.

Journal télévisé. Séquence d'information diffusée par une chaîne de télévision*, animée par un présentateur*. À la suite de la conférence* de rédaction, les événements* ont été sélectionnés et hiérarchisés. Ont été également déterminées les conditions de

leur traitement à l'antenne (reportage*, invité, direct d'un correspondant* étranger, textes dits par le présentateur). La prise de vue se fait en direct* sur le plateau et la réalisation*, également en direct, à partir de la régie de production, simultanément au déroulement du journal.

Journalisme n.m. Métier, ensemble des métiers, ou forme d'expression de tous ceux qui se consacrent, dans quelque domaine que ce soit, à la publication d'une information, dès lors que celle-ci a un rapport avec l'actualité immédiate ou récente, et par quelque média que ce soit, un journal, une station de radio, de télévision, ou un service en ligne. → **Information, Journal, Médias**

Journaliste n. (angl. : *journalist ; newsman*). Individu qui, exerçant son activité professionnelle pour un ou plusieurs organes d'information (presse* périodique, agence* de presse, radio*, télévision*), assure tout ou partie du travail de collecte, de traitement et de présentation des informations* relatives à des faits ou événements* d'actualité*.
SOCIOL. À l'origine, le journaliste était celui qui publiait un journal : ainsi, Théophraste RENAUDOT, avec *la Gazette,* fondée à Paris en 1631, fait figure d'ancêtre pour les journalistes. Le journalisme moderne, quant à lui, est né avec les grands quotidiens – le *Petit Parisien* en France, le *London Evening News* en Grande-Bretagne, ou le *New York Herald* aux États-Unis –, au milieu et à la fin du XIXᵉ siècle, grâce aux premières rotatives et à l'affirmation des libertés démocratiques. Depuis, le journalisme est devenu toujours plus divers : de l'enquête sur le terrain, ou la collecte et le tri, en recevant les dépêches d'agence, jusqu'à la rédaction et la mise en page* ou en ligne, en passant par la détermination des rubriques. Le journaliste doit sa légitimité et son crédit, quand il exerce son métier dans un journal indépendant, à la distance qu'il réussit à garder vis-à-vis de ses sources et de tous ceux, en général, qui s'efforcent de le manipuler, d'exercer sur lui toutes sortes de pressions. « Historien de l'instant », selon la formule d'Albert CAMUS, ce droit d'enquête du journaliste, a pour contrepartie, notamment, le devoir de rigueur.

DROIT. En droit français, une définition bien partielle et imparfaite du journaliste est donnée par l'article L. 761-2 du Code* du travail. Y est considéré comme journaliste professionnel « celui qui a pour occupation principale, régulière et rétribuée, l'exercice de sa profession dans une ou plusieurs publications quotidiennes ou périodiques ou dans une ou plusieurs agences* de presse et qui en tire le principal de ses ressources ». Y sont assimilés un certain nombre de « collaborateurs directs de la rédaction ». Le Code du travail ne mentionnant pas les entreprises de radio et de télévision comme lieux d'exercice de la profession de journaliste, il a fallu attendre la loi du 29 juillet 1982, « sur la communication* audiovisuelle », pour que soit posé, en son article 93 (maintenu en vigueur), que « les journalistes exerçant leur profession dans une ou plusieurs entreprises de communication ont la qualité de journalistes au même titre que leurs confrères de la presse écrite » et qu'ils bénéficient du même statut, défini notamment par les articles L. 761-1 à L. 761-16 du Code du travail. Ni dans l'un ni dans l'autre de ces textes n'est définie ou indiquée la nature de la « profession » ou activité. Il a fallu que les juridictions notamment précisent qu'il devait s'agir d'un travail de type intellectuel (par opposition à une activité strictement ou essentiellement matérielle ou technique), de collecte, de traitement et de mise en forme de l'information, portant sur des faits d'actualité, exercé au sein d'une entreprise (éditrice de journaux ou de publications périodiques, agence de presse, radio, télévision) dont la diffusion d'informations est l'activité première. L'appartenance à cette catégorie professionnelle est notamment attestée par la détention d'une carte d'identité, délivrée par une commission spécialisée. Dans l'exercice de leur activité professionnelle, les journalistes se voient accorder diverses protections et garanties. Nouvelles et novatrices au moment de leur adoption, par la loi du 29 mars 1935, elles constituent aujourd'hui, pour la plupart d'entre elles, le droit commun du travail (durée du travail, rémunération, congés, protections, indem-

nités...). Subsistent encore quelques spécificités, notamment dans la nature de la relation (« salarié » ou « pigiste* ») et surtout de la rupture du contrat de travail (démission ou licenciement*, initiative, préavis*, droit à indemnités*) du journaliste, tout particulièrement avec la possibilité de mise en jeu de la « clause* de conscience ».

Journaliste reporter d'images. → JRI

JPEG (Joint Picture Expert Group). Normes ISO pour la définition des taux de compression* des images fixes. Ce procédé s'applique aux images fixes qu'il analyse pour en identifier les composantes redondantes (réduction de la palette de couleurs par exemple). Ce système permet d'atteindre une compression à taux 25 : un fichier de 25 Mo* sera ramené à un fichier de 1 Mo. La décompression à l'affichage suivra un protocole rigoureusement symétrique à celui de la compression initiale, c'est-à-dire identique, mais inverse.

JRI (Journaliste reporter d'images). Journaliste de télévision appelé à effectuer ses reportages avec une caméra sur l'épaule. L'usage s'est répandu grâce à la miniaturisation des caméras : il a également permis de diminuer le nombre des journalistes mobilisés pour un reportage, en même temps qu'il permettait une relation moins solennelle et plus spontanée avec l'événement ou avec la personne interrogée.

Justificatif n.m. Exemplaire* d'une publication envoyé à l'annonceur*, l'agence de photographie, l'auteur ou l'éditeur pour prouver que l'annonce, la photographie ou l'article ont bien été publiés.

Justification n.f. (angl. : *justification*). Largeur d'une ligne ou d'une colonne* mesurée en points* typographiques. On justifie en modifiant les blancs entre les mots ou en augmentant les interlettres. → **Interlettrage**

Justifier v. → **Justification**

k

Kbit. Abréviation pour *kilobit,* multiple du bit (1 kbit = 1 000 bits).

KHz. Abréviation pour *kilohertz,* multiple du hertz (1 kHz = 1 000 Hz).

Kiosque n.m. (du turc *kyöchk,* « belvédère »). Édicule placé sur la voie publique où l'on vend la presse aux passants.

Kiosque télématique. Mode de rémunération des services télématiques sur le réseau Télétel*. Mis en place en 1984, il permet à l'utilisateur de payer à l'utilisation, à la consommation – comme on paie son journal au kiosque – sans abonnement* préalable : la taxation prend en compte la durée de la communication et le taux unitaire, qui varie en fonction des services. La facturation est faite par le gestionnaire du réseau, France Télécom, qui reverse ensuite leurs parts aux producteurs et aux serveurs. → **Service en ligne**

Ko. Abréviation pour *kilo-octet,* multiple de l'octet (1 ko = 1 000 octets).

Labeur n.m. (angl. : *text setting ; bookwork*). Long travail d'impression, nécessitant un outillage diversifié : livre, annuaire, dictionnaire. L'un des trois secteurs de l'imprimerie*, les deux autres étant la presse* et les travaux de ville.

Lagardère SCA (Hachette). Le groupe Hachette n'existe plus en tant que tel. Il est l'une des branches d'activités du conglomérat* Lagardère SCA (société en commandite par actions), présent dans deux grands domaines, la Communication et la Technologie. Hachette est la marque qui recouvre l'ensemble des activités Communication et Médias du groupe Lagardère. Les hautes technologies (espace, défense, télécommunications) ainsi que les activités-transport et automobile sont regroupées sous la marque Matra. Hachette tire ses origines de son fondateur, Louis HACHETTE, qui acquiert, en 1826, un fonds de librairie et jette les bases de ce qui constitue encore aujourd'hui les principaux métiers de la marque : le livre, la presse*, la distribution*. La maison Hachette reste, jusqu'en décembre 1980, une entreprise familiale et indépendante (bien que cotée en Bourse) qui se diversifie dans ses trois métiers d'origine. À partir de 1981, Hachette est racheté par le groupe industriel Matra, dont Jean-Luc LAGARDÈRE est le P-DG. Hachette entame alors une diversification* dans l'audiovisuel avec une prise de participation, en 1986, dans Europe 1 Communications*, qui se développe dans la production* audiovisuelle et cinématographique et dans l'affichage* (Giraudy contrôlé à 54 %), et une brève incursion dans la diffusion télévisuelle avec une participation dans La 5, chaîne généraliste, d'octobre 1990 à 1992. En 1997, les activités communication et médias du groupe Lagardère, représentent 37,7 milliards de francs dont 50 % réalisé à l'international, ce qui place Hachette au deuxième rang des groupes français, après Havas, dans le secteur des médias et au quatrième rang européen. Le groupe emploie près de 23 000 personnes. Dans le secteur du livre, le groupe est tout à la fois éditeur, imprimeur et distributeur. Il demeure le premier éditeur de livres scolaires (il contrôle aussi l'éditeur Hatier depuis 1996) et regroupe de nombreuses maisons telles que Grasset, Fayard, Stock, Lattès, Calmann-Lévy, des livres au format de poche avec des marques comme Le Livre de Poche, Le Masque et des encyclopédies et dictionnaires. Dans le domaine de la presse, le groupe est très diversifié avec des participations dans la presse quotidienne *(La Provence, Var-Matin, Nice-Matin, Le Soir, La Corse, L'Écho républicain* et 25 % du groupe Amaury*, éditeur du *Parisien** et de *L'Équipe**) et surtout périodique. Depuis la fusion, en juillet 1997, de Hachette Filipacchi Presse et Filipacchi Médias, l'entité nouvelle, Hachette Filipacchi Médias, édite plus de 150 titres dans 30 pays. Elle est ainsi le premier éditeur de presse magazine, en France, avec des titres phares comme *Elle* (30 éditions dans le monde), *Paris Match, Télé 7 Jours, TV Hebdo, Première, Onze, le Journal de Mickey...* Hachette est aussi premier éditeur de presse magazine non américain et premier éditeur de presse spécialisée aux États-Unis avec plus de 25 titres *(Woman's Day, Car and Driver, George...)*. Le groupe contrôle aussi une régie* de presse : Interdeco Régie et un réseau publicitaire mondial intégré : Hachette Filipacchi Global Advertising. Avec Hachette Distribution Services, le groupe est le premier groupe international de distribution de presse* présent dans 15 pays d'Europe et d'Amérique du Nord. En France, il contrôle les Relais H (900 points de vente) et détient 49 % du capital des NMPP*. Dans le domaine de l'audiovisuel, le groupe Lagardère, qui détient 45,1 % d'Europe 1 Communication, est présent dans la radio* (Europe 1*, Europe 2, RFM) et dans la régie d'espace publicitaire. Il contrôle une dizaine de sociétés de production* audiovisuelle (les Films d'Ici, GMT, Vision 7...), accroît sa production cinématographique (Hachette Première) et la distribution de catalogue* de droits (Europe Images International). Enfin, le groupe développe des activités multimédias* au travers Grolier Interactive, pour l'édition d'encyclopédies et de dictionnaires sur CD-Rom*. L'Internet est un axe de développement majeur avec Club-Internet fournisseur d'accès et diffuseur de programmes, le service Ludo-éducatif ID-CLIC, l'annuaire Hachette-net et le Studio Grolier, agence conseil en communication Internet. Adresse : 4, rue de Presbourg, 75116 Paris. Tél. : 01 40 69 16 00. Site web : http://www.lagardere.fr

Laize n.f. (angl. : *width of reel*). Largeur des bandes de papier* enroulées en bobine*.

Larsen (effet). Oscillation sonore désagréable et suraiguë qui se produit quand, dans une chaîne de transmission, le micro* capte ce qui est diffusé par le haut-parleur. La chaîne de transmission amplifie alors ce que capte le micro, cependant que le haut-parleur, lui, renvoie le son en l'amplifiant vers le micro.

Laser n.m. **1.** Appareil qui produit une émission intense et directive de lumière cohérente. **2.** Technologie qui permet la transmission d'un signal de haute fréquence* par modulation* d'amplitude du faisceau lumineux émis par le laser.

La « 75 000 ». → **Médiamétrie**

LCI. Filiale à 100 % de TF1*, La Chaîne Info, LCI, est la première chaîne française d'informations en continu, lancée sur le câble en juin 1994, puis sur le satellite en 1995. Troisième chaîne la plus regardée parmi les foyers reliés au réseau câblé, LCI est reçue par 2,2 millions de foyers abonnés, dont plus d'un million en réception directe par satellite en 1996. La chaîne est diffusée par les bouquets* numériques, TPS* et CanalSatellite*. Son chiffre d'affaires est de l'ordre de 260 millions de francs pour l'année 1996. Adresse : 33, rue Vaugelas, 75739 Paris cedex 15. Tél. : 01 40 45 23 45.

LCR. Lecture confirmée régulière. → **Audience**

LDP. Lecture dernière période. → **Audience**

Lead n.m. Premier paragraphe d'une dépêche* d'agence* de presse qui forme un tout et fournit l'essentiel de l'information sur l'événement*. → **Règle des 5 W**

Lecteur n.m. Appareil qui permet de décoder – de lire – et de restituer en clair des informations enregistrées sur un support magnétique ou optique. Un lecteur ne permet pas d'enregistrer des informations. → **Autoradio, Baladeur, Magnétophone, Magnétoscope**

Lectorat n.m. Audience d'une publication imprimée. Le lectorat déborde, plus ou moins largement, le seul public des acheteurs d'un titre de presse : il comprend également ceux qui, ne l'ayant pas acheté eux-mêmes, ont régulièrement l'occasion de le lire ou de le feuilleter, chez eux ou ailleurs. → **Circulation (taux de)**

Légende n.f. Petit texte explicatif d'un dessin ou d'une photographie. La légende est essentielle à la photographie, car elle lui donne une signification, orientant ainsi l'appréciation du lecteur. → **Photojournalisme**

Le Mouv' → **Radio France**

Liaison n.f. Flux d'ondes entre la Terre et un satellite. Une liaison peut être montante ou descendante. Les liaisons montantes et

descendantes utilisent des fréquences différentes, afin d'éviter les interférences.

Liaison spécialisée (LS) (angl. : *leased
circuit ; dedicated line*). Liaison exclusive et directe, permanente ou non, affectée à l'usage
d'un utilisateur spécifié et dans un but déterminé (communication d'entreprise, reportage radio, transmission de données).

Libelle n.m. Feuille* volante ou petite brochure satirique, souvent diffamatoire, criti-
quant une personne ou une institution, ou
rapportant un événement* dans une optique
partisane. → **Pamphlet**

Libération. Quotidien parisien, né gau-
chiste en 1973, héritier de la contestation
soixante-huitarde. Interrompu en février
1981, il reprend en mai avec l'ambition de
devenir un journal d'information critique
sous la direction de Serge JULY. Grâce à l'originalité de son ton et la qualité de ses enquêtes, *Libération* trouva une large audience, notamment auprès des étudiants et de certains
cadres. Il atteignit son apogée en 1988 avec
195 000 exemplaires mais, à la suite de crises internes et de difficultés économiques, il
dut permettre l'entrée d'investisseurs privés
dans son capital (au premier rang desquels le
groupe Pathé*, principal actionnaire depuis
janvier 1996), et le journal n'a pas pu augmenter sa diffusion, qui s'est stabilisée
autour de 170 000 exemplaires diffusés en
moyenne chaque jour.

**Liberté (de communication, d'ex-
pression, d'information)** (angl. : *freedom of communication, of expression, of information*). On peut transposer ou appliquer aux
activités de communication*, d'expression
ou d'information*, cette ébauche de définition juridique de la liberté considérée
comme la faculté d'agir sans y être contraint
ni en être empêché, injustement ou inutile-
ment, sans raisons valables ou par quelqu'un
qui n'aurait pas reçu autorité pour cela. Liberté ne veut cependant pas dire licence ou
absence de règles. Comme toutes les autres,
la liberté de communication trouve ses nécessaires limites dans le respect des autres
droits et libertés avec lesquels elle doit être
conciliée. Tout le droit, condition et garantie

de la liberté, est ainsi recherche d'équilibre
entre des droits et libertés apparemment
contradictoires ou opposés. La liberté de
communication est préservée dès lors que
ces limites sont préalablement définies par la
loi et que le contrôle et la sanction des abus
de la liberté sont assurés, *a posteriori*, par un
juge indépendant. Le fait qu'il s'agisse d'un
contrôle judiciaire, répressif* ou *a posteriori*,
s'opposant aux diverses modalités d'un
contrôle administratif, préalable ou préventif*, constitutif de censure*, est considéré
comme une des garanties essentielles de la
liberté. La liberté de communication, d'expression ou d'information est, tout à la fois,
constitutive et caractéristique, condition et
conséquence, d'une véritable société démocratique. Le rôle ainsi joué par la liberté et les
attentes mises en elle font que la seule affirmation du principe de liberté d'expression
ou d'opinion ne paraît pas ou plus aujour-
d'hui suffisante ou satisfaisante. Elle risquerait d'être réservée à ceux qui en ont les
moyens économiques et financiers, au détriment de tous les autres. Ce sont désormais la
liberté du public et son droit* à l'information
qui semblent devoir être pris en compte et
mis en avant. Plus que sur la seule notion de
liberté, on insiste sur celle, peut-être plus
concrète, de pluralisme*.

ENCYCL. En droit français, le principe de liberté
de communication a valeur constitutionnelle. L'article 11 de la Déclaration des
droits de l'homme et du citoyen, du 26 août
1789, pose que « la libre communication
des pensées et des opinions est un des droits
les plus précieux de l'homme ; tout citoyen
peut donc parler, écrire, imprimer librement
sauf à répondre de l'abus de cette liberté
dans les cas déterminés par la loi ». Le
Conseil constitutionnel, dans diverses décisions (27 juillet 1982, 10-11 octobre 1984,
29 juillet 1986...), a été amené à rappeler ce
principe et sans doute à l'interpréter et à
l'appliquer dans un sens assez différent de
celui exprimé par le texte ou que, dans le
contexte historique de l'époque, ses rédacteurs avaient présent à l'esprit. Divers textes
et accords internationaux comportent la
consécration de ce même principe de liberté
d'expression ou de communication : l'article 19 de la Déclaration* universelle des
droits de l'homme, du 10 décembre 1948 ;

l'article 19 du Pacte* international sur les droits civils et politiques, du 19 décembre 1966, qui en reprend, précise et complète les termes ; l'article 10 de la Convention* européenne de sauvegarde des droits de l'homme et des libertés fondamentales*, du 4 novembre 1950. Ce principe de liberté* d'expression ou d'information est rappelé en tête des principales dispositions constitutives du droit français de la communication... même si, pour certaines d'entre elles, elles apparaissent, ensuite, conformément cependant à la doctrine libérale, essentiellement consacrées à déterminer des restrictions ou limites à cette liberté (loi du 29 juillet 1881, « sur la liberté de la presse » ; dispositions du Code civil, du Code pénal, du Code de procédure pénale...) ! D'autres textes, inspirés par la théorie ou réflexion nouvelle du droit* à l'information, cherchant à donner à la liberté proclamée plus de réalité et à garantir le pluralisme*, en appellent à une intervention plus poussée de la collectivité, sous forme d'éléments de réglementation (statut* des entreprises de presse, dispositif anticoncentration, garanties de l'indépendance* des journalistes*, obligations de contenu ou de programme) ou d'aides* de l'État (à la presse*, à la production* audiovisuelle). CONTR. : *Assujettissement ; Autorisation* ; Contrainte ; Contrôle ; Interdiction*.

Liberté d'accès aux documents administratifs. Élément de la nécessaire transparence* dans une société démocratique, condition de la pleine satisfaction du droit* du public à l'information, instrument du contrôle et ainsi garantie du bon fonctionnement de l'administration.
ENCYCL. Principe posé, en droit français, par la loi du 17 juillet 1978, cette faculté, ainsi garantie par la loi, est cependant, par le même texte, soumise à de nombreuses restrictions et exceptions. Elle souffre sans doute davantage encore des habitudes bien ancrées dans l'administration et du peu d'intérêt généralement manifesté par le public pour ces questions. CONTR. : *Secrets* officiels d'État.*
→ **Accès aux documents administratifs, Documents administratifs**

Libre opinion. Rubrique journalistique. Articles* signés de personnalités extérieures

à la rédaction* et dont le point de vue n'engage pas le journal. CONTR. : *Éditorial*.* → **Tribune libre**

Licenciement n.m. Rupture du contrat de travail décidée par l'employeur. Selon cependant que la décision est prise par l'employeur, pour des raisons qui lui sont propres, ou du fait du comportement (fautes) du salarié, les droits et protections (préavis*, indemnités) de celui-ci varieront.
ENCYCL. En droit français, le licenciement des journalistes* fait l'objet de dispositions particulières (contenues aux articles L. 761-4 et L. 761-5 du Code du travail) en matière de détermination du délai de préavis et du montant des indemnités de licenciement dues. Certaines de ces protections et garanties sont même accordées aux journalistes qui donnent leur démission* en faisant jouer la clause de conscience*.

Lien n.m. (angl. : *link*). Système permettant d'établir des relations diverses entre les différents « objets » – ou éléments – constituant un produit multimédia*. Gérés par des logiciels hypertextes*, les liens permettent la navigation* entre les éléments d'un disque* multimédia ou d'un site* multimédia. Sur les réseaux*, les liens peuvent aussi permettre de passer d'un site à un autre. Ils sont visualisés à l'écran par un système de surlignage et un simple clic avec la souris* suffit à les activer. Leur pertinence et leur densité sont un des critères d'évaluation de la qualité d'un produit multimédia.

Lignage n.m. Nombre de lignes d'un texte ou d'une composition destiné à l'impression*.

Ligne-bloc n.f. Produit obtenu grâce à la Linotype*. Il s'agit d'une ligne de caractères* de plomb, solidaires les uns des autres, et correspondant au nombre de signes requis par la largeur d'une colonne* de journal*.

Linotype n.f. Marque de composeuse mécanique, mise au point en 1885-1886 aux États-Unis par Ottmar MERGENTHALER (1854-1899). Elle fond des lignes-blocs justifiées (*line of type* : lignes de caractères). Son succès fut mondial et se maintint jusqu'à l'apparition des photocomposeuses*. → **Composition, Composeuse**

Linotypiste n.m. Typographe* travaillant sur linotype. → **Linotype, Composition**

Lithographie n.f. (angl. : *lithography*). Procédé d'impression des illustrations*, sans creux ni relief visible, à partir d'une pierre calcaire et poreuse, fondé sur la répulsion mutuelle de l'eau et des corps gras. Avec une encre* grasse, la figure à imprimer est dessinée à l'envers sur la surface polie de la pierre, ensuite enduite d'une solution de gomme arabique. Lors de l'impression*, la pierre humectée ne retient l'encre que sur les traits du dessin.
ENCYCL. Inventée à Munich par Alois SENEFELDER (1771-1834) en 1797-1798, la lithographie, très répandue au XIXe siècle, est à l'origine de l'offset*.

Livre n.m. (angl. : *book*). Publication* écrite imprimée* de caractère non périodique*. Avec beaucoup d'autres, le livre est un support d'expression ou de communication* publique. Il constitue l'une des formes essentielles de la création protégée par le droit* d'auteur. Pour toutes ces raisons-là, il est soumis à nombre des dispositions constitutives du droit* de la communication.
DROIT. En droit français, les particularités du statut du livre tiennent notamment à un régime fiscal de faveur (TVA* à taux réduit) et à une réglementation relative à son prix. Depuis une loi du 10 août 1981, le prix, tel que fixé par l'éditeur* ou l'importateur principal, s'impose, en principe, à tous les revendeurs, avec cependant une possibilité de pratiquer des réductions de 5 %.

LNM. Lecture numéro moyen. → **Audience**

Locale n.f. Rubrique d'information locale ou page locale des quotidiens* régionaux, rédigée par les localiers, travaillant en liaison étroite avec les correspondants* locaux. Édition* locale proposant cette rubrique. → **Localier**

Localier n.m. Journaliste* chargé de la rédaction d'une rubrique* locale, installé au siège du quotidien* régional ou le plus souvent dans ses agences départementales ou locales déconcentrées.

Logiciel n.m. (angl. : *software*). Programme informatique permettant, soit de faire de la programmation (Basic, langage C), soit de gérer des informations et de développer des applications : tableurs, traitements de textes, systèmes de gestion de base* de données, logiciels de navigation*, de mise* en pages, de traitement d'images, etc. La diversification des logiciels, et notamment la mise sur le marché de logiciels grand public issus d'applications professionnelles, correspond à une phase récente de l'évolution de l'informatique, celle de la micro-informatique grand public associée à la vulgarisation des micro-ordinateurs personnels (produits Macintosh de la firme Apple ou compatibles PC toutes marques), après 1978-1980. L'utilisation de la plupart de ces logiciels ne nécessite pas de compétences particulières en informatique. CONTR. : *Matériel ; Hardware.* → **Hardware**

Logo n.m. (abréviation de *logotype*). Symbole graphique associé à une marque et permettant l'identification d'une entreprise ou de sa production. → **Charte graphique**

Logotype. → **Logo**

Loi de finances. Loi prévoyant et autorisant, pour chaque année, l'ensemble des ressources et des charges de l'État. C'est dans le cadre de cette loi qu'est présenté et voté le budget des opérations publiques consacrées à la culture et à la communication. La loi concerne notamment le budget de l'audiovisuel public*, les aides* à la presse, la participation au budget de l'Agence* France Presse, la présentation générale du Cosip*, les fonds accordés à certains services ou institutions en charge de la communication et de la culture comme le CSA* ou le CNC*, à diverses opérations à caractère international.

Londres (Albert), journaliste français (1884-1932). Après s'être voulu poète, il découvrit le métier de journaliste comme échotier parlementaire, avant de signer son premier article, en 1914. Il fut le premier à parcourir le monde pour des journaux français : *l'Excelsior, le Petit Parisien,* puis *le Journal.* Ses centres d'intérêt étaient très divers : la guerre, la révolution soviétique, le Tour de France cycliste, aussi bien que le bagne de Cayenne, la traite des Noirs en Afrique ou les terroristes dans les Balkans. Il mourut en 1932 dans l'incendie du bateau qui le conduisait en Chine pour une enquête dont il ne révéla le secret à personne. Au journalisme, il offrit l'un de ses commandements : « Notre rôle n'est pas d'être pour ou contre, il est de porter le fer dans la plaie. » Depuis 1933, un prix de journalisme, en France, porte son nom. Il couronne chaque année le meilleur grand reporter de la presse écrite. Depuis 1985, il couronne également le meilleur grand reporter de l'audiovisuel.

LS. → **Liaison spécialisée**

Ludiciel n.m. Logiciel* de jeux.

Luminance n.f. Intensité lumineuse d'un point d'image, une des deux composantes, avec la chrominance*, des informations caractérisant un signal vidéo*.

Lumitype n.f. Machine à photocomposer de la première génération, mise au point aux États-Unis (1944-1949) par les deux ingénieurs français Moyroud et Higonnet. Application industrielle en 1953. Commercialisée sous le nom de Photon. → **Photocomposition, Photocomposeuse**

Lyonnaise Câble. Filiale du groupe Suez-Lyonnaise des eaux, chargée des activités de communication, en particulier dans le secteur de la télévision par câble* et de la téléphonie*. Lyonnaise Câble est le deuxième opérateur français de télévision par câble avec 620 000 abonnés fin 1997, derrière la CGV-Compagnie générale des eaux (Vivendi), et réalise un chiffre d'affaires de 1 milliard de francs. Lyonnaise Câble opère notamment le réseau câble de Paris qui compte à lui seul 224 647 abonnés. Lyonnaise Câble s'intéresse également à la téléphonie, mais se positionne sur le marché comme opérateur alternatif. En effet, l'offre en téléphonie de la Lyonnaise va être associée à l'offre de télédistribution* et donc la Lyonnaise va exploiter son réseau de télévision câblée et non pas recourir à un réseau spécialisé de télécommunications*, comme son concurrent Cegetel*. L'abonné devra compléter sa souscription avec une demande de modem* pour pouvoir connecter son terminal* téléphonique au réseau câblé. Des expérimentations ont été menées, d'abord à Annecy et au Havre, ensuite en Île-de-France, début 1998. Le client de la Lyonnaise Câble devait bénéficier d'une offre qui comprenait l'accès à la télévision* numérique* (en particulier les bouquets TPS* et Canal-Satellite*), la téléphonie et l'accès à l'Internet. Adresse : 6, villa Thoreton, 75738 Paris Cedex 15. Tél. : 01 44 25 81 81.

m

Macluhanisme n.m. Nom donné à l'ensemble des aphorismes qui ont fait la célébrité de Herbert M. McLuhan*. De ses intuitions, assurément fécondes, on ne retient, le plus souvent pour le critiquer, que le déterminisme auquel l'essayiste aurait succombé, considérant que les médias influent, d'une manière fatale, sur l'ensemble de nos activités, sur la nature et le contenu du lien social et sur le cours de l'histoire.

Magazine n.m. **1.** *Presse.* Périodique*, le plus souvent mensuel, édité sur papier* couché, illustré d'images et dont les thèmes abordés sont très variés. Le mot s'est popularisé après la naissance du *Genleman's magazine,* journal anglais dont les rubriques étaient variées, ce qui suggérait le rapprochement avec le mot français *magasin.* Les magazines, depuis les années 1955-1960, sont le plus souvent spécialisés, par les thèmes abordés et par les publics visés.
ENCYCL. La France connaît le plus fort taux de pénétration* au monde en ce qui concerne la presse magazine avec 1 400 exemplaires* vendus pour 1 000 habitants. Chaque jour, 75,7 % des Français lisent au moins un magazine. Au cours des dix dernières années, le secteur de la presse magazine en France a progressé régulièrement et trois familles de presse dominent le marché en termes de vente* au numéro : la presse de télévision*, qui représente 41 % du marché en volume, la presse féminine, avec environ 26 %, et la presse d'actualité* avec 18 %. **2.** *Audiovisuel.* Programme de radio ou de télévision d'information, de vulgarisation et/ou de service s'inscrivant dans l'un des domaines variés de l'enquête journalistique : aussi bien la cui-sine que les beaux-arts ou l'automobile. → **News magazine**

Magenta n.m. Encre* « primaire » de couleur rouge violacé, obtenue par synthèse additive des couleurs bleu et rouge. → **Cyan, Jaune**

Magnétophone n.m. Appareil permettant d'enregistrer et de restituer des sons stockés sur une bande magnétique, en cassette ou en bobine. L'appareil est équipé de têtes d'enregistrement et de lecture.
ENCYCL. Dès 1935, les premiers magnétophones à bande magnétique ont été présentés à Berlin. En 1963, les prototypes des cassettes sont présentés par Philips. En 1976, Olympus lance la microcassette, dont le succès commercial sera assuré, après 1979, par le lecteur* portable lancé par Sony sous le nom de Walkman. → **Baladeur, Magnétoscope**

Magnétoscope n.m. Appareil permettant d'enregistrer et de restituer des images et des sons stockés sur une bande magnétique, en cassette ou en bobine. À l'instar du magnétophone*, le magnétoscope est équipé de têtes d'enregistrement* et de lecture.
ENCYCL. Les prototypes remontent à 1951. Mis au point par la firme américaine Mincow, ils ne restituaient que des images en noir et blanc et ils utilisaient une bande magnétique coûteuse et très longue. En 1953, Ampex invente le quadruplex, qu'il commercialisera après 1956 : les quatre têtes montées sur un tambour tournant à grande vitesse permettent d'économiser considérablement la bande magnétique. Ainsi, la station CBS, à Hollywood, peut diffuser la première émis-

sion de télévision en différé, le 30 novembre 1956, grâce au magnétoscope Ampex VR 1000. Le même jour, la même société commercialise la bande magnétique vidéo. En 1958, Ampex sort de ses laboratoires le premier magnétoscope couleur. En 1965, Sony lance le premier magnétoscope pour le grand public. C'est en s'associant avec deux autres constructeurs japonais, JVC et Matsushita, que Sony définira le standard de magnétoscope à cassette « U-Matic », dont la bande est de 3/4 de pouce : sa qualité l'imposera sur le marché professionnel. Trois standards partiront à la conquête du grand public : Betamax* en 1975, VHS* en 1976 et le V2000* en 1979. Le VHS va évincer très rapidement ses deux concurrents, grâce à un catalogue de films préenregistrés qui retiendra l'attention des premiers acheteurs de magnétoscope. Le marché comprend trois segments : le marché professionnel (avec une largeur du ruban de 1 pouce, souvent, et un format Betacam*, en codage analogique ou numérique) ; le marché institutionnel (souvent U-Matic ou Betacam) ; le grand public (VHS, super VHS, 8 mm, Caméscopes et magnétoscopes de salon). Avec plus de 100 millions de magnétoscopes dans l'Union européenne, 250 millions de cassettes vendues en 1996, et un chiffre d'affaires supérieur à 40 milliards de francs, l'édition-distribution vidéo est un acteur majeur dans le secteur du cinéma et de l'audiovisuel.

Mailing n.m. → Publipostage

Maison de la presse. Boutique vendant des journaux en province, qui, associée aux NMPP*, joue aussi souvent le rôle de dépositaire*.

ENCYCL. À la suite de la réforme des NMPP, on comptait en 1997 environ 260 Maisons de la presse gérées directement par des dépositaires, contre 3 000 dans les années 1980. Le nom correspond également aujourd'hui à une nouvelle enseigne développée par les NMPP pour des magasins détenus en majorité par des diffuseurs. → **Dépositaire**

Majors (expression anglaise, plur.). Nom donné aux grands studios de productions cinématographiques américains que sont Buena Vista (Disney), Columbia/TriStar

(groupe Sony), MGM (K. Kerkorian), New Line (Turner Broadcasting), Paramount (groupe Viacom), 20th Century Fox (groupe News Corporation), Universal (groupe Seagram) et Warner Bros (Time Warner).

Manchette n.f. (angl. : *heading*). Espace supérieur de la une* du journal, occupé par le titre, la date, la numérotation, le caractère de l'édition, d'autres renseignements (fondateur, directeur, administration), les oreilles*.

Manette de jeu (angl. : *joystick*). Élément d'un système de jeux électroniques sur console* vidéo* ou sur micro-ordinateur* permettant d'agir sur le pointeur d'écran, complémentaire du clavier* et de la souris*.

Mangas n.f.pl. Bandes* dessinées japonaises. Le terme est apparu au Japon en 1814 sous la plume du dessinateur Katsuhika Hokusai, qui désignait ainsi ses caricatures. Mais les premières mangas modernes, au sens de bandes dessinées, sont apparues en 1945 dessinées par Osamu Tezuka, considéré comme le « Hergé » japonais. Les dessins des mangas sont très influencés par l'esthétisme occidental : les héros sont plus de type occidental qu'asiatique et la thématique, inspirée de courants contestataires pacifistes et écologistes, accorde une large place à la technique et à la science-fiction.

Manipulation n.f. Action visant à réduire la liberté d'une personne, d'un groupe ou d'une foule, de discuter ou de résister à ce qu'on lui propose, pour l'obliger à partager une opinion ou à adopter un comportement particulier. Dans l'acte de manipulation, le message, dans sa dimension cognitive ou affective, est conçu pour tromper, induire en erreur, faire croire ce qui n'est pas. La manipulation est donc, d'une manière ou d'une autre, dissimulation. En ce sens, la propagande et la désinformation sont des formes de manipulation que l'on impute tantôt au pouvoir politique, tantôt à la publicité. On accuse souvent les médias d'être devenus les principaux vecteurs de la manipulation qui touche aujourd'hui aussi bien les régimes totalitaires que démocratiques.

Maquette n.f. (angl. : *scale model*). Modèle des pages d'une publication* à imprimer (livre, périodique), indiquant de façon très précise la répartition des textes et des images, les surfaces et les positions des divers éléments rassemblés dans une page. Elle est réalisée sur un gabarit*, papier ou électronique. Par analogie, on parle aussi de maquettes pour des produits multimédias* dont la structure de base est aussi divisée en pages-écrans.

Maquettiste n. Personne qualifiée dans les arts et les techniques graphiques, chargée de la réalisation des maquettes* et de leur contrôle. Dans le monde de la presse*, le maquettiste travaille avec le secrétariat de rédaction* ou avec le directeur artistique et est plus particulièrement responsable de l'aspect esthétique de l'organisation de la page.

Marbre n.m. (angl. : *bed*). À l'origine, table de marbre poli, puis table métallique où était effectuée la mise en page. Article* composé, non publié, resté au marbre. Charriot des anciennes presses* où était disposée la forme* imprimante. → **Table lumineuse**

Marché apparent.
ÉCON. Mesure du nombre d'équipements* proposés annuellement aux usagers. Il résulte des chiffres portant sur les fabrications nationales, auxquels on retranche les exportations et on ajoute les importations publiées par la Direction générale des Douanes. Il tient compte des variations de stocks chez les détaillants et les grossistes.

Marché des programmes. Lieu où se rencontrent les producteurs*, le plus souvent représentés par des distributeurs* ou des gestionnaires de portefeuilles* de droits, et les diffuseurs ou éditeurs intéressés par ces programmes*. Ces rencontres donnent lieu à des négociations portant sur les contrats d'achats* de droits de diffusion et permettent de valoriser les programmes sur des supports* différents. Ils alimentent le second* marché des programmes cinématographiques ou audiovisuels.
ENCYCL. Ces marchés sont désormais internationaux et se spécialisent parfois dans des

domaines particuliers (fiction*, documentaire*...). Leur développement est important ces dernières années, en raison de l'explosion mondiale des chaînes* de télévision, qui accroît la demande d'images. Les plus importants marchés des programmes en France sont le MIP-TV et le MIP-Com, respectivement en avril et en septembre à Cannes.

Marché publicitaire. État des lieux, à un moment donné, de ces relations économiques particulières entre les acteurs qui influencent ou déterminent l'activité publicitaire. Le marché est caractérisé par l'ampleur des investissements* opérés par les annonceurs*, par leur ventilation entre médias* et supports*, par l'évolution du prix des espaces publicitaires. Il est soumis à de nombreuses fluctuations liées à la conjoncture économique et politique, mais aussi aux saisons. Il est fonction du niveau de développement d'un pays, des pratiques commerciales et des stratégies promotionnelles des entreprises, de l'efficacité des intermédiaires en publicité (agences conseil*, centrales* et régies*), et de la réglementation des activités publicitaires notamment en ce qui concerne l'usage de certains médias. → **Publicité**

Marketing n.m. → **Mercatique**

Marronnier n.m. Arbre des Tuileries, disparu en 1911, fleurissant très exactement tous les 20 mars, donnant lieu tous les ans à un article de même facture. Par extension, petit article de fantaisie sur un événement revenant tous les ans.

Mass media n.m.pl. (angl. : *mass media*). Expression forgée dans les années 1950, aux États-Unis, pour désigner ceux des médias* qui sont susceptibles d'atteindre un très large public et, partant, divers et non identifiable. La télévision et le cinéma étaient ainsi visés, bien plus que la grande presse et la radio. En donnant au mot média une acception beaucoup plus large, après 1962, MCLUHAN* en a non seulement imposé l'usage, mais il accéléra du même coup l'abandon, dans le langage courant, de l'expression « mass media ». Francisé officiellement dès 1973 – avec un accent aigu et un *s* au pluriel –, le mot *média* ne s'est imposé que vers la fin des années 1970. Le passage de « mass media » à média n'est pas indifférent : il marque le déplacement de l'attention, des effets sur la culture en général, vers l'examen des techniques et, le cas échéant, des utilisations qui en sont faites, ainsi que de leurs différents publics d'usagers.

ENCYCL. L'acception traditionnelle insiste sur l'aspect matériel du véhicule, et réserve le terme aux communications de masse : « mass media » renvoie à la grande presse et aux moyens de diffusion audiovisuelle, classiquement accusés de provoquer l'uniformisation des messages et la standardisation culturelle. Spontanément médiaphobes, nous suspectons ces maudits médias de manipuler nos idées ou nos désirs propres. Pourtant, il nous faut des outils pour penser, autant qu'une organisation sociale, tissée de médiations à la fois symboliques et techniques, pour vivre rassemblés dans une durable société et y développer notre identité. Du symbolique au technique, la notion vague de médias recouvre tous ces moyens de médiation : elle est donc bordée par les codes (qu'étudie la sémiologie de la culture), par les moyens de transport matériels (routes, réseaux de distribution), par les institutions qui nous organisent et nous relient à travers l'espace mais aussi le temps (école, Église, État). On a coutume de minimiser l'importance des facteurs intermédiaires pour valoriser les termes de la relation ; une pensée des médias (une médio-logique) montre au contraire comment ceux-ci donnent forme à ce qu'ils relient, selon une causalité complexe, non pas déterministe mais systémique et écologique : les médias constituent l'infrastructure technique et le *milieu* de notre vie symbolique en général. → **Média**

Mbit. Abréviation pour *mégabit,* multiple du bit (1 Mbit = 1 million de bits).

McLuhan (Herbert Marshall), essayiste canadien (1911-1980). Avec son livre *la Fiancée mécanique,* paru en 1951, le spécialiste de littérature anglaise s'est d'abord livré à une critique de la société industrielle, passablement banale, mais fortement teintée d'humour. C'est avec ses deux livres *la*

Galaxie Gutenberg et *Pour comprendre les médias,* parus respectivement en 1962 et 1964, qu'il rencontrera le succès. Des médias, il donne une acception très large : ce sont tous les « prolongements technologiques de l'homme », notamment de ses sens, ce qui lui permet de considérer, au même titre que la télévision ou le cinéma, aussi bien la roue que l'automobile, l'argent ou le vêtement. Les médias, selon lui, répartissent en deux catégories : les médias « chauds » mobilisent un seul sens, comme la presse ou la radio, et favorisent peu la « participation » de ceux qui les fréquentent ; sont « froids », à l'inverse, comme le téléphone et la télévision, les médias qui sont subjectifs plutôt qu'expressifs, *cool* et non *hot,* sollicitant beaucoup la participation en se livrant à une véritable « surenchère synesthétique ». Or affirme-t-il, « the medium is the message » : le message, c'est le média. La formule, qui le rendit célèbre, signifie que l'important n'est pas le contenu convoyé par le média, mais bien le « massage » *(« the message is the massage »)* exercé par celui-ci sur les modes de penser, d'agir et de sentir. Cet aphorisme, au centre de sa pensée, lui permet de distinguer trois étapes dans l'histoire de l'humanité : la galaxie GUTENBERG, où l'imprimé règne en maître, sur l'action et la connaissance, succède à l'âge tribal, heureux, « dans un état présocial fusionnel », et précède la galaxie MARCONI, inaugurée avec l'électricité, l'électronique et la télévision, qui nous fait entrer dans le village « global », annonciateur du bonheur pour tous. L'œuvre de McLuhan a suscité de très vives polémiques : parfois approximative, elle mélange souvent jugements de fait et jugements de valeurs et se veut prophétique, beaucoup plus qu'un diagnostic sur le présent ou le passé. Elle n'en a pas moins marqué une rupture, dans les années 1960, pour les études sur les médias et l'idée que l'on se fait de ces techniques. Jusqu'à cette époque, comme le soulignait Jean CAZENEUVE *(la Société de l'ambiguïté,* 1972), les chercheurs avaient prêté trop peu d'attention aux médias eux-mêmes, à leurs techniques, à leurs usages, pour se consacrer davantage, et assurément trop, à leurs seuls messages, ou à leurs seules fonctions supposées.

Mécénat n.m. Type de publicité événementielle qui permet à une entreprise, dans le cadre de sa politique de communication*, d'associer son image de marque à une manifestation culturelle, une opération humanitaire, une production audiovisuelle, ou encore un premier film, par une contribution financière ou en nature, à sa réalisation.
→ **Communication institutionnelle***

Média n.m. (angl. : *medium ; media ; mass media*). Technique utilisée par un individu ou par un groupe pour communiquer à un autre individu ou à un autre groupe, autrement qu'en face à face, à une distance plus ou moins grande, l'expression de leur pensée, quelles que soient la forme et la finalité de cette expression. Un média permet donc la transmission, plus ou moins loin, et à un nombre plus ou moins grand de personnes, d'un ou de plusieurs messages aux contenus les plus variés : la presse, la radio, la télévision, le cinéma, l'affichage, mais aussi le téléphone, la télématique et l'Internet. En tant que moyen de transmission ou de restitution, pour des signaux, quels qu'ils soient, un média permet donc toujours de relier les hommes entre eux.
ENCYCL. Si le mot *média* oscille entre une définition étroite et une définition très large, c'est parce qu'il renvoie à des réalités distinctes, souvent, mais pas toujours liées les unes aux autres : une *technique,* comme la presse, la télévision ou le disque numérique ; un *usage,* c'est-à-dire à la fois une finalité et les contenus qui sont censés lui correspondre, comme l'information, la vulgarisation, le divertissement ou la formation ; un *public,* plus ou moins étendu, potentiellement ou effectivement, ce qui permet de distinguer les « mass media » des médias de groupe ou des médias personnels – ou *self media* –, comme le lecteur de disques ou l'appareil photographique ; une *institution,* car CNN, TF1 et France Télévision sont des institutions à part entière, au même titre que *Newsweek, le Monde* ou *Libération* ; enfin, un *genre* ou une *forme d'expression* singulière, tels que le journalisme, le film de cinéma, la publicité ou le feuilleton de télévision.
SOCIOL. Le seul critère permettant de dresser un inventaire complet et pertinent des médias rend compte de la diversité des formes

que peut revêtir l'échange entre les hommes : les sociologues parlent des différentes modalités de communication, là où les ingénieurs préfèrent évoquer les structures de la communication et les juristes la mise à disposition du public. L'application de ce critère, attentif principalement à la technique et à ses usages, permet de distinguer trois familles de médias : les *médias autonomes,* comme les journaux ou les disques, outils baladeurs qui ne requièrent de raccordement à aucun réseau particulier ; les *médias de diffusion,* tels que la radio ou la télévision par voie hertzienne, qui permettent de propager des programmes à sens unique, d'un point vers une multitude de récepteurs – un vers plusieurs ou un vers beaucoup – ; les *médias de communication,* comme le téléphone ou les groupes de discussion de l'Internet, qui instaurent, à distance et à double sens, une relation entre deux personnes, entre deux groupes de personnes, ou bien entre, d'un côté, une personne ou un groupe et, de l'autre, une machine offrant une batterie de programmes ou de services. → **Communication, Information, Interactivité, Mass media, Médiation, Médiatisation, Multimédia**

Médiacratie n.f. Régime politique dont le mode d'organisation et le mode de fonctionnement seraient censés être placés, de fait, sous l'empire des médias de masse, ou plutôt des grands organes d'information, et notamment de la télévision. Le mot a été popularisé par François-Henri DE VIRIEU, qui en fit le titre d'un livre, en 1984. En réalité, les grands médias d'information, la presse, la radio et la télévision, ne sont que des instruments entre les mains des gouvernants, tout au moins dans les régimes autoritaires ou totalitaires. En démocratie, leur statut et, partant, le rôle qu'ils jouent sur la formation et l'expression de l'opinion publique dépendent des garanties apportées à la liberté d'expression* et de l'indépendance dont ils jouissent vis-à-vis des pouvoirs qui traversent la société et qui impriment leur marque sur elle. → **Liberté d'expression**

Médialocales. → **Médiamétrie**

Médiamat. → **Médiamétrie**

Médiamétrie. Société interprofessionnelle de mesure d'audiences et d'études, créée en 1985, pour évaluer ou mesurer l'audience* de la télévision* et de la radio* ainsi que de la fréquentation du cinéma*. Son capital est réparti en majorité entre les chaînes de télévision (35 %), les radios (30 %) et les publicitaires (35 %) afin d'assurer la transparence et l'indépendance d'un outil de mesure d'audience indispensable pour l'ensemble des acteurs de l'audiovisuel. Depuis sa création, Médiamétrie a perfectionné et multiplié ses outils pour les adapter à l'évolution du paysage audiovisuel. Pour mesurer l'audience de la télévision, l'outil employé est le Médiamat qui a succédé à l'Audimat. Il s'agit d'un boîtier spécial qui permet de signaler la présence de chaque membre du foyer devant la télévision et d'enregistrer, par un système de déclenchement de touches individuelles et personnalisées, l'audience individuelle, seconde par seconde, des divers membres du foyer ou des invités. Le système est utilisé auprès d'un échantillon de 2 300 foyers, soit 5 688 individus de 4 ans et plus. Le contenu des boîtiers est relevé et traité par ordinateur et les chiffres d'audience sont mis à la disposition des entreprises abonnées dès 9 heures du matin. Le Médiamat est l'un des outils stratégiques pour l'ensemble des acteurs de l'audiovisuel. Il permet par exemple de modifier les grilles* des programmes et de justifier les tarifs publicitaires pratiqués par les chaînes. Depuis 1994, Médiamétrie étudie l'audience du câble, et plus récemment celle des bouquets satellites, dans son enquête Audicabsat. Elle développe aussi ses activités à l'international, notamment avec sa banque de données internationale Eurodata TV sur les émissions et les audiences de plus de 300 chaînes de télévision dans 45 pays. Pour connaître l'audience de la radio, Médiamétrie mène une enquête sur un échantillon de 75 000 personnes. Les interviews portent sur l'écoute de la veille. Les résultats publiés 4 fois par an permettent d'obtenir les principaux indicateurs de l'écoute des stations de radio : audience cumulée, quart d'heure moyen, part du volume d'écoute et durée d'écoute par auditeur. Depuis 1993, des questions sont posées pour connaître la fréquentation* cinématographique (degré d'assiduité) et le public des films. Médiamétrie dispose aussi d'autres outils. Médialocales est destiné à prendre en compte les spécificités régionales, départementales et locales de la radio. Le panel radio, complémentaire de l'enquête « 75 000 », permet de connaître en profondeur les comportements et les habitudes d'écoute de la population sur trois semaines. L'enquête Métridom étudie l'audience des médias TV, radio, presse quotidienne et presse TV en Martinique, Guadeloupe, Réunion et Guyane. Avec la convergence de l'audiovisuel, de l'informatique et des télécommunications, Médiamétrie développe ses mesures dans le domaine de l'Internet avec Cybermonitorr, service de mesure de fréquentation des sites* et avec son étude « 24 000 Multimédia » qui établit un suivi régulier de l'équipement et du comportement des foyers dans quatre domaines : l'audiovisuel, la téléphonie, la micro-informatique et les jeux vidéo. Enfin, en 1995, année de ses 10 ans, Médiamétrie a créé une Fondation d'entreprise qui s'implique dans l'enseignement des médias audiovisuels et s'intéresse à des projets innovants susceptibles d'apporter aux enfants et adolescents dans le cadre scolaire, une meilleure connaissance des médias. Adresse : 55-63, rue Anatole-France 92532 Levallois-Perret Cedex. Tél. : 01 47 58 97 54. Site Web : http://www.mediametrie.fr

Médiaplanneur. → Plan médias

Media planning. Expression anglaise traduite par *plan* *médias* en français.

Médiateur. → Ombudsman

Médiathèque n.f. Lieu où se trouvent rassemblées diverses collections : livres, périodiques, disques sonores, vidéo et/ou multimédia, cassettes audio et/ou vidéo. Les médiathèques publiques, généralement financées par les collectivités locales, proposent leurs collections au prêt public. Certaines médiathèques complètent leurs fonds en proposant aussi l'accès à des réseaux* (Télétel* ou l'Internet*). Les médiathèques sont les successeurs des bibliothèques, dont les fonds se sont progressivement diversifiés au-delà des produits imprimés.

Médiation n.f. Instance ou institution permettant de relier entre eux les membres d'une société. Ainsi, le langage, au premier chef, mais aussi certaines actions, certaines habitudes et certaines représentations tissent le lien social, confèrent à la sociabilité ses différents attributs, et font émerger, parmi les membres d'une société, un style d'autorité, un mode de penser et une manière d'agir qui finissent par leur être communs.

Médiatisation n.f. Action consistant à médiatiser*. Cette action peut revêtir plusieurs formes. Elle consiste en un échange, lorsque la communication médiatisée s'apparente à un dialogue entre deux personnes (un vers un, à double sens) ou à un multilogue (quelques-uns vers quelques-uns, comme les groupes de discussion de l'Internet*). On peut parler de *propagation* quand un média permet la diffusion de messages à l'intérieur du cercle d'une audience homogène, aisément identifiable ou reconnaissable. Enfin, la communication médiatisée équivaut à une publication, lorsque le média s'adresse à tout le monde, ou à personne en particulier, c'est-à-dire quand son audience est à la fois anonyme et dispersée, diverse et passablement versatile ou inconstante (un vers beaucoup).

Médiatiser v.tr. Rendre accessible à un plus ou moins grand nombre de gens, en ayant recours à un ou à plusieurs médias judicieusement choisis, une opinion, un événement, une personne ou une organisation quelconque. → **Médiatisation**

Médiologie n.f. Étude des différents milieux, à la fois sociaux et techniques, qui, en même temps qu'ils façonnent et recyclent nos représentations symboliques, nous permettent de tenir ensemble. Cette « écologie de nos idées » déborde l'étude des médias pour interroger la fonction, traditionnellement négligée par les philosophes, de ces êtres intermédiaires qui, en nous reliant les uns aux autres, organisent la société.
ᴇɴᴄʏᴄʟ. Cette discipline, fondée en France par Régis Dᴇʙʀᴀʏ et nommée ainsi par lui, part d'un constat : cet obscur milieu conjonctif se compose de sujets (médiateurs) et d'objets (techniques) ; on y trouve de l'organisation matérielle (les institutions, Églises ou partis...) et de la matière organisée (les outils ou médias proprement dits). Deux approches, *bottom/up* ou *top/down*, peuvent rendre compte de ces phénomènes complexes : on peut s'attacher aux effets « ascendants », symboliques et sociaux, des mutations techniques. Comment le papier, l'imprimerie, l'électricité ou aujourd'hui l'Internet modifient-ils nos régimes de mémoire, de savoir, d'autorité ou de croyance ? Un autre courant de recherches voudrait mieux comprendre l'efficacité symbolique de nos idées : comment se répand pratiquement un message (christianisme, marxisme), comment une doctrine évince-t-elle ses rivales pour devenir incontournable (psychanalyse) ? L'explication par la vérité du message, évidente pour le croyant, semble trop courte au médiologue qui récuse l'efficacité des idées, et recherche dans les réseaux humains et les chaînes techniques quelques raisons plus matérielles d'une transmission efficace.

Mel n.m. (angl. : *e-mail*). Mot imposé par l'usage, en France, pour courrier* électronique ou adresse électronique.

Mémoire n.f. (angl. : *memory*). Élément d'un ordinateur permettant le stockage provisoire ou définitif d'informations. Il faut distinguer la mémoire vive (RAM)*, la mémoire morte (ROM)* et les mémoires de masse. La mémoire vive (RAM = *Random Access Memory* = mémoire à accès aléatoire) est un espace dans lequel sont chargées les applications et les données pendant toute la durée de l'activité. Elle se vide automatiquement à l'extinction de la machine. La mémoire morte (ROM = *Read Only Memory*) héberge certains éléments de programmes nécessaires au démarrage de certaines fonctions, en particulier l'activation de la mémoire vive. Les mémoires de stockage sont des éléments matériels (disque* dur, disquette*, DVD*) sur lesquels sont enregistrés le système* d'exploitation, les logiciels* d'application ainsi que les données correspondant aux informations enregistrées. C'est le système d'exploitation qui gère l'organisation des données sur ces différentes mémoires.

Mémorisation sélective. → **Influence, Sélectivité**

Ménage n.m. Ensemble de personnes qui partagent la même résidence principale, quels que soient les liens qui les unissent. Dans le vocabulaire des sondeurs, un ménage peut se réduire à une seule personne.

Ménagère n.f. Femme responsable des achats du foyer et qui se déclare maîtresse de maison. Elle peut être active ou non. La « ménagère de moins de 50 ans » est une cible* très appréciée par les annonceurs* et donc recherchée par les supports*, notamment la télévision*, afin d'attirer des investissements* publicitaires.

Mensuel adj. et n.m. Publication* paraissant une fois par mois. → **Périodicité**

Mentions obligatoires. Renseignements dont la loi impose l'insertion dans les colonnes mêmes du journal* afin de permettre d'identifier les personnes responsables et d'assurer la transparence* de l'organisation et du financement d'une publication*.
ENCYCL. En droit français, ces obligations sont définies par les lois du 29 juillet 1881 et du 1er août 1986. Elles concernent notamment : le nom et l'adresse de l'imprimeur, le nom du directeur* de la publication, le nom du propriétaire ou des principaux associés, les transferts de parts de capital.

Menu n.m. (angl. : *menu*). Programme du numéro d'une publication, établi à partir des choix des services de la rédaction*, discutés en conférence de rédaction. En informatique, le menu désigne la liste des fonctions d'un logiciel*. Il est le plus souvent organisé sous forme d'une arborescence accessible grâce au déroulement d'une liste, à partir d'un champ ou mot-clef générique : menu « caractère » pour obtenir toutes les fonctionnalités d'enrichissement des caractères* typographiques. La présentation arborescente est doublée d'une symbolisation par des icônes* qui accélère l'accès aux instructions des logiciels.

Mercatique n.f. Ensemble des techniques ou des actions dont l'objectif est d'opérer un meilleur ajustement de l'offre et de la demande, à la faveur d'une investigation et d'une anticipation aussi rigoureuses que possible de celle-ci et de celle-là. L'étude de cet ajustement ainsi que sa poursuite effective présentent plusieurs aspects, complémentaires les uns des autres : l'étude du marché environnant ; l'élaboration d'une offre possible et rentable ; la validation de cette offre ; la mise sur le marché et la détermination d'une politique de commercialisation du bien ou du service considéré. Parmi ces techniques ou ces actions, on distingue habituellement les techniques de promotion de ventes des techniques de marketing direct. Ces dernières se sont considérablement développées, depuis les années 1980, au détriment des techniques de promotion plus classiques. Le marketing direct vise à toucher un client potentiel (un prospect*) de façon aussi personnalisée que possible afin d'engendrer chez lui, aussi rapidement que possible, la réaction escomptée. Le marketing direct utilise toute la palette des médias : depuis les plus traditionnels, la presse, la radio ou la télévision, jusqu'au site Web, en passant par le publipostage ou le marketing téléphonique, avec émission d'appels et réception d'appels dans des centres *(calle-centers)* de la « hot line* ». Ce qui singularise, ce sont donc les résultats qu'il escompte : les appels téléphoniques, les renvois de coupons, le nombre de connexions.

Messagerie électronique. Fonction des réseaux* permettant l'acheminement de messages, de courrier, entre des systèmes informatiques qui doivent être identifiés chacun par leur adresse électronique. La messagerie est l'une des principales fonctions des réseaux télématiques (l'e-mail de l'Internet*), avec la consultation des banques de données*.

Messagerie de presse. Entreprise chargée du groupage et de la distribution* de la presse* depuis son lieu d'impression* jusqu'aux dépositaires* ou aux points de vente.
DROIT. L'entreprise permet ainsi de partager, entre les différentes publications concer-

nées, les frais d'acheminement, du lieu d'impression jusqu'aux points de vente. Pour garantir l'impartialité et la neutralité de cette distribution, la loi impose, en principe, aux messageries de presse d'être constituées sous forme de sociétés coopératives. Elle prévoit cependant la possibilité, pour ces dernières, de « confier l'exécution de certaines opérations matérielles à des entreprises commerciales » ordinaires, à condition, toutefois, de « s'assurer une participation majoritaire dans la direction de ces entreprises ». C'est ainsi que les Nouvelles Messageries de la presse parisienne (NMPP) ont pu être reconstituées et reprendre leurs activités. L'article 4 de la loi Bichet du 2 avril 1947, qui organise la distribution de la presse en France, autorise les éditeurs réunis au sein de coopératives* à s'adresser à des entreprises commerciales pour assurer la messagerie des titres qu'elles éditent, à condition de s'assurer une participation majoritaire dans la direction de ces entreprises. → **NMPP, MLP, SAEM-TP, RAD**

Messageries lyonnaises de presse (MLP). Fondées à Lyon, en 1945, les MLP ne sont pas une société commerciale mais une coopérative d'éditeurs qui assurent eux-mêmes leur distribution*. Elles sont dirigées par un conseil d'administration de 12 éditeurs, élus par l'assemblée générale. Spécialisées dans un premier temps dans la distribution des quotidiens* locaux, elles se sont progressivement ouvertes aux publications* périodiques, auxquelles elles se consacrent exclusivement aujourd'hui. En 1997, les MLP, auxquelles adhèrent environ 300 éditeurs, gèrent plus de 1 200 titres, pour un chiffre de ventes de 1,885 milliard de francs (contre 800 millions en 1990). Elles détiennent environ 14 % du marché global de la distribution de la presse. La très grande majorité des titres qu'elles distribuent (77 %) sont mensuels* ou bimestriels*. Elles distribuent des titres principalement axés sur la nature, le tourisme, la montagne, la maison, l'informatique. Depuis 1996, elles se chargent elles-mêmes de leur distribution sur Paris et livrent directement les 2 000 points de vente de la capitale.

METCALFE (loi de). Formulée par celui qui a inventé les réseaux locaux d'ordinateurs, du nom d'Ethernet, cette loi affirme que la performance d'un réseau croît comme le carré du nombre d'ordinateurs qui lui sont reliés. En d'autres termes, le rapport coût/performance d'un ordinateur, comme le souligne Pierre C. BELLANGER (*la Radio du futur,* 1992), s'accroît du carré du nombre d'ordinateurs auxquels le réseau lui permet d'être relié.

Métridom. → **Médiamétrie**

Metteur en page. Spécialiste de la mise* en page.

MHz. Abréviation pour *mégahertz,* multiple du hertz (1 MHz = 1 million de hertz).

MIC. → **Modulation par impulsion codée**

MICDA. → **Modulation par impulsions et codage différentiel adaptatif**

Micro-informatique n.f. Secteur particulier de l'industrie informatique, consacré à la production des micro-ordinateurs* ou ordinateurs personnels ainsi qu'au développement des logiciels* permettant de les utiliser.

Micro-ordinateur n.m. (ou ordinateur personnel ; angl. : *personal computer, PC*). Configuration informatique matérielle et logicielle fonctionnant, soit de façon autonome, soit en réseau*. Les deux principales gammes de micro-ordinateurs sont les PC *(personal computers),* dits aussi compatibles IBM, utilisant le système* d'exploitation MS-DOS de Microsoft, et les Macintosh, de la firme Apple, utilisant des systèmes* d'exploitation spécifiques, de la gamme OS.

Microphone ou micro n.m. (angl. : *microphone*). Dispositif technique permettant de capter des signaux sonores en vue de leur enregistrement ou de leur diffusion.

Microprocesseur n.m. **1.** Processeur* dont les éléments sont miniaturisés en circuits intégrés. Le processeur central d'un ordinateur* exécute les instructions des programmes chargés en mémoire* centrale, et notamment ceux qui constituent le système* d'exploitation. **2.** Circuit intégré à très grande densité d'intégration (jusqu'à 100 000 composants électroniques par circuit), ce qui permet de disposer d'une grande capacité de mémoire*. On dit familièrement « puce ».

Microtrottoir n.m. Séquence sonore ou vidéo* issue du traitement de séquences enregistrées à l'aide d'un microphone*, en direct*, dans la rue (sur le trottoir), pour recueillir les impressions ou les réactions instantanées des gens.

MIDI. → **Musical Instrument Digital Interface**

Minidisque n.m. (angl. : *mini disc, MD*). Disque compact permettant l'enregistrement du son, et son réenregistrement à volonté. Créé par Sony en 1993, le minidisque, plus petit que le disque compact (6,4 cm plutôt que 12 cm de diamètre), enregistre jusqu'à 74 minutes de son d'une qualité à peine inférieure à celle du CD, et il permet de titrer les différentes plages du disque. Apprécié pour son autonomie, il s'est répandu dans les foyers, dans les voitures et sur les baladeurs. Les journalistes de radio l'apprécient également pour ses accès instantanés aux plages sonores et ses possibilités de sauvegarde automatique.

Minimum garanti. → **À-valoir**

Ministère de l'Information (de la Communication, de la Culture). Depuis la fin du XVIIIe siècle, les problèmes de presse* étaient, en France, suivis par le ministère de l'Intérieur et ceux de la radiodiffusion par le ministère des PTT. C'est en URSS et dans les États totalitaires que naquirent les premiers organes centraux qui géraient l'ensemble de la propagande*. À la veille de la Seconde Guerre mondiale, le gouvernement Daladier fonda le Haut-Commissariat à l'information. De 1939 à 1978, ministère à part entière ou secrétariat d'État, l'Information continue à former un département ministériel autonome qui prit en 1978 le titre de ministère de la Communication et fut associé depuis, sous différents titres, à celui de la

Culture. Sous la IVe et Ve République jusqu'en 1981, ce ministère avait, en plus de l'application des lois et règlements sur la presse, la tutelle sur le monopole public de la radio-télévision et on reprocha souvent à ses titulaires – il y en eut plus de trente entre 1944 et 1981 – d'orienter dans un sens gouvernemental les programmes* de l'audiovisuel. La création d'un organisme indépendant chargé de contrôler l'audiovisuel (Haute Autorité*, CNCL* puis Conseil* supérieur de l'audiovisuel) en 1982, puis l'abandon du monopole d'État sur l'audiovisuel (radio en 1981, télévision en 1984-1986) ont considérablement limité l'importance de ce département ministériel, désormais surtout orienté vers la défense de la culture. Il est caractéristique que les autres démocraties, anglo-saxonnes ou germaniques, n'ont jamais connu de ministère de l'Information ou de la Communication. → **SJTIC**

Minitel n.m. Nom du terminal* de connexion au réseau Télétel*, réseau télématique français. C'est un terminal sans autonomie qui permet seulement d'accéder aux services offerts par le réseau. Il est composé d'un écran de faible capacité (25 lignes et 40 colonnes) et d'un clavier* à touches alphanumériques*, avec un modem* intégré. S'il est très simple à utiliser, il est peu attrayant, son mode d'affichage ne permettant guère d'afficher autre chose que des caractères. Fin 1997, 6,7 millions de terminaux Minitel étaient installés dans les foyers français.

Minitelnet (ou Minitel-Internet). Service de France Télécom permettant d'accéder à la messagerie de l'Internet grâce au Minitel*, sans abonnement. Ce service permet de répandre l'usage de la messagerie électronique sans recourir à l'achat d'un micro-ordinateur et d'un modem, ni à la souscription préalable d'un abonnement.

Mire n.f. Image fixe de référence comprenant un certain nombre d'éléments graphiques et chromatiques (lignes, gradation des couleurs et des gris) permettant le réglage des appareils vidéo et de télévision. La mire de la RTF*, puis de l'ORTF*, diffusée une bonne partie de la journée, est devenue un symbole de cet organisme dans la mémoire des téléspectateurs*.

Mise en demeure. Acte en vertu duquel l'instance de régulation* avertit un opérateur d'un manquement qu'il a commis et l'informe qu'en cas de récidive il encourt une sanction* administrative. Il s'agit d'un acte faisant grief. La mise en demeure doit permettre à celui qui en fait l'objet de présenter sa défense et de retourner dans la légalité. ᴇɴᴄʏᴄʟ. Le Conseil* constitutionnel a notamment précisé que cette procédure était une condition de la constitutionnalité du texte de la loi du 30 septembre 1986 sur les sanctions administratives dont dispose le CSA et qu'elle était donc une condition préalable à l'exercice de ses pouvoirs dans ce domaine (décision n° 88-248 du 17 janvier 1989 sur l'interprétation des articles 42 et 42-1 de la loi du 30 septembre 1986). Le Conseil d'État a considéré que le manquement faisant l'objet de la mise en demeure devait être déterminé et précisément qualifié (CE, SA La Cinq, 11 mars 1994). Une seule sanction échappe à l'exigence de la mise en demeure préalable : le retrait pour modification substantielle des données au vu desquelles l'autorisation* a été délivrée (article 42-3 de la loi du 30 septembre 1986).

Mise en page. Opération de répartition des différents éléments de la composition* d'une page (titres, textes, illustration), selon le projet de la maquette*. À l'origine, elle se faisait sur le marbre*, où étaient assemblés les paquets de lignes de plomb justifiées et les clichés des gravures pour remplir la forme imprimante de la page. De plus en plus souvent, l'opération est faite par ordinateur*, avec des logiciels* appropriés. → **Forme, Metteur en page**

Mise sous presse. Dépôt de la forme* imprimante dans la presse. Cette opération précède immédiatement le tirage*. → **Impression**

Mise en valeur. Ensemble des procédés utilisés pour attirer l'attention du lecteur sur une rubrique* ou un article*. Elle joue sur la surface qui lui est accordée, la typographie*, les titres, l'illustration, la couleur, ainsi que

sur la place occupée dans la page ou dans le numéro.

Mixage n.m. Assemblage et mélange, sur un même support, d'informations sonores provenant de différentes sources. Le mixage est la phase finale de la réalisation de la bande sonore d'un film ou de l'enregistrement d'un disque. Avec les techniques numériques, il permet d'améliorer la qualité sonore d'un disque en supprimant certains défauts de l'enregistrement (remixage ou remix).

MMDS (Multichannel Multipoint Distribution Service) n.m. Système de distribution* numérique* en hertzien terrestre permettant la distribution simultanée de plusieurs programmes sur une fréquence satellitaire. On parle de « câble sans câble ». Ne nécessitant pas d'investissement pour des réseaux « lourds », il est très utilisé dans les pays en voie de développement ou dans les zones rurales à faible densité d'habitat. Sa version numérisée permet la diffusion de programmes multimédias. ᴇɴᴄʏᴄʟ. Apparue dans les années 1970, la technologie MMDS a longtemps été dite du « satellite à terre ». En effet, elle repose sur les mêmes concepts techniques que le satellite*. C'est au début des années 1990 qu'elle commence à se développer aux États-Unis, dans des zones où l'investissement câble était particulièrement onéreux et peu rentable. Elle arrive ensuite en Irlande et en Europe de l'Est. Dans les pays en voie de développement, elle trouve son plein emploi, notamment en Afrique. Aujourd'hui, avec sa numérisation, le MMDS apparaît comme une solution palliative au câble dans les zones où ce dernier est trop cher en raison de la faible densité d'habitat. Parfois, comme à New York, il est un moyen de lancer un système directement concurrent du câble. En France, TDF a créé deux réseaux expérimentaux à Prades et à Felletin, et devrait développer d'autres réseaux. Plusieurs autres projets existent dans les DOM-TOM, notamment à la Réunion.

Mo. Abréviation pour *mégaoctet* (angl. : *megabyte*). Multiple de l'octet (1 Mo = 1 million d'octets).

Modem n.m. Abréviation de *modulateur-démodulateur*. Dispositif technique permettant la conversion des signaux analogiques* en signaux numériques* et inversement. Connecté à un terminal* (ordinateur ou téléviseur), le modem permet ainsi de transmettre et de recevoir des données sur des réseaux* de télécommunications (téléphone, câble, satellite) analogiques* ou numériques*. L'utilisation d'un modem entre le micro-ordinateur et le téléphone est encore nécessaire en France car la boucle locale* du réseau, et parfois le terminal, ne sont pas encore numérisés.

Modernisation n.f. Passage d'un matériel et/ou d'un procédé technique à un autre. La modernisation des techniques d'impression* n'a cessé de bouleverser le fonctionnement et l'économie des entreprises de presse*. Elle a permis d'accélérer le processus de production, depuis le clavier du journaliste* jusqu'aux rotatives* des imprimeries*. Elle améliore aussi la présentation physique des journaux. Cependant, par les modifications qu'elle entraîne dans l'organisation et les qualifications du travail, elle se heurte à des réticences de la part des salariés des entreprises de presse et notamment de ceux de l'imprimerie, qui voient leurs effectifs diminuer et leur statut modifié. Aussi est-ce la source de très nombreux conflits, essentiellement dans la presse quotidienne, initiés le plus souvent par leurs puissantes organisations syndicales. La modernisation nécessite aussi d'importants investissements qui obligent souvent les entreprises à s'endetter ou à perdre leur indépendance. La modernisation de l'audiovisuel, qui concerne également la production mais surtout les techniques de diffusion, s'opère plus facilement alors même qu'elle exige des capitaux importants. → **Ouvriers du Livre, FFTL, Filpac**

Modulation n.f. Action technique qui permet de modifier les caractéristiques d'un signal électrique (onde porteuse) en fonction d'un autre signal (le son ou l'image). Le premier signal sera le signal *modulé* par le second, qui est le signal *modulateur*. En général, le signal modulé est une onde* de haute fréquence*. En modulation d'ampli-tude (procédé utilisé par les émetteurs de radio en ondes courtes, longues et moyennes et ceux de télévision), c'est la grandeur ou l'amplitude du signal haute fréquence qui varie en fonction du signal à transmettre. En modulation de fréquence, au contraire, c'est la fréquence de l'onde à moduler, couramment appelée *onde porteuse,* qui varie en fonction de l'amplitude du signal à transmettre. En principe, la grandeur ou l'amplitude de l'onde porteuse reste constante.

Modulation par impulsion codée (MIC). Technique qui numérise un signal d'origine analogique sur une bande passante de 64 Kbits*/s. Cette méthode procède par échantillonnage et quantification binaires des échantillons.

Modulation par impulsions et codage différentiel adaptatif (MICDA) (angl. : *ADPCM*). Méthode de compression utilisée pour réduire le volume de données. Cette méthode repose sur le codage* des différences d'un échantillon à l'autre. La MICDA est une technique utilisée en particulier pour les disques* compacts (CD) et dans la norme DECT*.

Monde (Le). Né en novembre 1944 de la volonté du général de Gaulle de disposer d'un organe qui serait « la voix de la France à l'étranger », comme l'avait fait l'officieux *Temps* (1861-1942), *Le Monde* a su, sous la direction de Hubert BEUVE-MÉRY (1902-1989), assurer son indépendance et trouver une clientèle fidèle dans le monde des intellectuels et des enseignants. La Société de ses rédacteurs finit par obtenir une participation au capital de l'entreprise dès 1951, et la retraite de son fondateur en 1969 n'affecta pas son succès. En 1981, sa diffusion atteignit son apogée, avec plus de 400 000 acheteurs. Après de multiples crises internes, *Le Monde* semble avoir retrouvé la stabilité et une relative prospérité depuis 1995, avec une nouvelle formule. Il reste le grand organe de référence critique, concurrent au centre gauche du *Figaro*, de centre droit. Il diffuse plus de 383 000 exemplaires en 1997. Adresse : 21 *bis,* rue Claude-Bernard, 75005 Paris. Tél. : 01 42 17 20 00.

Monde virtuel. Représentation d'une réalité, imaginaire ou non, grâce à des images réalisées et manipulées avec des ordinateurs. Les simulateurs de vol et certains jeux électroniques nous permettent d'évoluer dans des mondes virtuels, qui n'existent pas, grâce à des images de synthèse et divers dispositifs portatifs de visualisation et d'intervention. → **Image virtuelle**

Mondialisation n.f. (angl. : *globalization*). Processus qui caractérise l'évolution de l'économie. Au-delà du processus bien connu d'exportation de marchandises et de services, puis des flux de capitaux, la mondialisation correspond à la mise en évidence de l'existence d'une concurrence internationale entre les firmes qui exige de concevoir les marchés au niveau planétaire et de mettre en place des réseaux mondiaux de production et d'information. Elle se manifeste par un accroissement important de la mobilité des facteurs de production, notamment celle du capital, et par la mise en concurrence des salariés du monde entier. Elle correspond enfin à la croyance en une interdépendance très grande des économies des différents pays, qu'il s'agisse de leur niveau de production, de l'emploi ou de la valeur de la monnaie. Dans ce processus, les médias qu'il s'agisse de CNP ou de l'Internet, ont joué un rôle essentiel, non seulement en favorisant la multiplication des échanges internationaux, mais en imposant aux entreprises d'avoir désormais une vision différente, mondiale, « globale » de leurs stratégies et de leurs activités. → **Globalisation**

Mondiovision n.f. Diffusion d'un programme de télévision, en direct*, sur l'ensemble de la planète. La diffusion en Mondiovision repose sur l'utilisation des réseaux de satellites* de télécommunications.

Moniteur n.m. Téléviseur dépourvu de tuner*, qui ne peut recevoir les émissions de télévision diffusées mais qui accepte et restitue les signaux vidéo.

Monopole n.m. Situation d'un marché ne comportant qu'un seul offreur : le monopoleur. L'existence d'un monopole peut s'expliquer par la présence de coûts fixes importants (exemple de la SNCF, EDF), résulter d'une décision de l'État ou d'un processus de concentration*. CONTR. : *Concurrence*.

Monopolistique adj. Caractéristique d'une entreprise en situation de monopole*.

Montage n.m. Étape finale de la production d'une œuvre audiovisuelle ou cinématographique qui consiste à sélectionner les plans et les séquences ayant été retenus, avant de les assembler selon un ordre déterminé. Le montage est une opération d'écriture audiovisuelle tout à fait décisive : du montage dépend la qualité de l'œuvre produite.

Monteur n.m. Technicien ou artiste chargé du montage*. Le monteur est celui qui donne sa cohérence à une œuvre* audiovisuelle.

Moore (loi de). Formulée en 1965 par Moore, cofondateur d'Intel, fabricant de microprocesseurs*, cette loi, jamais démentie, affirme que la puissance des microprocesseurs, à prix constants, double tous les 18 mois. À ce rythme, il faudra moins de trente ans pour obtenir, avec la même somme, une capacité informatique multipliée par un million. C'est comme si l'on payait 5 centimes, comme le souligne Pierre C. Bellanger (*la Radio du futur,* 1992), une voiture qui, en francs constants, coûtait 50 000 F trente ans plus tôt.

Morasse n.f. Dernière épreuve*, faite sur le marbre*, avant le bouclage* des formes* du journal. Après d'ultimes vérifications, le secrétaire* de rédaction y portait son bon* à tirer.

Morgue n.f. → **Frigo, Viande froide**

Morphing n.m. Procédé informatique de trucage d'images vidéo ou cinématographiques permettant de transformer progressivement sous forme d'images* de synthèse un objet ou un personnage en un autre objet ou en un autre personnage. → **Effets spéciaux**

Mot de passe (angl. : *password*). Synonyme de *code* utilisateur.

Moteur de recherche (angl. : *search engine*). Programme d'indexation et de classement des documents sur l'Internet*, qui permet à l'internaute* de procéder à une recherche automatique d'informations par mots-clefs. Plus la formulation de la demande est précise, moins grand est le risque de recevoir, en guise de réponse, des milliers de pages indexées. Les moteurs de recherche les plus connus sont Alta Vista, Ecila, Excite, InfoSeek, Locace, Lycos, Magellan, Nomade et Yahoo. → **Portail**

MPEG (Motion Picture Expert Group). Norme ISO définissant les caractéristiques des algorithmes de compression* des images animées (vidéo et TV numérique). Elle exploite aussi les redondances des images, mais autrement que ne le fait la norme JPEG*. Par exemple, dans une séquence d'images, certains éléments d'image restent fixes alors que d'autres défilent, créant le mouvement (objet en déplacement : cavalier, train, voiture, bateau sur fond de ciel fixe, par exemple). Seules les trames portant des informations modifiées sont prises en considération, les trames correspondant aux plans fixes n'étant prises qu'une seule fois. Il s'agit donc de travailler sur les différences entre les images, et non de conserver les images complètes qui constituent l'ensemble de la séquence. La compression de l'image consiste donc à effacer, pendant la durée de la transmission, les signaux redondants, grâce à des algorithmes de traitement. Ne sont acheminées que les différences entre les images accompagnées des informations codées sur les éléments à reconstituer. Enfin, cette norme permet de compresser simultanément le signal sonore associé aux images. Les travaux de différents groupes d'experts ont permis la définition, en 1990, de la norme MPEG, qui a été retenue par la plupart des grands industriels, mais qui est issue des travaux des laboratoires Philips. Sa première mouture, MPEG 1, permet une réduction jusqu'à 200 fois de la taille d'un fichier d'images. Cette première génération a permis le développement des premiers disques* compacts interactifs. Pour la télévision* numérique, la norme adoptée est MPEG 2 (1994), qui applique un taux de réduction compris entre 1/15 et 1/30 et couvre l'ensemble des applications multimédias*.

MS-DOS (Microsoft Disc Operating System). Système* d'exploitation pour micro-ordinateurs développé par la société américaine Microsoft.

M6. Chaîne de télévision privée diffusée en clair par voie hertzienne terrestre, par câble et par satellite, éditée par la société Métropole Télévision, dont le capital est détenu par la CLT-UFA (39,9 %), Suez-Lyonnaise des Eaux (34 %), autres actionnaires et public (26,1 %). Lancée en mars 1987, M6 a connu une croissance régulière de son audience pour atteindre 13,2 % de part de marché (foyers) en 1997, grâce à une stratégie de contre-programmation*, visant la tranche d'âge des 15-35 ans, où la musique et l'information locale tiennent une place particulière. Dès sa création, la chaîne cultive sa différence avec des émissions innovantes comme le « Six Minutes » d'information diffusé à 19 h 54 (avec dix décrochages locaux) ou encore les magazines comme « Capital », « Culture Pub », « E=M6 » ou « Zone interdite ». Alors que les populations jeunes sont traditionnellement sous-consommatrices de télévision, M6 est devenue la seconde chaîne en termes d'audience sur la cible des jeunes de 4 à 35 ans depuis 1997. La chaîne a également enregistré la plus forte progression de recettes publicitaires des chaînes nationales, avec 17 % de part de marché en 1997. M6 a diversifié ses activités dans la production ; supprimer les deux, les produits dérivés et le multimédia : disques, cassettes vidéo et magazines (M6 Interactions) ; le téléachat (société HSS) ; les droits audiovisuels (TCM) et la distribution internationale (M6 DA). La diversification englobe aussi le lancement de chaînes thématiques. Elles sont au nombre de cinq : en 1993, Série Club, chaîne diffusant exclusivement des séries et feuilletons, devenue bénéficiaire trois ans après sa création, puis en octobre 1996, Téva, destinée aux femmes dont Hachette Filipacchi Presse et le groupe Marie Claire détiennent ensemble 49 %, Fun TV, en partenariat avec Fun Radio (50 %), et, enfin, en 1997, M6 Music et le club Téléachat. Aux côtés de son principal actionnaire,

Suez-Lyonnaise des Eaux, M6 se lance dans la télévision numérique en prenant 25 % du capital de TPS*. En juillet 1996, la chaîne a ratifié une convention* avec le CSA*, qui lui renouvelle l'autorisation initiale d'émettre pour cinq ans renouvelables. À travers ce document, la chaîne s'engage à respecter les règles applicables à l'ensemble des diffuseurs ainsi que les engagements spécifiques pris notamment en matière de production et de programmation d'émissions pour la jeunesse et de programmes musicaux. M6 a fait son entrée sur le second marché boursier en septembre 1994. Le chiffre d'affaires a atteint 3 milliards de francs en 1997, dont 71,5 % en provenance de la publicité et 28,5 % des activités de diversification. Adresse : 89, avenue Charles-de-Gaulle, 92575 Neuilly-sur-Seine Cedex. Tél. : 01 41 92 66 66.

MSO (Multiple System Operator). Entreprise chargée de l'approvisionnement des réseaux* de câbles en programmes de télévision, principalement des programmes de stock*, les plus coûteux. Les MSO sont nés aux États-Unis, après 1975, de l'essor du câble. Depuis 1990, le marché du câble a évolué vers une concentration croissante au sein de nouvelles compagnies MSO multiréseaux.

Multichannel Multipoint Distribution Service. → MMDS

Multicrypt n.m. Système de cryptage* multiple ayant recours à un décodeur* muni d'une interface* permettant l'adjonction d'un module détachable qui contient le logiciel* de déchiffrement* d'un programme donné. Ce système est très sûr, mais il impose aux opérateurs de partager leur système de cryptage, ce qui entraîne une moindre confidentialité de leurs fichiers. C'est la raison pour laquelle on fait souvent le choix du simulcrypt*.

Multidiffusion n.f. Programmation multiple d'une émission, sur une même chaîne, à des créneaux horaires et des jours différents.

Multiéquipement n.m. Présence, au sein d'un foyer, d'au moins deux récepteurs de radio, ou d'au moins deux récepteurs de télévision. On distingue le multiéquipement réel du multiéquipement apparent, selon que les récepteurs sont ou non en état de fonctionner normalement.

Multifenêtrage n.m. Possibilité de superposer, sur l'écran d'un ordinateur, plusieurs documents, en les rétrécissant à volonté pour qu'ils n'occupent pas la totalité de l'écran, afin de les consulter en allant plus aisément de l'un à l'autre.

Multimédia adj. et n.m. (angl. : *multimedia*). Technique permettant la restitution, sur un même écran, de documents ou d'informations, que l'on peut choisir ou superposer tout à loisir : des textes, des graphiques, des sons ; des images, fixes ou animées. Ce mélange entre des messages différents a été rendu possible grâce à la numérisation* de tous les signaux, c'est-à-dire à la traduction de tous les messages, textes, sons ou images, dans le langage de l'informatique.
TECHN. La maîtrise de la numérisation et de la compression des signaux, à la fin des années 1980, a permis le rapprochement de trois techniques qui, depuis leur naissance, vivaient séparées l'une de l'autre : les télécommunications, qui transmettent ou transportent l'information ; l'audiovisuel, qui la crée, sur les brisées, souvent, du cinéma et des journaux ; l'informatique, qui traite toujours l'information et qui, parfois aussi, la crée. À la fin des années 1970, la télématique* était née, déjà, du rapprochement entre l'informatique et les télécommunications. Quelques années plus tard, c'était au tour de l'audiovisuel de se rapprocher des télécommunications, ce qui inaugurait l'ère de la télévision interactive*, dans le sillage de la télédistribution*. Après que la numérisation eut conquis les trois domaines, à partir de 1994-1995, le multimédia est né de leur convergence, de leur rencontre, de leur superposition : à l'intersection, si l'on consent à un vocabulaire plus courant, de la télévision, de l'ordinateur et du téléphone.
ENCYCL. Pour l'utilisateur, le multimédia est accessible hors ligne (distribution de supports : *off line*) ou en ligne (diffusion sur réseaux : *on line*) : sur un support comme les disques compacts CD-Rom*, CD-I* ou

DVD*, qui sont lus par un lecteur auto-nome ; ou bien en étant relié à un réseau quelconque, réseau hertzien terrestre, ré-seau satellitaire ou de câbles, autoroute de l'information. La frontière entre ces deux modes de transport et d'utilisation peut s'es-tomper : lorsque l'information demande une mise à jour permanente, le terminal de l'uti-lisateur est déjà capable de mélanger des informations provenant des réseaux avec celles qui sont enregistrées sur des supports autonomes. Les programmes sont alors exé-cutés par des processeurs répartis entre les serveurs et les terminaux : en d'autres ter-mes, la complémentarité nécessite l'utilisa-tion de matériels et de logiciels dédiés à cette fonction. Les réseaux multimédias consti-tuent l'horizon désormais visible pour l'ave-nir des médias : on les nomme autoroutes de l'information parce qu'ils sont censés être rapides, à double sens et à grande capacité. Les domaines où les utilisations du multimé-dia se répandront sont variés : l'enseigne-ment, le commerce, la médecine, le jeu, la culture. Ces domaines d'application concer-nent diverses institutions : les administra-tions et les entreprises, pour la communica-tion externe ou interne ; l'armée, les musées, les écoles, les universités, les collectivités locales, la vente par correspondance. Le mul-timédia se développera auprès des organisa-tions comme auprès du grand public*.

ÉCON. Les perspectives ouvertes par l'essor du multimédia sur ces différents marchés ont favorisé, depuis 1993-1994, la conclusion d'alliances, par-delà les frontières qui les séparaient, entre quatre secteurs d'activités ayant chacun ses métiers, ses clients, ses habitudes, sa propre « culture » : les télé-communications, avec leurs réseaux, spé-cialisés ou universels, plus ou moins intel-ligents ; l'informatique, avec ses logiciels et ses matériels, ses programmes, ses ser-veurs, ses terminaux et ses réseaux locaux ; l'électronique de loisirs, avec ses termi-naux pour l'audiovisuel ou l'informatique, sans oublier d'autres produits « bruns » comme les magnétoscopes, les Camés-scopes ou les lecteurs autonomes ; les mé-dias, enfin, ceux qui détiennent les contenus, les documents ou les informations, stockés dans les maisons d'édition ou de production, dans les archives audiovisuelles, dans des

bases de données ou des banques d'images. SOCIOL. Les premières applications du multi-média apportent déjà quelques éléments de réponse à la question : nouveau langage ou pas ? Empilement de médias anciens ? Ou bien nouveau média, irréductible à la somme des éléments dont il est composé ? Le multi-média n'est pas seulement l'addition de plusieurs médias : il permet à chacun de surmonter son principal handicap. Ainsi, il permet au livre ou au journal d'échapper à la linéarité, par l'hypertexte* ; il libère la télévi-sion de ses grilles et de ses chaînes, grâce à l'interactivité* ; il engage enfin l'utilisateur, avec l'hypermédia*, dans des chemins de traverse, d'une forme à l'autre de l'expres-sion de la pensée. À tous ces signes, le mul-timédia apparaît bien, pour la pensée, comme un nouveau mode d'expression, de création, de représentation et de communi-cation. → **Communication, Information, Interactivité, Média**

Multiplexage n.m. Technique permettant la transmission simultanée sur un même support de plusieurs informations, messages ou programmes, grâce à l'assemblage de plu-sieurs signaux en un seul signal composite, destiné à être transmis sur une même voie de transmission. On distingue deux sortes de multiplexage : le *multiplexage fréquentiel,* où chaque signal modulant une onde* porteuse de fréquence* est assemblé aux autres avant d'être transmis, et le *multiplexage temporel,* où chaque signal est transmis pendant un inter-valle de temps limité qui lui est réservé. On retrouve les signaux d'origine après démulti-plexage*.

Multiplexe n.m. **1.** Émission de radio ou de télévision réalisée avec plusieurs partici-pants géographiquement distants les uns des autres et susceptibles d'intervenir à tour de rôle ou en même temps. **2.** Assemblage sur un même canal* de diffusion numérique de plusieurs programmes de radio (plus de 30) ou de télévision (4 à 6), ce qui permet leur diffusion simultanée. **3.** *Cinéma.* complexe* multisalles. → **Compression**

Multistandard adj. Téléviseur ou magné-toscope* qui accepte les signaux de diffé-rents standards. La plupart des téléviseurs et magnétoscopes modernes sont multistandards PAL*-SECAM*, voire NTSC*, ce qui permet une internationalisation des marchés pour les industriels de l'électronique grand public.

Multivision. Service d'événements TV achetés à la séance ou à la saison, avec des films récents ou en première exclusivité à la télévision, des rendez-vous sportifs en direct et en exclusivité ainsi que des spectacles (concerts et pièces de théâtre). Lancée en mai 1994, en avant-première européenne, avec pour principaux actionnaires TPS* (78 %), Lyonnaise Communications (12 %) et France Télécom Multimédia (10 %), Multivision est diffusée sur le câble et en exclusivité par satellite sur le bouquet* numérique TPS*. Adresse : 145, quai de Stalingrad, 92137 Issy-les-Moulineaux. Tél. : 01 41 33 88 00.

Muse. Procédé de télévision haute* définition analogique*, développé, depuis 1972, par les laboratoires de la NHK (service public de la télévision au Japon). Il est testé lors des jeux Olympiques et la NHK diffuse à partir de 1990 quelques heures de programme sous ce nouveau format. Comme les standards MAC, Muse sera abandonné au profit de la télévision* numérique.

Musical Instrument Digital Interface (MIDI). Interface* permettant la communication entre des instruments de musique électroniques et un ordinateur*. Cette interface a notamment permis la création et l'essor de nouveaux domaines et de nouveaux genres musicaux.

Must Carry Rule. Expression anglaise visant, en France, par assimilation à certaines règles anglo-saxonnes, la possibilité pour le CSA* de demander aux câblo-opérateurs* de reprendre dans leurs plans* de services la retransmission de services diffusés par voie hertzienne normalement reçus dans la zone de diffusion. Il pourrait notamment refuser l'autorisation d'un service dont il serait avéré qu'il ne retransmet pas les chaînes normalement reçues dans la zone. ENCYCL. Aux yeux du CSA, la notion de « normalement reçus dans la zone » vise l'ensemble des services diffusés par voie hertzienne terrestre ou par satellite, dès lors qu'ils peuvent être reçus dans la zone avec un équipement de réception grand public. Cette définition est pour le moins floue, les équipements de réception grand public évoluant aussi vite que la diffusion par satellite*. Concrètement, sont ainsi concernées les chaînes* locales (Télé Toulouse, Télé Lyon Métropole...), les chaînes diffusées par voie hertzienne terrestre (TF1*, France 2*, France 3*, Canal +*, Arte* et La Cinquième*, M6*), mais aussi étrangères en zone frontalière, les chaînes diffusées à partir de la plupart des satellites disponibles en France (Télécom 1 et 2, Astra, Eutelsat...). → **Autorisation**

n

Nagra n.m. Marque de magnétophones* professionnels utilisés par les reporters radio. Pour ces derniers, cette marque est devenue symbole de qualité.

Navigateur n.m. Logiciel* d'accès à l'Internet*. Outil de consultation, le navigateur sert de guide à l'utilisateur, en permettant à celui-ci de consulter les différents sites* sur le réseau des réseaux. Développé au NCSA (National Center for Supercomputing Applications de l'université de l'Illinois) en 1993, Mosaic fut le premier navigateur ayant contribué à rendre l'Internet accessible au plus grand nombre. Aujourd'hui, deux logiciels de navigation sont en concurrence : « Navigator », diffusé gratuitement sur le réseau par la société Netscape Communications en 1994, et « Internet Explorer », mis au point par Microsoft en 1995. Pionnier et détenant un quasi-monopole sur le marché des logiciels de navigation deux ans auparavant, Netscape ne contrôlait déjà plus que 58 % du marché à la fin de l'année 1997. Netscape distribue à nouveau gratuitement son logiciel de navigation depuis janvier 1998, afin de s'aligner sur son concurrent Microsoft, qui a doublé sa part de marché en un an pour atteindre 40 %. → **Navigation, Internet, Web, Hypertexte, Hypermédia, Multimédia**

Navigation n.f. Action consistant à se déplacer, « naviguer » sur Internet, au gré de ses recherches, à l'aide d'un logiciel* appelé « navigateur* ». Grâce aux liens hypertextes*, en cliquant avec la souris* sur l'ordinateur* sur des mots soulignés, une photo ou un logo, il est possible d'afficher un autre écran et de feuilleter ainsi les pages électroniques en allant d'un site à l'autre ou bien à l'intérieur d'un même site. → **Navigateur, Internet, Web, Hypertexte, Hypermédia, Multimédia**

NC. Abréviation de *Network Computer*. → **Terminal Internet**

Ndlr. Abréviation pour *note de la rédaction*. Complément d'information apporté par les responsables d'un journal à un article ou à un élément de cet article, afin d'en faciliter la compréhension par ses lecteurs. Pareil complément est apporté à un article ou à un entretien, non pas pour modifier ou contredire la pensée de son auteur, mais au contraire pour en permettre une meilleure compréhension ou une meilleure expression.

Near Instantaneous Compression And Modulation. → **NICAM**

Nécrologie n.f. **1.** Rubrique d'une publication consacrée à l'annonce des décès. **2.** Plus largement, article* consacré à une personnalité après son décès et reprenant les points marquants de sa biographie.

Négationnisme. → **Contestation de crime contre l'humanité, Révisionnisme**

Net (angl. : *network*). Cette abréviation de l'anglicisme *network* (signifiant « réseau ») est utilisée comme diminutif d'Internet.

Netiquette. Ensemble des règles applicables aux usagers du réseau Internet* :

ainsi l'utilisation d'abréviations, de *smileys* ou *emoticons** ou le non-usage des capitales.

Network Computer (NC). Nom donné par la société américaine Oracle à un ordinateur de réseau permettant un accès simplifié à l'Internet. → **Terminal Internet**

News magazines. Nom donné aujourd'hui à ceux des magazines* qui paraissent chaque semaine et qui se consacrent à des sujets suffisamment variés pour que l'on puisse parler d'information « générale et politique ». Nés très nombreux dans les années 1955-1965, ils ont *Time* pour ancêtre, né aux États-Unis en 1923, et pour modèle, souvent, le *Spiegel* allemand, l'américain *Newsweek* ou *L'Express* français.

Newsgroup. Anglicisme pour *forum**.

NICAM (Near Instantaneous Compression And Modulation) n.m. Système de diffusion* numérique* sur une sous-porteuse d'un son stéréophonique ou de deux sons distincts. Par-delà l'amélioration du son, le NICAM peut être utilisé avec des objectifs très différents, notamment pédagogiques, en diffusant un son différent sur chaque canal*. La majorité des téléviseurs modernes sont équipés pour recevoir un son NICAM.

Niche n.f. Segment d'un marché sur lequel opèrent un très petit nombre d'entrepreneurs et où il est possible, par voie de conséquence, de réaliser des profits élevés. Le chiffre d'affaires y est faible et ce sont souvent de nouveaux entrants qui y pénètrent au moindre coût par une attitude de pionnier. Dans le domaine des médias, les niches correspondent souvent à des contenus très spécialisés.

Night time (expression anglaise). Tranche horaire correspondant, pour une station de radio ou une chaîne de télévision, à la nuit, depuis la fin de l'émission de deuxième partie de soirée, 22 h 30 ou bien minuit, jusqu'aux premières émissions de la matinée, à partir de 6 heures du matin en France.

NMPP. → **Nouvelles Messageries de la presse parisienne**

Nodal n.m. (angl. : *nod*). Équipement destiné à assurer la commutation* et la distribution* de différents signaux de radiotélévision (son, image), en provenance de divers endroits et destinés à être diffusés vers plusieurs utilisateurs. On y effectue le contrôle de qualité du signal, en même temps qu'il est indiqué à celui-ci le chemin le plus court vers son destinataire. Cet équipement est constitué soit par un simple terminal ou un ordinateur plus performant, soit par des serveurs, qui s'apparentent à des passerelles ou à des routeurs.

Nœud. → **Nodal**

Normalisation. → **Norme**

Norme n.f. Ensemble des règles techniques qui définissent le fonctionnement et les caractéristiques d'un appareil ou d'un programme, et notamment le système de transmission des émissions de télévision. Ces règles font l'objet d'une codification et d'une publication officielles : la normalisation désigne cette double opération de codification et de publication.

Notoriété n.f. Nombre – ou pourcentage – de personnes, au sein d'une population donnée, capables d'identifier quelqu'un ou quelque chose, fût-ce de façon sommaire. La notoriété est dite *spontanée* quand la personne interrogée ne dispose d'aucune indication susceptible de l'aider. La notoriété est *assistée,* à l'inverse, quand les réponses s'expriment par oui ou par non devant les noms des produits ou des personnes qu'il s'agit d'identifier.

Nouveaux médias. Expression désignant, dans le langage courant, les techniques qui ont permis, dans les années 1970, grâce aux câbles et aux satellites, la démultiplication et la démassification* de la radio et de la télévision, puis, dans les années 1980, celles qui sont nées de la convergence entre l'informatique et les télécommunications, dans le sillage de la télématique. → **Nouvel-**

les technologies de l'information et de la communication

Nouvelle n.f. Annonce et récit d'un événement*. La transmission des nouvelles est une des fonctions premières des médias*, mais leur sélection, leur présentation, leur commentaire* aboutissent à transformer la réalité des événements eux-mêmes, d'autant que l'intérêt que le journaliste* leur accorde tient souvent plus à leur nouveauté, donc à leur caractère extraordinaire, qu'à leur importance relative : un chien qui mord un homme n'offre guère d'intérêt, mais un homme qui mord un chien est une « bonne » nouvelle ; les trains qui déraillent fournissent des nouvelles, mais pas ceux qui arrivent sans incident ni accident. → **Actualité**

Nouvelle à la main. Lettre manuscrite comportant les nouvelles du moment, adressée périodiquement, le plus souvent selon le rythme du courrier, par un nouvelliste* à ses abonnés*.

ENCYCL. Leur naissance au XVe siècle a précédé la parution des gazettes*, dont la généralisation a progressivement réduit l'intérêt de ces correspondances manuscrites. Elles ont comme héritières les *lettres confidentielles* contemporaines. À certaines de ces lettres était jointe, accrochée par une épingle, une petite note très confidentielle que l'abonné était censé détruire après lecture : c'était une *nouvelle à l'épingle.*

Nouvelles Messageries de la presse parisienne (NMPP). C'est la plus importante des entreprises de groupage et de distribution* au numéro de la presse* française. Elle fut créée le 16 avril 1947, en application de la loi Bichet du 2 avril 1947 qui organise la distribution de la presse selon un mode coopératif et impartial. Elle a pour mission d'assurer et de développer la diffusion de la presse, en France et à l'étranger, pour le compte des 690 éditeurs adhérents des 5 coopératives* qui contrôlent à 51 % la SARL NMPP (les 49 % restants sont détenus par Hachette S.A.*). Les NMPP déterminent, en premier lieu, avec les éditeurs, le nombre d'exemplaires* à livrer au réseau de vente. Elles prennent ensuite en charge les exemplaires* à la sortie des imprimeries*, les trient

et les acheminent vers les 372 dépositaires* centraux – dont 20 SAD (sociétés d'agence et de diffusion, qui approvisionnent les 20 principales villes de province) –, qui les répartissent ensuite auprès de quelque 32 000 points de vente. Elles se chargent enfin de récupérer les invendus* (dont le taux moyen est de 35 %) pour les restituer aux éditeurs. Elles organisent aussi la remontée des flux financiers vers les éditeurs, auxquels elles fournissent également des informations détaillées sur les ventes grâce à des bases* de données performantes. Pour rémunérer cette chaîne d'opérations, y compris celles effectuées par les vendeurs, les NMPP prélèvent une remise sur le prix de vente au numéro des publications* d'environ 36,5 %, répartis entre : 9 % pour les NMPP, 10 % pour les dépositaires et 17,5 % pour les diffuseurs*. Des bonifications ou majorations peuvent être appliquées notamment pour les publications ayant un taux d'invendus élevé. Les NMPP se chargent de la distribution de 2 900 titres pour le compte de 690 éditeurs français (dont 26 quotidiens) et de 780 titres en provenance de l'étranger. Pour la presse française, cela représente environ 31 % de la vente au numéro des quotidiens et 83 % de la vente au numéro des autres publications. Depuis 1982, elles se chargent également de l'exportation* de la presse française pour ce qui concerne la vente au numéro (environ 1 850 titres). Les NMPP ont un certain nombre de filiales qui ont pour objet d'assurer le développement des kiosques* et des maisons* de la presse en organisant l'agencement des points de vente et les systèmes de gestion informatisée. Sefax exploite le réseau de fac-similé* pour imprimer les quotidiens* parisiens en province. En 1997, les NMPP ont permis de réaliser des ventes d'un montant de 19,11 milliards dont 10 % à l'exportation. Elles emploient 5 005 personnes, dont 2 589 directement aux NMPP et 2 416 dans les filiales, leur chiffre d'affaires a été de 2,8 milliards de francs en 1997. Adresse : 52, rue Jacques Hillairet, 75612 Paris cedex 12. Tél. : 01 49 28 70 00.

Nouvelles technologies de l'information et de la communication. Expression désignant l'ensemble des médias qui sont nés, en 1970, du rapprochement entre la radio-télévision et les télécommunications (avec les câbles et les satellites), en 1980 du rapprochement entre les télécommunications et l'informatique (la télématique et les services en ligne), et enfin, depuis 1990, de la convergence entre l'audiovisuel, l'informatique et les télécommunications, avec les multimédias*, en ligne ou hors ligne.

Nouvelliste n.m. Informateur spécialisé, payé par des abonnés à qui il adressait ses nouvelles* à la main. Le XVIIIᵉ siècle a été leur âge d'or. Les nouvellistes à la bouche colportaient oralement les nouvelles à leurs clients. Synonyme vieilli de *journaliste**.

NRJ. Station de radio musicale née en 1981 de la libéralisation des ondes, devenue l'un des principaux réseaux radiophoniques nationaux. Lancée sous la forme d'une association, elle adopte un statut commercial dès 1983 afin d'exploiter le marché publicitaire. NRJ se dote d'une régie en 1984, devenue NRJ Régie pour la publicité nationale, complétée de Régie Networks pour la publicité locale. NRJ s'impose rapidement comme la première radio FM*. À partir de 1985, la création de stations en province et la diffusion par satellite donnent naissance au réseau NRJ. En 1987, NRJ occupe la troisième place au palmarès des radios commerciales derrière RTL* et Europe 1* et lance une nouvelle radio, Chérie FM. Le groupe commence son internationalisation durant les années suivantes en s'implantant en Suisse, en Belgique, en Allemagne, en Suède, en Finlande, et crée parallèlement en France une autre station, Rire et Chansons, en 1990. À travers sa filiale Sogetec, NRJ est devenu un important diffuseur privé en assurant la diffusion de 450 radios parmi lesquelles, en plus du groupe NRJ, RTL 2, RFM, Nostalgie et Skyrock. Fin 1997, NRJ arrive en deuxième position en termes d'audience cumulée avec 11,6 %, derrière RTL*, ex aequo avec France-Info mais loin devant les autres réseaux musicaux. Le groupe, coté en Bourse, a réalisé sur l'exercice 1996-1997 un chiffre d'affaires de l'ordre de 1 milliard de francs pour un bénéfice de 115 millions de francs. En mars 1998, à la suite du rachat du groupe RMC* par l'entente NRJ, Sud Radio et le

quotidien* régional *la Dépêche du Midi,* NRJ acquiert le réseau national musical Nostalgie et devient le deuxième groupe de radio français en nombre d'auditeurs potentiels. Adresse : 22, rue Boileau, 75203 Paris cedex 16. Tél. : 01 40 71 40 00. Site Web : http://www.nrj.fr

NTSC (National Television System Committee). Système de codage* couleur utilisé aux États-Unis, au Canada et au Japon. Premier système couleur à avoir été exploité commercialement, il est réputé pour sa faible qualité. Les Américains l'ont surnommé « Never Twice the Same Color » (jamais deux fois la même couleur).

NumériCâble. Créé en 1984 par la Compagnie Générale des Eaux sous le nom de Compagnie Générale de Vidéocommunication, Numéricâble est aujourd'hui une filiale de Canal+* (groupe Vivendi). Numéricâble a été le premier câblo-opérateur* au monde à diffuser et à commercialiser sur ses réseaux de la télévision numérique. NumériCâble a développé deux plateformes expérimentales d'autoroutes* de l'information, une à Nice appelée Tériviera avec accès haut débit à l'Internet et l'autre à Issy-les-Moulineaux. NumériCâble comptait 590 684 abonnés au 31 décembre 1997.

Numérique adj. et n.m. (angl. : *digital*). Codage d'une information sous forme de chiffres représentés généralement en mode binaire (0 ou 1).

Numéris. Nom du réseau numérique à intégration de services (RNIS*) développé par France Télécom* et assurant, en France, des liaisons téléphoniques et télématiques.

Numérisation n.f. (angl. : *digitalizing*). Action consistant à coder le son ou l'image, ou les deux, reposant sur la représentation numérique, sous forme de bits* ou d'octets*, des caractéristiques physiques du son (variations de l'onde sonore) ou de l'image (variations de l'intensité lumineuse).

Numéro n.m. (angl. : *number, issue*). Unité de livraison d'un périodique*, généralement datée et numérotée.

Numéro d'inscription à la Commission paritaire des publications et agences de presse. ENCYCL. Attestation, délivrée par la Commission* paritaire des publications et agences de presse, de ce qu'une publication* satisfait aux critères et conditions de l'article 72 de l'annexe III du Code général des impôts. L'obtention de ce numéro d'inscription permet à la publication de bénéficier de certaines des modalités de l'aide* de l'État à la presse, en matière de taux de TVA* ou de tarifs d'affranchissement* postaux particulièrement.

Numéro zéro. Numéro* complet d'un périodique* projeté ou du changement de formule d'un périodique existant, réalisé en temps réel, destiné à tester les contenus et la maquette. Adressé aux annonceurs et aux agences de publicité.

NVOD. → Vidéo à la demande

O

Objectivité n.f. Qualité de ce qui rend très fidèlement et exactement compte de la réalité des faits, tels qu'ils se sont produits, sans déformation due notamment à des préférences personnelles de nature politique ou partisane.

ENCYCL. En droit français, une référence à l'objectivité de l'information* est expressément faite dans le statut de l'Agence* France Presse. Aux termes de l'article 1er de la loi du 10 janvier 1957, celle-ci a notamment pour objet de rechercher « les éléments d'une information complète et objective ». Sans faire une référence expresse à l'objectivité, les dispositions de l'article 41 de la loi du 29 juillet 1881 dégagent de responsabilité les auteurs de comptes rendus de séances des assemblées parlementaires ou de débats judiciaires dès lors qu'il s'agit d'un « compte rendu fidèle fait de bonne foi ». Cette notion d'objectivité est également, implicitement au moins, prise en compte par les juges lorsque, dans des procès en diffamation*, la personne poursuivie, pour échapper à la condamnation, invoque sa bonne foi.

Obligations de production. → Production

Octet n.m. (angl. : *byte*). Unité de mesure informatique désignant un ensemble de 8 bits*, et permettant la représentation symbolique d'un caractère quelconque. Le codage en octets permet la représentation de 256 caractères différents (2^8).

ODE (angl. : *opportunity to hear [OTH]*). Occasion d'entendre. → **Contact**

ODV (angl. : *opportunity to see [OTS]*). Occasion de voir. → **Contact**

Œuvre n.f. Création de forme originale, expression de la personnalité de l'auteur*, objet, de ce fait, de la protection du droit* d'auteur.

Œuvre audiovisuelle/d'expression originale française/européenne.
DROIT. Le décret n° 90-66 du 17 janvier 1990 définit la notion d'œuvre audiovisuelle. Aux termes de ce texte, « constituent des œuvres audiovisuelles les émissions ne relevant pas d'un des genres suivants : œuvres* cinématographiques, journaux et émissions d'information*, variétés*, jeux*, émissions autres que de fiction* majoritairement réalisées en plateau, retransmissions sportives, messages publicitaires, téléachat*, autopromotion, service de télétexte* ». Cette définition est donc négative. La notion d'œuvre d'expression originale française a dans un premier temps reposé sur des critères financiers. Jusqu'au décret de 1990, pour qu'une œuvre soit qualifiée d'œuvre « française », 25 % de son budget de production* devait être d'origine française. Le décret n° 90-66 du 17 janvier 1990 modifié par le décret n° 92-280 du 27 mars 1992 ne retient plus que le critère linguistique. Les œuvres doivent être intégralement ou principalement tournées en langue française. L'œuvre européenne a dans un premier temps été celle produite par une société de production établie dans un pays membre de l'Union européenne. Les critères de définition de l'œuvre européenne ont été précisés à l'article 6 du décret précité. La définition française de l'œuvre euro-

péenne est plus restrictive que la définition européenne, qui prend en compte notamment les coproductions* internationales dans lesquelles la participation européenne est minoritaire au prorata de l'apport financier européen. La définition de l'œuvre audiovisuelle en France est plus stricte que la définition de la directive* européenne. Aux termes de l'article 4 de la directive sont exclus de la notion d'œuvre audiovisuelle : « les informations, les manifestations sportives, les jeux, la publicité* ou les services de télétexte ». La définition française ne qualifie d'œuvre audiovisuelle que les œuvres de patrimoine rediffusables. → **Directive « Télévision sans frontières », Quotas, Heures d'écoute significative/Heures de grande écoute**

Œuvre cinématographique/d'expression originale française/européenne.
DROIT. L'œuvre cinématographique est définie par le décret n° 90-66 du 17 janvier 1990. Aux termes de ce texte, constituent des œuvres cinématographiques, d'une part les œuvres qui ont obtenu un visa d'exploitation selon les termes prévus à l'article 19 du Code de l'industrie cinématographique, à l'exception des œuvres documentaires qui ont fait l'objet d'une première diffusion à la télévision en France ; d'autre part, les œuvres étrangères qui n'ont pas obtenu ce visa mais qui ont fait l'objet d'une exploitation cinématographique commerciale dans leur pays d'origine. Constituent des œuvres cinématographiques de longue durée celles dont la durée est supérieure à une heure. La qualification d'expression originale française ou européenne est la même que pour l'œuvre* audiovisuelle.
ENCYCL. Le régime de diffusion des œuvres cinématographiques sur les chaînes de télévision est fixé en application de l'article 70 de la loi du 30 septembre 1986 modifiée par la loi du 17 janvier 1989. Selon cet article, les dispositions relatives à la diffusion des œuvres cinématographiques doivent être incluses dans les cahiers* des charges des sociétés nationales de programme, dans les autorisations* délivrées aux services privés de télévision et dans les décrets concernant le câble* et les services déclarés. Elles doivent préciser

notamment « la fixation d'un nombre maximal annuel de diffusion et de télédiffusion d'œuvres cinématographiques de longue durée ». Ces règles résultent, pour les chaînes en clair*, diffusées par voie hertzienne terrestre, du décret n° 87-36 du 26 janvier 1987, auquel renvoient les cahiers des charges de France 2 et de France 3. Depuis 1989, c'est au CSA de fixer ces dispositions pour les services autorisés, et ce fut notamment le cas dans les conventions* que TF1* et M6* ont passées avec le CSA le 31 juillet 1996. La loi exigeant une égalité de traitement entre les chaînes privées et publiques, les règles sont identiques : 192 œuvres cinématographiques peuvent être diffusées annuellement, dont 104 avant 20 h 30. Par ailleurs, aucune œuvre cinématographique ne peut être diffusée ni les mercredi soir et vendredi soir (à l'exception des œuvres de ciné-club diffusées après 22 h 30), ni le samedi toute la journée et le dimanche avant 20 h 30. Pour Canal +*, la convention du 1er juin 1995 passée avec le CSA fixe son régime particulier de diffusion des œuvres cinématographiques. Pour les chaînes du câble, ce sont les dispositions du décret n° 92-882 du 1er septembre 1992 qui s'appliquent. → **Quotas, Convention, Chronologie des médias, Chaîne cinéma, Chaîne cryptée, Cinéma**

Œuvre de collaboration. Catégorie particulière d'œuvres* à plusieurs auteurs*, tenant aux conditions de la création et à la façon dont les différents auteurs ont été amenés à y participer. De ce fait, les modalités d'exercice des droits sur cette œuvre différeront de celles qui s'appliquent à d'autres types d'œuvres plurales. Celle-ci se caractérise par la concertation entre les divers participants à la création.
ENCYCL. En droit français, est, aux termes de l'article L. 113-2 du Code* de la propriété intellectuelle, « dite de collaboration l'œuvre à la création de laquelle ont concouru plusieurs personnes physiques ». Ce concours doit, pour les différents coauteurs*, correspondre à une concertation, intention et volonté commune de créer ensemble une seule et même œuvre. Selon les termes de l'article L. 113-3 CPI, « l'œuvre de collaboration est la propriété commune des coauteurs ». Ils

doivent donc exercer leurs droits d'un commun accord.

Œuvre collective. Catégorie particulière d'œuvres* à plusieurs auteurs*, tenant aux conditions de la création et à la façon dont les différents auteurs ont été amenés à y participer. De ce fait, les modalités d'exercice des droits sur cette œuvre différeront de celles qui s'appliquent à d'autres types d'œuvres plurales. Celle-ci se caractérise par l'initiative d'une personne qui a rassemblé et coordonné les différentes contributions des divers auteurs, sans concertation entre ces derniers. Cela est peut-être quelque peu contestable, notamment lorsque l'on prend les journaux comme exemple de ce type d'œuvres.
ENCYCL. En droit français, est, aux termes de l'article L. 113-2 du Code* de la propriété intellectuelle* (dont, du fait de sa formulation, la compréhension est source de bien des confusions), « dite collective l'œuvre créée sur l'initiative d'une personne physique ou morale qui l'édite, la publie et la divulgue sous sa direction et son nom et dans laquelle la contribution personnelle des divers auteurs participant à son élaboration se fond dans l'ensemble en vue duquel elle est conçue, sans qu'il soit possible d'attribuer à chacun d'eux un droit distinct sur l'ensemble réalisé ».

Œuvre composite. Œuvre* nouvelle faite à partir d'une ou plusieurs œuvres préexistantes dont elle incorpore des éléments. Les traductions, adaptations et anthologies sont les exemples types de cette catégorie d'œuvres.
ENCYCL. En droit français, aux termes de l'article L. 113-2 du Code* de la propriété intellectuelle, « est dite composite l'œuvre nouvelle à laquelle est incorporée une œuvre préexistante sans la collaboration de l'auteur* de cette dernière ». L'article L. 113-4 du même Code précise que l'œuvre composite est la propriété de l'auteur qui l'a réalisée, sous réserve des droits de l'auteur de l'œuvre préexistante ».

Off the record (français : hors enregistrement). Propos ayant été tenus par une personne, à l'occasion d'un entretien avec un journaliste, et qui sont destinés, d'un commun accord, non pas à être publiés, mais à éclairer ou à compléter l'information qui sera publiée.

Offset n.m. (angl. : *offset lithography*). Procédé d'impression* sans relief ni creux visible, dérivé de la lithographie*. Calée sur la rotative, la plaque* offset, mouillée en permanence, n'accepte l'encre* qu'aux endroits portant le dessin : lignes de caractères*, illustrations*. Son empreinte est décalquée sur un cylindre garni de caoutchouc ou « blanchet », seul au contact du papier*. La rotative offset fait donc intervenir trois types de cylindres : le porte-plaque, le porte-blanchet, le cylindre de contrepression.
ENCYCL De l'anglais *offset,* report, décalque. Mis au point entre 1904 et 1910. Procédé d'impression universellement employé aujourd'hui, bien coordonné avec la photocomposition*.

OIRT. → Organisation internationale de radio-télévision

Oligopole n.m. Situation d'un marché où quelques vendeurs se trouvent face à une demande dispersée. Chaque vendeur peut influencer le prix, et chacun décide en tenant compte des autres. Les entreprises en situation oligopolistique cherchent généralement à s'entendre (ententes ou cartels), ce qui est jugé illicite.

Ombudsman n.m. Terme d'origine scandinave. Désigne le médiateur chargé, en cas de difficultés, d'assurer la conciliation entre une institution et le public. Diverses entreprises de communication* ont ainsi créé, auprès de la direction ou des responsables de la rédaction*, un poste de médiateur chargé de recevoir les remarques et réclamations du public sur le traitement de l'information et au moins, en réponse, de fournir, généralement dans les colonnes* du journal lui-même, des explications, sinon des corrections et excuses s'il reconnaît qu'une faute a été commise.

OMPI. → Organisation mondiale de la propriété intellectuelle

Onde n.f. Propagation à une vitesse donnée d'un phénomène généralement vibratoire sans qu'il y ait pour autant déplacement dans le sens de l'onde du support du phénomène. En radio et en télévision ou en télécommunications, il s'agit d'ondes électromagnétiques (chaque fois qu'un courant électrique vibratoire d'une fréquence donnée traverse un conducteur, il donne naissance à des champs magnétiques, électriques et vibratoires dont les variations vont se propager dans l'espace à la vitesse constante de 300 000 km/s, la distance séparant deux états magnétiques étant la longueur d'onde).

Onde courte. Onde radio* pouvant être diffusée sur de très longues distances (intercontinentales) en réception directe (de 23 à 26 MHz*).

ENCYCL. L'onde courte a été dès les années 1920 l'outil de prédilection des radios dites de souveraineté destinées à marquer la présence d'un pays sur la scène internationale. Les nazis y ont ainsi recouru systématiquement pour leur propagande* à destination des populations germanophones de l'Europe de l'Est. Pendant la Seconde Guerre mondiale, le général de Gaulle en avait fait un outil privilégié d'information. Pendant la guerre froide, la radio internationale Voice of America (VOA) a été un vecteur d'information des Américains à destination des pays communistes. La fin de la guerre froide n'a pas sonné celle des radios à ondes courtes. Celles-ci se sont orientées vers la compétition économique internationale en devenant des supports de coopération, de formation et de diffusion culturelle. Leur numérisation pourrait leur donner une nouvelle jeunesse.

Onde longue. Onde radio ne pouvant être diffusée que sur de petites distances, destinée à des diffusions nationales en réception directe (de 525 à 1 620 kHz*).

ENCYCL. L'onde longue est, aujourd'hui encore, le support privilégié des radios* généralistes grand public, commerciales ou de service public. Sa simplicité de réception l'a rendue très populaire. En France, l'onde longue est largement synonyme de radio commerciale. En effet, elle a permis à des radios

périphériques (émettant à partir de territoires frontaliers) comme Europe 1*, RTL* ou Radio Monte-Carlo* de se développer en atteignant un plus grand nombre d'auditeurs.

Onde moyenne. Onde radio pouvant être diffusée sur d'assez longues distances et destinées à des diffusions nationales ou continentales en réception directe (de 150 à 281 kHz*).

ENCYCL. L'onde moyenne, intermédiaire entre l'onde longue et l'onde courte, l'est aussi en termes d'usage. Elle est soit utilisée par des stations internationales (publiques ou commerciales) pour atteindre des publics continentaux, soit par des stations nationales à petit public. Son utilisation, au moins au plan national, diminue de plus en plus car sa faible qualité technique ainsi que l'éparpillement de ses publics l'empêchent de résister à la FM* (qui lui a ravi les petits publics en recourant aux réseaux satellitaires) et à l'onde longue, qui vise le plus grand nombre. Certains lui recherchent de nouveaux usages, notamment en radiocommunications.

Opinion publique (angl. : *public opinion*). État d'esprit qui dérive, au sein d'une collectivité donnée, de l'addition des différentes attitudes publiquement exprimées, à propos d'une question débattue, dès lors que les affirmations résultant de cette expression sont assorties d'un doute.

SOCIOL. L'opinion publique se distingue par conséquent aussi bien de la croyance collective que de la simple addition de convictions individuelles. L'opinion publique est devenue, avec la philosophie des Lumières, en même temps qu'une instance de critique et de résistance vis-à-vis du pouvoir politique, l'ultime justification des lois édictées au nom de tous et s'imposant à l'ensemble des membres d'une société politiquement organisée. Avec la multiplication des sondages, l'opinion publique est souvent assimilée aux seuls résultats des enquêtes, ce qui l'éloigne de la conception qu'en avaient les penseurs de l'État moderne et démocratique, au XVIIIᵉ siècle : une opinion résultant de la réflexion éclairée de chacun et de la libre discussion de tous, au nom de l'intérêt commun.

Orbite géostationnaire (angl. : *geostationary orbit*). Orbite de la Terre, perpendiculaire à l'équateur et située à 36 000 km de la Terre, sur laquelle sont positionnés les satellites* de télécommunications ou de radiodiffusion*. Grâce à cette position, imaginée en 1945 par Arthur Clarke, écrivain et scientifique américain, auteur de *2001, l'Odyssée de l'espace*, les satellites restent en permanence et apparemment immobiles par rapport à la Terre qui tourne en même temps qu'eux. À partir d'une position quelconque sur l'orbite de Clarke, un satellite peut donc couvrir, de façon continue, un tiers de la planète.

ENCYCL. Une position orbitale est définie par son *degré de longitude*, c'est-à-dire sa position par rapport au méridien d'origine (0°, méridien de Greenwich). Les réseaux* de satellites européens occupent les positions orbitales suivantes : Télécom (réseau France Télécom) à 3°, 5° et 8° ouest, Eutelsat (consortium européen) à 7°, 10° et 13° est (Hot Bird), Astra (réseau de la Société européenne de satellite) à 19,2° est, Hispasat (Espagne) à 30° ouest, Intelsat (consortium international) 57°, 63° et 66° est et 21,5°, 27° et 53° ouest. Une position orbitale peut être occupée par plusieurs satellites. L'orbite géostationnaire pourrait accueillir 1 600 satellites. Les positions des quelque 500 satellites sont enregistrées actuellement sur cette orbite auprès du Comité* international d'enregistrement des fréquences orbite de l'Union* internationale des télécommunications.

Ordinateur n.m. (angl. : *computer*). Calculateur électronique doté d'une capacité de mémoire importante et d'une très grande vitesse de traitement, permettant ainsi la mise en œuvre de programmes informatiques sophistiqués. Les premiers ordinateurs ont été mis au point entre 1943 et 1945, simultanément aux États-Unis et en Grande-Bretagne. La gamme des produits disponibles est très étendue, depuis les ordinateurs très puissants utilisés par la recherche scientifique jusqu'aux micro-ordinateurs* personnels.

Oreilles n.f. pl. Petits encadrés, situés dans la manchette*, à gauche et à droite du titre du journal*, contenant des renseignements administratifs, une formule lapidaire, un mini-sommaire ou de la publicité.

Oreillette n.f. Petit écouteur placé dans l'oreille du journaliste* ou de l'animateur* de télévision, lui permettant un contact permanent avec la régie, quand il est en studio, ou avec le studio quand il est à l'extérieur.

Organisation internationale de radio-télévision (OIRT). Fondée par les pays européens en 1946, l'OIRT devint, à la suite de la création de l'UER* en 1950, l'union des opérateurs de radio et de télévision des seuls pays de l'Europe centrale et orientale auxquels étaient associées les radios et télévisions du tiers-monde. L'OIRT était à l'origine de la création du réseau Intervision, l'équivalent de l'Eurovision* des radiodiffuseurs occidentaux. En 1993, les pays membres de l'OIRT rejoignent l'UER.
→ **Union européenne de radiodiffusion**

Organisation mondiale du commerce (OMC). L'OMC a été créée dans le cadre des accords de Marrakech du 15 avril 1994 (acte final du cycle de l'Uruguay, qui mit un terme, après des négociations qui ont duré près de dix ans, entre 1986 et la fin 1994, à l'accord général sur les tarifs douaniers et le commerce, le GATT, de 1948) et a commencé à fonctionner le 1er janvier 1995. L'OMC, qui compte 132 membres, a pour mission de faciliter la mise en œuvre et le fonctionnement de tous les accords commerciaux négociés lors de l'Uruguay Round. D'autre part, elle intègre le texte et les objectifs du GATT (accord général sur les tarifs douaniers et le commerce) en les étendant au domaine de la propriété industrielle et des services.

ENCYCL. En principe, l'audiovisuel est couvert par cette réglementation – destinée à limiter les droits de douane et à supprimer les obstacles non tarifaires – comme un service ordinaire. Mais, dans la mesure où aucun engagement n'a été pris par l'Union européenne et les États membres, les services audiovisuels sont exclus, de fait, de l'Accord. L'Union est donc libre de réglementer les services audiovisuels à travers la directive* « Télévision sans frontières ». L'OMC dispose de pouvoirs renforcés par rapport à ceux que détenait le GATT en ce qui concerne le règlement des différends. Adresse : 154, rue de Lausanne, 1202 Genève. Tél. : (41) 22 739 51 11.

Organisation mondiale de la propriété intellectuelle (OMPI) (angl. : World Intellectual Property Organisation [WIPO]). Organisation internationale spécialisée, dont le siège est à Genève, qui s'occupe de la protection internationale des droits intellectuels (droit* d'auteur, droits voisins* du droit d'auteur mais aussi droits de propriété industrielle tels que droits des brevets et des marques). L'OMPI est l'organisme de gestion de certaines grandes conventions internationales telles que la convention* de Berne pour la protection des œuvres littéraires et artistiques, et la Convention internationale sur la protection des artistes-interprètes ou exécutants, des producteurs de phonogrammes et des organismes de radiodiffusion (convention* de Rome). Au sein de l'OMPI ont été adoptés, le 20 décembre 1996, deux traités complémentaires, l'un « sur le droit d'auteur », et l'autre « sur les interprétations, les exécutions et les phonogrammes ».

ORTF. Créé par la loi du 27 juillet 1964, l'Office de la radio-télévision française a été chargé, jusqu'à la loi du 7 août 1974, du monopole du service public de la radio et de la télévision en France. Établissement public à caractère industriel et commercial, l'ORTF succéda à la RTF, instituée en 1941. Sa mission était de « satisfaire le besoin d'information, de culture, d'éducation et de distraction du public ». L'établissement public n'était plus soumis à l'autorité du ministre de l'Information, mais à sa tutelle. Son conseil d'administration – ce qui distinguait l'Office de la RTF – était chargé de déterminer « les lignes générales » de son action, de s'assurer « de la qualité et de la moralité des programmes », et de « veiller » à l'objectivité et à l'exactitude des informations diffusées.

OSI. → **Interconnexion des systèmes ouverts**

Ouestoxication (angl. : *ouesttoxification*). Né de la contraction entre *ouest* et *intoxica-*

tion, le mot désigne l'inculcation forcée des valeurs dites occidentales dans une société qui les rejette, moins en elles-mêmes que pour ceux qui les incarnent et les procédés qu'ils utilisent pour les propager.

SOCIOL. Utilisé par René-Jean RAVAULT, cette notion lui permet d'expliquer que les agents du shah d'Iran ont obtenu un effet inverse de celui qu'ils recherchaient, pour avoir occidentalisé à outrance les médias, ce qui engendra, par exaspération, la réaction des militants chiites.

Ours n.m. Encadré publié dans chaque périodique*, présentant la société éditrice et ses dirigeants, le lieu d'impression, les rédacteurs en chef, les tarifs d'abonnement, le numéro ISSN, le label syndical.

ENCYCL. À l'origine, imprimeur occupé à la presse*. Par extension, patron de l'imprimerie, d'où le *nom d'ours* puis l'*ours* pour désigner la mention obligatoire du nom de l'imprimerie au bas du journal.

Ouvriers du Livre. Ouvriers très qualifiés assurant autrefois la quasi-totalité du processus d'impression* des journaux* à travers des « métiers » divers (typographes*, linotypistes*, photograveurs*, monteurs, correcteurs, rotativistes*...). Ils ont acquis un statut économique très avantageux (durée du travail inférieure à la moyenne, congés nombreux, rémunération au « service », c'est-à-dire à la tâche effectuée dans un temps donné) grâce à la conjonction de plusieurs facteurs. C'est, en premier lieu, leur syndicalisation ancienne et générale au sein de la seule CGT et le monopole d'embauche dont celle-ci disposait de fait au sein des imprimeries* de presse* quotidienne en France, qui a garanti l'emploi de personnels nombreux et solidaires. Le caractère périssable du produit imprimé leur a conféré, en second lieu, une position de force en cas de conflit par la menace ou la mise à exécution de grève. Mais à partir des années 1960, la modernisation* des imprimeries est venue battre en brèche tous ces avantages. L'informatisation progressive de tout le processus de composition* et d'impression a rendu de moins en moins nécessaires leur qualification et, surtout, leur nombre. Aussi de nombreux conflits ne cessent-ils d'agiter les relations entre ouvriers et patrons de presse. Ils ont permis, au fil de négociations ardues (et souvent grâce à des aides* de l'État), de réduire les effectifs, modifier les compétences, changer les règles d'organisation et de rémunération du travail par la suppression du service et par la mensualisation, et surtout faire appel à des non-syndiqués ou à des syndicats autres que la CGT. Cela se développe dans un contexte marqué par la crise de la presse quotidienne et les dissensions entre les divers métiers qui se font jour au sein de la Fédération des ouvriers du Livre. Cependant, les ouvriers du Livre demeurent encore une force non négligeable au sein des entreprises de presse quotidienne, principalement à Paris. → **Filpac, FFTL**

Ozalid n.m. (angl. : *Ozalid ; blueprint*). En offset*, papier sensibilisé, permettant l'établissement d'épreuves* positives d'après les films. Permet la correction de la composition* avant copie sur plaque* imprimante.

P

Packaging n.m. (mot anglais utilisé pour « emballage »). Secteur du marketing travaillant sur les matériaux utilisés pour l'emballage et l'étiquetage des produits afin de les rendre plus attrayants pour le consommateur.

Pacte international sur les droits civils et politiques. Texte adopté dans le cadre des Nations unies, le 19 décembre 1966. A la forme et la valeur d'un traité international, afin de donner plus de force juridique aux principes posés par la Déclaration* universelle des droits de l'homme. Aux termes de l'article 19 du Pacte, qui reprend, à peu près dans les mêmes termes, en les précisant et les complétant cependant, les dispositions de l'article 19 de la Déclaration universelle : « 1. Nul ne peut être inquiété pour ses opinions. 2. Toute personne a droit à la liberté d'expression ; ce droit comprend la liberté de rechercher, de recevoir et de répandre des informations et des idées de toute espèce, sans considération de frontières, sous une forme orale, écrite, imprimée ou artistique, ou par tout autre moyen de son choix. 3. L'exercice des libertés prévues au paragraphe 2 du présent article comporte des devoirs spéciaux et des responsabilités spéciales. Il peut en conséquence être soumis à certaines restrictions qui doivent toutefois être expressément fixées par la loi et qui sont nécessaires : a) au respect des droits ou de la réputation d'autrui ; b) à la sauvegarde de la sécurité nationale, de l'ordre public, de la santé ou de la moralité publiques. » Sur le plan universel, le Pacte international sur les droits civils et politiques est l'équivalent de la Convention* des droits de l'homme sur le plan régional, quoique son mécanisme de contrôle soit moins efficace. Entré en vigueur en 1976 et ratifié par 140 États, le Pacte s'est efforcé de préciser certaines des dispositions de la Déclaration universelle des droits de l'homme.

ENCYCL. Le poids des souverainetés explique cependant l'omission de certains droits comme le droit d'asile ou le respect des biens. En revanche, par rapport à la Convention européenne par exemple, le Pacte garantit, outre toutes les libertés civiles (dont la liberté d'expression et d'information), des principes relatifs à la non-discrimination, à l'accès aux fonctions publiques, à la protection des minorités que l'instrument européen ne consacre pas. Depuis le 15 décembre 1989, le Pacte comporte un deuxième protocole facultatif visant à abolir la peine de mort. Pour l'essentiel, le contrôle de l'exécution du Pacte est exercé par le Comité des droits de l'homme, composé de 18 experts indépendants, sur la base des rapports périodiques présentés par les États parties. D'autre part, le Comité peut être également saisi de communications (requêtes) individuelles, dirigées contre les 80 États qui ont ratifié un protocole facultatif, dit protocole n° 1. Le Comité, d'une façon quasi judiciaire, tranche les litiges par des « constatations », qui n'ont pas formellement de force obligatoire, mais qui sont, en fait, dans la quasi-unanimité des cas, respectées par les parties concernées. Le Comité tient des sessions à Genève et à New York, au siège des Nations unies. → **Convention européenne**

Pacte de préférence. Disposition d'un contrat d'édition par laquelle l'auteur* s'engage à soumettre à l'éditeur, avant de le faire auprès de ses concurrents, un certain nombre de ses œuvres* futures, en vue de leur éventuelle publication.

ENCYCL. En droit français, le régime du pacte de préférence est défini par les dispositions de l'article L. 132-4 du Code de la propriété intellectuelle.

Pager n.m. Petit terminal-récepteur portatif muni d'un écran à cristaux liquides pouvant recevoir des messages alphanumériques de quelques mots émis par un service de radiomessagerie* analogique* ou numérique* par voie hertzienne.

Paiement à la consommation, au programme ou à la séance (angl. : *Pay Per View*). Mode de paiement, pour la télévision, déterminé en fonction de ce qui est effectivement commandé, un film, un événement sportif ou tout autre programme. Il diffère par conséquent du péage, qui est forfaitaire puisqu'il s'agit d'un abonnement à une chaîne ou à un « bouquet » de chaînes différentes. Le paiement à la consommation nécessite, en plus d'un embrouillage du signal et du décodeur qui lui correspond, l'existence d'une voie de retour* permettant la transmission de la commande de l'utilisateur vers les serveurs d'images. → **Interactivité, Péage**

PAL (Phase Alternative by Line) n.m. Système international de coloration de l'image créé en Allemagne. Il est aujourd'hui le système le plus répandu dans le monde. Il a été adopté dans la plupart des pays d'Europe, à l'exception de la France, qui a mis au point son propre système, le SÉCAM*. Il est devenu un standard pour la production* audiovisuelle internationale.

Palo Alto (École de). Groupe de chercheurs appartenant à des disciplines diverses (psychiatres, anthropologues, sociologues, etc.), constitué à Palo Alto, près de l'Université Stanford, en Californie, à la fin des années 1950 autour de la question du comportement humain et représenté notamment par Paul WATZLAWICK, Gregory BATESON, Edward HALL et Erving GOFFMAN. Partant du principe qu'on ne peut pas ne pas communi-

quer, ils considèrent qu'il existe une logique de la communication fondée sur un corps de règles, des codes de comportement qui organisent en quelque sorte le comportement personnel et les relations interpersonnelles. Ils s'intéressent tout particulièrement à la schizophrénie envisagée comme une dérogation aux règles, et à la communication comme une forme de thérapie. Ils étudient également les multiples modes de comportement : la parole, les gestes, le regard, l'espace interindividuel, etc. Dans cette optique, la communication est un tout qui, à l'image de la partition d'orchestre, est composé d'interrelations (verbales et non verbales) très complexes qu'il s'agit de déchiffrer.

Pamphlet n.m. (angl. : *satirical tract ; lampoon*). Brochure polémique, de ton souvent satirique, attaquant une personnalité, un institut ou une situation politique. Ce mot a été introduit en France à la fin du XVIIIe siècle, comme équivalent de libelle*.

Pamphlétaire adj. et n.m. Qui concerne un pamphlet* ou son auteur.

Panel n.m. Échantillon représentatif d'une population, déterminé afin de pouvoir être interrogé plusieurs fois pendant une période déterminée. Le panel est dit *constant* quand ses membres ne sont pas renouvelés, pendant une période déterminée, ce qui permet d'établir l'évolution de leurs opinions, de leurs attitudes ou de leurs comportements. Le panel est *glissant* quand ses membres sont renouvelés pour une partie d'entre eux, selon une périodicité régulière, de telle sorte que personne ne subisse les effets de l'habitude ou de la lassitude.

Panneau d'affichage. Support destiné à recevoir des affiches* de publicité* commerciale ou de propagande électorale*.

ENCYCL. L'implantation de panneaux d'affichage, hors ou dans les agglomérations, est, en droit français, déterminée par une loi du 29 décembre 1979 qui s'efforce de concilier la protection de l'environnement ou du cadre de vie avec les principes de liberté d'expression*.

PAO (publication assistée par ordinateur) (angl. : *desktop publishing*). L'ensemble des outils informatiques (logiciels* et matériels) permettant la production de documents écrits prêts à être imprimés. La PAO repose sur l'utilisation d'un microordinateur* ou d'une station de travail doté d'un écran graphique pleine page et équipé de divers logiciels (traitement* de texte, création graphique et typographique, mise* en pages, retouche d'image, reconnaissance de caractères*) reliés à des périphériques* spécifiques (scanners*, banques d'images, lecteurs de disques). Cet ensemble est aujourd'hui encore complémentaire de celui de la rédaction* électronique et constitue une composante du système* éditorial.

Paparazzo n.m. (pl. *paparazzi*). Photographe spécialisé dans l'actualité mondaine et recherchant, notamment, à révéler les différents aspects de la vie privée des personnalités les plus connues. Né de la contraction de deux mots italiens – *papataci,* qui désigne un moustique agaçant, et *razzo,* qui veut dire éclair –, le mot a été forgé par Federico Fellini et utilisé pour la première fois, en 1959, dans son film *la Dolce Vita.*

Papier n.m. (angl. : *paper ; note*). **1.** Synonyme d'*article**. **2.** Support matériel de l'organe de presse et de l'ouvrage de librairie. L'Association française de normalisation (Afnor) distingue sept catégories de papier, selon la composition, l'aspect de la surface, le grammage*, le format. Le papier journal et le papier bouffant de l'édition à bon marché ont une surface rugueuse, peu apprêtée. Le papier satiné, de surface lisse et assez brillante, le papier couché, à la surface recouverte d'un enduit chimique, de même que le papier glacé sont employés dans la presse magazine et l'édition.
ENCYCL. Inventé en Chine à la fin du IIᵉ siècle avant notre ère, introduit en France au XIIIᵉ siècle. Fabriqué artisanalement à partir de chiffons de lin, de chanvre puis de coton. Produit industriellement en grandes feuilles à partir de 1816. Obtenu à partir de la cellulose du bois à la fin des années 1860.
→ **CFPP, SPPP**

Parabole n.f. Antenne destinée à la réception des signaux transmis par satellite*. La taille des antennes varie selon leur utilisation : plusieurs mètres de diamètre pour les stations de réception terrestres relayant les signaux satellites et quelques décimètres pour les antennes paraboliques individuelles. La coupole concave focalise les ondes* électromagnétiques captées sur la tête hyperfréquence qui amplifie le signal utile et le transmet au récepteur. La parabole est polarisée*, c'est-à-dire dirigée vers le satellite qu'elle capte, et réglée sur sa position orbitale et sa fréquence*.

Parasite n.m. Ondes indésirables qui perturbent la bonne réception d'une émission radio ou télévision. La multiplication parallèle des moteurs (véhicules mais aussi appareils électroménagers) et des médias électroniques a imposé l'antiparasitage obligatoire de la plupart des moteurs en service.

Parc n.m. **1.** Nombre d'unités d'un bien durable existant à un moment donné : le parc de téléviseurs* ou de magnétoscopes* recense le nombre d'appareils installés et en état de fonctionner. Ces deux parcs continuent de croître (essentiellement en raison du multiéquipement* pour ce qui est de la télévision). **2.** Nombre de salles de cinéma* en activité. En France, après avoir connu une régression constante à partir de 1985, ce parc s'accroît, depuis 1994, grâce à la restructuration de certaines salles et à l'ouverture de multiplexes*.

Parisien (Le)-Aujourd'hui. Né à la Libération comme organe du mouvement de résistance OCM, *Le Parisien libéré,* dirigé par Claude Bellanger (1910-1978) et Émilien Amaury* (1909-1977), figura au premier rang parmi les grands quotidiens populaires de qualité de l'après-guerre en France. Il dépassa même *France-Soir,* en 1975, avec une diffusion de 785 000 exemplaires. Un très grave conflit, de 1975 à 1977, avec les ouvriers typographes affaiblit l'entreprise, qui a lentement retrouvé la voie du succès et se vend moins cher que ses concurrents. Contrairement aux autres quotidiens nationaux, *Le Parisien* est parvenu à maintenir son prix de vente pendant huit ans. Vendu 4,90 F, il est l'un des titres les moins chers de la presse quotidienne. De même, l'édition nationale, *le Parisien-Aujourd'hui,* vendue 3,90 F, est le moins cher des quotidiens nationaux. Sa diffusion est de 468 000 exemplaires en 1997, ce qui le place en tête des ventes de sa catégorie. Adresse : 25, avenue Michelet, 93408 Saint-Ouen Cedex. Tél. : 01 40 10 30 30.

Parrainage n.m. (angl. : *sponsoring*). Contribution d'une entreprise ou d'une personne morale, privée ou publique, au financement d'émissions* de radio ou de télévision, afin de promouvoir son nom, sa marque, son image ou ses activités. Les émissions parrainées ne doivent pas être influencées par le parraineur et ne peuvent pas comporter de références promotionnelles incitant à la vente des produits ou services du parraineur dont l'identification peut se faire au début et à la fin des émissions parrainées en faisant référence à son nom et aux signes qui lui sont associés (sigle, logo, indicatif sonore) à l'exclusion de tout slogan*. Les journaux télévisés et les émissions d'information* politique ne peuvent être parrainées.

Part-antenne. Apport en numéraire d'un diffuseur* au financement d'une production* audiovisuelle ou cinématographique qui correspond à l'achat anticipé de droits de diffusion en exclusivité, pour un nombre restreint de passages de l'œuvre* à l'antenne, pour une période limitée et sur un territoire défini (en général, jusqu'à trois diffusions en cinq ans). → **Préfinancement**

Part de marché d'audience. → **Audience**

Part de marché publicitaire (angl. : *advertising market share*). Poids relatif d'un support* ou d'un média* par rapport à l'ensemble des recettes* publicitaires collectées par un type de support ou l'ensemble des médias. → **Publicité, Grands médias, Hors médias**

Partagiciel. → **Shareware**

Part coproducteur. Apport financier ou en nature (prestations techniques) à une production audiovisuelle ou cinématographique d'un producteur ou d'une chaîne de télévision. Ce droit* patrimonial permet de recevoir une partie des recettes commerciales ultérieures au prorata de la participation initiale au financement de l'œuvre. Le diffuseur a intérêt à accroître sa part de coproducteur* aux dépens des préachats* afin de bénéficier des exploitations ultérieures de l'œuvre. → **Part-antenne, Préfinancement**

Password n.m. (en français : mot de passe). → **Code utilisateur**

Pathé. C'est l'une des plus anciennes entreprises françaises de cinéma*, fondée en 1898, par les frères Émile et Charles PATHÉ. Ce dernier, inventeur de l'industrie phonographique, fut le premier fabricant de pellicules vierges. Il créa, en 1905, le premier laboratoire de tirage de film et imagina en 1908 le premier journal d'actualités* cinématographiques. Jusqu'à la Première Guerre mondiale, la firme sera l'un des leaders mondiaux de la production* cinématographique. En déclin après la Seconde Guerre mondiale, elle se replie sur des activités d'exploitation* et s'allie d'abord avec Gaumont* pour constituer un puissant réseau de programmation*, puis à la famille EDELINE pour contrôler un circuit de programmation* et d'exploitation* de salles qui comprend, fin 1983, 330 salles. En 1988, Pierre EDELINE cesse sa collaboration avec Pathé. En 1985, 48 % du capital de Pathé passe à Hachette*, qui cède ses actions à Suez et à la Lyonnaise des Eaux. En septembre 1988, le groupe Rivaud devient actionnaire principal du groupe (51 %) aux côtés de Suez, la Lyonnaise des Eaux et la Générale de Belgique. À partir de cette date, et par le biais de sociétés écrans et de montages complexes, le groupe* de l'homme d'affaires italien Giancarlo PARETTI, propriétaire de Cannon, prend pied dans le groupe Rivaud et prétend contrôler les actions de Pathé, puis prendre le contrôle de MGM aux États-Unis. Mais la faillite du groupe et ses démêlés avec le gouvernement français, qui facilite la reprise de MGM par le Crédit lyonnais, permettent le rachat de Pathé Cinéma, en août 1990, par le groupe

Chargeurs, que contrôle Jérôme SEYDOUX. Ce groupe, leader mondial dans l'industrie de la laine, et qui a eu des activités dans le transport aérien (UTA), se développe dans l'audiovisuel en France et en Grande-Bretagne, à partir du milieu des années 1980. En 1996, le groupe se scinde en deux, avec un pôle industriel essentiellement textile, Chargeurs International, et un pôle communication*, Pathé. À cette date, le groupe opère dans plusieurs domaines. **1.** La **télévision,** avec une participation de 17 % dans la chaîne britannique par satellite BSKYB, ayant pour actionnaire majoritaire le groupe News Corp. de Rupert Murdoch. Pathé contrôle, en France, 20 % de CanalSatellite*. Il est également producteur* de documentaires* et de magazines pour la télévision*. **2.** Le **cinéma,** où Pathé est présent aux différents stades de l'industrie du film : la *production* avec la société Renn Productions fondée par Claude Berri et Pathé Pictures au Royaume-Uni ; la *distribution en salles,* par l'intermédiaire de ses filiales AMLF en France, Pathé Distribution au Royaume-Uni et son partenariat (à 20 %) avec Tobis en Allemagne ; la *distribution vidéo*, sous la marque Pathé Vidéo, qui édite des films en vidéocassette* ; l'*exploitation,* avec un circuit de 41 sites et 277 écrans, dont 201 en France et 76 aux Pays-Bas, auquel s'ajoute la programmation de 107 salles dont Pathé n'est pas propriétaire ; la *gestion de droits,* avec un important catalogue* de films, de programmes télévisuels et du fonds d'actualités* de 1908 à 1979. **3.** La **presse,** avec une participation de 66 % dans le capital de la société éditrice du quotidien* *Libération*. En 1997, la société, qui emploie 1 800 personnes, a réalisé un chiffre d'affaires de 2,3 milliards de francs, dont la plus grande part provient du cinéma (868 millions pour la production et la distribution de films et 872 pour l'exploitation de salles). Adresse : 5, boulevard Malesherbes, 75401 Paris cedex 08. Tél. : 01 49 24 40 83.

Pay Per View. → **Paiement à la consommation, au programme ou à la séance**

PC Internet. → **Terminal Internet**

PC (Personal Computer). Ordinateur personnel. → **Micro-ordinateur**

PCR (Phase Change Rewritable). Disque optique permettant l'enregistrement et la restitution du son, en langage numérique et en stéréo, dont Hewlett Packard, Philips et Sony envisagent le lancement, depuis 1997, date à laquelle les trois constructeurs ont quitté le consortium DVD, dont l'objectif était de définir un standard unique pour les cinq types de Digital Versatile Disc*. Le PCR est un DVD-Rom, réinscriptible, permettant d'enregistrer 3 Go*, sur chaque face du disque, soit une capacité équivalant à plus du double de celle du standard international actuel.

PCS (Personal Communication Services). Services permettant la transmission de données et d'appels de personne à personne, quels que soient l'endroit, le terminal, les moyens de transmission (avec ou sans fil) et la technique utilisés.

Péage n.m. → **Chaîne à péage**

Peak time (expression anglaise). Tranche horaire, comprise entre 7 heures et 9 heures, pendant laquelle le nombre d'auditeurs à l'écoute de la radio est le plus élevé. Cette tranche horaire est à la radio ce que le prime time* représente pour la télévision.

Pénétration n.f. Indicateur mesurant ou évaluant l'audience* d'un support* ou d'un média* auprès d'une partie de la population caractérisée par des critères socio-démographiques ou économiques déterminées. Exprimé en pourcentage, c'est un *taux de pénétration* (par exemple, d'un titre donné sur les jeunes urbains). ENCYCL. La France occupe le 22e rang en termes de taux de pénétration pour la presse quotidienne en 1997 avec 153 exemplaires vendus pour 1 000 habitants.

Perception sélective. → **Influence, Sélectivité**

Périodicité n.f. Fréquence de parution d'un périodique* ou d'une émission de radio ou de télévision. Elle est liée soit au rythme de lecture, la journée, la semaine ou le mois, soit au rythme de renouvellement de contenu, soit au recul nécessaire pour apprécier les événements d'actualité. → **Quotidien, Bi- et Tri-hebdomadaire, Mensuel, Bi-, Tri- et Quadri-mensuel, Annuel, Semestriel**

Périodique adj. et n.m. Publication* de presse à parution régulière et suivie, sous un même titre. On en distingue un grand nombre de catégories, selon leur périodicité*, du quotidien* à l'annuaire, ou selon la spécialisation de leur contenu ou la spécification de leur public*.

Périphérique n.m. (angl. : *peripheral unit*). Terme désignant l'une des composantes d'un système informatique reliée à l'unité centrale, mais extérieur à celle-ci. On distingue les périphériques d'entrée (clavier*, souris*, manette* de jeu, écran* tactile), les périphériques de sortie (écran*, imprimante*) et les périphériques de communication (modem*, carte réseau). Les connexions sont établies avec des câbles* et c'est le système* d'exploitation qui s'assure, à chaque lancement du système, de la fiabilité des connexions.

Péritel. Prise de péritélévision permettant la connexion du téléviseur avec des équipements complémentaires (magnétoscope ou décodeurs-désembrouilleurs).

Péritélévision n.f. Matériel connectable à un récepteur de télévision (magnétoscope*, lecteurs* de disques vidéo ou de disques* compacts, décodeurs*).

Pervers adj. On dit de l'effet d'un média ou d'un message donné qu'il est *pervers* quand il se révèle tout à fait opposé, ou contraire, à ce qui était voulu et attendu par l'initiateur du message. L'effet pervers se distingue donc de l'effet boomerang*, qui dissuade simplement de recommencer, et de l'effet que des personnes, étrangères à l'initiateur du message, considèrent comme étant négatif ou malheureux.

Petite annonce. → **Annonce classée**

PGP (Pretty Good Privacy). En français : « assez bonne confidentialité ». Logiciel permettant le chiffrement* des messages

transmis par le réseau de télécommunications, grâce à l'utilisation de deux clefs, l'une publique, l'autre privée : la clef publique s'apparente à une adresse, en ce qu'elle est communiquée à tous ceux dont on escompte l'envoi de messages ; l'usage d'une autre clef, privée, permet à son détenteur d'accéder au message qui lui est envoyé et l'assure qu'il sera le seul à y accéder.

ENCYCL. C'est en 1991 que Philip ZIMMERMANN a créé ce logiciel et qu'il a décidé de le mettre à la disposition de tous les internantes, gratuitement, avec son guide d'utilisation. Il s'agissait pour lui de réagir contre la tentation du gouvernement américain de limiter la liberté d'expression sur l'Internet. L'installation de PGP, en France, est subordonnée à l'obtention d'une autorisation, comme en Russie et en Irak. → **Chiffrement, Clef, SCSSI**

Phatique (fonction) adj. (angl. : *phatic*). Selon l'interprétation de JAKOBSON*, la fonction phatique désigne les différents moyens choisis par l'émetteur d'un message afin de garder le contact avec son interlocuteur. Les silences, au même titre que les conversations vides de sens sur la pluie ou le beau temps – parler pour ne rien dire –, n'ont pas d'autre objet, pour l'émetteur, que de vérifier s'il est toujours dans la même situation de confort ou de dialogue avec le destinataire de ses messages.

Phonothèque n.f. Lieu où sont rassemblées et conservées des collections de documents sonores de toute nature (séquences musicales, séquences vocales ou bruits divers) à des fins de conservation et/ou d'exploitation. On parle aussi parfois de *sonothèque*.

Photocomposeuse n.f. Machine à photocomposer. Quatre générations ont succédé à la Lumitype*. Les deux premières (années 1960) font intervenir des procédés mécaniques ; leur rapidité dépend du calculateur électromécanique (15 000 signes composés à l'heure) puis électronique (28 000 à 400 000). La troisième génération (années 1970) mêle l'électronique et l'informatique* ; la numérisation des signes permet de grandes vitesses (1,5 à 10 millions à l'heure). La quatrième (fin des années 1970) utilise le laser*, offrant des contours plus nets.

Photocomposition n.f. (angl. : *photocomposition*). Composition* dite « à froid », obtenue photographiquement sur une surface sensible (film ou papier). → **Photocomposeuse**

Photograveur. → **Photogravure**

Photogravure n.f. (angl. : *photoengraving*). Technique utilisant l'effet de la lumière sur les substances photosensibles pour réaliser un support imprimable à partir du phototype. La photogravure au trait ou la similigravure* en noir et blanc ou en quadrichromie* était exécutée à partir d'une série d'appareils de reproduction, remplacés par le scanner* de la photogravure électronique (scanner à laser, scanner générateur de trame électronique, etc.).
ENCYCL. La photogravure au trait, permettant la reproduction de photographie de dessins, a été mise au point en 1872.

Photojournalisme n.m. Utilisation de la photographie comme support d'information. Journalistes* professionnels, les photographes de presse sont salariés de publications ou d'agences photographiques, ou bien travailleurs indépendants.

Photo-roman n.m. (angl. : *picture story*). Récit romanesque, sentimental ou policier, constitué d'une suite de photographies, dans lesquelles des bulles en surimpression donnent le dialogue des personnages.

Photothèque n.f. Lieu où se trouvent rassemblées des collections photographiques (négatifs et/ou positifs) à des fins de conservation et d'exploitation.

PICS (Platform for Internet Content Selection). Logiciel permettant de sélectionner les services reçus par l'Internet.

Pictogramme n.m. (angl. : *pictogram*). Image qui est censée représenter une réalité et apporter ainsi une information. Le pictogramme est souvent une représentation sim-

plifiée de la réalité : il est utilisé dans les lieux publics, afin d'apporter une information aux personnes qui les fréquentent. Dans le monde des ordinateurs, on parle d'icônes* plutôt que de pictogrammes.

Pied de page. Espace inférieur de la page du journal. Se dit aussi *rez-de-chaussée*.

Pige n.f. **1.** Au XIXᵉ siècle, tâche accomplie par chacun des compositeurs* de journaux, associés dans une équipe, ou « commandite ». **2.** Aujourd'hui, travail journalistique rémunéré à l'unité, selon ses dimensions. **3.** Terme employé pour désigner le relevé systématique des insertions publicitaires sur l'ensemble des grands médias. → **Pigiste, Secodip**

Pigiste n. (angl. : *free lance*). Journaliste* indépendant, rémunéré « à la pige* », en fonction du nombre et du volume de ses contributions.
DROIT. En droit français, le véritable pigiste est celui qui n'est pas lié à l'entreprise (ou aux entreprises) d'information (presse*, radio*, télévision*) à laquelle (ou auxquelles) il apporte ses contributions par aucun lien de subordination ; qui ne reçoit d'elle(s) aucun ordre ni directive ; qui n'est astreint à aucune obligation ; qui n'occupe aucun poste dans l'organigramme de l'entreprise ; qui est totalement maître de son temps ; qui détermine seul les thèmes qu'il va traiter et la façon de le faire... espérant trouver des organes intéressés par la publication de ses articles*, chroniques*, photographies ou reportages*. Le statut de pigiste est sans doute le privilège de quelques rares grands journalistes de renom. Il est surtout la condition de journalistes débutants, dans l'attente d'une embauche ferme, en qualité de salariés. Pour n'avoir pas notamment à supporter toutes les charges correspondant au paiement de salaires*, certains employeurs ont pu être tentés de qualifier de pigistes certains journalistes qui se trouvaient pourtant, à leur égard, dans la situation de collaborateurs salariés*. Pour contrecarrer de telles pratiques, ont été introduites, à l'article L. 761-2 du Code* du travail, par une loi du 4 juillet 1974, des dispositions nouvelles aux termes desquelles : « toute convention par laquelle

une entreprise de presse s'assure, moyennant rémunération, le concours d'un journaliste professionnel [...] est présumée être un contrat de travail. Cette présomption subsiste quels qu'en soient le mode et le montant de la rémunération ainsi que la qualification donnée à la convention par les parties ». CONTR. : *Salarié**.

Pilote n.m. **1.** *Audiovisuel.* Avant le lancement d'une série*, le *pilote* est le premier épisode* ou la première émission* présentée aux diffuseurs* ou producteurs* potentiels. C'est l'équivalent audiovisuel du numéro* zéro pour la presse* écrite. **2.** *Informatique.* Le *pilote* (angl. : *driver*) est un gestionnaire de périphérique, c'est-à-dire le programme permettant au système* d'exploitation d'un ordinateur de reconnaître les caractéristiques techniques d'un périphérique tel que le clavier, le lecteur de disquette ou de cédérom ou l'imprimante.

Pixel n.m. (angl. : *picture element*). Point élémentaire ou plus petite unité qui compose une image de télévision. Aujourd'hui, une image télévision comporte 625 lignes de 600 pixels, soit 375 000 pixels. Un pixel peut être représenté par un seul bit* (noir ou blanc) mais, plus souvent, par 8, 16 et même, parfois, 32 bits (couleur, texture, transparence...).

Placement de produit. Au sein d'une œuvre audiovisuelle* ou cinématographique*, apparition ou citation de la marque d'un produit ou d'un service.
ENCYCL. Cette pratique constitue un mode de financement de l'œuvre, par une rétribution de son producteur*, par l'annonceur*, en nature (matériel pour le tournage, par exemple) ou en espèces. La mention verbale ou visuelle d'une marque doit cependant être totalement intégrée à l'histoire racontée, sans présentation excessive, sous peine de relever alors de la publicité* clandestine. Cette pratique, courante aux États-Unis, ne fait pas l'objet d'une réglementation particulière en France. Le CSA* fait, cependant, preuve de vigilance à ce sujet, en veillant, pour les œuvres de télévision sur lesquelles les diffuseurs* ont un droit de regard, à un usage restreint du placement de produit et en par-

ticulier s'agissant des œuvres destinées au jeune public, afin que celles-ci ne deviennent pas de véritables supports de publicité.
→ **Publicité**

Plan câble. Mesure visant à la mise en place d'une politique nationale de développement du câble*. La loi du 1ᵉʳ août 1984 réservait à des sociétés locales d'exploitation de câble (SLEC), sociétés d'économie mixte, la possibilité d'exploiter des réseaux* câblés. Cette forme d'exploitation reflétait un double souci des pouvoirs publics : empêcher la gestion directe des réseaux par les communes (régies) ou par des sociétés à capitaux purement privés.
ENCYCL. Le régime des SLEC déroge sur trois points au régime des sociétés d'économie mixte locales, tel que défini par la loi du 7 juillet 1983 : elles ne peuvent qu'exploiter des réseaux câblés, la majorité de leur capital peut être détenue par des personnes morales de droit privé, enfin ces sociétés font l'objet d'un véritable contrôle *a priori* de l'État.
→ **Droit au câble**

Plan de fréquences. Identification et répartition des fréquences disponibles (hertzien, câble, satellite) sur le plan local, national et international. Les fréquences étant une ressource limitée et commune tant aux pays qu'aux opérateurs, il est nécessaire d'en planifier l'usage et le partage. L'attribution des fréquences s'effectue aujourd'hui soit par autorisation, comme en France, soit par mise aux enchères, comme dans certains pays anglo-saxons. Dans tous les cas, la durée de leur attribution est limitée dans le temps.
→ **Agence nationale des fréquences**

Plan médias (angl. : *media planning*). Activité qui consiste à construire un plan de diffusion* des messages publicitaires le mieux adapté aux objectifs de la campagne. Il doit permettre de toucher le plus grand nombre d'individus de la cible* visée, au moindre coût possible, tout en valorisant l'expression des messages, dans le cadre d'un budget donné. L'établissement du plan se divise en plusieurs phases. À partir d'études d'audiences*, il convient de choisir le ou les médias utilisés, puis les supports, et enfin la façon d'utiliser les supports choisis. La combinaison des supports, le nombre et la chronologie des passages, le format* des messages, sont du ressort du responsable du media planning* : le *médiaplanneur*. La dernière étape consiste à acheter les espaces et à négocier auprès des régies* ou des centrales* les meilleurs tarifs pour le compte de l'annonceur*.

Plan de services. Énumération des différents programmes* distribués dans un réseau* câblé. La décision d'autorisation d'exploitation du réseau délivrée par le CSA* précise en effet le nombre, la dénomination et la nature des services que l'exploitant est autorisé à distribuer (décret n° 92-881 du 1er septembre 1992).
ENCYCL. Le décret n° 92-882 du 1er septembre 1992 fixe les différentes obligations applicables aux programmes distribués sur le câble*. → **Autorisation, Autorisation d'établissement/autorisation d'exploitation, Must Carry Rule**

Plaque n.f. (angl. : *plate*). Forme* imprimante offset*, monométallique (aluminium) ou polymétallique. Lors du report, la plaque présensibilisée est insolée sous typon* négatif ou positif. Après développement (plaque monométallique) ou traitement à l'acide (polymétallique), apparaissent les parties hydrophiles et les parties imprimantes « encrophiles ». La plaque photopolymère (substance déformable sous insolation) permet, à partir du typon, l'obtention d'une plaque en relief utilisable sur les rotatives* typographiques.

Platine n.f. Plateau en bois puis en métal, verticalement mobile grâce à la vis et au barreau, assurant la pression ou « frappe » dans les anciennes presses* à bras. Nom de certaines presses mécaniques à frappe plate.

Plug and Play. Littéralement : « Branchez et ça marche. » L'expression est utilisée pour caractériser toute installation informatique destinée aux particuliers et immédiatement utilisable après avoir été branchée, comme n'importe quel équipement ménager.

Pluralisme n.m. Qualité de ce qui est divers ou multiple. Constitue l'une des conditions et des caractéristiques essentielles de la liberté d'expression et d'information* dans les démocraties libérales occidentales. Le Conseil* constitutionnel lui a reconnu la portée d'« objectif de valeur constitutionnelle ». Cette qualification se fonde sur l'article 11 de la Déclaration* des droits de l'homme et du citoyen du 26 août 1789, qui affirme que « la libre communication des pensées et des opinions est un des droits fondamentaux les plus précieux de l'homme ; tout citoyen peut donc parler, écrire, imprimer librement, sauf à répondre de l'abus de cette liberté, dans les cas déterminés par la loi ». Le pluralisme de l'information est qualifié d'« externe » lorsque est considérée l'existence d'une diversité d'entreprises de presse ou de communication, indépendantes les unes des autres. Il est dit « interne » lorsque, au sein d'une même entreprise, on se soucie de l'expression d'opinions et de points de vue différents.
DROIT. **1.** *Presse.* En droit français, le souci du pluralisme de la presse inspire notamment les dispositions relatives au statut des entreprises de presse*, en ce qu'elles déterminent des limites à la concentration*, et, officiellement au moins, la mise en place d'un système d'aides* de l'État à la presse. Dans sa décision des 10-11 octobre 1984, le Conseil constitutionnel a fait du « pluralisme des quotidiens* d'information politique et générale » un « objectif de valeur constitutionnelle ». Il a, pour cela, considéré que « la libre communication des pensées et des opinions [...] ne serait pas effective si le public auquel s'adressent ces quotidiens n'était pas à même de disposer d'un nombre suffisant de publications de tendances et de caractères différents ». **2.** *Radio-télévision.* Le pluralisme de l'expression des courants de pensée et d'opinion figure à l'article 1er de la loi du 30 septembre 1986. Il apparaît à nouveau à l'article 13 ainsi qu'aux articles 28-1 et 29 de la loi. CONTR. : *Concentration*; Monopole*.* → **Trois tiers (règle des), Convention, Cahier des charges, Conseil constitutionnel**

Plurihebdomadaire adj. et n.m. Publication* paraissant deux fois (*bihebdomadaire*), trois fois *(tri)* ou quatre fois *(quadri)* par semaine. → **Périodicité**

PLV. → Publicité sur le lieu de vente

Poétique adj. (angl. : *poetic*). Selon l'interprétation de JAKOBSON*, la fonction poétique remplie par une communication, quand elle préside à la transmission d'un message, désigne l'usage de ces divers procédés, qui vont de l'agencement des sons à celui de l'argumentation, auxquels on donne, encore souvent, le nom de *rhétorique,* et dont l'objet principal est de mieux convaincre ou séduire l'interlocuteur, grâce à la dimension esthétique ainsi conférée au message qui lui est transmis.

Point to Point Protocol. → PPP

Point typographique (angl. : *typographic point*). Unité de mesure du corps* du caractère* (c'est-à-dire sa hauteur). Trois systèmes de mesure coexistent. Le point Didot et le point pica sont duodécimaux, le troisième, décimal. Le *point Didot,* employé en Europe continentale, mesure 0,375 9 mm ; son multiple est le *cicéro* ou *douze* (4,51 mm). Le *point pica,* utilisé par les Anglais et les Américains (photocomposeuses), vaut 0,351 mm ; son multiple, le *pica,* 4,21 mm. Enfin se répand le *dixième de millimètre.* D'où d'incessantes conversions. → **Didot**

Police n.f. (angl. : *inventory of type*). Assortiment complet des caractères* de même graisse*, corps* et style.

Population initialisée. Population susceptible de recevoir techniquement une chaîne* de télévision. → **Initialisation**

Population utile. Segment d'une audience* correspondant à la cible* visée par un message ou une campagne* publicitaire.

Portage n.m. (angl. : *home delivery*). Mode de distribution* de la presse* consistant à livrer les exemplaires* d'une publication* au domicile de son acheteur. Ce système concerne la presse* quotidienne et les gratuits*. Il peut être effectué par des porteurs* indépendants, par des salariés de l'éditeur ou d'une entreprise spécialisée indépendante, ou par les dépositaires* de presse, qui se chargent de trouver des porteurs. Très déve-

loppé dans les pays anglo-saxons et au Japon, il permet d'anticiper les livraisons postales et de fidéliser les acheteurs même s'il n'est pas accompagné d'une réduction de prix. En France, il est surtout pratiqué dans le nord, l'est et l'ouest du pays. Il demeure difficile à mettre en place dans la mesure où il correspond à quelques heures de travail seulement : tôt le matin et pour une rémunération faible. Il n'est rentable que s'il est opéré sur une zone où la densité des acheteurs est forte, ce qui explique qu'il soit mal adapté, en France, à la presse quotidienne nationale.

Portail n.m. (angl. : *portal*) Appelé également site* portail, le mot s'est imposé en 1998 aux États-Unis pour désigner ceux des moteurs* de recherche permettant d'accéder à de véritables bouquets de services correspondant à des domaines ou à des thèmes variés tels que la météo, la bourse, l'actualité... Ces sites sont ainsi capables de garder ceux qui les visitent aussi longtemps que possible, afin de les exposer aux bandeaux publicitaires qu'ils affichent et dont ils tirent l'essentiel de leurs revenus. Les sites portails s'apparentent à un média, en ceci qu'ils orientent leurs clients vers des sites marchands, comme une chaîne* de télévision sert de média pour les annonceurs*. → **Internet, Web**

Portefeuille de droits. → Catalogue de droits

Porteur n.m. Personne chargée du portage* de la presse*. Elle peut avoir le statut de colporteur* ou être salariée d'un éditeur ou d'une société de portage.

Porteuse n.f. (angl. : *carrier*). Onde* véhiculant une information dont une grandeur caractéristique est destinée à suivre les variations d'un signal dans une modulation*.

Poste (relations entre presse-poste). En France, la majorité des abonnements* sont délivrés par La Poste qui accorde – depuis 1796 (loi du 4 thermidor an IV) – des tarifs préférentiels aux éditeurs dans le cadre des aides* indirectes de l'État. Cette aide a pour objet de faciliter la diffusion de la presse et d'encourager la libre circulation des idées. Elle est particulièrement importante pour ce qui est des petits quotidiens* à faibles ressources publicitaires. Cependant, les relations presse/poste ne sont pas toujours sereines. La presse reproche à La Poste ses retards fréquents, ses grèves souvent longues et l'absence de livraison en fin de semaine. Elle estime accomplir une partie des tâches de La Poste puisqu'elle effectue le routage* des expéditions. Elle déplore surtout les hausses fréquentes des tarifs postaux, qui tendent à réduire l'ampleur de l'aide consentie. La Poste impute à la presse et aux tarifs faibles qu'elle lui consent la majorité de son déficit, et donc de son endettement financier. Elle souhaite une révision des tarifs qui tiendrait plus compte de la surface publicitaire des journaux transportés, pour cesser de consentir des avantages aux journaux qui sont plus des supports* de la publicité* que de la pensée.

Postproduction n.f. (angl. : *post-production*). Montage* et mixage*, qui sont les deux étapes consécutives au tournage* dans la production* d'un programme* audiovisuel ou d'un film cinématographique*.

Postsynchronisation n.f. Étape de la fabrication d'un film* ou d'un vidéogramme* où l'on enregistre les dialogues en faisant coïncider la voix aux mouvements des lèvres, notamment pour la réalisation* de versions doublées linguistiquement. → **Doublage**

PPP (Point to Point Protocole). Logiciel* qui permet à un ordinateur* isolé de se connecter via un modem* et le réseau* téléphonique au site* d'un fournisseur* d'accès à l'Internet* et, de ce fait, aux autres ordinateurs connectés à ce réseau.

Préachat n.m. Synonyme de *part antenne**. Achat anticipé de droits de diffusion, pour la radio ou la télévision.
ENCYCL. En vertu de la réglementation portant sur les chaînes cryptées* et afin de pouvoir proposer à ses abonnés des films inédits à la télévision, la chaîne Canal +* finance sous la forme de préachats environ 80 % de la production cinématographique française en res-

pectant l'obligation qui lui est faite de consacrer 20 % de ses ressources totales annuelles à l'acquisition de droits de diffusion de films, dont 9 % en faveur du cinéma français. La chaîne investit ainsi un montant annuel de l'ordre de 800 millions de francs en préachats de droits de diffusion de films français.

Préavis n.m. Délai qui doit être respecté entre la date de notification d'une décision, notamment de rupture d'un contrat, et son entrée en application effective.
ENCYCL. En droit français, s'agissant des journalistes*, en cas de rupture du contrat de travail, par démission ou licenciement*, le délai de préavis, fixé par l'article L. 761-4 du Code* du travail, est « d'un mois si le contrat a reçu exécution pendant une durée inférieure ou égale à trois ans, et deux mois si ce contrat a été exécuté pendant plus de trois ans ». L'article 46 de la Convention* collective nationale de travail des journalistes pose que, pendant la durée du préavis, le journaliste pourra « s'absenter pour recherche d'emploi pendant cinquante heures par mois, à raison de deux heures par jour ouvrable » et que « ces absences ne donneront pas lieu à réduction de salaire ». Pour le cas où l'employeur préférerait que la rupture du contrat prenne effet immédiatement, il doit verser, au journaliste licencié ou démissionnaire, une indemnité* de préavis correspondant au salaire qui aurait été dû si le travail avait été effectué pendant cette période. Aux termes du dernier alinéa de l'article L. 761-7 du Code du travail, le journaliste qui donne sa démission, en faisant jouer la clause* de conscience, pour fait de ce « changement notable dans le caractère ou l'orientation du journal ou périodique » créant, pour lui, « une situation de nature à porter atteinte à son honneur, à sa réputation ou, d'une manière générale, à ses intérêts moraux », n'est alors « pas tenu d'observer sa durée du préavis prévue à l'article L. 761-4 ».

Préfinancement n.m. Financement, avant son tournage*, d'un film cinématographique ou d'un programme* audiovisuel. Le préfinancement d'un film peut cumuler de nombreuses sources : **1.** les anticipations de recettes, à-valoir* ou minimum garanti de recettes domestiques, garantie à l'exportation, préventes de droits audiovisuels aux éditeurs vidéo* et aux chaînes de télévision* ; **2.** appels aux coproducteurs* et participations auprès des producteurs français et étrangers, chaînes de télévision ; **3.** aides publiques, notamment soutien automatique et sélectif à la production via le Cosip* et d'autres fonds spécialisés ; **4.** intervention bancaire ; **5.** apport des Sofica* ; **6.** apport en ressources propres du producteur* (en principe 15 % du devis). Dans le cas des œuvres audiovisuelles*, le préfinancement comporte les apports des producteurs* et des coproducteurs français et étrangers, du ou des diffuseurs (chaînes de télévision), des Sofica et du Cosip.

Premium TV. Chaîne qui diffuse des programmes* particulièrement appréciés ou attrayants (sports, cinéma, animation...) et qui, par son style ou son créneau de spécialité, occupe la première place face à des concurrents réels ou potentiels. Cette situation, marquée par une prééminence en matière d'audience*, s'accompagne en général d'un gain en termes de ressources.

Préproduction n.f. (angl. : *pre-production*). Ensemble des opérations préliminaires au tournage, pour une production cinématographique ou audiovisuelle, comprenant notamment le montage financier, l'écriture du scénario, le choix des comédiens et des équipes de tournage et le repérage.

Prescripteur d'achat/Prescripteur d'opinion. → Prescription

Prescription n.f. (angl. : *prescription*). **1.** Conseil donné par un individu réputé compétent dans un domaine déterminé, avec ou non le secours d'un média, et qui conduit une autre personne à « passer à l'acte », à adopter une attitude ou une opinion donnée, ou bien à accepter de se comporter d'une certaine façon. → **Information, Guide d'opinion, Recommandation. 2.** Délai commençant à courir au jour d'un fait ou d'un acte juridique, et à l'expiration duquel se produit une conséquence juridique. En matière de procédure, la prescription interdit l'engagement ou la pour-

suite d'une action devant une juridiction. ENCYCL. L'article 65 de la loi du 29 juillet 1881, « sur la liberté* de la presse », pose que « l'action publique et l'action civile résultant » des infractions prévues « par la présente loi se prescriront après trois mois révolus, à compter du jour où ils auront été commis ou du jour du dernier acte d'instruction ou de poursuite s'il en a été fait ». Les dispositions des articles 65-1 et 65-2 de la loi de 1881, introduites par la loi du 4 janvier 1993, prévoient l'application de ce délai de trois mois « aux actions fondées sur une atteinte au respect de la présomption* d'innocence » et une possibilité de réouverture du délai de trois mois, « au profit de la personne visée, à compter du jour où est devenue définitive une décision pénale intervenue sur des faits et ne la mettant pas en cause ». Bien que l'infraction ne soit pas définie dans la loi de 1881, mais dans le Nouveau Code pénal, ce même délai de prescription de trois mois s'applique en cas d'« atteinte à l'autorité de la justice ou à son indépendance » (art. 434-25). Ce délai, particulièrement court (alors que, en droit commun, il est, en matière pénale, d'un an pour les contraventions, de trois ans pour les délits et de dix ans pour les crimes, et, en matière civile, de trente ans), constitue, avec quelques autres particularités des règles de procédure* de la loi de 1881, un très grand privilège pour les collaborateurs des organes d'information. Il va bien au-delà de la garantie de la liberté* d'expression. Celle-ci devrait normalement impliquer, sous le contrôle et grâce à l'intervention du juge, recherche d'équilibre entre des droits et libertés concurrents. Il n'y a, dès lors, rien d'étonnant sinon à ce que les personnes qui se considèrent comme victimes des moyens d'information cherchent à engager des actions sur le terrain de la seule responsabilité* civile, s'abstenant de toute référence à ce qui pourrait être considéré comme constitutif d'infraction au sens de la loi de 1881.

Présentateur n.m. En radio comme en télévision, nom donné au journaliste qui présente le journal d'information.

Présomption d'innocence. Principe essentiel selon lequel, tant que la culpabilité d'une personne n'a pas été formellement constatée par la juridiction compétente, cette personne doit être considérée et traitée comme si elle n'avait aucune responsabilité dans les faits qui sont l'objet de l'enquête ou de la poursuite judiciaire. Le respect de ce principe s'impose aussi à tous ceux qui sont appelés à s'exprimer ou à informer sur les affaires dont la police et la justice ont à connaître.

ENCYCL. En droit français, le souci de faire assurer le respect de la présomption d'innocence par les divers moyens d'information*, et de permettre à la personne mise en cause d'être rétablie dans ses droits, a entraîné l'adoption de certaines des dispositions de la loi du 4 janvier 1993. Le nouvel article 9-1 du Code civil pose désormais que « chacun a droit au respect de la présomption d'innocence ». Aux termes de l'alinéa 2 de cet article, « lorsqu'une personne placée en garde à vue ou faisant l'objet d'une citation à comparaître en justice, d'un réquisitoire du procureur de la République ou d'une plainte avec constitution de partie civile est, avant toute condamnation, présentée publiquement », par l'un ou l'autre des moyens de communication*, « comme étant coupable de faits faisant l'objet de l'enquête ou de l'instruction judiciaire, le juge peut, même en référé, ordonner l'insertion, dans la publication concernée, d'un communiqué aux fins de faire cesser l'atteinte à la présomption d'innocence, sans préjudice d'une action en réparation des dommages subis ». Les articles 177-1 et 212-1 du Code de procédure pénale prévoient, pour l'un, que le juge d'instruction et, pour l'autre, que la chambre d'accusation « ordonne, sur la demande de la personne concernée, soit la publication intégrale ou partielle de sa décision de non-lieu, soit l'insertion d'un communiqué informant le public des motifs et du dispositif de celle-ci, dans un ou plusieurs journaux*, écrits périodiques* ou services de communication* audiovisuelle ». La loi du 4 janvier 1993 introduit enfin, dans la loi du 29 juillet 1881 « sur la liberté* de la presse », deux dispositions nouvelles concernant le délai de prescription*. L'article 65-2 dispose, quant à lui, qu'« en cas d'imputation portant sur un fait susceptible de revêtir une qualification pénale, le délai de prescription prévu par l'arti-cle 65 est rouvert ou court à nouveau, au profit de la personne visée, à compter du jour où est devenue définitive une décision pénale intervenue sur ces faits et ne la mettant pas en cause ».

Presse n.f. (angl. : *press, printing press*). **1.** Machine ou ensemble des équipements qui permet d'imprimer des journaux par pression du papier* sur la forme* imprimante encrée. **2.** L'usage a imposé une acception plus large : la presse désigne l'ensemble des publications imprimées ou des activités journalistiques, leurs institutions, leur mode d'organisation et leur mode de fonctionnement, les liens d'influences réciproques qui se nouent avec les autres institutions et la société en général. On dit aussi *presse parlée* (information à la radio) et *presse audiovisuelle* (journal télévisé).

HIST. Entre 1430 et 1440, à Mayence, Gutenberg invente et fabrique des caractères suffisamment résistants pour permettre l'invention de la presse à imprimer de la Bible, avec 42 lignes par page. En 1631, Théophraste RENAUDOT lance à Paris *la Gazette,* une feuille imprimée hebdomadaire pour laquelle il obtient du roi Louis XIII un privilège exclusif d'impression, après une vive concurrence avec *les Nouvelles,* du libraire VENDOSME. La révolution industrielle, avec ses rotatives, et la confirmation de la liberté d'expression, au milieu du XVIIIᵉ siècle, permettront l'avènement des journaux quotidiens. Les progrès de l'instruction et l'augmentation des revenus favoriseront leur progression. Après 1960, face au défi de la télévision, la presse sera toujours plus diverse, tandis que la destinée des quotidiens varie considérablement selon les pays.

DROIT. La liberté de la presse, confirmée en France par la loi du 29 juillet 1881, repose sur deux principes inséparables l'un de l'autre. Le premier confère à la liberté de la presse un statut particulier et éminent parmi les autres libertés, politiques ou personnelles : de ces autres libertés, elle est leur condition d'existence. Le second principe est que la publication par les journaux de nouvelles, d'opinions ou d'idées ne peut pas ne pas être limitée, dès lors qu'il s'agit de maintenir l'ordre public ou de protéger les libertés individuelles, notamment la vie privée. Au-delà de l'application de ces principes, ce qui fonde la légitimité du régime de la presse, dans la démocratie libérale, c'est la concurrence entre les journaux, seule capable de laisser aux lecteurs le dernier mot, par les choix qu'ils expriment. L'économie de marché, pour la presse, fait cause commune avec les libertés, qu'elles soient civiles ou civiques : du régime concurrentiel de la presse, plusieurs versions existent, différentes selon le niveau et les modalités de l'intervention de l'État dans l'économie des entreprises de presse.

SOCIOL. Sous l'effet conjoint de la diversité croissante des sociétés modernes et de l'essor des nouveaux médias, la presse évolue dans deux directions, depuis les années 1950 et 1960 : d'un côté, les journaux d'un seul public s'adressent prioritairement à une audience identifiée, les enfants, les « senior », les homosexuels... ; de l'autre, les journaux d'un seul sujet, ou thématiques, se consacrent à une ou à plusieurs activités déterminées, la philatélie, le tennis, la littérature ou la psychologie. Ainsi, les quotidiens occupent une place toujours plus relative, en réalité ou en apparence, parmi les journaux des pays développés, même s'ils continuent, partout, d'être le symbole de la presse.

Presse en blanc. Presse* mécanique ne pouvant imprimer le papier* que sur un seul côté de la feuille à la fois, l'autre côté restant en blanc.

Presse à bras (angl. : *hand-press*). Presse à imprimer manuelle mise au point par GUTENBERG vers 1440, ensuite perfectionnée. La presse « à deux coups » avait un rendement horaire de 300 côtés de feuille de papier. La presse « à un coup » (années 1770) pouvait parvenir jusqu'à 750 côtés de feuille. → **Platine**

Presse à imprimer mécanique (angl. : *printing machine*). Machine en blanc mise au point en Angleterre entre 1811 et 1817. La mécanisation de l'encrage par rouleaux de cuir et le passage du papier* sur la forme* imprimante plate coulissant sous le cylindre de pression firent accomplir un bond au rendement horaire du tirage : 800 côtés de feuille en 1813, 2 200 en 1814, 4 000 en

1820. Des machines à retiration sont inventées dès 1816.

ENCYCL. Machine mise au point par les deux Allemands Friedrich KOENIG (1774-1833) et André BAUER († 1860). Une presse mécanique en blanc, fonctionnant à la vapeur, imprima le *Times* en novembre 1814 (1 100 exemplaires à l'heure). Dès 1823, les premières « mécaniques » sont installées à Paris.

Presse à réaction. Machine à retiration, exclusivement française, mise au point en 1847 par l'ingénieur Hippolyte MARINONI (1823-1904). Alors que les « mécaniques » anglaises n'imprimaient qu'un mouvement sur deux (à l'aller de la forme), cette presse imprime à l'aller et au retour, le marbre* portant la forme* étant constamment en prise avec le cylindre de pression, capable de tourner dans un sens et dans l'autre. D'où un rendement horaire encore amélioré : 3 000 feuilles recto verso, soit 6 000 exemplaires* de journal grand format.

Presse à retiration. Presse* mécanique pouvant imprimer simultanément les deux côtés de la feuille de papier*.

Prestataire n. Dans le cadre d'une production*, indûment appelé producteur*, il est le fournisseur des moyens techniques pour le tournage* et la postproduction*.

Prête-nom n.m. Technique consistant, pour quelqu'un qui désire se porter discrètement ou secrètement acquéreur d'une part du capital d'une société, pour ne pas susciter d'opposition ou de réactions d'hostilité, à demander à un autre de le faire officiellement à sa place, en lui prêtant son nom.

ENCYCL. Pour assurer la transparence* du capital ou de la propriété des entreprises de presse, la loi française du 1er août 1986, en son article 3, interdit le recours à un tel procédé.

Préventif (régime). Forme de contrôle d'activités (en l'occurrence celles relevant du domaine de l'expression ou de la communication*) exercé, avant la publication* ou sa libre diffusion*, par les autorités administratives. Les autorisations requises et les mesures d'interdiction et de saisie susceptibles d'être ainsi prononcées sont, pour certaines d'entre elles au moins, constitutives de censure*. Elles représentent une grave menace pour la liberté* d'expression qui se satisfait bien davantage d'un système de type répressif*.

Prime time (expression anglaise). Tranche horaire qui correspond à l'émission qui est susceptible d'atteindre l'audience la plus large, dans un pays donné, de n'importe quelle chaîne de télévision, ou de n'importe quelle station de radio. En France, cette tranche horaire se situe le matin, avant 9 heures pour la radio, et le soir, à partir de 20 h 30 jusqu'à 22 heures ou 22 h 30, voire plus tard, pour la télévision. Les programmes dits « de deuxième partie de soirée » commencent après 22 h 30, juste après le programme du prime time. Aux États-Unis, le prime time est compris entre 19 heures et 23 heures pour les côtes est et ouest, et entre 18 heures et 22 heures pour les deux fuseaux centraux du continent.

Prisma Presse. Filiale française du groupe allemand Grüner und Jahr, dont l'actionnaire majoritaire est le groupe Bertelsmann – l'un des groupes de communication les plus importants, par le chiffre d'affaires, dans le monde –, Prisma Presse est devenu, depuis son implantation en 1978, le deuxième groupe de presse magazine en France. Le premier lancement fut celui de la version française d'un magazine à succès allemand, *Géo,* en 1979, dont la vente au numéro dépasse les 500 000 exemplaires depuis une dizaine d'années. Après *Ça m'intéresse* lancé en 1981, le groupe lance également *Prima,* en 1982, magazine féminin dépassant le million d'exemplaires vendus. Le groupe compte, en 1998, 13 titres : 1 bimestriel, 7 mensuels et 5 hebdomadaires, qui réalisent une diffusion* totale payée annuelle de près de 300 millions d'exemplaires. Deux titres dépassent largement le million d'exemplaires : le magazine féminin *Femme actuelle,* créé en 1984, avec une diffusion proche de 1,8 million d'exemplaires, et *Télé Loisirs,* un hebdomadaire de télévision lancé en 1986 avec environ 1,7 million d'exemplaires diffusés en 1997. En 1991, le groupe réussit le lance-

ment d'un mensuel sur l'économie, sur un segment pourtant déjà saturé : *Capital,* dont la vente au numéro dépasse les 400 000 exemplaires en 1997. Le groupe procède au rachat de deux titres, *Cuisine actuelle* et *Guide cuisine,* en 1989, mais lance également *Cuisine gourmande* en 1994. Un mensuel consacré à la vie de l'entreprise, *L'Essentiel du management,* est lancé en 1995. La dernière acquisition du groupe est l'hebdomadaire *VSD,* en 1996. Grâce à des techniques marketing* sophistiquées, une formule rédactionnelle axée sur l'information pratique et de nombreuses illustrations, la priorité donnée à la vente au numéro ainsi que des prix de vente modérés, le groupe dirigé par Axel Ganz atteint un chiffre d'affaires de l'ordre de 3,5 milliards de francs pour l'année 1996-1997. En 1994, Prisma Presse a également ouvert, en son sein, une « Académie pour la presse magazine », cycle de formation réservé aux journalistes. Adresse : 6, rue Daru, 75379 Paris cedex 08. Tél. : 01 44 15 30 00.

Procédure n.f. Ensemble des règles et formalités qui doivent être suivies et respectées dans l'engagement et le déroulement d'une action devant une juridiction.
ENCYCL. Plus encore que par ses dispositions de fond, définissant diverses catégories d'infractions, la loi du 29 juillet 1881, « sur la liberté de la presse », se caractérise par le particularisme de ses règles de forme ou de procédure. Objet de ses articles 47 à 60, celles-ci concernent, de façon totalement dérogatoire au droit commun : la détermination de ceux par qui les poursuites peuvent être engagées ; les formalités qui doivent alors être respectées ; les mentions qui doivent figurer dans l'acte de procédure ; l'obligation, dès l'engagement de l'action, et « à peine de nullité », de préciser et de qualifier les faits et d'identifier très exactement le texte de loi applicable ; le délai de prescription*... Nombre de ces dispositions spécifiques de la loi de 1881 apparaîtront comme constituant des privilèges injustifiés au profit des moyens d'information* et de leurs collaborateurs.

Processeur n.m. Système logiciel* ou dispositif matériel qui remplit une ou plusieurs fonctions en exécutant un ensemble d'opérations dans un ordre déterminé. Un processeur est constitué de composants logiques, d'un *bus* interne qui relie ces composants, et de trois *bus* externes qui lui permettent de communiquer avec son environnement. Il peut ainsi exécuter des instructions inscrites en langage machine qui constituent les programmes situées dans la mémoire* centrale d'un ordinateur*.

Producteur n.m. (angl. : *producer*). Le producteur est « la personne physique ou morale qui prend l'initiative et la responsabilité de la réalisation de l'œuvre », selon l'article L. 132-23 du Code* de la propriété intellectuelle. Il rassemble les moyens artistiques et techniques nécessaires à la fabrication de l'œuvre audiovisuelle ou cinématographique et il est également responsable de son financement. Dans le cas d'une coproduction*, le « producteur délégué » assume, pour l'ensemble des partenaires financiers, la responsabilité de la gestion de la production et garantit la bonne fin du projet. Le « producteur exécutif », quant à lui, est un sous-traitant à qui le producteur délégué confie la responsabilité « opérationnelle » de la production. Il ne détient généralement pas de droits de propriété de l'œuvre. ENCYCL. **1.** *Cinéma.* Le métier de producteur est naturellement né avec le cinéma. Parfois, le producteur est également le réalisateur du film. Il exerce une activité qui relève de l'artisanat pour laquelle il encourt un risque financier. Généralement dépourvu de fonds propres, le producteur finance son projet de film, pour l'essentiel, par anticipation des recettes escomptées. Producteur de cinéma reste un métier à risque bien qu'il bénéficie, en France, d'un système d'aide très sophistiqué à travers le Cosip*, l'IFCIC*, et les Sofica*, ainsi que des possibilités de rentabilisation à terme plus nombreuses grâce à la multiplication des supports de diffusion d'un film. **2.** *Télévision.* Avant 1974, à l'époque de l'ORTF*, comme après 1974, durant la période de quasi-monopole de la SFP*, les producteurs travaillant pour la télévision ont essentiellement une activité de sous-traitant, c'est-à-dire de producteur exécutif. À partir de 1982 et surtout de 1986, avec la fin du régime de commandes obligatoires à la SFP, l'émergence de nouvelles chaînes, ainsi que

l'évolution du cadre réglementaire, se développent des sociétés de production dites « indépendantes » des diffuseurs. Ainsi, les chaînes de service public, à travers leur cahier des charges, se voient dans l'interdiction de recourir exclusivement à leurs propres moyens de production pour réaliser des œuvres audiovisuelles. De plus, aux termes du décret n° 90-67 du 17 janvier 1990, les diffuseurs nationaux doivent consacrer 10 % de leur chiffre d'affaires annuel net à des commandes auprès de sociétés de production avec lesquelles elles n'ont pas ou peu, directement ou indirectement, de liens capitalistiques (moins de 5 % du capital). La fonction de producteur se retrouve également, au sein même des stations de radio ou des chaînes de télévision, où elle consiste à concevoir et à réaliser des émissions.

Producteur de phonogrammes. Personne qui prend l'initiative et le risque financier d'un disque ou autre support de son. Le plus souvent cessionnaire des droits de l'auteur* et des artistes-interprètes*, il est aussi, pour sa propre prestation, titulaire de droits voisins du droit* d'auteur. ENCYCL. En droit français, l'article L. 213-1 du Code* de la propriété intellectuelle pose que « le producteur de phonogrammes est la personne, physique ou morale, qui a l'initiative et la responsabilité de la première fixation d'une séquence de son ».

Producteur de vidéogrammes. Personne qui prend l'initiative et le risque financier d'un enregistrement audiovisuel. Le plus souvent cessionnaire des droits de l'auteur* et des artistes-interprètes*, il est aussi, pour sa propre prestation, titulaire de droits* voisins du droit* d'auteur. ENCYCL. En droit français, l'article L. 215-1 du Code* de la propriété intellectuelle pose que « le producteur de vidéogrammes est la personne, physique ou morale, qui a l'initiative et la responsabilité de la première fixation d'une séquence d'images, sonorisées ou non ».

Production n.f. Ensemble des opérations allant de la conception à la fabrication : mise en œuvre des moyens artistiques, financiers, techniques et administratifs nécessaires à la fabrication d'une œuvre* ou d'un programme* pour le cinéma, la télévision ou la radio.

DROIT. En matière d'obligations de contribution à la production, le décret n° 67-90 du 17 janvier 1990, dont le champ d'application concerne aussi bien les sociétés nationales de programme que les chaînes privées diffusant en clair par voie hertzienne, a substantiellement modifié les règles contenues précédemment dans les cahiers des charges des différentes chaînes et régit aujourd'hui leurs obligations dans ce domaine. Les sociétés de télévision diffusées en clair par voie hertzienne terrestre doivent ainsi consacrer 3 % de leur chiffre d'affaires annuel net de l'exercice précédent à la production d'œuvres cinématographiques européennes, dont 2,5 % consacrés à la production d'œuvres cinématographiques d'expression originale française. Dans le domaine de la production audiovisuelle, ces sociétés doivent consacrer 15 % de leur chiffre d'affaires annuel net de l'exercice précédent à la commande d'œuvres d'expression originale française et diffuser un volume horaire annuel minimal de 120 heures d'œuvres audiovisuelles européennes inédites dont la diffusion débute entre 20 heures et 21 heures. Ces sociétés peuvent toutefois choisir de remplacer cette obligation par la passation d'une convention* avec le CSA* aux termes de laquelle elles s'engagent à produire au-delà de 15 % de leur chiffre d'affaires dans certains conditions, et, en contrepartie, le volume de diffusion peut être inférieur à 120 heures. En ce qui concerne les services cryptés diffusés par voie hertzienne terrestre, le décret n° 95-668 du 9 mai 1995 les contraint à investir dans le cinéma par des achats de droits de diffusion à hauteur de 25 % de leur chiffre d'affaires. Ce décret les oblige par ailleurs à investir dans la production audiovisuelle : l'obligation doit être remplie à hauteur de 4,5 % dans les cinq années suivant l'adoption du décret. Pour les services distribués sur le câble, aux termes du décret n° 92-882 du 1er septembre 1992, ils doivent consacrer soit 10 % de leur temps d'antenne, soit 10 % de leur budget de programmation à des œuvres émanant de producteurs* indépendants.

ÉCON. Selon le CNC*, la production* cinématographique française a bénéficié d'un montant global d'investissements de 4,6 milliards de francs pour 158 films produits en 1997 dont 125 films financés majoritairement ou essentiellement par des partenaires français (dits films d'initiative française) et représentant un investissement de 3,9 milliards de francs. La production* audiovisuelle française connaît un montant total d'investissements supérieur à celui de la production cinématographique. Le volume de production d'œuvres* ayant bénéficié du Cosip* est de 2 142 heures pour un investissement de 5,4 milliards de francs en 1997, dont 2,6 milliards en provenance des chaînes françaises, 839 millions de coproductions* et préachats* de l'étranger et 917 millions du Cosip. → **Production audiovisuelle, Producteur, Préfinancement, Quotas**

Production audiovisuelle. 1. L'expression désigne le secteur économique de la production* de programmes* pour la télévision incluant les programmes de flux comme les programmes de stock, allant de la fiction* haut de gamme au documentaire* tourné en vidéo, du magazine* d'information jusqu'au jeu* télévisé ou aux émissions de variétés*. L'entrée dans l'ère de la concurrence, avec la multiplication des chaînes*, a conduit à la fois à une augmentation des coûts de production pour les œuvres de création haut de gamme et à une rationalisation des méthodes de production adaptées à la réalisation des comédies* de situation et autres séries télévisuelles bas de gamme dans le but de produire plus vite et donc moins cher. **2.** Utilisé dans son acception la plus large, le terme recouvre également le secteur de la production cinématographique, de films institutionnels ou d'entreprise ainsi que de films publicitaires. **3.** Concernant la production audiovisuelle, on distingue la production *propre* de la production *exécutive*. La première correspond aux programmes produits par la chaîne elle-même, la seconde désigne la production dont la fabrication est confiée à une entreprise extérieure. **4.** Désigne une œuvre ou un programme télévisuel. → **Production, Producteur, Préfinancement, Quotas**

Progiciel n.m. Logiciel* d'application.

Programmateur n.m. À la direction d'une chaîne de télévision ou d'une station de radio, personne responsable de l'élaboration de la grille* de programmes. Le programmateur participe à la définition de la ligne éditoriale de la chaîne ou de la station. Il contribue à la détermination de la politique d'achat des programmes* et à celle relative à leur production*. → **Programmation**

Programmation n.f. 1. *Audiovisuel.* Pour une chaîne de télévision ou une station de radio, choix des programmes et agencement de leur diffusion réalisés dans l'optique d'une fidélisation maximale du public. Savant dosage des genres de programmes adapté au rythme de vie du public, la programmation doit, d'une part, répondre aux impératifs économiques de la chaîne ou de la station de radio, et, d'autre part, respecter les contraintes d'ordre juridique telles que les quotas* de diffusion. 2. *Cinéma.* La programmation des salles de cinéma relève d'une entente entre le distributeur* et l'exploitant* pour la sélection des films, le choix de la date de leur sortie et la durée de leur passage en salle. → **Programmateur, Cahier des charges, Convention, Heures de grande écoute**

Programme n.m. 1. *Informatique.* Instructions écrites en langage informatique qui commandent à l'ordinateur d'exécuter certaines tâches. Synonyme de logiciel*. 2. *Audiovisuel.* Émission* ou ensemble d'émissions diffusé par une station de radio ou une chaîne de télévision.
ENCYCL. On distingue les programmes *de flux* des programmes *de stock*. Les programmes dits *de flux* sont des programmes audiovisuels qui perdent leur valeur après leur première diffusion*. Ce genre de programme correspond en partie à des émissions liées à l'actualité immédiate : journaux d'information, actualité sportive, débats, variétés*, jeux*. Ce sont souvent des émissions réalisées « en plateau », parfois en direct*, qui font appel à des processus de production* moins élaborés que la fiction* et à des intervenants professionnels moins nombreux. Le coût horaire de ces programmes est, en moyenne, moins élevé que celui des pro-

grammes de stock et leur financement est le plus souvent entièrement assuré par leurs commanditaires que sont les diffuseurs*. Leur caractère périssable fait qu'ils ne sont pas comptés en immobilisation par les producteurs*. Les programmes dits *de stock* sont des programmes dont la valeur ne s'éteint pas lors d'une première diffusion*. Ils correspondent à des immobilisations pour les producteurs ou pour ceux qui en ont acquis leurs droits de diffusion, pour une certaine période et un certain nombre de diffusions. Ils permettent d'alimenter le second* marché des programmes audiovisuels. En pratique, ces programmes correspondent à ce que la réglementation dénomme « œuvre* », c'est-à-dire les fictions*, les documentaires*, l'animation* et certains magazines* élaborés. Le coût moyen horaire des programmes de stock est souvent très élevé, il est en partie justifié par le temps et l'ampleur des moyens techniques et artistiques nécessaires à leur conception et leur création. Mais leur amortissement peut se réaliser sur une longue période et sur plusieurs marchés nationaux et internationaux grâce à leurs exploitations successives par divers diffuseurs. Ils peuvent parfois aussi faire l'objet d'une valorisation sur d'autres supports : vidéo, CD-Rom. → **Éthique des programmes, Marché des programmes**

Programme en boucle. Programme sonore ou audiovisuel diffusé ou distribué plusieurs fois, à intervalles réguliers, soit au cours d'une journée, soit au cours d'une semaine. Ce système permet la mise en œuvre des systèmes de *pay* *per view* reposant sur la rediffusion* régulière de certains programmes, offerts ainsi en consommation différée.

Programme de commande. Production audiovisuelle « commandée » et financée par une institution (entreprise, administration, association...) afin de servir comme outil de formation ou bien comme support d'information dans le cadre de sa politique de communication. Appartiennent à cette catégorie les programmes publicitaires, c'est-à-dire les spots diffusés à la télévision ou présentés dans les salles de cinéma.

**Programme propre/local/commu-
nal.** Ces expressions visent trois formes de
programme*. Le programme local ou d'intérêt local s'applique aux programmes radiophoniques diffusés et réalisés localement par
des personnels ou des services locaux directement rémunérés par le titulaire de l'autorisation*. Ces derniers sont généralement des
programmes de proximité diffusés dans un
but culturel ou éducatif. Les services de radiodiffusion sonore qui consacrent à ce type
de programme au moins trois heures par
jour entre 6 heures et 22 heures peuvent
diffuser des messages de publicité* locale
(décret n° 94-972 du 9 novembre 1994 pris
en application de l'article 27-1 de la loi du
30 septembre 1986). Compte tenu de la
définition des catégories de service par le
CSA*, ce sont les radios associatives (catégorie A), les radios locales indépendantes
(catégorie B) et les radios franchisées (catégorie C). Il s'agit donc de la reprise du principe formalisé par le CSA dans son communiqué 34, selon lequel la publicité locale
ne peut être insérée que dans le programme
local. ENCYCL. Une autre distinction est faite entre
les programmes propres et les programmes
communaux. Les premiers sont ceux qui
sont placés sous la responsabilité éditoriale
du titulaire de l'autorisation d'exploitation,
alors que les seconds, au contraire, sont placés sous la responsabilité éditoriale d'une
association communale ou inter-com-
munale, ou de la commune elle-même. On
rencontre essentiellement ce type de programme sur le câble*. → **Câble, Décrochages locaux, Radio**

Prompteur n.m. Dispositif technique
placé sous la caméra* principale de prise de
vue et qui déroule le texte que le présentateur* d'un journal* télévisé, un animateur ou
un homme public doit lire à l'antenne. C'est
en quelque sorte son souffleur. → **Conducteur**

Propagande n.f. (angl. : *propaganda ; disinformation*). Action entreprise délibérément
avec pour seul objectif de faire penser, de
faire croire ou de faire agir un individu ou un
groupe d'individus dans un sens et avec une
intention déterminés.

ENCYCL. Ainsi entendue, la notion de propagande comprend différentes formes : depuis
la rhétorique de la persuasion, où il s'agit de
rallier une personne à une opinion ou à un
jugement que l'on croit juste, jusqu'au recours systématique à la rumeur, à la censure
ou à la désinformation*, pour imposer sa loi,
pour établir son empire sur une collectivité
dans son ensemble. Sous cette forme extrême, la propagande est consubstantielle à
l'ordre totalitaire. Goebbels désignait ainsi
l'ambition de son action : « Nous ne parlons
pas pour dire quelque chose, mais pour
obtenir un certain effet. » Les barbaries du
XXe siècle obéissent, en ce sens, aux ensei-
gnements du *Prince* de Machiavel : d'une
part en acceptant que « la fin justifie les
moyens » ; d'autre part en adoptant cet
adage selon lequel « gouverner, c'est faire
croire ». Avec tous les moyens de l'information*, ses médias, ses professionnels, ses
disciplines, l'ordre démocratique et libéral
entend livrer un combat impitoyable, un
combat de tous les instants et qui n'est
jamais gagné, contre toutes les formes de
propagande, depuis les plus subreptices ou
les plus cachées jusqu'à celles qui, s'affichant
au nom de finalités politiques ou religieuses,
justifient jusqu'aux crimes contre l'humanité. → **Communication, Désinformation, Information, Prescription**

Propagande électorale. Mode de communication utilisé par les candidats aux élections en vue d'assurer la promotion de leur
personne ou de leurs idées. Elle peut prendre
diverses formes et utiliser les différents supports d'expression, écrits et audiovisuels.

DROIT. En droit français, la réglementation de
la propagande électorale découle des dispositions du Code électoral et des lois annexes
et complémentaires des 11 mars 1988,
15 janvier 1990 et 19 janvier 1995, qui, en
vue d'assurer un certain équilibre entre les
candidats, limitent notamment le recours à
certains procédés de propagande et le montant des dépenses engagées. L'article L. 52-1
du Code électoral dispose que « l'utilisation
à des fins de propagande électorale de tout
procédé de publicité* commercial par la
voie de la presse* ou par tout moyen de
communication* audiovisuelle » est interdite. L'article L. 90-1 du même Code précise

qu'en cas de non-respect de ces dispositions une amende de 10 000 à 500 000 F est encourue. La campagne est légale s'il s'agit d'une simple information ou de la promotion de l'image de la collectivité ou d'une communication* institutionnelle habituelle, dès lors que celle-ci est exclusive de toute référence à la gestion ou à la réalisation de la collectivité et de toute appréciation laudative à leur égard. C'est le juge de l'élection qui est chargé d'assurer le respect de ces dispositions dont le CSA* rappelle les termes dans ses recommandations adressées aux diffuseurs à l'occasion des élections nationales ou locales. Pour invalider une élection en raison d'une infraction à l'article L. 52-1 du Code électoral, le juge de l'élection tient compte du faible écart des voix entre les candidats ainsi que des éléments liés à ce manquement et de nature à altérer la sincérité du scrutin. → **Campagne électorale, Trois tiers (règle des), Pluralisme**

Propriétaire adj. et n. Une technique ou un procédé est dit *propriétaire* lorsqu'il est propre à un constructeur, ce qui exclut son utilisation par des équipements ne correspondant pas aux mêmes standards. L'incompatibilité peut constituer un obstacle au développement sur un marché.

Propriété littéraire et artistique. → **Droit d'auteur**

Prospect n.m. Client potentiel. Il fait l'objet d'une prospection de la part d'un annonceur* qui le prend comme cible* de son action publicitaire.

Protection des mineurs. Ensemble des dispositions visant à protéger les enfants et les adolescents des scènes susceptibles de heurter leur sensibilité sur les services de communication* audiovisuelle. Aux termes de la directive* du 3 octobre 1989, il existe deux degrés de protection. Dans un premier temps, une tolérance permet aux chaînes de prendre les mesures appropriées pour éviter les programmes* susceptibles de nuire à l'épanouissement physique, mental ou moral des mineurs, et, dans un second temps, est interdite la diffusion de programmes susceptibles de *nuire gravement* à la sen-

sibilité des mineurs, notamment les scènes de pornographie et de violence* gratuite. En France, c'est le CSA*, aux termes de l'article 15 de la loi du 30 septembre 1986 modifiée, qui veille à cette protection et a été l'initiateur d'une « signalétique antiviolence » sur les chaînes* de télévision. Les œuvres* audiovisuelles et cinématographiques sont ainsi classées en cinq catégories en fonction de leur degré de violence. Ces dispositions ont été intégrées dans les conventions* passées entre le CSA et les chaînes. ENCYCL. Au niveau européen, la directive « Télévision sans frontières » du 3 octobre 1989 énumère un certain nombre de règles déontologiques ayant essentiellement pour objet la protection des mineurs (article 22 de la directive). Les programmes susceptibles de nuire gravement à la sensibilité des mineurs et les programmes pornographiques sont interdits. Ceux qui nuisent à l'épanouissement physique, mental ou moral des mineurs ne peuvent être diffusés que s'il est assuré que les mineurs ne les regarderont pas, par le choix de l'heure de l'émission ou par toute mesure technique.

Protocole n.m. (angl. : *protocol*). Ensemble de règles conventionnelles ou de procédures informatiques qui permettent les échanges et la circulation des informations entre ordinateurs reliés par réseaux*. Un protocole doit gérer les systèmes permettant de mettre en relation des divers terminaux interconnectés, les systèmes de contrôle des informations, les procédures de transport, pendant toute la durée de la session de communication. Les protocoles les plus connus sont ceux qu'utilisent les grands réseaux d'échanges de données : protocole OSI* (Open Systems Interconnection) pour les réseaux téléinformatiques agréés par l'ISO et l'UIT*, protocole X-25, agréé par le CCETT*, pour les réseaux télématiques grand public, et protocole TCP/IP* (Transmission Control Protocol/Internet), protocole pour l'interconnexion des ordinateurs du réseau Internet, complété par le protocole HTTP* (Hypertext Transmission Protocol), utilisé sur le Web* de l'Internet*.

Provisions pour investissements. ENCYCL. → **Impôt sur les sociétés**

Provocation à crimes et délits. Fait d'amener, d'inciter ou de pousser quelqu'un à commettre un acte criminel ou délictueux. L'usage d'un moyen de communication* public en accroît l'écho sinon les effets. On ne peut, au nom du principe de liberté* d'expression, admettre n'importe quoi. De nécessaires limites doivent y être apportées, en vue de la protection de certains intérêts individuels ou collectifs. Un contrôle judiciaire ou répressif* des abus de la liberté d'expression doit permettre d'assurer, dans des conditions satisfaisantes pour tous, un juste équilibre entre des droits et intérêts apparemment concurrents.

ENCYCL. En droit français, le délit de provocation à crimes et délits fait l'objet des dispositions des articles 24 et 25 de la loi du 29 juillet 1881. Ceux-ci distinguent notamment selon que la provocation a ou n'a pas été « suivie d'effet ». L'article 23 pose que « seront punis comme complices d'une action qualifiée crime ou délit ceux qui », par un quelconque moyen de publication*, « auront directement provoqué » à commettre un crime, « si la provocation a été suivie d'effet » ou même si elle n'a « été suivie que d'une tentative de crime ». L'article 24 incrimine la provocation publique, non suivie d'effet, « à commettre l'une des infractions suivantes : 1. les atteintes volontaires à la vie, les atteintes volontaires à l'intégrité de la personne et les agressions sexuelles [...] ; 2. les vols, les extorsions et les destructions, dégradations et détériorations volontaires dangereuses pour les personnes ». Est également prévue, par le même texte, la répression de la provocation, qu'elle ait ou non été suivie d'effet : « à l'un des crimes ou délits portant atteinte aux intérêts fondamentaux de la nation » ; au terrorisme ; « à la discrimination, à la haine ou à la violence raciale ».

Pseudonyme n.m. Nom de plume utilisé pour signer un article* sans révéler la personnalité de son auteur.

Public n.m. Terme générique pour désigner, le cas échéant, l'audience d'un média, qu'elle soit potentielle ou effective, délibérément visée ou réellement atteinte par lui.
→ **Audience, Grand public**

Publication n.f. **1.** Action de publier, de rendre public. En droit, c'est la publication et non la rédaction qui crée le délit* de presse. **2.** Terme générique des organes de presse. La loi française impose que chacune d'elles ait un directeur de publication pénalement responsable des délits éventuellement commis par le périodique.

DROIT. L'interprétation des notions comme public, publicité et publication varient suivant les branches et disciplines juridiques (responsabilité*, droit* d'auteur...). Est public ce qui n'est pas personnel, privé ou secret*. La publication dépend : de la nature du lieu, dont l'accès est largement ouvert ou, au contraire, réservé ; du plus ou moins grand nombre des destinataires du message ; du lien (familial, amical, associatif, professionnel...) qui unit, ou non, chacun d'entre eux ; de l'intention de l'auteur du message... Du lieu de la publication dépend la détermination de la loi applicable et du tribunal compétent. La date de la publication fait courir le délai de prescription*. L'identification des responsables varie suivant les techniques de publication utilisées... Intellectuellement souhaitable, une plus grande rigueur et précision dans la définition ou détermination de ce qui est constitutif de publication représente, en droit, une exigence forte. Puisqu'il s'agit de l'objet même de ce droit, c'est une condition première.

Publication destinée à la jeunesse. Publication, périodique ou non, qui, en fonction de son contenu, apparaît principalement destinée aux enfants. Afin de protéger la jeunesse contre l'influence que de telles publications pourraient avoir sur elle, celles-ci peuvent faire l'objet d'une réglementation et de contrôles spécifiques.

ENCYCL. En droit français, la loi du 16 juillet 1949 « sur les publications destinées à la jeunesse », en son article 1er, définit celles-ci comme « les publications périodiques ou non qui, par leur caractère, leur présentation ou leur objet, apparaissent comme principalement destinées aux enfants et adolescents ». En raison du public ainsi principalement visé, des règles et obligations particulières s'imposent à elles en ce qui concerne notamment : le statut* des entreprises éditrices, les formalités (déclaration*, dépôt*) à accomplir et le contenu des publications. S'agissant du contenu, l'article 2 de la loi pose que ces publications « ne doivent comporter aucune illustration, aucun récit, aucune chronique, aucune rubrique, aucune insertion présentant sous un jour favorable le banditisme, le mensonge, le vol, la paresse, la lâcheté, la haine, la débauche ou tous actes qualifiés crimes ou délits ou de nature à démoraliser l'enfance ou la jeunesse, ou à inspirer ou entretenir des préjugés ethniques ». Aux termes de l'article 13 de la même loi, l'importation en France de « publications étrangères* destinées à la jeunesse est subordonnée à l'autorisation* du ministre chargé de l'information ». L'article 14 de cette même loi de juillet 1949 prévoit, plus largement, la possibilité, pour le ministre de l'Intérieur, de prononcer des mesures d'interdiction* ou de restriction de diffusion à l'encontre des « publications de toute nature présentant un danger pour la jeunesse en raison de leur caractère licencieux ou pornographique, ou de la place faite au crime ou à la violence, à la discrimination ou à la haine raciale, à l'incitation à l'usage, à la détention ou au trafic de stupéfiants ». L'article L. 17 du Code des débits de boissons et des mesures contre l'alcoolisme interdit l'insertion de publicités* pour l'alcool dans les publications destinées à la jeunesse.

Publication étrangère. Publication (livre* ou périodique*) de provenance ou d'origine étrangère importée sur le territoire national.
ENCYCL. En droit français, l'article 14 de la loi du 29 juillet 1881 détermine un régime de contrôle administratif particulier à l'encontre des publications étrangères, de langue étrangère ou de provenance étrangère. Elles peuvent faire l'objet de mesures d'interdiction* prononcées par le ministre de l'Intérieur.

Publication périodique. Écrit imprimé paraissant, normalement à intervalles réguliers (quotidien*, hebdomadaire*, bimensuel*, mensuel*...), sous une même présentation et un même titre* mais avec un contenu différent pour rendre compte d'une certaine actualité*.

ENCYCL. En droit français, et aux termes de l'article 1er de la loi du 1er août 1986 (relative au statut des entreprises de presse*), l'expression « publication périodique » ou « publication de presse » désigne tout service utilisant un mode écrit de diffusion de la pensée mis à la disposition du public en général ou de catégories de publics et paraissant à intervalles réguliers ».

Publication en série. Ouvrages publiés dans une forme identique, mais parfois sous des titres différents. Il peut s'agir soit de collections de livres ou de brochures, soit de fascicules qui peuvent ensuite être regroupés et reliés pour constituer un ensemble de volumes, par exemple des ouvrages encyclopédiques. Certaines de ces publications finissent par s'apparenter à des périodiques*.

Publications d'annonces judiciaires et légales. Publications* périodiques, désignées comme telles, dans chaque département, par décision du préfet, et seules autorisées à insérer des annonces judiciaires et légales. La publication de ces annonces constitue, pour ces périodiques, la source d'une part importante de leurs revenus.

Publiciste n.m. **1.** Juriste spécialisé en droit public. **2.** Écrivain politique, dans le langage du XVIIIe et du XIXe siècle. **3.** Au XIXe siècle, journaliste spécialisé dans l'information concernant l'actualité politique. Le mot est parfois utilisé, à tort, pour désigner un professionnel de la publicité.

Publicitaire adj. et n.m. **1.** n.m. Professionnel travaillant dans le secteur de la publicité*. **2.** adj. Tout ce qui (argument, méthode, message, objet, style...) relève de la publicité*.

Publicité n.f. (angl. : *advertising*). Ensemble des techniques et des moyens mis en œuvre pour faire connaître et pour faire valoir un bien, un service, une entreprise, une institution ou une personne.
ÉCON. La publicité est le plus souvent à vocation commerciale et vise à faire vendre ce qu'elle fait connaître. Elle peut aussi avoir pour but de donner une image de marque

favorable. Elle s'organise autour d'un certain nombre d'intervenants. Les annonceurs*, qui génèrent la demande de publicité et payent pour la diffusion* de messages ; les agences* et autres prestataires en publicité, qui conseillent, créent, organisent et conduisent les études et campagnes publicitaires* ; les fabricants, au sens matériel, des messages (producteurs de films, de spots, de matériels spécialisés) ; les fournisseurs d'espaces et les gestionnaires des vecteurs de messages : régisseurs des grands médias* et des supports électroniques, éditeurs d'annuaires, organisateurs de salons et de foires... Par suite, les modes et les formes de publicité sont extrêmement variables : publicité commerciale, rédactionnelle, petites annonces*, spots*, films, affiches*, prospectus... Pour la presse et l'audiovisuel, la publicité est une source importante, voire exclusive, de revenus (presse gratuite, radio ou télévision commerciale). Elle s'ajoute ou se substitue au marché que forment éventuellement les usagers payants de ces médias. C'est en ce sens qu'on parle du double marché des médias. La place occupée physiquement par la publicité et son poids économique sont d'une extrême importance puisqu'ils pèsent à la fois sur le contenu et l'économie des médias. La publicité peut en effet conditionner le choix des sujets traités, voire entraîner une autocensure. Dans la presse, elle incite à créer des rubriques favorables aux annonceurs, elle suscite le recours à la couleur et au papier glacé. Dans l'audiovisuel, elle conditionne la grille* des programmes. Enfin, en sélectionnant certains supports au détriment d'autres, elle est l'une des causes de la concentration* des médias.

DROIT. Parmi les multiples définitions possibles de la publicité, on peut notamment retenir, et élargir ou adapter à l'ensemble des supports, celle de la Convention européenne sur la télévision transfrontière, du 5 mai 1989. En son article 2-f, elle considère que le terme « publicité désigne toute annonce publique effectuée en vue de stimuler la vente, l'achat ou la location d'un produit ou d'un service, de promouvoir une cause ou une idée, ou de produire quelque autre effet souhaité par l'annonceur, pour laquelle » un espace ou « un temps de transmission a été cédé à l'annonceur, moyennant rémunéra-

tion ou toute contrepartie similaire ». Les règles concernant la diffusion de messages publicitaires ou de parrainage sont fixées par le décret n° 92-280 du 27 mars 1992, qui transpose les dispositions de la directive* « Télévision sans frontières ». Le décret n° 92-882 du 1er septembre 1992 rend ce texte applicable aux services de télévision par câble. La publicité locale est définie dans le domaine de la radio* par le décret n° 94-972 du 9 novembre 1994 comme un message publicitaire diffusé sur une zone inférieure à six millions d'habitants et comportant l'indication, par l'annonceur*, d'une adresse ou d'une identification locale explicite. Certains secteurs sont interdits de publicité télévisée. Ces interdictions sont notamment le fait de la loi : ainsi sont concernés le tabac, l'alcool de plus de 1,2 degré, l'assistance juridique, les offres et demandes d'emploi et les armes à feu. Le décret du 27 mars 1992 y ajoute d'autres secteurs comme l'édition littéraire, le cinéma*, la presse* et, sauf dans les DOM-TOM, le secteur de la distribution. Ces interdictions sont en grande partie guidées par le souci de protéger d'autres médias que la télévision, en particulier la presse quotidienne régionale, ainsi que certains secteurs économiquement fragiles. La directive « Télévision sans frontières » et le décret n° 92-280 du 27 mars 1992 interdisent aussi la publicité clandestine, définie comme la présentation verbale et visuelle à l'intérieur d'un programme* de produits ou services dans un but publicitaire. → **Publicité pour l'alcool, Publicité pour le tabac**

Publicité pour l'alcool. Cherchant à concilier les intérêts des producteurs et des distributeurs de boissons alcoolisées et le souci de la protection de la santé publique, le législateur a, dans un certain nombre de pays, réglementé, sous forme de restrictions ou d'interdictions, la publicité pour l'alcool. ENCYCL. En droit français, la réglementation de la publicité pour l'alcool – maintes fois modifiée, en fonction de la force ou du poids de tel ou tel groupe de pression ! – est contenue notamment dans les dispositions des articles L. 17 à L. 21 du Code des débits de boissons et des mesures contre l'alcoolisme. S'agissant des supports, il faut considérer aujourd'hui qu'une telle publicité est interdite partout où elle n'est pas expressément permise. Aux termes de l'article L. 17 C. débits de boissons, elle est autorisée : « 1. dans la presse* écrite, à l'exclusion des publications* destinées à la jeunesse [...] ; 2. par voie de radiodiffusion sonore pour les catégories de radios et dans les tranches horaires déterminées par décret [...] ; 3. sous forme d'affiches ». L'article L. 18 du même Code réglemente le contenu même des messages : « La publicité autorisée pour les boissons alcooliques est limitée à l'indication du degré volumique d'alcool, de l'origine, de la dénomination, de la composition du produit, du nom et de l'adresse du fabricant, des agents et des dépositaires ainsi que du mode d'élaboration, des modalités de vente et du mode de consommation du produit [...]. Toute publicité en faveur des boissons alcooliques [...] doit être assortie d'un message de caractère sanitaire précisant que l'abus d'alcool est dangereux pour la santé. »

Publicité des audiences.
DROIT. Principe fondamental, considéré, tout à la fois, comme une condition et une garantie d'une bonne administration de la justice et du respect des droits du justiciable, autant que de la liberté* d'expression et du droit* du public à l'information. Les audiences devant les tribunaux doivent normalement, pour cela, être de libre accès à tous et notamment aux journalistes*, représentants du public auquel ils rendront compte du déroulement du procès. Ce principe de publicité des audiences comporte cependant des exceptions et restrictions liées à la nature des affaires ou aux techniques et procédés utilisés.
En droit français, le principe de publicité des audiences est pratiquement posé dans chacun des Codes de procédure (civile, pénale...) et à quelque niveau de juridiction que ce soit. Il est conforté par l'article 41 de la loi du 29 juillet 1881 qui pose notamment que « le compte rendu fidèle, fait de bonne foi, des débats judiciaires » ne donnera « lieu à aucune action en diffamation, injure ou outrage ». Des restrictions sont cependant apportées à ce principe de publicité des audiences, en tenant compte de la nature des affaires et des intérêts en cause. C'est ainsi que l'article 31 de la loi de 1881 « interdit de

rendre compte des procès en diffamation* », lorsque l'imputation : concerne la vie* privée de la personne ; se réfère à des faits remontant à plus de 10 ans ou « constituant une infraction amnistiée ou prescrite » ou ayant donné lieu à réhabilitation ou révision. Par le même texte, « il est pareillement interdit de rendre compte des débats et de publier des pièces de procédure concernant les questions de filiation, actions à fin de subsides, procès en divorce, séparation de corps et nullités de mariage, procès en matière d'avortement ». S'agissant des techniques utilisées, l'article 38 ter de la loi de 1881 pose que « dès l'ouverture de l'audience [...] l'emploi de tout appareil permettant d'enregistrer, de fixer ou de transmettre la parole ou l'image est interdit [...]. Toutefois, sur demande présentée avant l'audience, le président peut ordonner des prises de vue quand les débats ne sont pas commencés, et à la condition que les parties ou leurs représentants et le ministère public y consentent ». Des dispositions spécifiques concernant la constitution d'archives* audiovisuelles de la justice ont cependant été adoptées.

Publicité comparative (angl. : *comparative advertising*). Méthode promotionnelle consistant, évidemment au profit de celui qui y a recours et seulement lorsque cela est à son avantage, à comparer les mérites et qualités, réels ou supposés, de ses produits ou services avec ceux de l'un de ses concurrents, ou tout au moins à opposer, aux arguments publicitaires de celui-ci, ses propres formules et slogans, espérant ainsi détourner ou attirer vers lui une partie de la clientèle potentielle.
ENCYCL. En droit français, après avoir, pendant très longtemps, été considérée comme interdite, la publicité comparative a été autorisée, mais de façon très restrictive, par l'article 10 de la loi du 18 janvier 1992 « renforçant la protection des consommateurs »... aujourd'hui codifié aux articles L. 121-8 à L. 121-14 du Code de la consommation. Aux termes de l'article L. 121-8 C. cons., une telle publicité « n'est autorisée que si elle est loyale, véridique et qu'elle n'est pas de nature à induire en erreur le consommateur ». Le même article impose encore que, « lorsque la comparaison porte sur les prix, elle doit

concerner des produits identiques vendus dans les mêmes conditions et indiquer la durée pendant laquelle sont maintenus les prix mentionnés comme siens par l'annonceur ». Parmi les obstacles au recours à une telle forme de publicité, les professionnels soulignent notamment, sinon l'obligation faite à l'annonceur d'« être en mesure de prouver l'exactitude de ses allégations, indications ou présentations », en tout cas celle qui pèse sur lui, « avant toute diffusion », de communiquer « l'annonce comparative » à son concurrent. L'article L. 121-13 C. cons. exclut l'exercice du droit* de réponse à l'égard de messages de publicité comparative.

Publicité sur le lieu de vente (PLV). Technique de promotion sur le lieu même de l'achat, avec une mise en valeur particulière du produit sur les rayons, ou encore la création d'animations.

Publicité mensongère (angl. : *misleading advertising*). On ne peut évidemment attendre de la publicité* qu'elle fournisse une information* objective sur les produits et services sur les qualités et mérites – réels ou supposés – desquels elle a pour vocation d'attirer l'attention des consommateurs, afin de les inciter à l'achat. Cherchant cependant, dans ce domaine également, à réaliser un certain équilibre entre les intérêts des annonceurs*, d'un côté, et ceux de leurs concurrents et des consommateurs, de l'autre, le législateur a, dans un certain nombre de pays, réglementé la publicité dite mensongère ou de nature à induire en erreur. ENCYCL. En droit français, cette réglementation de la publicité mensongère découle d'une loi du 27 décembre 1973. Les dispositions en ont été codifiées aux articles L. 121-1 à L. 121-7 du Code de la consommation. Ainsi, aux termes de l'article L. 121-1 C. cons., « est interdite toute publicité comportant, sous quelque forme que ce soit, des allégations, indications ou présentations fausses ou de nature à induire en erreur, lorsque celles-ci portent sur un ou plusieurs des éléments ci-après : existence, nature, composition, qualités substantielles, teneur en principes utiles, espèce, origine, quantité, mode et date de fabrication, propriétés, prix

et conditions de vente de biens ou services qui font l'objet de la publicité, conditions de leur utilisation, résultats qui peuvent être attendus de leur utilisation, motifs ou procédés de la vente ou de la prestation de services, portée des engagements pris par l'annonceur, identité, qualités ou aptitudes du fabricant, des revendeurs, des promoteurs ou des prestataires ».

Publicité rédactionnelle (angl. : *advertorial*). Texte publicitaire rédigé pour le compte d'un annonceur* sous une forme rédactionnelle et dans un style de présentation comparables à ceux de la publication* dans laquelle il est inséré. Ce texte peut être publié dans une section spéciale, dans un supplément* ou dans les pages ordinaires de la publication. Il doit être signalé comme étant de la publicité*. DROIT. En droit français, l'article 10 de la loi du 1er août 1986 pose que « tout article de publicité à présentation rédactionnelle doit être précédé de la mention publicité ou communiqué ».

Publicité pour le tabac. Cherchant à concilier les intérêts des producteurs et des distributeurs de tabac et le souci de la protection de la santé publique, le législateur a, dans un certain nombre de pays, réglementé, sous forme de restrictions ou d'interdictions, la publicité pour le tabac sous toutes ses formes. ENCYCL. En droit français, la réglementation de la publicité pour le tabac – maintes fois modifiée, en fonction de la force ou du poids de tel ou tel groupe de pression ! – est aujourd'hui contenue dans les articles 355-24 et suivants du Code de santé publique. « Toute propagande ou publicité, directe ou indirecte, en faveur du tabac ou des produits du tabac » est désormais interdite.

Publi-portage. n.m. Distribution d'imprimés publicitaires non adressés directement dans les boîtes aux lettres.

Publipostage n.m. (angl. : *mailing*). Message publicitaire délivré par voie postale à des consommateurs réels ou potentiels afin de leur proposer un produit ou un service. Ce système est très utilisé par la presse pour promouvoir des abonnements, généralement à prix réduit, assortis parfois d'offre de cadeaux divers. Le taux de retour (nombre de réponses positives pour 100 envois) est souvent très faible, de l'ordre de 1 à 2 %.

Publi-reportage. → **Publicité rédactionnelle**

Puce. → **Microprocesseur**

PULITZER (Joseph), journaliste américain d'origine hongroise (1847-1911). Après avoir combattu dans les rangs nordistes pendant la guerre de Sécession, il fonde un quotidien, le *Saint-Louis Post Dispatch,* en 1878, puis achète le *New York World,* en 1883. Il fait passer ce dernier à un *cent* (un sou), en 1896, avant de constituer une chaîne de journaux. Avec l'ouverture d'une école de journalistes, dans le cadre de l'université Columbia de New York, il fixe les règles d'un journalisme dont il fut le promoteur, à base de reportages mettant toujours l'accent sur l'« intérêt humain » des événements. Depuis 1917, cette université décerne chaque année des prix de journalisme et de littérature qui portent le nom du fondateur, en son sein, de l'école de journalisme.

Pupitre n.m. Tableau de commandes diverses permettant, avant la diffusion, ou la mise en ondes, les différentes opérations nécessaires à la prise de vue et à la prise de son, au tournage et à l'éventuel mixage.

Push technology. Logiciel permettant de transmettre au terminal d'un internaute celles des informations pour lesquelles il a exprimé son intérêt. Ces informations lui sont communiquées afin d'être reçues « en ligne », ou bien elles sont transmises pour être enregistrées sur le disque dur de son ordinateur, afin d'être consultées « hors ligne ». Ainsi, la *push technology* permet de diffuser de véritables canaux d'information, élaborés « sur mesure » par les internautes eux-mêmes. Le *webcasting* remplit ainsi les mêmes fonctions que le *broadcasting :* il diffuse ses programmes, comme un canal de télévision, depuis un organisme émetteur vers une audience potentielle de personnes éparpillées et disposant des équipements récepteurs appropriés. Le mode de fonctionnement du Web, avec ces systèmes (Poincast ou Castanet), est donc inversé : avec les médias-poussettes, on passe du « surf » au « push ». Ce qui fait surgir la question : les chaînes thématiques ne sont-elles pas concurrencées, directement, par les canaux de l'Internet ?

Pyramide inversée. → **Règle de la pyramide inversée**

Quadrichromie n.f. Procédé d'impression en couleurs de la presse et de l'édition. La synthèse additive de quatre couleurs (cyan*, magenta*, jaune*, noir) permet de restituer l'ensemble de la gamme chromatique.

Quadrimensuel adj. et n.m. Publication* paraissant trois fois par an. → **Périodicité, Trisannuel**

Quotas/Quotas de chanson française/de diffusion. Pourcentages déterminés permettant de quantifier et de réguler la diffusion de certains types de programmes*. L'instauration de quotas par le législateur dans les années 1970 avait déjà pour objet la protection des œuvres* d'origine française. Cette protection s'est étendue aux différents outils d'expression de l'identité française et aux moyens de cette dernière. **1.** *Télévision.* La directive* « Télévision sans frontières » du 3 octobre 1989 impose une diffusion majoritaire d'œuvres européennes (articles 4 et 5 de la directive). Mais sa définition de l'œuvre est plus large que la définition française. Le principe des quotas de diffusion est désormais inscrit dans la loi du 30 septembre 1986. Le décret n° 90-66 du 17 janvier 1990 a harmonisé les obligations de diffusion imposées aux chaînes diffusant en clair*. Les quotas de diffusion sont aujourd'hui fixés par la loi du 30 septembre 1986 modifiée à 40 % d'œuvres d'expression originale française et 60 % d'œuvres européennes. Ces quotas s'appliquent séparément aux œuvres audiovisuelles et cinématographiques (article 27 de la loi). Ces quotas doivent être respec-

tés sur l'ensemble de la programmation ainsi qu'aux heures de grande écoute définies par le décret n° 90-66 du 17 janvier 1990 : 18 heures-23 heures tous les jours ; 14 heures-23 heures le mercredi. Le CSA a la faculté de substituer aux heures de grande écoute des heures d'écoute significative. Les chaînes françaises du câble sont également soumises aux quotas de diffusion, mais le CSA peut fixer une progressivité pour les atteindre (décret n° 92-882 du 1er septembre 1992). **2.** *Radio.* La loi du 1er février 1994 a imposé aux radios un quota unique de diffusion de 40 % de chansons françaises. Aux termes de l'article 28 *bis* de la loi de 1986 ainsi modifiée par la loi de 1994 : « La programmation substantielle d'œuvres musicales créées ou interprétées par des auteurs et artistes français ou francophones doit atteindre avant le 1er janvier 1996 un minimum de 40 % de chansons d'expression française, dont la moitié au moins provenant de nouveaux talents ou de nouvelles productions, diffusées aux heures d'écoute significative par chacun des services de radiodiffusion sonore autorisés par le Conseil* supérieur de l'audiovisuel, pour la part de ses programmes composée de musique de variétés. » → **Directive TSF, Cahier des charges, Chaîne cryptée, Chaîne cinéma, Œuvre audiovisuelle, Œuvre cinématographique, Heures d'écoute significative**

Quotidien adj. et n.m. Journal paraissant tous les jours de la semaine ou au moins six fois, parfois même deux fois par jour. À côté des quotidiens généralistes, on compte des quotidiens spécialisés, économiques ou sportifs. On distingue aussi, selon leurs zones de diffusion, les quotidiens internationaux, nationaux, régionaux et locaux. → **Périodicité, Périodique**

Quotidien du 7ᵉ jour. Édition d'un quotidien, régional ou national, publiée et distribuée afin d'être lue le dimanche.

r

Racisme n.m. (angl. : *racism*). Forme de discrimination entre des individus et des groupes humains fondée sur l'origine, la couleur de la peau, la religion ou les habitudes culturelles. Si, dans l'esprit ou les propos de certains, existent des « races » différentes et, à leurs yeux, inégales, il n'y a pourtant, dans la race humaine, aucun élément constitutif ou distinctif de races particulières. Le respect de la dignité des personnes et de l'égalité des droits implique que l'on incrimine et réprime, en droit, de telles discriminations, qu'elles soient par action ou par expression. ENCYCL. En droit français, le racisme est constitutif d'infraction. Son expression publique doit, à ce titre, être poursuivie et sanctionnée. La loi du 29 juillet 1881 incrimine trois sortes d'infractions de caractère racial ou raciste : la diffamation* raciale, l'injure* raciale, la provocation* à la discrimination ou à la haine raciale. Aux termes de la loi de 1881, le caractère racial est lié à la mise en cause d'« une personne ou [d']un groupe de personnes à raison de leur origine ou de leur appartenance ou de leur non-appartenance à une ethnie, une nation, une race ou une religion déterminée ». Parmi d'autres motifs, l'article 14 de la loi du 16 juillet 1949 accorde, au ministre de l'Intérieur, la possibilité de prendre des mesures d'interdiction* ou de restriction de diffusion à l'encontre des « publications de toute nature présentant un danger pour la jeunesse » en raison de la place qui y est faite « à la discrimination ou à la haine raciale ».

Radio n.f. (radiodiffusion sonore). **1.** Ensemble des procédés et des techniques permettant la transmission instantanée, et plus ou moins loin, de sons, quels qu'ils soient, après analyse, codage et transformation en ondes. **2.** Récepteur de programmes de radiodiffusion sonore. **3.** Ensemble des activités concernant la production et la distribution des programmes radio. **4.** Ensemble des activités nées de la technique de radiodiffusion sonore et qui ont fait de celle-ci un média à part entière, avec ses règles de fonctionnement et d'organisation, ses lois économiques particulières, ses usages et ses audiences.

Radio associative/Radio indépendante/Radio abonnée/Radio franchisée/Radio pirate. La loi du 17 janvier 1989 donne la possibilité au CSA* de lancer des appels aux candidatures par catégorie. Le CSA a donc déterminé dans ses communiqués 34 et 281 cinq « catégories de service de radiodiffusion sonore ». Le CSA a ainsi distingué « les services associatifs éligibles au fonds* de soutien à l'expression radiophonique » (catégorie A), les « services locaux ou régionaux indépendants ne diffusant pas de programme national identifié » (catégorie B), les « services locaux ou régionaux diffusant le programme d'un réseau thématique national » (catégorie C), les « services thématiques à vocation nationale » (catégorie D), et les « services généralistes à vocation nationale » (catégorie E). ENCYCL. Relèvent de la catégorie des radios associatives les radios dont les ressources commerciales provenant des messages de publicité* ou de parrainage* sont inférieures à 20 % de leur chiffre d'affaires. Ces radios ont pour vocation d'être des radios de proximité, communautaires, culturelles ou scolaires. Elles doivent consacrer au moins quatre heures quotidiennes entre 6 heures et 22 heures à un programme d'intérêt local (soit une heure de plus que la durée prévue par le décret du 9 novembre 1994 pour avoir accès à la publicité locale). Relèvent de la catégorie des radios indépendantes les associations et les sociétés radiophoniques dont la zone de desserte couvre une population inférieure à six millions d'habitants et qui sont indépendantes des réseaux* nationaux. Elles ne peuvent diffuser le programme national identifié de ces dernières et doivent, comme les radios de catégorie A, diffuser un programme d'intérêt local d'une durée quotidienne d'au moins quatre heures, publicité non comprise, entre 6 heures et 22 heures. Relèvent de la catégorie des « services locaux ou régionaux diffusant le programme d'un réseau thématique national » les radios dont la zone de desserte ne couvre pas une population de plus de six millions d'habitants et qui se caractérisent par la diffusion quotidienne d'un programme d'intérêt local et, en complément, d'un programme identifié fourni par un réseau thématique à vocation nationale. Ce complément de programme peut prendre la forme de l'abonnement (radio abonnée) ou celle de la franchise (radio franchisée). L'abonnement se caractérise par l'indépendance capitalistique totale du titulaire de l'autorisation vis-à-vis du réseau thématique national. Depuis l'augmentation du seuil anticoncentration en matière de radio à 150 millions d'habitants, cette formule est en déshérence. Dans le cadre de la franchise, le réseau national peut être présent jusqu'à 100 % dans le capital du titulaire de l'autorisation et le franchisé peut donc être dépendant du réseau. Le communiqué n° 177 du CSA permettait d'ailleurs aux radios de la catégorie C d'abandonner leur programme local et de diffuser le programme du réseau national pour l'intégralité de leur temps d'antenne. Les communiqués successifs du CSA ont posé comme principe l'étanchéité entre ces catégories. Cette disposition a été récemment confirmée par la jurisprudence (CE, Anglet FM, 30 juillet 1997, requête n° 172606). Les radios dites « pirates » sont celles qui émettent sans autorisation. Elles sont passibles des sanctions pénales prévues à l'article 78 de la loi du 30 septembre 1986 modifiée. → **Programme local, Réseau radiophonique/ Réseau thématique/Réseau généraliste, Concentration**

Radio bleue. → Radio France

Radiocommunication n.f. (angl. : *radio communication*). Recouvre l'ensemble des activités de télécommunications permettant les échanges de signaux sonores par ondes* hertziennes. Le secteur de la radiocommunication comprend la radiophonie, c'est-à-dire la radiodiffusion* de programmes, et la radiotéléphonie* c'est-à-dire la téléphonie* mobile. C'est un secteur en forte croissance, grâce en particulier au développement des systèmes de radio numérique (DAB*) et à l'essor rapide du téléphone portable.

Radio Data System. → RDS

Radiodiffusion n.f. (angl. : *broadcasting*). Diffusion par voie hertzienne de la radio* et de la télévision* en analogique* ou en numérique*. → **Diffusion**

Radio France. Société nationale de programmes créée en 1975, Radio France constitue un groupe de stations de radio appartenant au secteur public de l'audiovisuel et comprenant France-Inter, France-Culture, France-Musique, Radio bleue, France-Info, Le Mouv', FIP et des radios locales. Le groupe assure également la gestion de deux orchestres, l'Orchestre national de France et l'Orchestre philharmonique, d'un chœur et d'une maîtrise. **France Inter** est une radio généraliste, héritière d'une station parisienne, Paris-Inter, née en 1947. Émise 24 heures sur 24 en grandes ondes et ondes moyennes, en modulation de fréquence et en stéréo, sur l'ensemble du territoire, la station France-Inter s'adresse à tous les publics au travers d'émissions aussi variées que « Le Masque et la Plume », créée en 1954, « Le Jeu des mille francs » et des feuilletons*. Créée en 1963, **France Culture** entend pareillement défendre les couleurs du service public de la radio en France. Station unique en son genre, France Culture est une radio nationale ayant pour mission de diffuser la connaissance à travers une programmation* dominée par l'actualité de toutes les cultures, les grands problèmes de société et la création radiophonique avec près de dix heures de fiction par semaine. France-Culture est diffusée 24 heures sur 24 en stéréo et en modulation de fréquence. **Radio bleue,** née en 1980, s'adresse au public des plus de 50 ans avec des programmes musicaux francophones, des émissions de divertissement, d'informations et de services. Radio bleue est diffusée sur ondes moyennes et en FM à Cannes de 7 heures à 19 heures et à Paris 24 heures sur 24 en FM. **FIP** est un programme musical ininterrompu offrant tous les genres de musique, complété d'informations pratiques, diffusé en réseau dans neuf grandes villes de France, dont Paris, en modulation de fréquence 24 heures sur 24. La décentralisation de Radio France débute en 1980 avec la création de Fréquence Nord, Radio Mayenne et Melun FM. Afin d'assurer un service de proximité, Radio France développe son réseau de radios décentralisées à partir de 1982 en reprenant les radios régionales de FR3* et en créant de nouvelles stations locales. Le réseau compte aujourd'hui 39 radios locales généralistes diffusant 24 heures sur 24 sur la moitié du territoire. En 1987, à l'initiative de son président, Roland Faure, Radio France crée la première radio d'information continue en Europe, baptisée **France Info.** Avec une équipe de cinquante journalistes et quarante chroniqueurs, la station offre une information complète avec notamment des bulletins de sept minutes toutes les demi-heures, une reprise tous les quarts d'heure des grands titres de l'actualité, quatre reportages par heure, de nombreux sujets sur l'économie, la médecine, la météo, les sciences, les arts, les loisirs ainsi que la couverture de grands événements sportifs en direct. France-Info est diffusée en modulation de fréquence sur l'ensemble du territoire. La dernière création du groupe Radio France date de juin 1997, avec une radio destinée aux jeunes publics appelée **Le Mouv'.** Sa programmation est composée d'une partie musicale à forte tonalité francophone émanant plus particulièrement de nouveaux talents, d'émissions de services et d'informations. Radio France diffuse également des programmes particuliers, notamment « Urgences », destiné aux personnes en situation de pauvreté et de précarité, Sorbonne Radio France, ou encore des programmes internationaux diffusés par satellite, comme le programme musical « Hector » et « France-Culture Europe ». Radio France a constitué une offre gratuite de programmes diffusée sur CanalSatellite, composée de France-Info, France-Inter, France-Musique, FIP, Radio bleue, Le Mouv', Hector ainsi que « Elisa », une station 100 % chanson française, spécialement créée à cet effet. Les obligations de Radio France sont fixées dans un cahier des missions et des charges (décret du 13 novembre 1987) qui interdit la publicité* de marques sur Radio France, seuls la publicité collective et d'intérêt général (30 minutes par jour maximum en moyenne sur l'année pour les programmes nationaux) et le parrainage* sont autorisés. En 1996, l'audience* cumulée du groupe Radio France est de 31,3 % : France-Inter 11,7 %, France-Info 10,4 %, France-Culture 0,8 %, France-Musique 1,7 %, Radio bleue 0,9 %, FIP et les radios locales 5,8 %. Le budget de Radio France pour 1997 est de l'ordre de 2,7 milliards de francs, dont 92 % de ressources publiques (redevance* et subventions). Adresse : 115, avenue du Président-Kennedy, 75220 Paris cedex 16. Tél. :   01 42 30 35 14.   Site   Web : http://www.radio-france.fr

Radio France Internationale (RFI). Rattachée auparavant à Radio France, RFI est une société nationale de programmes indépendante depuis 1986. RFI en est un élément essentiel de la politique audiovisuelle extérieure de la France. Elle émet en français 24 heures sur 24 et en 18 langues étrangères pour un total de 33 h de production quotidienne sur l'ensemble de la planète via onze satellites, en ondes courtes, en ondes moyennes, en modulation de fréquence et sur le câble. RFI est écoutée par trente millions d'auditeurs dans le monde entier et sa filiale Radio Monte Carlo-Moyen Orient (RMC-MO) par 14 millions d'auditeurs. Au 3e rang des radiodiffuseurs internationaux, RFI dispose de relais permanents en FM dans 22 villes d'Afrique, de l'Europe occidentale et orientale et d'Amérique. RFI est également reprise sur le câble en Amérique, en Asie et est disponible sur plusieurs satellites de réception directe et sur l'Internet. RFI propose trois programmes. RFI 1, en langue française, est une radio d'actualité internationale en continu. RFI 2 est une chaîne d'actualité diffusée en 18 langues étrangères (anglais, allemand, arabe, brésilien, bulgare, cambodgien, créole, espagnol, lao, mandarin, persan, polonais, portugais, roumain, russe, serbo-croate, turc et vietnamien). RFI 3 envoie des programmes préenregistrés sur CD ou cassettes aux 900 radios partenaires de RFI. RFI 3 propose également « RFI-musique », un fil musical francophone diffusé 24 heures sur 24 par satellite ainsi que des articles clefs en main, des dossiers rédigés par l'agence de RFI, Médias France Intercontinents (MFI), envoyés chaque année à plus de 300 journaux. En 1996, RFI a repris RMC Moyen-Orient, première radio internationale du monde arabe diffusée en arabe et en français, et Radio Paris Lisbonne, station franco-portugaise, à la Sofirad*. Le site Internet de Radio France Internationale propose en audio (mais aussi sous forme de textes) les informations, dossiers et programmes préparés par la rédaction française et certaines rédactions en langues étrangères. En janvier 1998, RFI a lancé la première banque de données musicales consacrée à la chanson française, « RFI-musique », accessible sur l'Internet. Avec un effectif de 650 permanents, dont près de 270 journalistes, et plus de 700 collaborateurs intermittents, RFI dispose d'un budget de l'ordre de 740 millions de francs pour 1997, financé par une subvention du ministère des Affaires étrangères et par la redevance dans des proportions respectives de 60 % et de 40 %. Selon son cahier des missions et des charges (décret n° 88-66 du 20 janvier 1988), seuls la publicité collective et d'intérêt général ainsi que le parrainage sont autorisés sur RFI. Cependant, des messages de publicité de marques peuvent être diffusés afin de promouvoir des entreprises, biens ou services contribuant au développement de l'économie nationale. Adresse : 116, avenue du Président-Kennedy, BP 9516, 75016 Paris. Tél. : 01 40 58 02 01. Site Web : http://www.rfi.fr

Radio internationale. Application donnée à un opérateur de radiodiffusion sonore dont la vocation est d'atteindre des auditeurs dans au moins un ou deux continents, voire dans les cinq continents. Les radios internationales ont progressé, depuis les années 1920, au gré de la volonté, pour certains États-nations, d'étendre leur rayonnement ou leur influence, plus ou moins loin au-delà de leurs frontières. Cette volonté a été servie, avec plus ou moins de docilité, par l'évolution des techniques, depuis les ondes courtes jusqu'à la mise en ligne de programmes de radio sur l'Internet, en passant par l'utilisation combinée des satellites et des réseaux FM. Seuls les États-Unis, dans les années 1920, diffusaient des programmes de radio pour leurs pays voisins, le Mexique et le Canada, grâce à des sociétés privées. La Voice of America (VOA), ancêtre des radios internationales d'aujourd'hui, a été créée en 1942, sous l'égide du Département d'État. Les pays où elles sont nées, comme leur date de naissance, désignent bien les missions qui ont pu être, à l'origine, celles des radios internationales : parmi les plus importantes, Radio Moscou (1930), Rad¯. France Internationale (1931, rebaptisée en 1986), Radio Vatican (1931), BBC World Service (1932), Radio Suède (1954), Deutsche Welle (1960), Medi 1 (1980) et Africa n° 1 (1981).

Radiomessagerie n.f. Transmission de messages numériques* ou alphanumériques* en provenance ou à destination d'un terminal* mobile de taille réduite, ce qui permet l'envoi et la réception de messages (numéro de téléphone à rappeler, textes courts) par ondes radio. La radiomessagerie unilatérale (RMU) (angl. : *display paging*). correspond à la transmission de messages numériques ou alphanumériques à destination soit d'un terminal mobile, soit d'un groupe de stations mobiles. → **Pager**

Radiomessageur n.m. (angl. : *radio pager ; paging receiver*). Récepteur d'un service de radiomessagerie unilatérale. → **Pager**

Radio périphérique. Station de radio établie à la périphérie du territoire français, d'où son appellation de radio périphérique, et émettant en langue française pour le pu-

blic français à l'époque du monopole d'État de la radiodiffusion entre 1945 et 1981. A partir de 1986, les radios périphériques ont été autorisées à émettre sur la bande FM*.
→ **RTL, Europe 1, RMC, Sud Radio**

Radiophonie n.f. Terme vieilli qui désigne un secteur particulier des radiocommunications, celui de la radiodiffusion* comme activité de diffusion de programmes sonores.

Radiotéléphonie n.f. Système de téléphonie mobile dans lequel la liaison entre les terminaux reliés est assurée, totalement ou partiellement, par un réseau hertzien et non par un réseau câblé, dit parfois *réseau filaire*. Le radiotéléphone est désormais numérique (norme GSM* en Europe, norme AMPS aux États-Unis) et cellulaire. Le système cellulaire a été mis au point par les laboratoires Bell aux États-Unis en 1971. Il permet une optimisation de l'utilisation des bandes* de fréquences en permettant la réutilisation des fréquences* de place en place, à l'intérieur d'un espace géographique divisé en cellules identiques. Le radiotéléphone et la radio-messagerie* connaissent une forte expansion liée à l'augmentation du nombre et de la durée des déplacements, tant professionnels (télétravail, délocalisation, activités commerciales) que privés.

Radiotélévision française d'outre-mer (RFO). Créée en 1982, RFO, alors une filiale de FR3* et de Radio France*, était chargée de leur diffusion vers l'outre-mer. En 1986, RFO devient une société nationale de programme, avec pour mission de diffuser dans tous les territoires et départements d'outre-mer des programmes de radio et de télévision. RFO comprend neuf stations (Martinique, Guadeloupe, Guyane, Saint-Pierre-et-Miquelon, Réunion, Polynésie française, Nouvelle-Calédonie, Mayotte, et Wallis-et-Futuna) et dispose de deux canaux de télévision et deux canaux de radio. Les sociétés nationales de programmes France 2, France 3, Arte, La Cinquième et Radio France sont tenues de céder gratuitement à RFO leurs programmes déjà diffusés (l'accès gratuit de RFO aux images de TF1 est limité à partir de 1996). Ainsi, la chaîne RFO 1, à vocation grand public, propose un florilège

des meilleures émissions de TF1, France 2 et France 3 et quatre heures par jour de production locale dans chacune des stations. RFO 2, chaîne à vocation culturelle et éducative, diffuse les programmes de France 2, France 3, Arte et La Cinquième. Les programmes nationaux occupent près de 60 % de l'antenne de RFO 1 et RFO 2. Le premier canal radio diffuse un programme d'information et d'animation produit localement à 95 % et le second diffuse en direct le programme de France-Inter. Aux termes de son cahier des missions et des charges (décret n° 93-535 du 27 mars 1993), RFO doit mettre elle aussi ses productions à la disposition des autres sociétés nationales de programmes et produire pour France 3 un magazine sur l'outre-mer. RFO assure également une mission de coopération technique, d'échanges de programmes et de formation, avec les télévisions des pays voisins des DOM-TOM en étant membre, notamment, de Caribbean Broadcasting Union ou encore de l'Association des radio-télévisions de l'océan Indien (ARTOI). À travers sa filiale AITV (Agence internationale d'images de télévision), créée en 1986, RFO diffuse des magazines et des reportages d'actualité en plusieurs langues à une centaine de pays, via notamment TV5* et CFI*. Afin de favoriser le développement d'un secteur privé audiovisuel dans les départements d'outre-mer, l'accès à la publicité* commerciale sur les antennes radio et à la publicité de toute nature sur la chaîne RFO 2 a été supprimé en 1996. En mars 1998, est annoncé le lancement de RFO Sat, proposé sur CanalSatellite puis sur TPS, un programme quotidien de quatre heures alimenté par les stations de RFO autour de quatre thèmes : documentaire, sport, musique et information, avec notamment des journaux télévisés d'un quart d'heure provenant de Réunion, Guadeloupe, Guyane et Martinique. RFO disposait d'un budget de 1,2 milliard de francs en 1997, dont près de 94 % en provenance de la redevance*, pour un effectif de 1 250 salariés permanents, dont 240 journalistes. Adresse : 35/37, rue Danton, 92240 Malakoff. Tél. : 01 55 22 71 00. Site Web : http://www.rfo.fr

RAM (Random Access Memory). Mémoire* vive de l'ordinateur qui est active pendant toute la durée d'une application et sur laquelle sont stockées temporairement les données et les instructions logicielles nécessaires.

RDS (Radio Data System). Dans le cadre d'un programme* radiophonique diffusé en modulation* de fréquence, système assurant la transmission de données associées au signal FM*, ce qui permet d'offrir des services complémentaires aux programmes qui s'affichent sur la bande écran du récepteur. Il s'agit de la *syntonisation automatique* (recherche permanente de la fréquence de la station sélectionnée), de l'affichage d'informations comme le nom de la station, des informations routières (association avec le GPS : Global Positioning System), voire de messages personnels.

Réabonnement (taux de). Pourcentage d'abonnés* qui se réabonnent à l'expiration de la période d'abonnement* écoulé. Un taux de réabonnement élevé traduit la satisfaction des usagers.

Réalisateur n.m. (angl. : *director ; filmmaker*). Personne chargée de la conception et de la réalisation de l'ensemble d'une œuvre cinématographique ou d'une production audiovisuelle. Le réalisateur intervient à tous les stades de la création : du scénario à la mise en scène, de la prise de vues ou de son au montage*. En regard de la loi sur les droits d'auteur* du 3 juillet 1985, le réalisateur a la qualité d'auteur. Au cinéma, il est aussi appelé le *metteur en scène*. Ces dernières années, les réalisateurs travaillent de moins en moins exclusivement pour un média ou pour un autre, mais passent plus volontiers, pour certains d'entre eux, du cinéma à la télévision, voire à la publicité. Dans le cas d'une émission de plateau, on nomme également « réalisateur » celui qui orchestre, dirige le travail des techniciens, notamment des cadreurs*. À la radio*, le réalisateur est le metteur en ondes qui prépare et dirige l'émission aux côtés de l'animateur*.

Réalisation n.f. (angl. : *direction*). Exécution de toutes les étapes de la création d'une œuvre*, depuis la définition du projet jusqu'au montage. → **Réalisateur**

Récepteur n.m. Équipement permettant la réception de signaux de toute nature : téléviseur, poste de radio, téléphone, Minitel*, micro-ordinateur* avec modem*.

Réception sélective. → **Influence, Sélectivité**

Recettes publicitaires. Fraction des investissements* publicitaires perçue par les médias*, après versement de commissions à divers intermédiaires (régies*) et paiement de taxes. Les recettes publicitaires sont l'une des ressources des médias à côté des versements payés par les usagers (recettes de vente ou d'abonnement*) d'éventuelles recettes commerciales (droits de reproduction) et de subventions diverses. Leur poids dans les recettes totales varie considérablement d'un type de média à l'autre (par exemple entre les médias publics et privés) et, surtout, d'un support* à l'autre, en fonction de la taille et du profil des lectorats* et des audiences*. La sélectivité opérée par les annonceurs* ainsi que les fluctuations de la publicité* (conjoncturelles, saisonnières, hebdomadaires, voire horaire) conditionnent en grande partie l'économie des médias.

Recommandation n.f. → **Prescription**

Reconduction simplifiée des autorisations.
DROIT. La loi du 1ᵉʳ février 1994 offre la possibilité pour le CSA* de reconduire pour deux fois cinq ans hors appel aux candidatures les autorisations* délivrées. Dans le cadre de la reconduction simplifiée des autorisations, un an avant l'expiration de l'*autorisation initiale,* délivrée par le CSA pour dix ans aux services de télévision et pour cinq ans aux services de radio, l'autorité de régulation* doit statuer sur la possibilité de reconduire ou non l'autorisation. En cas de reconduction, une convention* doit ensuite être passée avec l'opérateur six mois avant la reconduction de l'autorisation.
ENCYCL. Il existe trois exceptions à la procédure de reconduction de l'autorisation hors appel à candidatures : si l'État a modifié la destination de la ou les fréquences* considérées en application de l'article 21 de la loi ; si

le CSA estime que la ou les sanctions* ou les astreintes liquidées à l'encontre du titulaire de l'autorisation justifient, en raison de la gravité de ses agissements, que cette autorisation ne soit pas reconduite dans ces conditions ; si le CSA estime que la reconduction de l'autorisation hors appel à candidatures porte atteinte à l'impératif de pluralisme* sur un plan national, régional ou local. La jurisprudence sur ces critères montre le caractère restreint de l'appréciation portée par le CSA (CE, Assoc. Changez la Une, 13 novembre 1986 ; CE, Assoc. Ici et Maintenant, 19 mars 1997 ; CE Archipel 4, 13 octobre 1997). → **Autorisation, Convention**

Reconnaissance vocale (angl. : *voice recognition*). Technique informatique permettant l'exécution de certaines opérations par un ordinateur commandé par la voix : numérotation téléphonique, traitement de texte ou encore pilotage de machines. Une personne peut ainsi donner des instructions à la machine, lui dicter un texte, après que celle-ci eut enregistré, en suivant certaines instructions, le timbre et les inflexions de sa voix.

Rédacteur n.m. Journaliste écrivant des articles*. À l'origine, les rédacteurs étaient placés sous l'autorité d'un rédacteur en chef. Aujourd'hui, ce titre indique moins une fonction qu'un grade et il en existe souvent plusieurs dans la même rédaction*.

Rédaction n.f. **1.** Action de rédiger un article*. **2.** Ensemble des rédacteurs* d'une publication* : journalistes sédentaires, correspondants, reporters ou envoyés spéciaux. Les pigistes, collaborateurs occasionnels, ne sont pas toujours intégrés à la rédaction. **3.** Service particulier de l'entreprise de presse.

Rédaction électronique. Publication de textes à partir d'un système électronique, c'est-à-dire du système informatique d'un ordinateur. Le passage à la rédaction électronique, qui s'est faite entre 1975 et 1995, correspond à la dernière phase de l'informatisation des entreprises de presse. Il a provoqué un changement important dans les méthodes de travail des journalistes, qui ont

dû apprendre à utiliser des systèmes* rédactionnels multifonctions, et plus largement dans la répartition des fonctions entre les journalistes et leurs confrères du secrétariat* de rédaction. Certains ateliers d'écriture littéraire utilisent également des systèmes de rédaction électronique.

Redevance (compte de la). Taxe parafiscale, payable par tout foyer détenteur d'un appareil de télévision*, indépendamment du nombre d'appareils possédés, et destinée à financer en tout ou partie les différents organismes de l'audiovisuel* public. En France, le montant de la redevance est fixé annuellement par les pouvoirs publics qui définissent ainsi les prévisions d'encaissement dans le projet de loi* de finances, voté par le Parlement. Le taux varie selon qu'il s'agit d'un poste en « noir et blanc » ou « couleur ». Le montant total des redevances est donc fonction de ce taux et du parc* d'équipement. Le Service de la redevance, rattaché à la Direction de la comptabilité publique, gère les comptes (fichiers établissant la liste des foyers détenteurs) et perçoit la taxe. Le recouvrement de la redevance est minoré par les coûts de fonctionnement du Service, la TVA au taux réduit de 2,1 %, par les exonérations* accordées à certains foyers et par la fraude*. C'est le commerçant qui, lors de la vente d'un récepteur, fait souscrire par son client une déclaration qu'il adresse au centre régional de redevance dont il dépend, mais, lors de vente entre particuliers, la déclaration est volontaire, ce qui encourage la fraude. Aussi, dans certains pays, la redevance est-elle systématiquement perçue avec la facture d'électricité.

Rediffusion n.f. Diffusion* d'un programme* ayant déjà fait l'objet d'une diffusion par le même média (radio ou télévision). Généralement, ce sont les œuvres audiovisuelles* ou cinématographiques*, qualifiées de programmes de stock*, qui font l'objet de plusieurs diffusions. → **Programme, Programme de stock, Boucle de programme, Multidiffusion, Second marché**

Référé n.m. Procédure d'urgence qui permet, dans le cadre d'un contrôle de type judiciaire, mais cependant de caractère préalable ou préventif*, d'obtenir la protection d'un droit objet d'une atteinte grave et difficilement réparable par la suite. S'agissant des activités d'information* ou de communication*, le référé peut aboutir notamment à des mesures d'interdiction*, de report, de retrait ou de suspension d'une publication (distribution d'un livre ou d'un périodique*, diffusion d'un programme de radio* ou de télévision*, exploitation d'un film*, affichage*) ou imposer diverses modifications ou coupures.

ENCYCL. En droit français, une telle procédure d'urgence est prévue, de façon spécifique, notamment par : l'alinéa 2 de l'article 9 du Code civil, en cas d'atteinte grave à « l'intimité de la vie privée » ; par l'article 9-1 du même Code civil, en cas d'atteinte à la présomption* d'innocence ; ou encore, par l'article 6 de la loi du 29 juillet 1982, en cas de refus d'accorder le droit de réponse* à la radio* ou à la télévision*. S'appliquent également, aux activités d'information et de communication, les dispositions générales du Code de procédure civile qui prévoient que, « dans tous les cas d'urgence, le président du tribunal de grande instance peut ordonner en référé toutes les mesures qui ne se heurtent à aucune contestation sérieuse ou que justifie l'existence d'un différend » (art. 808) ou que le président du tribunal « peut toujours, même en présence d'une contestation sérieuse, prescrire en référé les mesures conservatoires ou de remise en état qui s'imposent, soit pour prévenir un dommage imminent, soit pour faire cesser un trouble manifestement illicite » (art. 809).

REFER (Réseau électronique francophone pour l'éducation, l'environnement, l'entreprise et la recherche). Réseau électronique d'édition et de diffusion mis en place par l'Agence francophone pour l'enseignement supérieur et la recherche – AUPELF (Association des universités partiellement ou entièrement de langue française)-UREF (Universités des réseaux d'expression française). Il s'agit en fait de promouvoir la francophonie sur les réseaux mondiaux et de permettre aux pays francophones moins avancés d'accéder à ces réseaux, en particulier à l'Internet*, et de pouvoir y développer des sites* locaux.

Régie d'exploitation. Partie d'une tête de réseau* qui contrôle l'ensemble des programmes* et des services d'un opérateur avant leur diffusion*.

Régie publicitaire. Entreprise ou service chargé de gérer la vente des espaces publicitaires d'un support* tout en le valorisant auprès des annonceurs*, notamment sur la base d'études comparées permettant de mettre en évidence les qualités du support en régie. La régie peut être une entreprise indépendante, une filiale d'une agence* ou d'un support, voire un service au sein du support : on parlera alors de *régie intégrée*. Le contrat qui lie le support à sa régie peut concerner l'ensemble de sa publicité ou une partie seulement, définie soit en fonction de son origine géographique (publicité locale ou extra-locale), soit en fonction de son contenu (spectacle, petites annonces*). La rémunération de la régie se fait sur la base d'une commission* prélevée sur le tarif des espaces publicitaires. Les régies sont à l'origine de couplages* publicitaires et de la création de rubriques* ou de formats* attrayants pour les annonceurs.

Régie vidéo. Ensemble d'appareils connectés ou interfacés entre eux qui permettent la réalisation* ou la postproduction* d'une émission*.

Régime d'autorisation. → Autorisation

Régime conventionnel. → Convention

Régime déclaratif.
DROIT. À côté des régimes d'autorisation* et de conventionnement, le régime déclaratif constitue le véritable régime d'exercice d'une liberté. Il suffit d'en faire la déclaration pour pouvoir éditer et distribuer un journal. Dans le domaine de la communication* audiovisuelle, c'est l'article 43 de la loi du 30 septembre 1986 modifiée qui définit le régime déclaratif applicable, soit aux infrastructures filaires de faible dimension, soit aux services de communication audio-

visuelle autres que ceux de télévision* ou de radio* distribués sur le câble* ou diffusés par voie hertzienne terrestre.

L'article 43 soumet au régime de la déclaration préalable les supports et services suivants. Le législateur a souhaité mettre en place un régime plus souple que le régime d'autorisation traditionnel d'exploitation pour les infrastructures filaires de faible dimension ou permettant la distribution d'une catégorie limitée de services de radio et de télévision (infrastructures desservant moins de cent foyers ou ne permettant que la reprise des services normalement reçus dans la zone). Sont également concernés les services fournis, par exemple, dans le cadre d'un aéroport, d'un hôtel, d'un restaurant, d'une université, etc. Les services déclarés sont soumis au respect des règles minimales suivantes : les messages publicitaires doivent être présentés comme tels, le régime de diffusion des œuvres* cinématographiques doit être fixé par un décret non adopté à ce jour. Par ailleurs, les dispositions législatives de portée générale s'appliquent à ces services qui doivent publier les tarifs applicables à leur utilisation. Les modalités de la déclaration sont fixées par la circulaire du 17 février 1988 et par le décret du 17 février 1987. Cette déclaration doit être effectuée auprès du Conseil* supérieur de l'audiovisuel et du procureur de la République, sauf pour les services télématiques fournis sur les réseaux* ouverts au public établis par France Télécom*, pour lesquels la déclaration est effectuée uniquement auprès du procureur de la République. La loi portant réglementation des télécommunications* a ajouté un article 43-1 qui dispose que tout fournisseur d'accès à un service relevant de l'article 43-1 « est tenu de proposer à ses clients un moyen technique leur permettant de restreindre l'accès à certains services ou de les sélectionner ».

Réglage n.m. Opération réalisée par les diffuseurs* de presse et qui a pour but d'adapter le nombre d'exemplaires* mis en vente, à la demande du public, en tenant compte, notamment, des événements* de l'actualité* et de la « saisonnalité » des fluctuations habituelles de vente (jours, saisons).
→ **Distribution, Invendu**

Règle de la pyramide inversée. Usage consistant, pour les journalistes, à commencer tout article en évoquant ce qui est le plus important, cheminant ainsi progressivement vers les détails et les explications complémentaires. Cette règle s'est imposée avec l'essor de la grande presse, non pour des raisons de logique du récit, mais afin d'éviter que le lecteur n'abandonne l'article en cours de route. L'usage a été institué à l'occasion de la guerre de Sécession : en raison des défectuosités du télégraphe, il s'agissait, pour les correspondants de guerre, de dire l'essentiel avant que la communication ne soit interrompue. → **Règle des 5 W**

Règle des 5 W. Usage consistant, pour les journalistes, à répondre aux différentes questions posées à l'occasion de tout reportage, quel qu'il soit : Qui ? Quoi ? Quand ? Où ? Comment ? C'est le journalisme américain qui a institué cette règle *(Who, What, When, Where, Why)*, à l'occasion de la guerre de Sécession. → **Règle de la pyramide inversée**

Régulation n.f. Mode de fonctionnement d'une organisation ou d'un secteur d'activité ayant pour particularité d'opérer des ajustements au cas par cas, sur mesure, plutôt qu'en appliquant des règlements à portée générale. Dans le domaine de l'action publique, la régulation se distingue par conséquent aussi bien de la réglementation que du marché. Pour la radio-télévision, la régulation constitue le mode d'action publique privilégié d'une institution comme le CSA*, fondée selon des principes appliqués, depuis 1924, par son homologue américain, la FCC (Federal Commission of Communication). → **Régulation audiovisuelle**

Régulation audiovisuelle.
DROIT. Système créé en contrepartie de l'affirmation par la loi du 29 juillet 1982 de la liberté* de la communication* audiovisuelle et destiné à veiller au maintien de l'équilibre du secteur audiovisuel. L'organe affecté au maintien de cet équilibre est depuis 1989 le Conseil* supérieur de l'audiovisuel. Mécanisme destiné à assurer l'équilibre du secteur audiovisuel et le respect de la liberté* de la communication* audiovisuelle affir-

mée dans la loi du 29 juillet 1982 puis dans celle du 30 septembre 1986. L'émergence des diffuseurs privés a rendu cette régulation nécessaire. L'apparition en France de cette notion est concomitante à deux mouvements : le premier, politique, est l'arrivée de la gauche au pouvoir en 1981 ; le second, culturel et économique, correspond à l'émergence des radios* libres puis de télévisions* privées. La Haute* Autorité de la communication audiovisuelle (HACA) est donc née en 1982, la Commission* nationale de la communication et des libertés (CNCL) lui succéda en 1986 avant d'être remplacée en 1989 par le Conseil* supérieur de l'audiovisuel (CSA), créé par la loi du 17 janvier 1989. ENCYCL. La notion de régulation est d'origine anglo-saxonne. En Grande-Bretagne, les chaînes privées sont sous le contrôle de l'Independant Television Commission (ITC), créée par le Broadcasting Bill le 6 décembre 1989, qui a succédé à l'IBA (Independant Broadcasting Authority). Aux États-Unis, la Federal Commission of Communication (FCC) est chargée depuis 1934 de la régulation du secteur audiovisuel et des télécommunications*. → **Convention, HACA, CNCL, CSA, Pluralisme, Sanctions**

Relais d'opinion. → **Guide d'opinion, Influence, Sélectivité**

Relations publiques. Ensemble des techniques et des procédés qui ont pour but de faire connaître et de faire valoir une entreprise, une institution, une personne ou une manifestation ; l'objectif étant de susciter, dans l'opinion* publique, une réaction favorable à son égard en donnant d'elle une image favorable.

Remake. Mot anglais pour *adaptation**.

Renater. Réseau national de télécommunications pour la technologie, l'enseignement et la recherche, Renater est un groupement d'intérêt public mis en place à partir de 1990, conjointement par France Télécom et le ministère français de la Recherche, en association avec les grands centres nationaux de recherche : le Commissariat à l'énergie atomique, le Centre national d'études spatiales, le Centre national de la recher-

che scientifique ou l'Institut national en recherche informatique et automatisée et les grandes universités françaises. Renater est opérationnel depuis octobre 1992. Il s'agit en fait d'un « réseau de réseaux » qui interconnecte des sites locaux (stations de travail, environ 15 000), des réseaux locaux et des réseaux régionaux (200 au démarrage), et assure l'interconnexion* avec des réseaux étrangers et internationaux. Il s'adosse à une infrastructure à haut débit de 34 Mbits/s. Il utilise le protocole* TCP/IP, facilitant ainsi les échanges avec le réseau Internet*.

Repérage n.m. Action consistant à repérer, c'est-à-dire à rechercher et à identifier, des lieux correspondant précisément aux descriptifs d'un synopsis ou d'un scénario* et où seront tournées certaines séquences de film ou de vidéo.

Répertoire n.m. Élément géré par le système* d'exploitation d'un ordinateur et contenant plusieurs documents ou fichiers* électroniques. L'organisation en répertoires (ou dossiers), sous-répertoires et fichiers (ou documents) permet de structurer, de ranger les documents suivant une organisation rationnelle facilitant ensuite l'accès aux informations. Cette structure, comparable à un système de classement, est visualisée sous la forme d'une arborescence plus ou moins ramifiée. SYN. : *Dossier*.

Reportage n.m. Genre de pratique journalistique où le journaliste* couvre un événement* occasionnel sur place et le rapporte comme témoin direct. Le compte rendu d'événements sériels (débats parlementaires ou judiciaires, spectacles sportifs ou autres, conférences de presse...) ne relève pas du reportage mais de la chronique*. Le grand reportage, parfois à l'étranger, exige un long déplacement et prend souvent l'allure d'une enquête approfondie et non plus d'un simple témoignage factuel. CONTR. : *Chronique*. → **Reporter**

Reporter n.m. Mot d'origine anglaise. Journaliste* nomade qui se déplace au gré de l'actualité* pour témoigner ou enquêter. Il s'oppose au chroniqueur* et au journaliste sédentaire, qui rédige ses articles dans les

bureaux de la rédaction*, plutôt que de les envoyer, comme le reporter, par télex, par téléphone, ou par courrier électronique.
→ **Correspondant**

Représentation n.f. Forme d'exploitation d'une œuvre*, par récitation, exécution ou diffusion. Donne normalement lieu à paiement de droits d'auteur*, sauf pour certaines représentations de caractère privé qui relèvent des exceptions au droit patrimonial d'auteur*. ENCYCL. En droit français, le Code de la propriété intellectuelle pose, en son article L. 122-2, que « la représentation consiste dans la communication de l'œuvre au public par un procédé quelconque et notamment : 1. par récitation publique, exécution lyrique, représentation dramatique, présentation publique, projection publique et transmission dans un lieu public de l'œuvre télédiffusée ; 2. par télédiffusion ». Le même article ajoute encore qu'« est assimilée à une représentation l'émission d'une œuvre vers un satellite ».

Répressif (contrôle, régime), Répression. Forme de contrôle d'activités (en l'occurrence, celles relevant du domaine de l'expression* ou de la communication*) exercé, après la publication* ou sa libre diffusion*, par les autorités judiciaires. De ce fait, en lui-même, ce mode de contrôle ne remet pas en cause le principe de la liberté d'expression*, dont les abus doivent nécessairement être sanctionnés. Il est, en cela, totalement opposé au contrôle administratif, préalable ou préventif*. ENCYCL. C'est essentiellement un contrôle de ce type qui s'applique, en droit français, à l'encontre de la presse, même si subsistent, en certaines circonstances ou à l'encontre de certaines catégories de publications, des possibilités d'un contrôle administratif ou préalable. CONTR. : *Préventif.*

Reproduction n.f. Multiplication du nombre d'exemplaires d'une œuvre*. Est en principe soumise à autorisation et à rémunération de l'auteur*. ENCYCL. En droit français, aux termes de l'article L. 122-3 du Code de la propriété intellectuelle, « la reproduction consiste dans la fixation matérielle de l'œuvre par tous procédés qui permettent de la communiquer au public d'une manière indirecte ».

Reprographie n.f. Reproduction* d'une œuvre*, notamment par voie de photocopie. ENCYCL. En droit français, la reprographie ou certaines formes de reprographie, au moins, ou certains usages de ces reprographies, font l'objet d'un régime particulier en matière de droit d'auteur*. Le régime en a été fixé par une loi du 3 janvier 1995 qui a introduit, dans le Code de la propriété intellectuelle, les nouveaux articles L. 122-10 à L. 122-12. La reprographie y est définie comme « la reproduction sous forme de copie sur papier ou support assimilé par une technique photographique ou d'effet équivalent permettant une lecture directe ». Étaient particulièrement visées les photocopies réalisées dans les entreprises et les administrations qui, du fait de leur nature et de leurs formes d'utilisation, ne pouvaient bénéficier de l'exception* pour copie privée*... mais qui échappaient pourtant, en pratique, à toute forme de contrôle permettant d'assurer effectivement le respect du droit patrimonial d'auteur*. L'article L. 122-10 CPI pose désormais que « la publication* d'une œuvre* emporte cession du droit de reproduction* par reprographie à une société » de gestion collective* spécialisée. C'est à ces sociétés de gestion collective, cessionnaires de ce droit, qu'il appartient de conclure des conventions avec les utilisateurs « aux fins de gestion du droit ainsi cédé ».

Réseau n.m. (angl. : *network*). **1.** Ensemble d'équipements assurant des transports matériels – chemins de fer, navires, voitures... – ou des transports immatériels – télégraphe, téléphone, presse, radio, télévision, télématique... Quel qu'il soit, un réseau comprend toujours des nœuds, des liaisons et des terminaux, même si les dénominations varient selon la nature de ce qui est transporté. **2.** Dans le domaine plus particulier des transports immatériels – virtuels ou invisibles –, on peut distinguer les *réseaux de diffusion,* à sens unique, comme les réseaux hertziens pour la radio et la télévision, des *réseaux de télécommunications,* à double sens, comme les réseaux du téléphone ou de l'Internet. **3.** Ensemble de sociétés de radio ou de télévision, aux États-Unis, diffusant leurs programmes sous la même enseigne, qu'elles soient détenues directement par la société mère ou qu'elles lui soient simplement affiliées, ainsi : NBC, CBS, ABC et PBS. Par analogie, on parle également du réseau NRJ, en France, dans le secteur de la radio.

Réseau en arbre. Architecture des réseaux unidirectionnels de télévision* câblée ne permettant que l'acheminement du signal depuis la tête de station jusqu'à l'abonné* raccordé, sans voie de retour possible. Ainsi, en France, les réseaux dits OG transportent les programmes par fibres optiques jusqu'à des centres de distribution ; ensuite, des réseaux en coaxial et en arbre partent de ces centres vers les abonnés.

Réseau câblé. Ensemble des équipements et des installations permettant la distribution par câble* de services audiovisuels. Il peut être en coaxial et en arbre, pour une simple distribution, et permet alors peu d'interactivité*, ou bien en fibre* optique, structuré en étoile, pour permettre une interactivité* complète. Il peut enfin être mixte, l'infrastructure générale étant en fibre optique et les terminaisons en coaxial.

Réseau commuté. Réseau de communication qui permet des liaisons qui sont directes, c'est-à-dire synchrones, en temps réel entre usagers. → **Commutation, RTC**

Réseau de données (angl. : *data network*). Ensemble des liaisons qui établissent des circuits de données entre des terminaux.

Réseau étendu (angl. : *Wide Area Network [WAN]*). Réseau généralement constitué de plusieurs sous-réseaux hétérogènes s'étendant sur une région ou un pays entier, voire plusieurs pays. Cette appelation ne s'utilise que pour la transmission de données. Pour le téléphone*, on parle plutôt de *réseau interurbain* ou de *réseau à grande distance* (angl. : *trunk network, toll network, long distance network*).

Réseau en étoile. Réseau* bidirectionnel de télévision câblée, permettant une certaine

interactivité entre les abonnés* et le centre de communication ou tête de réseau. Au canal principal de diffusion est associé un canal secondaire, plus étroit, permettant la mise en place d'une voie de retour. Ainsi, en France, les réseaux dits 1G transportent les programmes jusqu'à des centres de distribution par câble coaxial, chaque abonné étant relié au centre de distribution par un réseau étoilé en fibre optique. → **Réseau en arbre**

Réseau hertzien. Ensemble de faisceaux hertziens permettant la transmission par voie aérienne de signaux de télécommunications, de radio ou de télévision.

Réseau large bande. Réseau doté d'une très grande largeur de bande, ce qui permet de transmettre de nombreux services classiques, en même temps que des services interactifs et multimédias*.

Réseau à large bande (angl. : *broadband network*). Réseau de transmission numérique capable d'acheminer de grands débits d'informations (à partir de plusieurs Mbit*/s) qui permettent de distribuer un grand nombre de services, interactifs ou non.

Réseau local d'entreprise (RLE) (angl. : *Local Area Network [LAN]*). Réseau de télécommunications public ou privé, qui ne dépasse pas quelques kilomètres, c'est-à-dire une zone industrielle, voire une entreprise.

Réseau métropolitain (angl. : *Metropolitan Area Network [MAN]*). Réseau qui s'étend sur une zone géographique de la taille d'une ville. → **Boucle locale**

Réseau numérique à intégration de services (RNIS) (angl. : *Integrated Services Digital Network [ISDN]*). Réseau de télécommunications permettant le transport, dans les deux sens, de la voix*, des images fixes ou faiblement animées et de données numériques de bout en bout et qui offre plusieurs téléservices* et services-supports. Les caractéristiques techniques du RNIS ont été normalisées par l'UIT* en 1988. Le RNIS français – le réseau Numéris géré par France Télécom – a démarré en 1991. Son débit actuel (124 kbits/s) en limite l'utilisation pour le développement du multimédia : il doit donc évoluer vers le RNIS-LB (large bande), sur lequel les débits pourront atteindre 100 Mbits/s, grâce à l'utilisation de la commutation ATM*. Il est une composante du réseau de télécommunications de France Télécom, interconnectée au réseau téléphonique, et plus particulièrement affectée au transport des données informatiques et/ou multimédias*.

Réseau radioélectrique réservé aux données ou **3RD.** Réseau radionumérique qui offre des services de radiotransmission de données avec des mobiles. Les 3RD utilisent la radiotransmission de données par « paquets ».

Réseau radioélectrique à ressources partagées ou **3RP** (angl. : *trunked system*). Réseau de radiocommunications avec des mobiles, dans lequel des moyens de transmission sont partagés entre les usagers de plusieurs entreprises ou organismes pour des communications internes. Ce partage se caractérise par le fait que l'attribution de ces moyens aux usagers ne se fait que pour la durée de chaque communication.

Réseau radiophonique/Réseau généraliste/Réseau thématique. La notion de réseau* radiophonique a été définie pour la première fois par la loi du 1er février 1994 qui a modifié la loi du 30 septembre 1986. Aux termes du 4° de l'article 41-3 de la loi, constitue un réseau radiophonique « tout service ou ensemble de services diffusant un même programme* pour une proportion majoritaire du temps d'antenne de chaque service ». Constitue un réseau de diffusion à caractère national tout réseau qui dessert une zone dont la population est supérieure à 30 millions d'habitants. Le CSA* a, par ailleurs, comme la loi du 17 janvier 1989 lui en donne la possibilité, déterminé dans ses communiqués 34 et 281 les catégories de services radiophoniques.

ENCYCL. Relèvent de la catégorie des radios* généralistes (catégorie E) celles dont la vocation est la diffusion sur le territoire national d'émissions* qui font une large part à l'information* et offrent une grande diversité de programmes (réseau généraliste). Ces radios ont la possibilité, dans la limite d'une heure, d'effectuer des décrochages* destinés à la diffusion d'informations locales. Relèvent, par ailleurs, de la catégorie de services thématiques à vocation nationale (catégorie D) les radios dont la vocation est la diffusion d'un programme thématique sur le territoire national. Ces radios ne peuvent procéder à des décrochages* locaux. → **Programme local, Concentration, Radio**

Réseau (ou **système**) **satellitaire.** Ensemble de satellites fonctionnant de façon coordonnée et qui constituent un réseau équivalent à un réseau terrestre.

Réseau de télécommunications (angl. : *Telecommunications Network*). Dispositif permettant l'acheminement (émission, transmission, réception) de signes, signaux, écrits, images, sons ou données de toute nature par fil, radioélectricité, optique ou tout autre système électromagnétique. Les réseaux de télécommunication qui permettent les échanges de messages à distance sans déplacement d'objets physiques sont nombreux et variés. On distingue traditionnellement les réseaux de télécommunications en fonction des services qu'ils acheminent. Le plus ancien est le réseau télégraphique (1792, télégraphe optique de Claude CHAPPE ; 1837, télégraphe électrique de Samuel MORSE), qui a permis l'acheminement à distance de textes sous forme codée. C'est le réseau téléphonique* commuté (1876, Graham BELL) qui, en permettant d'acheminer les sons, mais surtout la voix, va connaître une expansion universelle. Il connaît aujourd'hui deux évolutions : la radiotéléphonie*, ou téléphonie mobile, et la téléinformatique* et la télématique* (réseaux d'entreprises de toute nature, Télétel*, l'Internet*). C'est en effet le réseau téléphonique qui est le véhicule de réseaux de transmission de données qui évoluent aujourd'hui vers la transmission de données multimédias*. Le réseau téléphonique est un réseau commuté, ou réseau de connexion, permettant des échanges symétriques, donc interactifs, entre tous les utilisateurs reliés au réseau. Il utilise divers supports d'acheminement, mais surtout des câbles. Enfin, les réseaux de radiodiffusion* (radiophonie* à partir de 1920, et télévision* à partir de 1950) sont des réseaux hertziens de diffusion* de programmes* sonores et audiovisuels. En tant que réseaux de diffusion, ils n'offrent pas de possibilité réelle d'interactivité*. Toutefois, les avancées techniques récentes – transmission par câble* et par satellite*, numérisation et compression* – permettent d'envisager des évolutions des services diffusés : données associées à la diffusion de programmes avec la radio numérique*, utilisation des réseaux de télédistribution pour acheminer des données ou des conversations téléphoniques, utilisation du téléviseur comme terminal* d'accès à l'Internet. → **Réseau**

Réseau téléinformatique. Réseau permettant d'interconnecter de façon interactive et multimédia des ordinateurs* personnels. Ces réseaux sont pour la plupart connectés à l'échelle internationale. L'Internet* est le plus connu des réseaux téléinformatiques.

Réseau téléphonique commuté ou **RTC** (angl. : *Public Switched Telephone Network, PSTN*). Réseau téléphonique commuté construit et géré par un opérateur de télécommunications.

Réseau de transport. Réseau de transmission primaire qui relie des sous-réseaux entre eux ou une tête de réseau à plusieurs réseaux de distribution*.

Réseau à valeur ajoutée (RVA) (angl. : *Value Added Network [VAN]*). Réseau dans lequel un traitement ajoute de la valeur à l'information acheminée.

Réseau universel (angl. : *Full Service Network*). Réseau qui distribue tous les types de services (télévision*, multimédia*, téléphone*, données...) et qui touche l'ensemble des abonnés.

Responsabilité en cascade. Régime particulier de détermination de la responsabilité* pénale des infractions définies dans la loi de 1881. Garantit qu'il y aura toujours un responsable contre lequel les poursuites

pourront être engagées. Aux termes de l'article 42 de cette loi, il s'agit, dans l'ordre : « 1. les directeurs de publication* ou éditeurs » ou « les codirecteurs* de la publication ; 2. à leur défaut, les auteurs ; 3. à défaut des auteurs, les imprimeurs ; 4. à défaut des imprimeurs, les vendeurs, les distributeurs et afficheurs ». Aux termes de l'article 93-3 de la loi du 29 juillet 1982, « au cas où l'une des infractions prévues par le chapitre IV de la loi du 29 juillet 1881 sur la liberté de la presse est commise par un moyen de communication audiovisuelle*, le directeur de la publication* ou [...] le codirecteur de la publication* sera poursuivi comme auteur principal, lorsque le message incriminé a fait l'objet d'une fixation préalable à sa communication au public. À défaut, l'auteur, et, à défaut de l'auteur, le producteur, sera poursuivi comme auteur principal ». Diverses dispositions du Nouveau Code pénal, s'agissant donc d'infractions non définies dans la loi de 1881 (atteinte à la vie privée, atteinte à l'autorité et à l'indépendance de la justice...), posent que : lorsque le délit « est commis par la voie de la presse écrite ou audiovisuelle, les dispositions particulières des lois qui régissent ces matières sont applicables en ce qui concerne la détermination des personnes responsables ».

Responsabilité civile. Obligation de réparer les dommages causés à autrui, du fait des fautes commises (atteinte* à la vie privée ou au droit* à l'image, atteinte à l'honneur ou à la considération, préjudice commercial...), en matière d'information ou de communication comme en toute autre. Déterminée par le juge, la réparation* consiste généralement en l'allocation d'une certaine somme d'argent, à titre de dommages-intérêts*. L'obligation d'avoir à publier la décision de justice constitue parfois aussi un mode de réparation et, plus sûrement encore, une sanction – bien plus efficace et dissuasive – pour l'organe d'information condamné.

ENCYCL. En droit français, le régime général de responsabilité civile est défini par les articles 1382 et suivants du Code civil. Aux termes de l'article 1382 C. civ., « tout fait quelconque de l'homme, qui cause à autrui un dommage, oblige celui par la faute duquel il est arrivé à le réparer ». Aux termes de l'article 44 de la loi du 29 juillet 1881, « les propriétaires des journaux ou écrits périodiques sont responsables des condamnations pécuniaires prononcées, au profit des tiers », en réparation des dommages causés en liaison avec l'une des infractions définies dans cette même loi.

Responsabilité pénale. Obligation d'avoir à assumer, face à la société, les conséquences de ses actes, définis comme constitutifs d'infractions. La sanction prononcée par le juge, dans le cadre d'un contrôle de type répressif ou *a posteriori,* prend la forme d'une peine d'amende ou d'emprisonnement.

ENCYCL. En droit français, les dispositions pénales applicables aux activités d'information* ou de communication* sont définies, en partie dans la loi du 29 juillet 1881, « sur la liberté de la presse », et, pour le reste, lorsqu'elles n'y sont pas contraires, par les règles du droit pénal commun, codifiées dans le (Nouveau) Code pénal* ou non. Plus encore que sur les dispositions de fond, définissant les infractions, c'est à l'égard des règles de procédure, applicables à la poursuite et à la répression de ces infractions, qu'apparaissent les particularités de la loi de 1881. La responsabilité pénale est, en principe, une responsabilité personnelle de l'auteur et des coauteurs de l'infraction et des complices. Toutefois, l'article 42 de la loi du 29 juillet 1881, « sur la liberté de la presse », détermine un régime particulier dit de « responsabilité* en cascade ». Ce régime a été transposé au secteur de la radio-télévision par l'article 93-3 de la loi du 29 juillet 1982. Aux termes de diverses dispositions du Nouveau Code pénal, il s'applique également à certaines des infractions susceptibles d'être commises par la voie de la presse ou de la radio-télévision. De façon plus novatrice encore, ce même Nouveau Code pénal, en son article 226-7, a introduit, à l'égard des infractions d'atteinte à l'intimité de la vie privée, un régime de responsabilité pénale des personnes morales. Cette même responsabilité pénale des personnes morales s'applique également au délit de contrefaçon*, en application de l'article L. 335-8 du Code de la propriété intellectuelle*.

Rétroaction n.f. (angl. : *feed-back*). Action en retour, l'effet ou la conséquence d'un phénomène agissant à son tour sur celui-ci. SOCIOL. Dans une représentation parfaitement mécaniste d'une action de communication, où celle-ci s'apparente au schéma cause-effet ou bien au modèle stimulus-réaction, la notion de rétroaction met en lumière soit la réaction opposée par le récepteur du message à l'action de son émetteur, soit le fait que le récepteur puisse devenir à son tour émetteur. La rétroaction est dite positive ou négative selon qu'elle facilite le processus engagé par l'émetteur d'un message ou bien qu'à l'inverse elle contribue à le ralentir ou à l'empêcher.

Réviseur n.m. → **Rewriter**

Révisionnisme n.m. → **Contestation de crime contre l'humanité**

Revue n.f. Publication* à périodicité longue, le plus souvent mensuelle ou trimestrielle, de petit format*, à forte pagination et destinée à être conservée en bibliothèque comme les livres. ENCYCL. Succédant aux périodiques littéraires du XVIIIe siècle, ce genre naquit en Angleterre avec l'*Edinbourgh Review* (1802) et la *Quaterly Review* (1808). Il pénétra en France en 1829 avec *la Revue de Paris* et *la Revue des Deux Mondes.* Leur contenu (essais, chroniques, textes littéraires originaux, comptes rendus de livres ou de manifestations culturelles, etc.) les destine à un public cultivé. Les *revues savantes,* chacune dans un domaine déterminé, assurent, dans le monde des spécialistes, la diffusion des résultats de la recherche en sciences exactes, sociales ou humaines.

Revue de presse (angl. : *review of the press*). Brève présentation, par un organe d'information*, de l'éventail des opinions* et commentaires* récemment diffusés, sur un fait d'actualité* ou dans un domaine de l'actualité, par les autres publications. Sélection d'extraits d'articles de divers organes d'information qui peuvent être reproduits sans autorisation ni rémunération des auteurs (art. 41 de la loi 11 mars 1957). Certaines revues de presse sont centrées sur un sujet précis et rassemblent alors de façon quasi exhaustive tout ce qui s'est écrit sur ce sujet : c'est le type de revue de presse que réalisent les services de communication des entreprises et des organisations. D'autres, qui sont plutôt le fait des médias, présentent un panorama de la diversité de l'actualité* du jour et de la variété des traitements qu'en ont fait les journaux et la variété des opinions qui se sont exprimées.

DROIT. En droit français, la revue de presse constitue, aux termes de l'article L. 122-5 du Code de la propriété intellectuelle*, une des exceptions au droit patrimonial d'auteur*. Elle peut donc être réalisée sans qu'il soit nécessaire de solliciter une autorisation ni de verser une rémunération. Cette exception ne s'applique cependant qu'aux seules utilisations correspondant à la définition de la revue de presse, telle que donnée, par la Cour de cassation, dans un arrêt du 30 janvier 1978 : « présentation conjointe et par voie comparative de divers commentaires émanant de journalistes différents et concernant un même thème ou un même événement ». Ne peuvent pas bénéficier de cette exception, quelle qu'en soit la dénomination, les sélections et reproductions, par voie de photocopies, d'études et d'articles sur les questions touchant à leur secteur d'activité, réalisées, en nombre, dans les entreprises et administrations, au profit de leur personnel. Ces formes d'exploitation bénéficieront, au mieux, du régime de la reprographie*.

Rewriter n.m. Journaliste* chargé, dans une rédaction, de réécrire les textes, pour en améliorer l'expression, ou pour les adapter à l'esprit de la publication. On dit aussi *réviseur*.

Rewriting n.m. Réécriture d'un texte journalistique. → **Rewriter**

Rez-de-chaussée n.m. → **Pied de page**

RFI. → **Radio France Internationale**

RFO. → **Radiotélévision française d'outre-mer**

Rhône-Alpes Diffusion (RAD). Ayant conservé une structure coopérative*, à l'ins-

tar des Messageries lyonnaises de presse (MLP)*, la société de messagerie de presse* Rhône-Alpes Diffusion assure elle-même la distribution régionale des titres quotidiens de son unique adhérent, le groupe Progrès : *le Progrès* et *le Dauphiné libéré*.

Rideau n.m. Ensemble d'antennes émettrices et réflectrices disposées de telle sorte que les ondes émises ou reçues sont dirigées en site comme en azimut. Ce système est particulièrement utilisé en ondes courtes.

RMC (Radio Monte-Carlo). Station de radio lancée en 1942 à l'initiative des Allemands, elle fut un instrument de propagande dans le sud de la France durant la période de l'Occupation. En 1945, une nouvelle société est constituée dont l'État français détient 83,3 % du capital à travers la Sofirad* et l'État monégasque 16,7 %. Cette radio* périphérique généraliste, qui couvre seulement la moitié du territoire français, a connu son âge d'or dans les années 1970 : avec une audience cumulée atteignant 14 %, RMC était en position dominante dans le sud de la France. En 1965, la radio crée une rédaction à Paris. L'antenne est partagée entre Paris et Monaco. De nombreux journalistes et animateurs connus y ont fait leurs armes à cette époque. Mais, à partir de 1981, date de la libéralisation des ondes, RMC va entrer dans une ère de turbulences. À partir de 1986, à l'instar de l'ensemble des radios* périphériques, RMC s'installe sur la bande FM, ce qui lui permet d'étendre son potentiel d'audience. En 1989, RMC acquiert 51 % du réseau musical Nostalgie, puis 75 % de Radio Montmartre en 1994, rebaptisée depuis Montmartre FM. Mais la radio généraliste souffre de la concurrence des nouvelles radios FM. Son audience* cumulée passe de 10 % en 1980 à 3,4 % fin 1997, ce qui place RMC en douzième position au palmarès d'audience des radios de la FM. Malgré des plans de restructuration avec réduction de personnel, les pertes financières sont lourdes et RMC connaîtra quatre tentatives de privatisation en onze ans. En 1996, le chiffre d'affaires publicitaire de la station est de l'ordre de 200 millions de francs. Le groupe RMC (RMC, 51 % de Nostalgie, Montmartre FM ainsi que la régie publicitaire GEM [Génération Expertise Média]) est cédé en mars 1998 à Sud Communication, holding détenu à 50 % par les laboratoires pharmaceutiques Fabre (lesquels contrôlent Sud Radio), 20 % par NRJ* et 27 % par le quotidien régional *la Dépêche du Midi* (déjà présent dans le capital de Sud Radio). Au moment du rachat, les différents partenaires avaient annoncé l'entente suivante : NRJ détiendrait 80 % de Nostalgie (après avoir racheté les parts d'Alcatel), Sud Radio prendrait le contrôle de RMC et Montmartre FM serait racheté par LV & Co, la société du producteur audiovisuel Gérard Louvin. Le Conseil de la concurrence devait se prononcer sur la reprise par NRJ de la régie publicitaire de Nostalgie. Adresse : 12, rue Magellan, 75008 Paris. Tél. : 01 40 69 88 00.

RMU. → **Radiomessagerie unilatérale**

RNIS. → **Réseau numérique à intégration de services**

Roman-feuilleton n.m. (angl. : *serial story*). Roman, découpé en tranches successives, inséré en pied* de page du journal à partir de 1836, à l'initiative d'Émile DE GIRARDIN (1806-1881). → **Feuilleton**

Roman-photo n.m. → **Photo-roman**

Rotative n.f. (angl. : *rotary press*). Machine à imprimer mise au point à partir de 1845. Pour être imprimé sur ses deux côtés, la bande de papier* venue de la bobine* passe par un groupe d'impression (deux cylindres porte-clichés, l'un pour le recto, l'autre pour le verso, accompagnés chacun de ses rouleaux encreurs et de son cylindre de pression).
ENCYCL. À la fin des années 1980, à la suite de la modernisation* des imprimeries*, l'utilisation de nouvelles rotatives a permis de doubler les capacités de tirage* des quotidiens* pour atteindre entre 60 000 et 70 000 exemplaires* par heure.

Rotativiste n.m. Ouvrier du livre assurant la bonne marche des rotatives*. Le conducteur était entouré d'une équipe plus nombreuse qu'aujourd'hui : aide-conducteur, bobinier, enleveur, sangleur, coureur, cha-

rioteur, rouleur de bobine*, etc. → **FFTL, Filpac**

Round-up n.m. Synthèse* consistant à rassembler des informations diffusées de façon éparse. Le mot appartient au vocabulaire habituel des agences* de presse.

Routage n.m. (angl. : *routing*). **1.** *Presse.* Opération de triage effectuée par l'entreprise de presse éditrice, par une messagerie* ou une entreprise spécialisée (routeur), pour classer et regrouper les exemplaires* d'un numéro* d'une publication* à diffuser en fonction de ses destinataires. Les publications « routées » ou « semi-routées » bénéficient de tarifs postaux préférentiels plus avantageux que ceux d'autres journaux en vrac. Outre ces opérations de routage proprement dites, certains grands routeurs se chargent aussi de diverses opérations complémentaires telles que le dépôt dans les gares ou les centres postaux. Ils peuvent aussi se charger de la prospection et de la gestion des abonnés*. **2.** *Télécommunications.* Opération technique consistant, pour un réseau, à choisir le chemin le plus commode et le plus rapide possible permettant à un message – ou à des paquets d'informations – de rejoindre le destinataire désigné. On parle également d'« acheminement ». L'opération est faite par des commutateurs*, dont sont dotés les différents nœuds* d'un réseau. → **Routeur**

Routeur n.m. (angl. : *router*). Équipement (ordinateur ou logiciel) dont la fonction, sur un réseau, est d'opérer le routage* des informations qui y circulent. Il vérifie par conséquent leur adresse et choisit la meilleure route pour les acheminer. Sur un réseau, le routeur fait donc moins de choses qu'une passerelle, mais il fait plus qu'un simple répéteur ou un pont.

RTC. → **Réseau téléphonique commuté**

RTF (Radiodiffusion-télévision française). Organisme public français chargé, entre 1941 et 1964, de la réalisation et de la diffusion de toutes les émissions de radio et de télévision sur le territoire national. Le monopole de la radiodiffusion avait d'abord été confié à l'administration des PTT, par la loi du 30 juin 1923, avant d'être dévolu à un organisme distinct, dénommé RTF, en 1941. Les stations de radio privées qui avaient survécu furent incorporées à la RTF par l'ordonnance du 22 juin 1944. Nommé par le gouvernement, le directeur général ne disposait d'aucune autonomie financière jusqu'à l'ordonnance du 4 février 1959, qui conféra la personnalité juridique à l'établissement. Par une décision du 19 mars 1964, le Conseil constitutionnel considéra que la RTF, intéressant « une des libertés publiques [...] fondamentales », constituait « une catégorie d'établissement public sans équivalent ». La loi du 27 juin 1964 créa l'ORTF*, en remplacement de la RTF.

RTL. Radio-Luxembourg, née en 1931, est la plus ancienne des radios périphériques. Rebaptisée RTL en 1966, la radio appartient à la Compagnie luxembourgeoise de télédiffusion (CLT), l'État français s'étant désengagé en 1986 à la faveur de la privatisation du groupe Havas. Émise en ondes longues à partir du Grand Duché, RTL bénéficie d'une concession de l'État luxembourgeois dont le dernier renouvellement couvre la période 1995-2010. La CLT est devenue en 1996 la CLT-UFA (holding regroupant les activités audiovisuelles de la Compagnie luxembourgeoise de télédiffusion et la filiale audiovisuelle du groupe allemand Bertelsmann, UFA). RTL émettait à l'origine sur le nord de la France et la région parisienne. Le style familial et populaire de la station connaît un succès notable après la guerre en France, lorsque les stations privées étaient interdites. Dans les années 1950, des émissions comme « La famille Duraton » ou encore « Quitte ou Double » renforcèrent la popularité de RTL. Ni la création d'Europe 1 en 1955, ni le développement très rapide de la FM, durant les années 1980, n'ont entamé la suprématie de RTL. Avec une audience* cumulée de l'ordre de 26 % au début des années 1980 contre 18 % en 1997, RTL demeure la première radio de France depuis 1982 en termes d'audience. RTL est présente sur la bande FM en France à partir de 1986, ce qui a permis d'étendre son audience au niveau national. En 1993, la CLT, propriétaire de RTL, acquiert 34 % du réseau musi-

cal Fun Radio, puis 100 % en 1994. En 1995, le groupe CLT prend le contrôle du réseau M 40, qu'elle transforme en RTL 2, réseau musical s'adressant à un public d'adultes, et en devient actionnaire à 100 % en 1996. En association avec M6* (dont la CLT-UFA est également actionnaire), la station a lancé la chaîne de télévision Fun TV, reprise dans le bouquet satellite TPS. RTL est la plus importante radio du groupe CLT-UFA en termes de chiffre d'affaires, avec plus de 1 milliard de recettes publicitaires en 1996. La CLT a développé des programmes radio en Allemagne, Royaume-Uni, Belgique, Pays-Bas, Suède et République tchèque. Adresse : 22, rue Bayard, 75008 Paris. Tél. : 01 40 70 40 70. Site Web : http://www.rtl.fr

Rubricard n.m. Journaliste* attaché à une rubrique*.

Rubrique n.f. Section spécialisée du contenu d'un périodique* soit dans un secteur de l'actualité*, soit dans un genre particulier d'écriture journalistique. Les rubriques sont le plus souvent précédées d'un titre permanent. Elles comportent souvent plusieurs articles. → **Rubricard**

Rumeur n.f. (du latin *rumor*). Bruit, nouvelles qui se répandent dans le public. Les premières études sur les rumeurs ont été menées par des chercheurs américains pendant la Seconde Guerre mondiale. La rumeur était alors conçue comme une information liée à l'actualité, destinée à être crue, colportée de personne à personne, d'habitude par le bouche à oreille. On insistait particulièrement sur le caractère non vérifié ou faux de l'information diffusée. Les études sur la rumeur mettent aujourd'hui l'accent sur l'émergence et la circulation dans le corps social d'informations, soit non encore confirmées publiquement par les sources officielles, soit démenties par celles-ci. La rumeur est par conséquent un phénomène défini par sa source (non officielle), son processus (diffusion en chaîne) et son contenu (une nouvelle portant sur un fait d'actualité). Les médias, le plus souvent, accréditent les rumeurs et accélèrent leur propagation, mais peuvent également, dans certains cas, servir à les démentir.

S

SAEM transport-presse. Fondée en 1936, la Société auxiliaire pour l'exploitation des messageries transport-presse est devenue une société commerciale de messageries de presse* en application de la loi Bichet de 1947 sur la distribution de la presse* en France. Trois coopératives* – Coopé-presse, la Périodique et l'Hebdomadaire –, détenant 51 % du capital de la société, les 49 % restants appartenant à Hachette, rassemblent 102 éditeurs adhérents. SAEM-TP distribue, sur le plan national, 340 titres, soit 243 millions d'exemplaires en 1996, pour un chiffre d'affaires de 2,7 milliards de francs. Parmi les quotidiens distribués par la société Transport-Presse, se trouvent *le Figaro*, France-Soir* et *Paris-Turf,* titres du groupe Hersant*, qui ont été rejoints, fin 1997, par *le Parisien** et *l'Équipe*,* du groupe de presse de Philippe Amaury*.

Saisie n.f. **1.** DROIT. Mesure d'appréhension d'exemplaires ou de supports de publications (périodiques, livres, disques, cassettes...), ordonnée par les autorités administratives ou judiciaires, en vue du maintien de l'ordre, de la constitution de preuve ou du respect des droits. **2.** INFORMATIQUE (angl. : *key-boarding*). Opération par laquelle des informations sont introduites dans un système informatique. Les systèmes de saisie sont variés : clavier*, écran* tactile, appareils de prise de vue ou de prise de son numériques, scanner*. La saisie correspond, *de facto,* à l'étape de la numérisation des signaux.

Saisie-contrefaçon n.f. Mesure immédiate par laquelle, à la demande de la personne qui se prétend victime d'une contrefaçon*, l'officier de police ou le juge s'empare des exemplaires de l'œuvre ainsi irrégulièrement reproduite ou en interdit l'exploitation par voie de représentation. ENCYCL. En droit français, le régime de la saisie-contrefaçon est déterminé par les articles L. 332-1 à L. 332-4 du Code de la propriété intellectuelle.

Salarié (journaliste). Collaborateur se trouvant lié, à un employeur ou une entreprise, par un lien dit de subordination tel que : il reçoit ordres et directives sur le travail à accomplir et la façon de le faire ; il est astreint à une présence ; il fait partie du personnel et occupe un poste dans l'organigramme de l'entreprise... En contrepartie, le salarié perçoit un salaire*, qui est une rémunération forfaitaire ou fixe.

ENCYCL. Pour réduire les charges correspondant au paiement de salaires, certains employeurs ont pu être tentés de qualifier de pigistes* certains journalistes* qui se trouvaient pourtant, à leur égard, dans la situation de collaborateurs salariés. Pour contrecarrer de telles pratiques, ont été introduites, à l'article L. 761-2 du Code du travail, par une loi du 4 juillet 1974, des dispositions nouvelles aux termes desquelles : « toute convention par laquelle une entreprise de presse* s'assure, moyennant rémunération, le concours d'un journaliste professionnel [...] est présumée être un contrat de travail. Cette présomption subsiste quels qu'en soient le mode et le montant de la rémunération ainsi que la qualification donnée à la convention par les parties ». CONTR. : *Pigiste*.

Sanction n.f.

DROIT. *Radio-télévision.* La loi du 30 septembre 1986 modifiée établit un système de sanction légale applicable en cas de méconnaissance des dispositions législatives et réglementaires et un régime de pénalités contractuelles pour manquement aux engagements conventionnels. Les services autorisés de radio* et de télévision* diffusés par voie hertzienne terrestre ou par satellite* sont soumis au double régime des sanctions administratives légales et conventionnelles, alors que les services distribués sur le câble* (et par voie de conséquence ceux diffusés par un satellite de télécommunications*) sont sous le seul régime des sanctions conventionnelles.

ENCYCL. S'agissant des sanctions administratives légales, trois types de manquements peuvent être sanctionnés : la violation des principes définis à l'article 1er de la loi du 30 septembre 1986, le non-respect des autres obligations de la loi et celui des textes réglementaires pris pour son application. À l'article 1er de la loi figurent notamment le respect de la dignité de la personne humaine, de la liberté et de la propriété d'autrui, du caractère pluraliste de l'expression des courants de pensée et d'opinion, la sauvegarde de l'ordre public. Les sanctions sont les suivantes (article 42-1 de la loi du 30 septembre 1986 modifiée) : la *suspension de l'autorisation* ou d'une partie du programme pour un mois au plus ; la *réduction de la durée de l'autorisation* dans la limite d'une année ; l'*infliction d'une sanction pécuniaire,* assortie éventuellement d'une suspension de tout ou partie du programme ; le *retrait de l'autorisation.* Dans tous les cas de manquement aux obligations incombant aux titulaires d'autorisation, le CSA* peut ordonner *l'insertion dans les programmes d'un communiqué* dont il fixe les termes et les conditions de diffusion. Le refus du titulaire de se conformer à cette décision est passible d'une sanction pécuniaire (article 42-4 de la loi du 30 septembre 1986 modifiée). À l'exception du retrait pour modification substantielle des données au vu desquelles l'autorisation a été délivrée (article 42-3 de la loi), l'infliction de toute sanction par le CSA doit être précédée d'une mise* en demeure. À l'exception de la suspension, toute sanction doit faire l'objet d'une procédure contradictoire instruite par un rapporteur, désigné par le vice-président du Conseil d'État, qui rédige un rapport notifié au CSA et au service de télévision ou de radio. Le rapporteur a voix consultative lors du délibéré de la sanction par le CSA. → **Pluralisme, Concentration**

Satellite de diffusion directe. Satellite de radiodiffusion de forte puissance (plus de 130 W) qui transmet des signaux vers des stations de réception individuelles de façon nationale ou continentale.

Satellite de distribution. Satellite de télécommunications de puissance moyenne (45 à 50 W) qui transmet des signaux entre des stations de taille moyenne (têtes de réseau* câblé, antennes* de 1,30 m à 3 m) sur des zones de diffusion nationale ou continentale. Les satellites de distribution modernes permettent aussi la diffusion directe. → **Satellite de diffusion directe**

Satellite géostationnaire (angl. : *geostationary satellite*). Satellite qui, placé sur une orbite géostationnaire à 36 000 km de l'équateur, semble fixe pour un observateur immobile à la surface de la terre. Il permet ainsi de couvrir de façon permanente d'importantes zones et d'atteindre des antennes fixes ou mobiles.

ENCYCL. En 1945, Arthur C. CLARKE, scientifique et auteur de science-fiction *(2001, l'Odyssée de l'espace),* lançait l'idée qu'il est possible de placer un satellite sur orbite géostationnaire pour peu que l'on dispose d'un lanceur suffisamment puissant. C'est en 1965 que fut lancé Early Bird, le premier satellite géostationnaire. Jusqu'en 1975, les satellites serviront à des échanges d'images et à des transmissions en direct (jeux Olympiques, évacuation du Vietnam en 1975...). En 1975, Home Box Office est la première chaîne entière conçue pour une diffusion satellitaire. En 1979, une dizaine de chaînes sont distribuées aux États-Unis à destination des réseaux câblés. C'est à cette époque que naît la distinction entre trois types de satellites : ceux qui ne servent qu'à des transmissions (dits *de point à point*), ceux qui atteignent les réseaux câblés (dits *de distribution*) et ceux *de diffusion directe.* Aujourd'hui, alors que les satellites de forte puissance ont disparu, cette distinction tend à disparaître, notamment grâce aux progrès des technologies de réception, et on confond les satellites de distribution avec ceux de diffusion directe. → **Satellite de point à point, Satellite de distribution, Satellite de diffusion directe**

Satellite de point à point. Satellite de télécommunications de puissance faible (10 à 20 W) qui transmet des signaux souvent à destination intercontinentale entre des stations terrestres de grosse importance (antennes* de plus de 10 m).

Sauvegarde n.f. Opération par laquelle on procède à la duplication de fichiers* ou de répertoires* saisis sur des systèmes informatiques. Cela permet de conserver un exemplaire des informations saisies sur le disque* dur (la mémoire centrale) toujours utilisable, même en cas de dégradation du disque ou de dysfonctionnement du système informatique. Les fonctions des logiciels* utilisées pour réaliser les sauvegardes sont soit les fonctions d'enregistrement, soit les fonctions de copie de fichier.

Scanner n.m. (angl. : *digitizer*). Appareil permettant de numériser des documents de toute nature. Le document à numériser est parcouru par un faisceau laser qui décompose le document en points d'image (pixel*) dont le nombre, variable, représente la définition* de l'image. Ces points d'image sont transformés en un fichier* informatique qui peut alors être traité, le cas échéant, avec des logiciels de PAO*.

Scénarimage n.m. (angl. : *storyboard*). Représentation illustrée du scénario, utilisé avant le tournage d'un film, au cinéma ou en publicité. Chaque plan est détaillé à l'aide de dessins ou de photos et comporte des indications concernant notamment les dialogues, la musique ou le son.

Scénario n.m. Texte d'une histoire imaginaire ou adaptée présentant, généralement scène par scène, tous les éléments nécessaires au tournage* d'un film* ou d'un téléfilm* : les personnages, les dialogues, les

rythmes, les lieux, les bruits, la musique, ainsi que certaines instructions techniques.

Scénariste n. Auteur de scénarios* d'œuvres audiovisuelles* ou cinématographiques.

Sciences de l'information et de la communication. Étude scientifique des échanges entre individus ou entre groupes sociaux, dès lors que ces échanges expriment une pensée, grâce à des signes, des symboles, des représentations, des informations, des œuvres, quelles que soient la forme et la finalité de cette expression, et quel que soit le média dont cette expression fait usage. ENCYCL. Cette étude, après 1945, s'est instituée grâce à des associations, des départements universitaires et des revues périodiques. Elle a suivi la tradition scientifique et les attentes particulières de chaque pays, n'ayant pas partout les mêmes centres d'intérêt et ne sollicitant pas toujours les mêmes disciplines. Nulle part elle ne fait figure de discipline académique, au même titre en tout cas que la science politique, la sociologie ou la psychologie. En France, ceux qui étudient plus particulièrement les médias considèrent souvent que, loin de faire l'objet – ou de constituer le domaine – d'une science unifiée par une approche ou une discipline identifiée, les sciences de l'information et de la communication se dispersent encore, et se disperseront probablement encore longtemps, dans des disciplines diverses qui leur prêtent, avec plus ou moins de bonheur, leurs outils et leur approche : parmi elles, l'anthropologie, la sémiologie, la linguistique, l'histoire, la sociologie, la science politique, l'économie, la technologie et le droit.

Scoop n.m. Mot d'origine anglaise. Annonce d'un événement* important, le plus souvent inattendu, dont une agence* ou un média* a su obtenir, en priorité, l'exclusivité, afin de doubler ses concurrents.

SCSSI (Service central de la sécurité des systèmes informatiques). Service du Premier ministre français, directement rattaché au Secrétariat général de la

Défense nationale (SGDN), chargé de délivrer les autorisations pour l'utilisation du cryptage* dans un système informatique.
→ **Chiffrement, Clef, Cryptage, Cryptographie, PGP**

SECAM (Séquence de couleurs avec mémoire) n.m. Procédé français de télévision en couleurs. Malgré son excellente qualité, il est moins utilisé que le PAL*.

Secodip. Société d'études de la consommation, la distribution et la publicité, filiale du groupe Sofres (spécialisé dans les études et sondages d'opinion), créée en 1969. La Secodip mène des études de marché systématiques afin de mesurer la consommation, la distribution, la publicité et l'information. En ce qui concerne la publicité, la Secodip réalise les piges* quantitatives et qualitatives des investissements publicitaires français dans les grands médias. La pige publicitaire quantitative se fait grâce au recensement quotidien des messages publicitaires insérés dans 850 titres de presse, 9 chaînes de télévision et 13 radios. Mesurée en centimètres-colonnes, nombre de pages ou temps d'antenne, elle permet ainsi le calcul du montant des investissements plurimédias, par secteur économique, par annonceur, par marque et par support. Les investissements publicitaires sont calculés par la Secodip sur la base des tarifs bruts, c'est-à-dire hors négociations (ce qui les différencie des données proposées par l'IREP*). La pige publicitaire qualitative offre un relevé permanent de toutes les créations publicitaires en presse, affichage, radio, télévision, cinéma, avec une indexation à partir de critères qualitatifs relatifs au texte, à l'image et au concept publicitaire. La Secodip dispose d'une banque de données, Scanpub, sur laquelle sont numérisées les 75 000 créations publicitaires annuelles diffusées sur les grands médias. La société réalise également des « études média marchés » appelées SIMM, EMMIR et AUDE, confrontant les comportements d'achat des consommateurs et leur exposition aux grands médias. À travers son activité de pige de l'information, Secodip Info fournit aussi aux entreprises et aux services publics une veille – alerte quotidienne de l'information diffusée par les

médias. Pour ce faire, près de 500 stations de radio et de télévision et des titres de presse sont observés en permanence. Le chiffre d'affaires de la Secodip, pour l'année 1997, est de 317 millions de francs. Adresse : 2, rue Francis-Pédron, 78241 Chambourcy cedex. Tél. : 01 39 65 56 56. Site Web : http://www.secodip.fr

Second marché. Ensemble des transactions qui permettent de valoriser des programmes* audiovisuels ayant déjà fait l'objet d'une diffusion*. L'existence de plusieurs diffuseurs (hertziens, câblés satellitaires), nationaux ou internationaux, permet d'alimenter des transactions qui portent, après extinction d'éventuels droits d'exclusivité, sur le droit de diffuser des programmes* de stock. Le second marché permet un meilleur amortissement de la production* et fournit à des diffuseurs, parfois modestes, le moyen d'alimenter leur grille* des programmes ou leur bouquet* par des contenus dont le coût de production initial serait hors de leur portée.

Secret n.m. (angl. : *secrecy*). Fait, pour une personne ayant connaissance d'une information*, de ne pas la communiquer* à d'autres. Le respect du secret peut être le résultat d'une libre décision ou être imposé en droit. Tel est le cas du secret des affaires, du secret administratif*, du secret défense*, du secret de l'enquête et de l'instruction*, du secret médical*, du secret professionnel, du secret de la vie privée*... Contraire au principe de liberté d'expression* ou de droit à l'information*, l'obligation de secret doit, par conséquent, être limitée à ce qui est nécessaire à une juste conciliation des droits en cause. CONTR. : *Communication* ; *Divulgation* ; *Information* ; *Transparence*.

Secret administratif. Pratique, bien plus encore qu'obligation, en vigueur chez les agents de l'administration, consistant à observer une très grande discrétion sur les actions menées et les décisions prises dans l'exercice de leurs activités et responsabilités.
ENCYCL. Contre une trop grande tendance au secret, contraire au principe de transparence et de contrôle de l'administration par l'opi-

nion dans une société démocratique, la loi française du 17 juillet 1978 a posé le principe d'un droit* d'accès aux documents administratifs. Elle l'accompagne cependant de nombreuses exceptions. Elle n'a cependant pas complètement réussi ou suffi, à elle seule, à changer les habitudes et les comportements !

Secret défense n.m.
DROIT. Principe faisant obligation à ceux qui ont accès, du fait de leurs fonctions et responsabilités, à certaines informations concernant les moyens de l'armée ou les actions entreprises par elle de ne pas en révéler le contenu à autrui. Interdiction faite, à toute personne non autorisée, d'accéder à des lieux et informations concernant la défense.
En droit français, la détermination des informations confidentielles ou soumises à une interdiction de secret dépend largement de la seule décision des autorités militaires, sans grande possibilité de contrôle, dans des conditions qui se révèlent donc assez contraires aux principes de transparence* et de liberté d'information*.

Secret des délibérés. Interdiction faite, à tous ceux qui ont été amenés à participer à ce moment essentiel de la procédure judiciaire, d'en révéler quoi que ce soit. Au nom des nécessités de la sérénité et de l'indépendance de la justice, ce principe l'emporte largement sur celui de la liberté d'expression* et du droit à l'information*. Diverses institutions et, même, plusieurs juridictions étrangères assurent cependant, dans certaines affaires, la publication des opinions « majoritaires » et « dissidentes », dans des conditions qui, outre l'objectif de transparence*, permettent de faire progresser la réflexion et sans doute d'améliorer la règle de droit et son application.
ENCYCL. En droit français, l'article 39 de la loi du 29 juillet 1881 « interdit de rendre compte des délibérations intérieures, soit des jurys, soit des cours et tribunaux ».

Secret de l'enquête et de l'instruction.
DROIT. Obligation de discrétion, pour tous ceux (magistrats, experts, policiers...) qui, de

par leur profession, concourent à l'enquête policière ou à l'instruction judiciaire ouverte à la suite d'une infraction, à l'égard des informations obtenues, par eux, dans ce cadre. Interdiction faite, aux journalistes (complices ou receleurs de violation de secret), d'exploiter les informations, couvertes par cette obligation, dont ils auraient cependant pu avoir connaissance. Cette règle du secret de l'enquête et de l'instruction est fortement controversée.
En droit français, le principe du secret de l'enquête et de l'instruction est posé par l'article 11 du Code de procédure pénale : « Sauf dans les cas où la loi en dispose autrement et sans préjudice des droits de la défense, la procédure au cours de l'enquête et de l'instruction est secrète. Toute personne qui concourt à cette procédure est tenue au secret professionnel dans les conditions et sous les peines des articles 226-13 et 226-14 du Code pénal. »

Secret d'État. Sans nier la nécessité, dans certains domaines ou pour le succès de certaines affaires (défense, police, diplomatie, monnaie...), et pour un temps au moins, d'une certaine discrétion dans la conduite de l'action publique, on regrettera cependant la façon, très libre et échappant à tout contrôle véritable, dont les autorités décident de ce qui relève du secret d'État et, à ce titre, échappe à toute possibilité d'enquête et d'information.

Secret professionnel des journalistes. Possibilité pour les journalistes* au nom du principe de liberté d'enquête et d'information*, de ne pas être obligés d'apporter leur concours à la police et à la justice à propos notamment de l'identité de la source de leur information ou des conditions dans lesquelles ils ont pu y accéder. Au nom de leur droit d'enquête, les journalistes souhaitent ne pas pouvoir être tenus de témoigner en justice ou être protégés contre les mesures de perquisition et de saisie. Cette faculté est également et peut-être plus exactement qualifiée de droit au secret des sources d'information ou de droit à la confidentialité des sources.
ENCYCL. En droit français, le droit au secret professionnel des journalistes a été partiel-

lement reconnu par la loi du 4 janvier 1993. Celle-ci a introduit, dans le Code de procédure pénale, un article 109, aux termes duquel « Tout journaliste*, entendu comme témoin sur des informations* recueillies dans l'exercice de son activité, est libre de ne pas en révéler l'origine », et un article 56-2 qui pose que « les perquisitions dans les locaux d'une entreprise de presse* ou de communication audiovisuelle* ne peuvent être effectuées que par un magistrat qui veille à ce que les investigations conduites ne portent pas atteinte au libre exercice de la profession de journaliste* et ne constituent pas un obstacle ou n'entraînent pas un retard injustifié à la diffusion de l'information* ».

Secrétaire d'édition. Journaliste* responsable, dans un quotidien* régional, de la préparation et de la mise en pages d'une édition locale. Grâce aux systèmes rédactionnels et aux télécommunications* numérisées, il est aujourd'hui décentralisé dans l'un des bureaux départementaux du journal.

Secrétaire de fabrication. Nouvelle fonction apparue dans la presse au cours des années 1976-1985, pour reconvertir d'anciens ouvriers compositeurs*, devenus maquettistes consacrés au calibrage des textes, à la présentation graphique des pages. En voie de disparition du fait de la mise en pages assistée par ordinateur.

Secrétaire de rédaction (angl. : *subeditor*). Journaliste* animateur et coordinateur du travail de l'équipe chargée de la mise en forme du journal : rédacteurs, photographes de presse, infographistes*, maquettistes. Il gère le flot des articles* saisis directement par les journalistes et les rappelle au respect des horaires, participant, avec eux et avec le service publicitaire, à la mise en pages sur écran. Avant le développement de la mise en page assistée par ordinateur, il travaillait au marbre* ou à la table* lumineuse, avec l'ouvrier metteur en page sur la maquette*, assemblant les articles, les illustrations* et les publicités, décidant des titres*, donnant le bon* à tirer après correction des épreuves*.

Secteur public de la communication audiovisuelle. → **Audiovisuel public**

Sélectionneur de nouvelles (angl. : *gate-keeper*). Personne se trouvant, au sein d'une agence ou d'un organe d'information, à un poste qui lui permet d'opérer la sélection des nouvelles ou des informations offertes au public.
SOCIOL. Issue de la psycho-sociologie de Kurt Lewin, la notion de *gate-keeper* a été introduite par David Manning White, en 1950, afin de mettre en lumière le mode de fonctionnement des « mass media », de ceux notamment qui se consacrent à l'information des gens et à la formation de l'opinion publique : les journalistes, leurs sources, ou bien les guides* d'opinion. Il s'agissait de mettre au jour les valeurs qui, subrepticement ou de façon explicite, président au choix des nouvelles susceptibles d'influer sur le climat d'opinion. À cette notion on reproche d'être prisonnière d'une représentation trop « mécaniste » du fonctionnement des médias d'information et de leur action sur l'opinion.

Sélectivité n.f. Disposition conduisant un individu, souvent à son insu, à recevoir, à percevoir ou à mémoriser, parmi les messages auxquels un média l'expose, ceux qui sont conformes à ses intuitions ou à ses convictions, de préférence aux autres. → **Double flux, Influence**

Semestriel adj. et n.m. Publication* paraissant deux fois par an. → **Périodicité**

Sémiologie n.f. (angl. : *semiotics*). Étude des signes dont l'ensemble, au sein de la société, est censé constituer un véritable système.
ENCYCL. C'est Ferdinand DE SAUSSURE (1857-1913) qui définit son objet, en 1915 : « On peut concevoir une science qui étudie la vie des signes au sein de la vie sociale [...] ; nous la nommerons sémiologie » *(Cours de linguistique générale)*. Il s'agit par conséquent d'étudier tous les langages, et pas seulement « le système de communication » qui seul retient l'attention des linguistes. Il s'agit également de considérer que tout langage réside dans la relation entre, d'un côté, un plan matériel,

celui de l'expression, le *signifiant*, et, de l'autre, un plan conceptuel, celui du contenu, le *signifié*. Enfin, la sémiologie recherche le sens implicite, s'intéressant moins à la *dénotation*, c'est-à-dire au sens immédiatement livré par le message, qu'à la *connotation*, à savoir les différents sens supplémentaires, accessibles seulement par certains ou dans un certain contexte. Critique vis-à-vis de l'analyse de contenu, à laquelle il reproche son simplisme, Roland BARTHES (1915-1980) étendra le domaine de la sémiologie, qu'il préfère appeler sémiotique, à « tout système de signes » faisant des « mass media » leur lieu privilégié de production et de diffusion.
→ **Analyse de contenu**

Sensibilisation n.f. (angl. : *sensibilization*). Initiation du public, sous l'influence des médias, à une question qui est censée le concerner ; ensuite, première présentation d'une personnalité publique, contribuant ainsi à l'élaboration de son image ; enfin, ensemble de messages qui contribuent à la construction d'une image, celle d'un bien de consommation, d'un personnage public ou de l'objet d'un débat public. → **Information, Prescription, Recommandation**

Sept (La). → **Arte**

Sept (La)-Arte. → **Arte**

Série n.f. (angl. : *serie*). Suite d'émissions de radio ou de télévision traitant d'un même thème et diffusées à intervalles réguliers. Lorsqu'il s'agit d'une œuvre de fiction, chaque épisode est constitué d'une histoire « bouclée » sur elle-même (avec un début et une fin), avec généralement un ou plusieurs personnages récurrents. On appelle minisérie une œuvre de fiction découpée en quelques unités de 90 minutes chacune.
ENCYCL. À chaque époque correspond un genre de série télévisée. Dans les années 1960, des séries intitulées « Thierry la Fronde », « Les Chevaliers du ciel », « La Demoiselle d'Avignon », « Belphégor » ou encore « Les cinq dernières minutes » marquent l'époque du monopole de l'ORTF* et de ses productions réalisées par « l'école des Buttes-Chaumont » dans les studios du même nom, encore peu soumises à la pres-

sion de la mesure d'audience. Puis, dans les années 1970, les séries policières américaines comme « Columbo » ou « Starsky et Hutch » viennent concurrencer le « Commissaire Maigret ». Les années 1980 seront encore majoritairement américaines, avec notamment une nouvelle série phare : « Deux flics à Miami ». Le respect des quotas* de diffusion, notamment aux heures de grande écoute, favorise le retour des productions françaises et européennes, au cours des années 1990, avec la série policière « Navarro » ou encore la production allemande « Derrick », toutes deux diffusées en prime time.

Serpent de mer. Nouvelle* extraordinaire mais souvent inventée, destinée à combler les périodes creuses de l'actualité*. L'expression remonte à la monarchie de Juillet, lorsque les journaux « découvraient » assez régulièrement des monstres marins.
→ **Canard**

Serveur n.m. (angl. : *server*). Élément d'un réseau téléinformatique ou télématique. C'est un ordinateur* sur lequel sont stockées des données en vue d'en permettre l'accès. Le serveur est l'intermédiaire entre le producteur des données et l'utilisateur. Il héberge les informations, en offre l'accès et gère les relations avec les utilisateurs-clients. Sur le réseau Internet*, sa fonction évolue et il devient, le cas échéant, fournisseur* d'accès à l'Internet.

Service autorisé. Dénomination, en droit français, pour désigner tout opérateur privé de radio* ou de télévision* bénéficiant d'une autorisation délivrée par le CSA*, dans des conditions prévues par la loi.

Service fixe par satellite. → **SFS**

Service gratuit. Exemplaire* d'un journal* ou de tout autre périodique* adressé gratuitement à ses collaborateurs à certaines personnalités, ou comme justificatif* auprès des annonceurs*.

Service d'information et de diffusion (SID). → **Service d'information du gouvernement (SIG)**

Service d'information du gouvernement (SIG). Anciennement dénommé Service d'information et de diffusion (SID), le Service d'information du gouvernement, placé sous l'autorité du Premier ministre et du Secrétariat Général du Gouvernement, a pour mission d'informer le Gouvernement sur l'évolution de l'opinion publique et des médias ; d'informer le public et les relais d'opinion sur l'action du gouvernement et de coordonner la mise en œuvre des actions de communication gouvernementale. Ces actions s'articulent autour de trois pôles. Le pôle « Observatoire de l'opinion » élabore des notes de synthèse et analyse les sondages publiés dans la presse. Le pôle « Information sur l'action du gouvernement » informe les parlementaires, les élus locaux sur les projets du gouvernement et les mesures mises en œuvre (à travers notamment la Lettre du gouvernement et ses numéros spéciaux ou le site Internet du Premier ministre). Le pôle « Coordination de la communication gouvernementale » apporte son conseil et son assistance technique aux ministères dans le domaine des études et des actions de communication média, hors-média et multimédia. Adresse : 19, rue de Constantine, 75340 Paris Cedex 07. Tél. : 01 42 75 80 00.

Service en ligne. Par opposition à « hors ligne » ou « off line » qui se dit d'un service d'information dont les données sont enregistrées sur une mémoire locale (CD-Rom* par exemple) et donc n'étant pas accessibles par l'intermédiaire d'une ligne de télécommunications, « en ligne » ou « on line » désigne tous les programmes (jeux, logiciels...) et services (télématiques, Internet, services bancaires) accessibles par l'intermédiaire d'un ordinateur équipé d'un modem* via le réseau téléphonique ou un réseau câblé. Les services en ligne se sont multipliés, après 1980, alors que s'ouvraient de nouveaux réseaux de communication, réseaux hertziens terrestres, câbles et satellites, et réseaux de télécommunications proprement dits. Les services en ligne, associent le transport par la voie de télécommunications et le traitement de l'information par l'informatique, ils sont indifféremment appelés, très souvent encore, services télématiques ou services à va-leur ajoutée*. L'amélioration des capacités des réseaux, ceux qui étaient réservés à la radiodiffusion comme ceux qui étaient dédiés aux télécommunications, et la possibilité de transmettre, parfois dans les deux sens, des produits ou des œuvres multimédias, ont conduit à préférer l'expression de services multimédias* à celle de services en ligne, et a fortiori à celle de services à valeur ajoutée*, qui est tombée en désuétude à partir de 1992-1993.

Service multimédia. Expression utilisée pour désigner un service en ligne* multimédia, par opposition à un produit ou à une œuvre multimédia*, dit hors ligne (off line).
→ **Service en ligne**

Service de presse. Section du département relations* publiques d'une institution publique ou privée chargée des rapports avec les médias*. Dans l'édition, envoi gracieux d'un nouvel ouvrage pour servir sa promotion.

Service public. Cette notion désigne aussi bien une activité au service des intérêts communs à tous les membres d'une collectivité qu'un organisme ou une entreprise principalement dévoués à l'exercice de cette activité.

DROIT. Concept important du droit administratif français, la notion de service public n'a pas cessé de contribuer, en des proportions variables selon les époques, les deux éléments suivants qui la constituent : d'un côté, l'intérêt commun – ou l'intérêt « général » – que l'activité est censée poursuivre ; de l'autre, l'accomplissement, par un organisme public, de cette activité à laquelle la société confère une grande importance. Au fil des années, le premier élément a fini par prévaloir sur le second. Certaines activités, exercées par des entreprises privées, doivent ainsi obéir aux principes qui définissent ainsi le service public : la continuité, l'adoption, la neutralité et l'égalité.

ENCYCL. Au rebours de l'Amérique du Nord – États-Unis et Canada –, l'Europe a réservé à l'État, lorsqu'elle est née, le soin de mettre en place les organismes assurant la diffusion des programmes de radio et de télévision. Les télévisions publiques ont exercé, tout au long de ces années, le monopole de la « radiodiffusion sonore » et de la télévision. Cette situation ne fut pas toujours exclusive du recours à la publicité (sauf pour la BBC), et elle n'était pas forcément incompatible avec les exigences du pluralisme, celui des goûts ou celui des opinions politiques (pluralisme interne, au respect duquel veillent les organismes de gestion et de contrôle des diffuseurs publics). C'est seulement au tournant des années 1980, et surtout après 1990, que la radio et la télévision se sont ouvertes à la concurrence, avec la naissance et l'essor de diffuseurs privés, contre le gré, parfois, des gouvernants, et sous la pression, souvent, des opinions publiques.

Service de radiodiffusion par satellite. → SRS

Service télématique. → Service à valeur ajoutée, Service en ligne

Service universel. Service accessible à tous, à des conditions introduisant le moins possible de discriminations entre les gens, où qu'ils se trouvent, et à des tarifs qui soient abordables pour tous. Pareil service, offert à tous les membres d'une société donnée, concerne aussi bien les routes ou les télécommunications que la radio et la télévision. ENCYCL. La définition du service universel et, notamment, la détermination de son périmètre, deviennent indispensables dès lors que, dans quelque secteur que ce soit, on passe d'une situation de monopole public à une situation de concurrence. Ainsi, l'ouverture à la concurrence des services de télécommunications, le 1er janvier 1998, pour onze des quinze pays de l'Union européenne, oblige chacun à délimiter le service universel du téléphone, c'est-à-dire ceux des services qui doivent demeurer accessibles à tous, dans des conditions qui ne soient défavorables pour personne, ou bien, en d'autres termes, qui ne soient pas discriminatoires. DROIT. Inspiré très largement par la doctrine française du service public, la notion de service universel est propre au droit européen. Lorsqu'ils ne l'assurent pas directement, les opérateurs sont tenus de participer à son financement : c'est le cas des opérateurs pri-

vés, en France, depuis l'introduction dans le droit national, par la loi du 26 juillet 1996, de l'essentiel des directives européennes, dont la base juridique se trouve dans les articles 85, 86 et 90 du traité de la CEE.

Service à valeur ajoutée. On désigne encore ainsi, parfois, une activité de service permettant le transport, grâce à des réseaux bidirectionnels ou comportant une voie de retour, de toute information ayant fait l'objet d'un traitement informatique particulier : ainsi pour la transmission de données, pour la consultation de banques* ou de bases de données, ou encore pour l'accès à des messageries électroniques*. On parle également de services télématiques. → Service en ligne, Téléservice

Set-top box. Dénomination anglaise, parfois utilisée à la place de *décodeur*.

SFP. → Société française de production

SFR. Filiale du groupe Cegetel* pour la téléphonie* mobile. SFR est le deuxième opérateur sur ce marché, derrière France Télécom.

SFS (Service fixe par satellite). Service de transmission par satellite qui relie entre eux des points d'émission et de réception fixes.

SGML (Standard Generalized Markup Language). C'est une norme ISO (organisation internationale de normalisation) de structuration des documents électroniques. Elle permet de décrire toutes les caractéristiques formelles d'un document (paragraphes, titres, chapitres, etc.), grâce à un système de marquage ou de balise, facilitant ainsi la reconnaissance des documents par n'importe quel système informatique.

Shareware n.m. Logiciel offert à titre gracieux sur l'Internet pendant une période d'essai plus ou moins longue, à l'issue de laquelle l'utilisateur doit en payer l'usage. En français : *partagiciel*.

SID. → Service d'information et de diffusion

SIG. → Service d'information du gouvernement

Signalétique antiviolence. → Protection des mineurs

Signe. → Caractère typographique

Signet n.m. Signalement d'un site* Web* qu'un internaute* consigne dans son répertoire (appelé bookmarks* ou hotlist*) afin de pouvoir la retrouver facilement.

Signifiant n.m. → Sémiologie

Signifié n.m. → Sémiologie

Similigravure n.f. (angl. : *halftone ; photoengraving*). Procédé mis au point entre 1882 et 1885, permettant l'impression des photographies. Une trame quadrillée est interposée entre l'original et le phototype, lors de sa préparation. Les dégradés sont ainsi décomposés en points d'étendue variable, plus grande si la couleur est plus foncée, plus petite si elle est plus claire. Après insolation du phototype tramé sur la plaque métallique photosensible, la gravure* à l'acide donne en typographie* une surface en relief, constituée d'un ensemble de points de surfaces différentes. La similigravure s'obtient aussi en offset* ou en héliogravure*.

Simulcasting n.m. Transmission simultanée d'un même programme de radio ou de télévision en plusieurs standards ou en plusieurs normes, afin d'en permettre la réception par un parc plus étendu d'équipements. Ainsi, la transmission des programmes de télévision, aux États-Unis, en analogique et en numérique, jusqu'en 2006, permettra d'assurer la transition vers le numérique, laissant ainsi aux téléspectateurs la possibilité d'attendre avant de changer leur récepteur.

Simulcrypt n.m. Système de cryptage* numérique fondé sur la diffusion simultanée de cryptages correspondant à plusieurs systèmes de contrôle d'accès qui peuvent ainsi s'adresser à plusieurs populations de décodeurs*. Ce système est moins fiable que le multicrypt* mais il a été adopté

par de nombreux opérateurs car, dans la mesure où il permet d'être propriétaire des fichiers d'abonnés*, il garantit leur autonomie.

Sitcom n.m. ou f. Abréviation pour *comédie* de situation.

Site n.m. Sur le Web*, un *site* correspond à un ensemble de pages liées entre elles grâce à l'hypertexte*. Un site comprend une page d'accueil, à partir de laquelle l'internaute peut consulter d'autres documents ou fichiers liés. Un site peut être créé par une personne, une entreprise ou une organisation qui en assure le développement.

SJTIC (Service juridique et technique de l'information et de la communication). Créé en 1947, sous le nom de Service juridique et technique de la presse, puis renommé Service juridique et technique de l'information en 1956, cet organisme administratif officiel a d'abord été rattaché au ministère de l'Information, avant d'être, depuis 1976, un service du Premier ministre. Le SJTI a pour fonctions de suivre l'évolution des médias, de conseiller le gouvernement en matière de réglementation de la presse, de la radio et de la télévision, de représenter l'État dans certains organismes, notamment les sociétés de programme du secteur public, et d'assurer une mission de statistiques (notamment sur la presse, l'audiovisuel, la radio et la publicité) et d'études. Rebaptisé Service juridique et technique de l'information et de la communication en 1995, le service se compose de trois sous-directions : presse écrite et information, communication audiovisuelle, et développement des services de communication. La sous-direction de la presse écrite et de l'information est notamment chargée des questions concernant la gestion des aides* de l'État à la presse. → **Ministère de l'Information**

Slogan n.m. Formule brève et frappante utilisée par la publicité* ou la propagande* pour illustrer une image, une argumentation, ou pour récapituler un discours.

Smiley. → **Emoticon**

Soap opera. Terme américain créé dans les années 1940 pour désigner des feuilletons* de longue durée, diffusés pendant la journée, à la radio puis à la télévision. Aux États-Unis, ces productions sont financées, au moyen du barter*, par les grands fabricants de lessives comme Procter and Gamble, Colgate-Palmolive ou Unilever, d'où l'ironie de l'expression associant la forme d'art la plus élitiste à un produit de la vie quotidienne. → **Comédie de situation, Telenovela, Feuilleton**

Société française de production (SFP). Créée par la loi du 7 août 1974, cette société nationale de production audiovisuelle, dont l'État détient la majorité du capital, reprend les activités de production lourde de l'ORTF*. Dotée d'équipements coûteux et d'un personnel pléthorique (3 000 salariés), la SFP va rapidement se heurter à de graves difficultés financières. Malgré un régime de commandes que les chaînes publiques sont obligatoirement tenues de passer auprès de la SPF, jusqu'à 1986, la société ne parvint pas à faire face à la concurrence des sociétés privées, au mode de fonctionnement plus adapté. La SFP est la plus grande société de production audiovisuelle d'Europe. En 1987, elle inaugure un vaste complexe de studios de cinéma et de télévision à Bry-sur-Marne et met en service le premier studio numérique. En 1992, la SFP se transforme en groupe SFP, constitué d'une société mère et de neuf filiales. Deux plans de licenciements importants en 1990 et en 1992 ainsi que la réorganisation de la société, en 1994, en trois pôles (SFP-Productions, SFP-Studios et SFP-Vidéos) ne suffisent pas à endiguer la chute continue du chiffre d'affaires, accompagnée d'un déficit d'exploitation qui dépasse les 200 millions de francs. L'aide de l'État a atteint en quelques années plus de 2,5 milliards de francs. Le processus de privatisation de la SFP, annoncé en février 1996, est finalement abandonné, à défaut d'un plan de reprise possible et, en octobre 1997, le gouvernement prévoit un plan de restructuration avec réduction des effectifs (566 emplois sur 967 salariés) et recentrage des activités autour de deux métiers : la production et les prestations techniques. Le re-

tour à l'équilibre est prévu pour l'an 2000. SFP-Productions, adresse : 2, avenue de l'Europe, 94366 Bry-sur-Marne cedex. Tél. : 01 49 83 38 00.

Société de l'Internet. Organisation internationale non gouvernementale dont l'objet est de promouvoir la coopération internationale et la coordination des actions entreprises en faveur de l'Internet, de l'interconnexion de ses réseaux et des différents services dont ils sont les vecteurs. Que ses membres soient des particuliers ou des associations, ils s'engagent à préserver la viabilité de l'Internet et à développer ses potentialités dans l'intérêt commun à tous. Dirigée par un « Board of Trustees », élus par ses membres, la Société comprend aussi bien des administrations, des grandes entreprises que des petites entités remarquables par leur dynamisme ou leur capacité à innover en utilisant l'Internet.

Société nationale de programme. Dénomination, en droit français, pour désigner tout opérateur de radio* ou de télévision* appartenant au secteur public*.

Société de perception et de répartition des droits d'auteur et des droits voisins/Société de gestion collective des droits d'auteur et des droits voisins. Organismes représentant collectivement les auteurs* et les titulaires de droits voisins du droit d'auteur* et qui jouent le rôle d'intermédiaires entre les détenteurs de droits et les utilisateurs des œuvres et prestations. Assurent la collecte et la répartition des sommes dues au titre du droit d'auteur et des droits voisins.
ENCYCL. En droit français, le statut des sociétés de perception et de répartition des droits est défini par les articles L. 321-1 à L. 321-12 du Code de la propriété intellectuelle*.

Société professionnelle des papiers de presse (SPPP). Union de coopératives de quotidiens et de publications, créée en 1947, la SPPP a pour mission d'assurer à la presse française un approvisionnement en papier qui préserve son pluralisme et son indépendance. En 1961, la SPPP est agréée par l'État comme « organisme d'intervention

économique de caractère privé » par le biais d'une convention qui sera renouvelée régulièrement jusqu'en 1995. Cette union de coopératives, dirigée par la presse elle-même, gère alors les stocks de papier de presse, contrôle les importations et détermine un prix de péréquation. Mais, quarante ans après sa création, ce système égalitaire est remis en cause par les grands éditeurs. Quatre nouvelles coopératives sont formées en remplacement des treize d'origine, le prix de péréquation est définitivement remplacé par un prix dit de référence avec une structure tarifaire établie en fonction des différents types de presse. La SPPP et la CFPP comptent trois filiales : le CIMEP (Consortium international de manutention et d'entreposage portuaires), créé en 1967, est chargé de gérer l'approvisionnement en papier journal et magazine ; Axxor Informatique, spécialisée dans la gestion informatique des stocks en temps réel avec l'utilisation de la technologie du code-barres, et la SOVAP (Société de valorisation des vieux papiers), qui assure la collecte ainsi que le recyclage des vieux papiers, toutes deux créées en 1995. La SPPP et la CFPP forment aujourd'hui le groupe Les Papiers de presse.
→ **Compagnie française des papiers de presse**

Société de rédacteurs. Regroupement de l'ensemble des journalistes* de la rédaction d'un organe de presse écrite*, de radio* ou de télévision*, toutes catégories confondues et au-delà notamment des clivages syndicaux, afin de pouvoir ainsi collectivement prendre part aux discussions sinon aux décisions relatives aux orientations générales et principales concernant l'avenir de l'entreprise de communication* à laquelle ils collaborent. En réalité, le poids de telles sociétés de rédacteurs dépend de ce qu'une place leur a été accordée, ou non, dans les diverses instances dirigeantes, par les statuts de la société éditrice ou de programme de radio-télévision et, plus encore, de ce qu'elles détiennent, ou non, une part du capital de ces sociétés. Le fait que les journalistes bénéficient, de par la loi, du droit à la mise en jeu de la clause de conscience*, est parfois avancé, par les représentants des propriétaires et employeurs, pour s'opposer, sinon à la constitution de sociétés de rédacteurs, du moins à ce que leur soient statutairement reconnus les moyens de cette participation aux instances dirigeantes des entreprises qui les emploient.

Sofica (Société de financement des industries cinématographiques et audiovisuelles). Créées par la loi du 11 juillet 1985, les sociétés de ce type ont pour but d'inciter, au moyen d'avantages fiscaux importants, des particuliers et des entreprises à investir dans la production* cinématographique ou audiovisuelle. Ces « *tax shelters* » (abris fiscaux) sont des intermédiaires financiers entre les investisseurs et les producteurs*. Les Sofica acquièrent des droits sur une partie des recettes générées par les productions auxquelles elles ont participé, mais non des parts producteur. Le producteur reste responsable de la production et l'apport Sofica ne peut excéder 50 % du budget total d'un film. En 1996, les Sofica ont investi 128 millions de francs dans une trentaine de films d'initiative française. Elles tendent ces dernières années à augmenter leurs interventions dans la production audiovisuelle. Adresse : 6, avenue Kléber, 75016 Paris. Tél. : 01 44 17 22 50.

Sofirad (Société financière de radio-diffusion). Créée en 1942, la Société financière de radiodiffusion est un holding public chargé de gérer les participations de l'État dans l'audiovisuel à l'étranger. Après la vente progressive de ses parts dans de nombreuses entreprises audiovisuelles, dont Europe 1* en 1986, Sud Radio en 1987, RMC Moyen-Orient en 1996 ou encore RMC* en 1998, la Sofirad détient encore des participations essentiellement minoritaires dans des télévisions et radios. À travers son pôle radio, la Sofirad détient 49 % de Medi 1, radio généraliste marocaine ; 40 % de Africa 1, radio gabonaise ; 100 % de Radio Caraïbes Internationale (CRI) ; 8 % de Europa Plus France, qui participe à la diffusion de Europa Plus Moscou et Europa Plus Saint-Pétersbourg. Le pôle télévision regroupe les participations de la Sofirad dans CFI* (100 %), TV5* (22,2 %), Canal Horizons, chaîne à péage filiale de Canal +*

(11,3 %), MCM internationale, chaîne thématique musicale (49 %). Adresse : 78, avenue Raymond-Poincaré, 75116 Paris. Tél. : 01 44 17 16 30.

Software. Mot anglais pour *logiciel**.

Sondage n.m. Enquête menée auprès des membres d'un échantillon représentatif d'une population plus ou moins étendue, afin d'observer et de comptabiliser leurs comportements ou leurs opinions.

SOCIOL. Les sondages sont nés, en 1936, de l'utilisation conjointe de deux techniques : les questionnaires standardisés et l'échantillonnage d'une population. C'est George GALLUP qui, pour la première fois, administre le même questionnaire à toutes les personnes d'un échantillon représentatif de la population américaine. Deux techniques permettent de désigner un échantillon : la méthode *probabiliste* ou *aléatoire,* qui consiste à choisir au hasard sur une liste qui recense toute la population concernée ; la méthode *des quotas,* qui consiste à respecter les mêmes proportions que celles de la population concernée dont on connaît la composition, établie à partir de critères de différenciation qui sont tenus pour pertinents (âge, sexe, niveau de revenu ou d'instruction, etc.).

DROIT. En droit français, la réalisation et la publication des sondages d'opinion à caractère politique font l'objet de la loi du 19 juillet 1977. L'article 1ᵉʳ de la loi détermine son objet ou champ d'application. Sont concernés les sondages « ayant un rapport direct ou indirect avec un référendum, une élection présidentielle ou l'une des élections réglementées par le Code électoral ainsi qu'avec l'élection des représentants à l'Assemblée des Communautés européennes ». Le même article y ajoute encore « les opérations de simulation de vote réalisées à partir de sondages d'opinion ». La loi détermine les conditions de réalisation et de publication de ces sondages, et, surtout, les modalités du contrôle exercé par la Commission des sondages. La plus controversée est la disposition de l'article 11 de la loi, aux termes duquel « pendant la semaine qui précède chaque tour de scrutin ainsi que pendant le déroulement de celui-ci, sont interdits, par quelque

moyen que ce soit, la publication, la diffusion et le commentaire de tout sondage tel que défini à l'article 1ᵉʳ ». Échappent cependant à cette interdiction les « opérations qui ont pour objet de donner une connaissance immédiate des résultats de chaque tour de scrutin qui sont effectués entre la fermeture du dernier bureau de vote en métropole et la proclamation des résultats ». → **Audience, Panel**

Sonothèque n.f. Synonyme de *phonothèque**.

Source d'information. On parle plutôt *des* sources d'information pour désigner l'ensemble des moyens auxquels recourent les journalistes* pour se tenir au courant des événements*. Les sources ont pour fonction d'informer, de documenter et de permettre la vérification. Elles doivent donc être utiles, originales et efficaces. On les classe traditionnellement en diverses catégories : les agences* de presse et d'information, les services de communication des organisations (entreprises, administrations, associations), les sources documentaires (banques* de données, bibliothèques), les informateurs particuliers, symbolisés par le carnet d'adresses personnel du journaliste, etc. Les principales qualités attendues des sources d'information et des informateurs sont : l'efficacité, la fiabilité et l'originalité.

DROIT. Le droit à la protection de l'anonymat ou au secret des sources d'information, autrement dénommé aussi droit au (ou devoir de) secret professionnel des journalistes*, constitue une revendication formulée au nom de la liberté d'expression* et du droit à l'information* et de la nécessaire transparence de la société. L'argument avancé est que, sans cette garantie, nombre de sources d'information, par crainte de toutes sortes de représailles ou de conséquences pour elles, ne révéleraient pas les faits dont elles ont connaissance et pourtant susceptibles d'intéresser la collectivité. Pour signifier cela, est souvent utilisée cette formule selon laquelle : « Qui cite ses sources les tarit. » Si essentiels que soient la liberté d'expression et le droit à l'information, la protection des sources d'information ne peut cependant constituer un droit absolu.

Souris n.f. Périphérique d'entrée d'un ordinateur* permettant d'interagir avec la machine en cliquant sur ses différentes touches.

Sous-titrage n.m. → **Sous-titre**

Sous-titre n.m. (angl. : *subtitle*). **1.** *Presse.* Dans un journal, titre secondaire, placé sous le titre principal et le complétant pour répondre aux questions : *comment, pourquoi, avec qui* est effectuée l'action valorisée par le titre*. **2.** *Audiovisuel.* Bande de texte, insérée au bas des images d'un film de cinéma diffusé en version originale dans une autre langue, ce qui permet ainsi à des spectateurs de comprendre une œuvre qui n'a pas été tournée dans leur langue maternelle.

Soutien automatique, Soutien sélectif. Dans le cadre des aides accordées à l'industrie cinématographique et audiovisuelle par le Cosip*, deux grandes modalités de soutien coexistent. Le *soutien automatique* est accordé de manière forfaitaire en fonction de critères mécaniques qui font référence notamment à l'activité antérieure du bénéficiaire. Ainsi les producteurs* de films ou d'œuvres* audiovisuelles recevront-ils des subventions dont le montant sera un pourcentage fonction des recettes générées par le film ou l'œuvre précédente, de même que les exploitants* de salles recevront des subventions au prorata des recettes-guichet qu'ils auront touchées l'année précédente. Le *soutien sélectif*, au contraire, est accordé en vertu de critères qualitatifs (scénario* original, genre particulier, salle art et essai...) et le montant de l'aide variera au cas par cas.

Spécialisation n.f. → **Stratégie**

Spécificité culturelle. En matière audiovisuelle, la position française dans le cadre de la négociation des accords du GATT de 1994 (Uruguay Round) s'est traduite par la notion d'« exception* culturelle ». Le GATT repose sur un principe global de non-discrimination et sur trois autres principes : l'accès au marché, le traitement national, la clause de la nation la plus favorisée. Compte tenu du déséquilibre des échanges entre les États-Unis et l'Europe, l'application de ces principes aurait porté préjudice à l'industrie audiovisuelle et cinématographique européenne.
ENCYCL. La notion de *spécificité culturelle* se distingue de celle d'*exception culturelle*. En effet, la *spécificité culturelle* implique le dépôt d'une liste d'engagements conduisant à « geler » toutes les législations nationales et communautaires et à les soumettre au principe de la libéralisation progressive, ce qui constituerait un risque majeur pour les Européens et la France en particulier, dotée d'une réglementation très protectrice. La notion d'*exception culturelle* constitue une meilleure garantie juridique pour la préservation de l'audiovisuel européen. L'audiovisuel est ajouté, dans ce cas, à la liste des exceptions à l'Accord, ce qui légitime l'absence d'engagement de la Communauté pour la libéralisation de ce secteur. Elle justifie donc le maintien de la directive* « Télévision sans frontières » et du système de quotas* qu'elle instaure, de l'ensemble des dispositifs de subventions* et de l'adaptation de ces réglementations à l'évolution du secteur. → **Exception culturelle**

Spécimen n.m. Dans l'édition, exemplaire d'un ouvrage marqué ostensiblement « spécimen », distribué gracieusement auprès d'éventuels prescripteurs*, pour en pousser la vente.

Spectacle (société du). Les savants et les profanes mettent l'accent sur le spectacle des événements offert par les médias, notamment la télévision, au regard de tous : depuis les premiers pas d'Armstrong sur la Lune, en 1969, jusqu'aux funérailles de lady Diana, en 1997, en passant par la guerre du Golfe, en 1991. Guy DEBORD parla de la domination mondiale de cette société, vouée aux médias, et « porteuse du spectacle » (*la Société du spectacle,* 1967). Pour Jean CAZENEUVE (*la Société de l'ubiquité,* 1972), les fonctions traditionnelles reconnues pour être celles des médias – mettre en relation, surveiller, transmettre, divertir – dérivent toutes, en réalité, de la « transmutation » du réel en spectacle, opérée sur une grande échelle, par la télévision. Les médias combleraient ainsi le vide laissé par le déclin du sacré et le « désenchantement » du monde, apportant à l'homme moderne une réponse à son désir contradictoire d'échapper à sa condition tout en souhaitant s'y enfermer ou s'en accommoder.

Spirale du silence (angl. : *spiral of silence*). Mécanisme conduisant une opinion majoritaire à étendre son emprise, aux dépens des autres opinions, sous l'effet du silence que les représentants de celles-ci s'imposent, non seulement par la peur de se sentir isolés, mais également parce qu'ils doutent de leur propre capacité de jugement.
ENCYCL. Ce mécanisme a été mis en évidence, notamment, par Élisabeth NOËLLE-NEUMANN, fondatrice, à Allensbach, en Allemagne, de l'Institut de démoscopie (*The Spiral of Silence,* 1975). → **Conformisme (effet de), Suivisme**

Sponsoring. → **Parrainage**

Spot n.m. Annonce publicitaire de courte durée (quelques secondes) diffusée à la télévision.

SPPP. → **Société professionnelle des papiers de presse**

SRS (Service de radiodiffusion par satellite). Service de radiodiffusion point-multipoint d'un programme* de radio ou de télévision grand public ou professionnel.

Standard n.m. **1.** Norme de fait, le plus souvent née d'accords industriels. Contrairement à une *norme,* un *standard* ne fait pas l'objet d'une publication officielle qui en détaille le contenu. **2.** Ensemble des règles permettant la diffusion d'une image couleur (NTSC*, PAL*, SECAM*), il s'applique à la diffusion* télévision comme à la production vidéo*.

Star system (expression anglaise). Technique consistant à personnaliser chaque film, grâce à une star connue et appréciée, afin de compenser l'effet de lassitude que ne manqueraient pas d'avoir, sur le public, des intrigues trop banales ou répétitives. C'est Adolphe ZUKOR, fondateur de la major* Paramount (*Le public n'a jamais tort,* 1954), qui a eu l'idée, dès 1913, d'imposer le règne des vedettes, grâce à l'actrice Mary Pickford. Le star system a été mis en œuvre par les gran-

des compagnies productrices de films, à Hollywood, dans son âge d'or, notamment après 1945, jusqu'à l'arrivée de la télévision, vers la fin des années 1950. La technique, plus difficile à mettre en œuvre pour les téléfilms, a été progressivement abandonnée.

Start-up. Nom donné, dans le secteur des nouvelles technologies, à une jeune société dont le développement est fondé sur la notion de capital-risque, placement pouvant représenter, pour l'investisseur, à la fois une certaine prise de risque et une possibilité de gains importants.

Statut des entreprises de presse. Ensemble des dispositions spécifiques relatives aux conditions de création, à l'organisation, au fonctionnement et au financement des entreprises éditrices de publications périodiques*. Il s'agit ainsi de tenir compte de la nature propre de ces entreprises, liée à leur objet (la diffusion d'informations* et l'expression d'opinions*), et des préoccupations en matière de garantie de transparence*, d'indépendance* et de pluralisme* notamment.
ENCYCL. En droit français, un tel statut a, pour la première fois, été défini à la Libération, par une ordonnance du 26 août 1944. Les principes en ont été repris et actualisés dans une loi du 23 octobre 1984. Celle-ci fut abrogée par la loi du 1ᵉʳ août 1986, actuellement en vigueur. D'inspiration libérale, elle en allège la teneur et la rigueur.

Stéréophonie n.f. Ensemble des procédés d'enregistrement, de reproduction et de diffusion sur au moins deux canaux permettant de donner l'impression d'un relief acoustique fidèle à la réalité.

Story-board n.m. → **Scénarimage**

Stratégie n.f. Ensemble des décisions prises par une entreprise afin d'orienter de façon déterminante, pour le moyen ou le long terme, ses activités et les structures de son organisation. Les stratégies visent à concrétiser les axes de la politique générale de l'entreprise. On oppose, en général, les stratégies de spécialisation aux stratégies de diversification*. Les premières cherchent à approfondir le métier de base de l'entreprise et ses activités présentes, soit en additionnant des entreprises opérant sur le même produit (chaîne* de journaux), soit en s'implantant sur une base géographique nouvelle – à l'étranger, par exemple –, soit enfin en développant ou en acquérant des compétences annexes pour élargir les débouchés du métier d'origine (édition vidéo* pour un producteur* de films). Les secondes permettent l'entrée sur un nouveau métier. On peut alors se diriger vers des activités connexes (production* télévisuelle pour un diffuseur de télévision), ou assurer la chaîne de production et de diffusion en allant vers l'amont ou l'aval de l'activité initiale. On peut, enfin, faire des placements financiers dans des secteurs étrangers au métier d'origine, mais qui semblent porteurs d'avenir : ainsi des investissements de sociétés industrielles dans le câble* ou le satellite*.

Streamer n.m. Mot anglais signifiant *banderole*. Titre* d'appel à la lecture, inséré au-dessus de la manchette*, à la une* du journal*, souvent sur toute la largeur de la page. → **Bandeau**

Stringer n.m. Mot anglais signifiant *tireur de sonnette*. Informateur occasionnel recruté sur place et directement rémunéré par le correspondant* régulier d'une agence* de presse à l'étranger.

Subliminal adj. Caractéristique d'un message qui ne peut être perçu que de façon subconsciente, et non consciemment, ce qui accroît son impact ou son influence sur celui auquel il est destiné. Le procédé, souvent interdit par les législations en vigueur, peut être utilisé, de façon non avouée, dans certaines campagnes publicitaires ou politiques.

Subvention n.f. Soutien financier apporté, par une institution ou autorité, à une entreprise ou activité, en l'occurrence une entreprise de presse*. Sans contreparties et indistinctement accordées à toutes les entreprises répondant aux mêmes critères et conditions préalablement et juridiquement définis, de telles modalités d'aides* ne remettent pas en cause la liberté d'expression*. Si tel n'est pas le cas et si, comme dans les systèmes autoritaires*, le pouvoir politique détermine seul, en fonction notamment de leur orientation idéologique et du soutien qu'elles lui apportent, celles des publications qu'il subventionne, il y a là de réelles menaces pour la liberté.

Sucrer v.tr. Éliminer un projet d'article en conférence de rédaction ou un texte déjà écrit avant le bouclage* de l'édition du journal. → **Marbre**

Sud Radio. Radio généraliste à vocation régionale implantée dans le sud-ouest de la France. Après une première tentative de création, en 1951, sous le nom d'Andorradio, la radio, rebaptisée Radio des Vallées, commença à émettre en 1961 sur le territoire de la principauté d'Andorre. Détenue par la Sofirad, cette radio* dite périphérique devient Sud Radio en 1966. En 1981, à la suite de la volonté des autorités andorranes de fermer cette station qui échappait à leur contrôle et concurrençait Radio-Andorre, créée en 1939, Sud Radio s'installa à Toulouse. Elle fut de nouveau autorisée à utiliser ses installations en Andorre à partir de 1983. En 1987, la radio est vendue aux laboratoires pharmaceutiques Fabre. Sud Radio diffuse dans 22 départements où elle réalise une part d'audience de quelque 11 % en 1996. Son chiffre d'affaires était de l'ordre de 70 millions de francs en 1996. Sud Radio détient la station régionale d'Aquitaine Wit FM. Le holding Sud Communication, constitué par le groupe NRJ*, le quotidien régional *la Dépêche du Midi* et Pierre Fabre S.A., acquiert le groupe RMC* en mars 1998. Adresse : 4, place Alonse Jourdain, 31071 Toulouse cedex. Tél. : 05 61 63 20 20.

Suivisme n.m. Inclination qui conduit un individu à suivre les attitudes ou les opinions des autres, ou bien à adopter leurs comportements*.

ENCYCL. Cette inclination, en politique ou ailleurs, obéit, simultanément ou de façon exclusive, à deux logiques différentes. La première répond au désir plus ou moins conscient de rejoindre le plus grand nombre, afin d'éviter de se sentir exclu d'une communauté à laquelle on s'identifie ou à laquelle on appartient effectivement (angl. : *bandwagon effect**). En politique, on dit que les électeurs volent au secours de la victoire. La seconde logique résulte de la volonté délibérée de taire une opinion que l'on croit minoritaire, afin de ne pas avoir à subir le désaveu d'une opinion majoritaire victorieuse (angl. : *underdog effect**). → **Spirale du silence, Conformisme**

Supplément n.m. Publication imprimée, proposée gratuitement ou à titre onéreux, en complément d'une publication à périodicité régulière. Les suppléments se sont multipliés, depuis les années 1960, à mesure que les journaux augmentaient leur nombre de pages et la diversité de leurs rubriques. Ces suppléments sont insérés à l'intérieur du journal, à moins qu'ils constituent des éléments distincts, par la présentation et, le cas échéant, par leur mode de distribution et leur prix de vente. En même temps qu'ils augmentent l'audience* du journal, les suppléments permettent une utilisation optimale des rotatives*. → **Périodique, Publication**

Support n.m. Nom donné par les publicitaires* à tous les vecteurs de publicité*. L'ensemble des supports de même nature forment un média*, ainsi des divers titres qui composent la presse ou des chaînes qui composent la télévision.

Surfer v.intr. → **Naviguer**

Surrépression n.f. Action des médias dont le principal résultat est d'étouffer en chacun tout esprit critique, toute pensée susceptible de mettre en cause une société vouée à la consommation et entièrement subordonnée à ses exigences. Forgée par Herbert Marcuse (*l'Homme unidimensionnel,* 1964), cette notion est inséparable de sa vision de la société moderne : son irrationalité foncière rend nécessaire, selon lui, cette « unidimensionnalisation » des esprits dont les victimes, fascinées par les médias, ont perdu toute conscience critique ou « malheureuse ». → **Propagande**

Surtitre n.m. Dans un journal, titre secondaire précédant le titre principal et donnant un complément d'information pour répondre aux questions : *où, quand* est effectuée l'action valorisée par le titre*.

Synchrone adj. (angl. : *synchronous*). Mode de transmission des données dans lequel le rythme d'émission est calé sur celui d'une horloge. → **Synchronisation**

Synchronisation n.f. **1.** Phénomène constitué de deux événements qui se produisent en même temps. **2.** Mise en phase de deux équipements calés sur le même rythme d'horloge. **3.** Technique qui permet d'établir et de maintenir des signaux en synchronisme dans un réseau. En télévision, la synchronisation est indispensable pour transmettre chaque point d'image avec ses caractéristiques et ses mouvements. → **Synchrone**

Syndication n.f. (expression anglaise). Institution permettant la commercialisation de programmes susceptibles d'être diffusés par des stations de télévision locales, indépendantes ou affiliées à des réseaux. Tantôt ces programmes ont déjà été diffusés, une ou plusieurs fois, par des réseaux ou des chaînes du câble pour lesquels ils ont été produits *(off network programming)* ; tantôt ils ont été conçus et réalisés spécialement pour être offerts à n'importe quelle station (*first run syndication,* ou diffusion en première exclusivité sur le marché de la syndication). La syndication n'a connu un réel développement qu'aux États-Unis, et pour la seule télévision : celle-ci lui doit sa vitalité, sa capacité à se renouveler et à s'exporter, qui font d'elle la plus puissante au monde. Entre 1986 et 1996, le chiffre d'affaires de la syndication est passé d'un peu plus de 2 milliards de dollars par an à près de 6 milliards. Le succès de ce mode particulier de commercialisation est dû à deux dispositions émanant de la FCC*. La première, qui remonte à 1970, connue sous le nom de Fin-Syn (contraction de Network Financial Interest Rule et de Network Syndication Interest Rule), limite la part du temps d'antenne des réseaux consacré à leurs productions propres et leur interdit de vendre eux-mêmes leurs programmes, sur le second* marché, après quatre années d'exploitation. La seconde règle, en vigueur depuis 1972, la Prime Time Access Rule (PTAR), interdit aux stations affiliées diffusant dans l'un des cinquante premiers marchés (Area of Dominant Influence, ADI) de s'approvisionner auprès des networks pour plus de trois heures sur les quatre heures du prime time (19 heures à 23 heures pour les côtes est et ouest ; 18 heures à 22 heures pour les deux fuseaux centraux du continent). Fin-Syn et PTAR ont été abolis en 1995 et 1996, ce qui tend à effacer la frontière séparant la distribution par les réseaux et celle des « syndicators » : sur le marché unifié de la syndication, les indépendants comme King World (qui produit « La Roue de la fortune » [Wheel of Fortune]) ont pu conquérir une certaine suprématie.

Synopsis n.m. Lignes directrices d'un scénario* d'une œuvre cinématographique, audiovisuelle ou multimédia.

Synthèse n.f. Dépêche d'agence* de presse qui est un résumé d'une série d'informations concernant un seul sujet. Elle n'en reprend que les éléments essentiels, selon une ligne directrice choisie par le rédacteur.

Système d'application (angl. : *application system*). Ensemble de programmes et de données permettant de résoudre un problème déterminé, grâce à un ordinateur et à ses différents périphériques. Le système d'exploitation et le système d'application constituent les deux ensembles de ressources logiques d'un système informatique. Appelés également logiciels d'application, les systèmes d'application permettent aux ordinateurs de rendre des services très variés à leurs utilisateurs : facturation à des clients, établissement de fiches de paye, gestion de stocks, traitement de textes, gestion de fichiers, communication avec d'autres ordinateurs, etc.

Système éditorial. Dispositif informatique de production de l'imprimé, pour l'édition de livres ou de journaux. Il inclut le système rédactionnel du journaliste, le système de PAO* des maquettistes* et des secrétaires de rédaction*, les ordinateurs de photocomposition* et le réseau interne de l'entreprise qui prend en charge la circulation des informations entre ces divers éléments. De nombreuses entreprises incluent dans leur système éditorial la banque* de données issue du traitement documentaire du contenu du journal. C'est un concept assez proche de l'édition* électronique ou de la gestion électronique d'information et de documentation. → **GEID**

Système d'exploitation (angl. : *operating system [OS]*). Ensemble de programmes et de données permettant la gestion et l'exploitation d'un ordinateur et de ses différents périphériques. TECHN. Le système d'exploitation s'interpose par conséquent entre l'ordinateur *(hardware)* et le système d'application (ou logiciel d'application, *software*). Les fonctions d'un système d'exploitation sont diverses : gestion du clavier, de l'imprimante, des haut-parleurs, du disque... ; gestion des ressources humaines, des utilisateurs, du groupe d'utilisateurs ; gestion des ressources logicielles, des fichiers, des bibliothèques, des programmes... Plusieurs standards se partagent les différents marchés : Windows et Mac OS pour les micro-ordinateurs ; Unix pour les plates-formes plus importantes ; Unix et VMS pour les grands systèmes multitâches et multiutilisateurs. → **DOS, Système d'application**

Système rédactionnel. Équipement informatique organisé de façon cohérente au service des journalistes d'une rédaction (micro-ordinateur* ou station de travail), composé de logiciels* d'aide à la rédaction (traitement* de texte, dictionnaires et bases* de données en ligne, grammaires) et relié, par réseau, aux services d'une agence* de presse et à des banques* de données documentaires. Le système rédactionnel permet également au journaliste* de développer des applications personnelles : gestion de son carnet d'adresses, de ses textes, de sa documentation. Grâce à la messagerie associée à son système rédactionnel, le journaliste peut aussi recevoir directement des informations de sources diverses. C'est donc une notion plus large que celle de rédaction* électronique.

t

Table lumineuse (angl. : *light table*). Glace dépolie, inclinable, illuminée par le dessous, permettant le montage manuel des films pour préparer la plaque* offset*. Cet équivalent du marbre* des typographes n'est plus employé dans la presse, du fait de la mise en page assistée par ordinateur.

Tableur n.m. (On dit parfois aussi *tableur-grapheur*.) Logiciel* de traitement d'informations numériques permettant à la fois le calcul et la réalisation de représentations graphiques associées aux calculs (courbes, tableaux, diagrammes, histogrammes, etc.).

Tabloïd n.m. Demi-format* par rapport au grand format standard des journaux à la fin du XIXᵉ siècle.
ENCYCL. Utilisé pour la première fois en France par la « petite presse » à 5 c. (1863-1890). Repris par la presse populaire américaine (1919). Réservé, en Grande-Bretagne, à la seule presse populaire. Adopté, depuis le milieu des années 1960, par une partie des quotidiens parisiens.

Taille-douce n.f. (angl. : *copperplate engraving*). Gravure* en creux sur plaque de cuivre, à l'aide d'un burin à la pointe en V, suivant un dessin préalable esquissé à la pointe sèche.

Tautisme n.m. Né de la contraction de *tautologie* et d'*autisme,* le mot désigne cette situation dans laquelle les médias, répétant inlassablement le même message, vouent la société ainsi médusée à une sorte d'autisme.
ENCYCL. C'est Lucien SFEZ qui a forgé ce concept, dont il a approfondi l'examen dans plusieurs ouvrages consacrés à la communication : *Critique de la communication* (1992) ; *la Communication* (1994) ; *la Santé parfaite, Critique d'une nouvelle utopie* (1995) ; ainsi que dans le *Dictionnaire critique de la communication,* qu'il a dirigé.

Taxe professionnelle. Un régime spécifique de la taxe professionnelle constitue, parmi d'autres, par allégement des charges qui pèsent sur les entreprises éditrices de publications périodiques*, une des modalités de l'aide* de l'État à la presse.
ENCYCL. En droit français, en application de l'article 1458 du Code général des impôts, tous les éditeurs de publications périodiques*, quelles qu'elles soient, sont exonérés de la taxe professionnelle.

Taxe à la valeur ajoutée. Instrument de l'aide de l'État à la presse*. Consiste, pour alléger les charges des entreprises et abaisser le prix de vente des publications, espérant ainsi, au nom des principes de pluralisme* et de droit à l'information*, accroître le nombre des lecteurs, à appliquer des taux réduits de taxe à la valeur ajoutée à certaines opérations de fourniture, de mise en forme et de diffusion de l'information.
ENCYCL. En droit français, ce régime de faveur est défini notamment par les articles 298 *septies* et *octies* du Code général des impôts pour ce qui concerne les mécanismes d'aide, et par les articles 72 et 73 de l'annexe III du même Code général des impôts pour la détermination des bénéficiaires de l'aide. Aux termes de l'article 72 de l'annexe III CGI, les publications doivent, pour être admises à ce régime d'aide, répondre notam-

ment aux critères suivants : « 1. avoir un caractère d'intérêt général quant à la diffusion de la pensée : instruction, éducation, information, récréation du public [...] ; 2. paraître régulièrement au moins une fois par trimestre [...] ; 3. avoir au plus les deux tiers de leur surface consacrés à des réclames ou annonces ». Le contrôle du fait qu'une publication répond bien à ces critères et conditions est assuré par la Commission paritaire des publications et agences de presse* qui, si tel est le cas, lui délivre un « numéro* d'inscription ».

TCP/IP (Transmission Control Protocol/Internet Protocol). Ce sont les deux principaux protocoles* qui permettent la communication entre tous les ordinateurs à travers tous les réseaux constituant l'Internet.

ENCYCL. En 1974, deux Américains, Vint CERF et Robert KAHN, inventèrent ce langage commun afin de relier les réseaux informatiques qui se créaient un peu partout, aux États-Unis et en Europe. L'invention de ce standard de communication marque la naissance de l'Internet. Le TCP/IP assure le transport et le routage des données informatiques sous forme de paquets indépendants les uns des autres, empruntant des chemins d'accès différents afin d'arriver à la même adresse en même temps.

TDF (Télédiffusion de France). Issue de l'ORTF, TDF a été créée par la loi du 7 août 1974 sous la forme d'un établissement public à caractère industriel et commercial. Devenue société anonyme en 1987 et filiale du groupe France Télécom en 1988, TDF a vu ses missions définies par les lois de 1986 et 1990, vis-à-vis des chaînes publiques notamment. Avec un chiffre d'affaires de plus de 4,7 milliards en 1998, TDF est aujourd'hui la première société française et européenne de diffusion de chaînes de télévision et de radio. TDF est présente tout au long de la chaîne de l'image et du son par sa filiale TDF Vidéo Service. C'est aussi un prestataire de services pour les réseaux de radiocommunications et un acteur important dans le domaine de la diffusion de données. Dans deux centres de recherche, le CCETT et TDF C2R, TDF prépare des servi-

ces innovants dans les domaines de l'audiovisuel et des radiocommunications avec une implication forte dans la diffusion numérique. TDF exporte son savoir-faire à l'étranger et a créé plusieurs filiales en Europe qui diffusent la télévision et la radio (Grande-Bretagne, Pologne, Pays-Bas...). Adresse : 10, rue d'Oradour-sur-Glane, 75732 Paris cedex 15. Tél. : 01 55 95 10 00. Site Web : http://www.tdf.fr

Téléachat n.m. (angl. : *teleshopping*). Désigne toute forme d'achat à distance, grâce à un média de diffusion*, à un média de télécommunication*, ou à la combinaison de plusieurs médias de diffusion et de télécommunication. En ce sens, le téléachat se distingue de la vente par correspondance (VPC), qui n'a recours qu'à des médias imprimés (catalogue, courrier). Le téléachat est apparu, sous une première forme, à la télévision : les articles sont présentés à l'écran et la commande se fait par téléphone ou par courrier. Avec l'apparition de l'interactivité* à la télévision, le téléachat s'est considérablement simplifié, au moins pour le client téléspectateur : les techniques permettent, non seulement le télépaiement, mais également l'observation sous tous ses angles de l'objet convoité. Le téléachat peut également s'effectuer grâce aux réseaux télématiques* et aux réseaux multimédias*, notamment l'Internet.

ENCYCL. Interdit sur les chaînes de service public, en France, le téléachat fait l'objet d'une réglementation définie par le CSA* (décision n° 88-36 du 4 février 1988) pour les chaînes privées diffusées par voie hertzienne terrestre ou par satellite : les émissions de téléachat doivent être clairement identifiables, leur durée est comprise entre 10 minutes minimum par émission et 2 heures maximum par semaine ; leur diffusion ne doit pas dépasser une heure par jour, leur programmation* doit avoir lieu entre 0 heure et 11 heures, et entre 14 heures et 16 heures, sauf l'après-midi du mercredi et du samedi ainsi que le dimanche toute la journée. En vertu de la décision du CSA, les stations de radio ne sont soumises à aucune de ces restrictions. La réglementation concernant les secteurs économiques interdits de publicité* télévisée ou radiophonique s'applique également aux émissions de téléachat. De plus, la marque ou le nom du fabricant ne peuvent être cités. Les radios et télévisions par câble sont soumises à une réglementation spécifique concernant le téléachat (décret n° 92-882 du 1ᵉʳ septembre 1992). → **Commerce électronique**

Téléacteur n.m. Personne qui travaille pour le marketing* téléphonique.

Télécommande n.f. Clavier à touches, de petite dimension, permettant de commander à distance un équipement audiovisuel : un récepteur radio, un téléviseur, un lecteur de disques compacts audio ou vidéo, une chaîne haute fidélité ou un magnétoscope audio ou vidéo.
ENCYCL. Apparue en 1973, la télécommande s'est imposée en moins de cinq ans : désormais, la quasi-totalité des téléviseurs en sont équipés. C'est son usage qui a favorisé aussi largement la pratique du zapping*. Tandis que se répandent les décodeurs, pour la télévision à péage ou pour l'accès à l'Internet, la télécommande s'apparente de plus en plus souvent à un clavier d'ordinateur, comprenant néanmoins un nombre moins élevé de touches. Certaines télécommandes permettent de présélectionner les programmes ou les services, par chaînes ou par genres.

Télécommunications n.f. (angl. : *telecommunication*). On désigne sous ce terme toute activité de transmission, d'émission et de réception de signes, signaux, écrits, images, sons ou données de toute nature par fil, radioélectricité, lumière ou par d'autres systèmes électromagnétiques.

Téléconférence n.f. (angl. : *tele conference*). Terme générique désignant toute forme de conférence dont les participants ne sont pas en situation de face à face, mais à distance, quel que soit le moyen et le langage qu'ils utilisent. Ainsi, la téléconférence aboutit à un échange de textes aussi bien que de sons et d'images associés à la voix. Elle peut emprunter l'un ou l'autre des réseaux de télécommunications disponibles. → **Audioconférence, vidéoconférence, visioconférence**

Télécopie n.f. Transmission de documents papier sur un réseau* téléphonique entre des terminaux appelés télécopieurs*, ou plus familièrement « fax ». → **Fac-similé**

Télécopieur n.m. Terminal* relié à un réseau* de télécommunications qui permet de transmettre et de recevoir à distance des télécopies* (appelées plus familièrement « fax »).

Télédiffusion n.f. (angl. : *broadcasting*). Télécommunication unilatérale, en règle générale de services de radio ou de télévision, à l'intention d'un ensemble de destinataires qui possède les moyens de réception appropriés.

Télédistribution n.f. Système de distribution de programmes* de télévision utilisant des réseaux câblés et permettant de servir les abonnés* à la demande. → **Télévision par câble**

Téléenseignement ou **Télé-enseignement** n.m. Enseignement dispensé à distance, et non en face à face – en « présentiel » –, grâce à différents médias, depuis la simple correspondance jusqu'aux réseaux multimédias, en passant par la radio et la télévision.
ENCYCL. La télévision éducative n'est qu'un moyen, parmi d'autres, du télé-enseignement. De même, la télévision éducative* n'a pas pour seule vocation de contribuer à la formation des enfants ou des adolescents en âge scolaire. Au fil des années, depuis que l'on a cessé de parler de l'enseignement par correspondance, la zone de recouvrement de la télévision éducative et du télé-enseignement n'a pas cessé de devenir toujours plus étroite jusqu'à disparaître, tout au moins dans les pays les plus développés.

Téléfilm n.m. Fiction réalisée pour la télévision dont le « format* » est généralement équivalent à celui d'un film de cinéma, soit 90 minutes environ.

Télégraphe n.m. Système de télécommunications permettant l'acheminement à distance d'un message écrit vers un destinataire identifié par une adresse postale. C'est le plus ancien des services de télécommunications, puisque le télégraphe optique a été mis au point par Claude CHAPPE en 1792 et le télégraphe électrique en 1837 par Samuel MORSE. Le texte est codé grâce à un alphabet qui provoque des variations d'intensité du courant électrique. Aujourd'hui, le service des télégraphes est en fait pris en charge par le réseau téléphonique et on parle de télégrammes téléphonés.

Téléinformatique n.f. Né de la contraction des mots *téléphone** et *informatique**, la téléinformatique est un dispositif qui permet d'assurer les échanges entre équipements informatiques, entre ordinateurs*, au moyen de réseaux de télécommunications*. Ceux-ci correspondent à des réseaux téléphoniques commutés : la téléinformatique permet donc à la fois l'échange de données et le traitement de données informatiques à distance. Les usages de la téléinformatique sont plutôt professionnels et ont favorisé l'émergence d'un nouveau secteur d'activité des télécommunications : l'échange de données informatisées (EDI). Une partie du réseau téléphonique commuté a été progressivement affectée au transport de données : Transpac*, RNIS*.

Télémarketing n.m. → **Mercatique**

Télématique n.f. et adj. Néologisme forgé en 1978 par Simon NORA et Alain MINC *(l'Informatisation de la société)*. Son sens est assez proche de celui de téléinformatique : il désigne les systèmes techniques issus de la convergence des télécommunications et de l'informatique, ceux des équipements permettant la communication entre systèmes informatiques, mais, surtout, permettant à des utilisateurs variés, et en particulier le grand public, d'accéder à des informations stockées sur des banques* de données grâce à des terminaux* simples d'utilisation connectés à un réseau de type réseau* commuté. Le réseau français Télétel* est un réseau télématique qui a été conçu d'emblée pour le grand public et qui utilise un terminal *dédié*, c'est-à-dire servant uniquement à cet usage. En revanche, le réseau Internet*, qui est originellement un réseau professionnel de type téléinformatique*, requiert un terminal de type micro-ordinateur avec mise en œuvre de procédures d'accès relativement compliquées. → **Réseau, Multimédia**

Telenovela n.f. Appellation donnée au feuilleton télévisé en Amérique latine. ENCYCL. Le genre est né à la radio dans le Cuba des années 1930. Aujourd'hui principalement originaires du Brésil, du Mexique et du Venezuela, ces productions sont diffusées dans le monde entier. Comme les soapoperas* américains, les *telenovelas* ont été financées, dès leur origine, par de grandes marques de lessives. Diffusées l'après-midi et en prime time*, les *telenovelas* battent des records d'audience. Leurs caractéristiques essentielles sont leur longévité, un an minimum à raison d'un épisode quotidien, la facilité d'identification du téléspectateur aux personnages et aux thèmes mélodramatiques. Les séries américaines toujours abondantes sur les écrans des télévisions de l'Amérique latine s'en trouvent reléguées aux créneaux horaires disponibles du matin ou du soir. Un des premiers producteurs de *telenovelas* au monde, le groupe brésilien Globo fabrique des séries composées d'environ 200 épisodes, à raison de six épisodes d'une durée de cinquante minutes réalisés par semaine. Les productions de la Globo sont vendues dans le monde entier, notamment au Portugal et dans les pays latino-américains, mais aussi dans plusieurs pays européens, au Japon et en Chine. La *novela* est le modèle ou l'archétype de la production audiovisuelle en série : l'histoire est entièrement construite en fonction des impératifs publicitaires et des verdicts de l'audience*.

Téléphone n.m. Terminal* relié à un réseau* de télécommunications* qui permet de transmettre et de recevoir à distance la parole ou des sons. Le téléphone est dit « fixe » ou « filaire » lorsque le terminal est relié à un réseau de câbles et qu'il ne peut guère être déplacé, sauf à l'intérieur d'une résidence privée. Il est « mobile » lorsque le terminal est placé à bord d'un véhicule. Il est dit « portable » ou « cellulaire » quand il peut, sans perdre ses capacités, jouir d'une certaine autonomie, et qu'il peut également être utilisé à partir de n'importe où, sans être connecté à un réseau matérialisé de télécommunications. Les terminaux de téléphone se confondent parfois avec les microordinateurs* : plus ou moins sophistiqués, on dit de ces terminaux qu'ils sont « intelligents ».

Téléphonie n.f. Ensemble des techniques et des opérations concernant le téléphone*.

Téléport n.m. Site collectif regroupant l'ensemble des éléments de réception et d'émission (voix, images, données) de télécommunications ayant pour but de faciliter les activités de communication des entreprises sur un réseau* local d'entreprise ou une boucle* locale.

Téléprompteur n.m. → **Prompteur**

Téléroman n.m. → **Soap opera**

Téléscripteur n.m. Appareil télégraphique délivrant à grande vitesse chez les abonnés* des agences* de presse les services de dépêches* *(features*)* imprimées sur bandes de papier. Les téléscripteurs dérivent des premiers appareils transcripteurs du télégraphe*. Ils sont de plus en plus remplacés par des ordinateurs*. Souvent improprement appelé « télex » dans les journaux, alors que ce nom doit être réservé au système interactif permettant l'échange de messages télégraphiques entre deux correspondants. → **Télécommunications**

Téléservice n.m. (angl. : *teleservice*). Activité de service accomplie à distance, grâce à des réseaux de radiodiffusion* ou de télécommunications* permettant une interactivité* plus ou moins grande au profit de l'utilisateur. Les téléservices comprennent notamment : la télémédecine ; l'enseignement ou la formation à distance ; la téléinformatique* ; les téléservices dits « fonctionnels », comme l'impression, la traduction ou le secrétariat à distance ; et surtout les services en ligne*, depuis le Minitel* jusqu'à la vidéo à la demande*. Les téléservices se multiplient, depuis 1980, et surtout 1995, en suivant le rythme de croissance des réseaux multimédias : leur marché devrait être multiplié par cinq entre 1995 et l'an 2000. → **Service à valeur ajoutée, Service en ligne**

Téléspectateur n.m. Association des mots *télévision* et *spectateur* pour désigner une personne qui regarde la télévision. → **Audience**

Télétel. Nom du système vidéotex français, c'est-à-dire du réseau télématique grand public mis en place à partir de 1980 par l'administration des télécommunications et aujourd'hui géré par France Télécom*. Il s'agit d'un réseau télématique offrant l'accès à quelque 25 000 services d'information, de renseignement et de messagerie, services grand public et services professionnels. Il touche environ un tiers des foyers français et compte quelque 14 millions d'utilisateurs qui font aussi bien de la recherche d'informations que des transactions (vente par correspondance, réservation et achat de titres de transports, etc.). À la base de son succès commercial, il y a eu une volonté politique de familiariser les Français avec l'information électronique en ligne* : c'est pourquoi le terminal, le Minitel, fut distribué gratuitement, en remplacement de l'annuaire téléphonique papier. Autre innovation qui assura également son succès : le système de paiement dit kiosque*, qui permettait une facturation à la consommation, sans abonnement préalable. Le kiosque multipalier, c'est-à-dire une échelle de tarifs, correspondant à la nature du service proposé, a permis aux gestionnaires des services* en ligne de diversifier leurs prestations. Télétel est aujourd'hui concurrencé par le réseau Internet*, face auquel il paraît peu attrayant car d'une convivialité limitée (arborescences* hiérarchiques plus rigides que les liens hypertextes) et géographiquement limité à la seule dimension de la France. Il reste toutefois beaucoup plus simple à utiliser et plus sûr, tant pour le respect de la confidentialité des informations qui circulent que pour la sécurité des paiements à distance.

Télétex n.m. Procédé de transmission de textes par le réseau* téléphonique ou par des réseaux spécialisés qui est une version améliorée du Télex normalisée par le CCITT*.

Télétexte n.m. Transmission de textes à distance. Ce terme est surtout utilisé pour désigner le vidéotex*, sous sa forme diffusée par les réseaux de télévision (système Antiope*, par exemple).

Teletypesetter n.m. Machine à télécomposer, exploitée dès 1932 par les grandes chaînes américaines de journaux : composition* enregistrée sur bande perforée, décryptée et transmise par télécommunications*, reproduite et lue par des composeuses-fondeuses installées dans des villes très distantes les unes des autres.

Téléviseur n.m. Récepteur de télévision. Il est composé essentiellement d'un tube cathodique, d'un écran* et d'un système de liaison à l'antenne* de réception. Il opère le décodage des signaux électriques reçus par l'antenne, et, par balayage* de l'écran, recompose le message transmis et envoyé par son signal.

Télévision n.f. **1.** Ensemble des procédés et techniques utilisés pour la transmission instantanée d'images fixes ou animées après analyse, codage et transformation en ondes. **2.** Récepteur de programmes* de télévision. **3.** Industrie des programmes de télévision. **4.** Ensemble des activités nées de cette technique, ainsi que leur mode d'organisation et de fonctionnement, et leurs usages.

Télévision éducative. Désigne, depuis les années 1980, toute chaîne ayant pour objet d'éduquer, non seulement les enfants et les adolescents en âge scolaire, mais également les adultes, à la recherche de programmes de télévision susceptibles d'éveiller leur curiosité ou d'enrichir leurs connaissances.
ENCYCL. Jusque dans les années 1980, on parlait surtout de la *télévision scolaire* : celle-ci est née après la Seconde Guerre mondiale, dans des pays comme la France, l'Angleterre, le Japon ou les États-Unis, et dans les pays en voie de développement dans les années 1960. Elle était destinée principalement aux écoles et, à titre subsidiaire, aux élèves qui étaient empêchés, pour une raison ou une autre, d'aller à l'école. L'essor des magnétoscopes*, bientôt suivi par celui du câble

et du satellite, a favorisé la naissance de la télévision dite éducative, partout dans le monde : elle s'adresse à tous les publics et aborde les sujets les plus variés. → **Télé-enseignement**

Télévision à haute définition. → **TVHD**

Télévision locale. Chaîne de télévision diffusant, auprès d'un public limité par le périmètre d'une ville plus ou moins étendue, des programmes susceptibles de le concerner directement, quelles que soient leur origine et leur finalité.
ENCYCL. Les stations de la télévision américaine ont été locales, avant la constitution, très rapide, des grands réseaux, et l'essor de la syndication*. En Europe, les télévisions ont été nationales avant d'être locales : pour des raisons politiques, principalement, mais aussi en raison de l'étroitesse des marchés publicitaires.

Télévision scolaire. → **Télévision éducative**

Telnet. Protocole* permettant de se connecter directement à un autre ordinateur relié au réseau Internet, à condition d'en avoir l'autorisation et d'en exploiter les ressources (programmes ou bases de données).

Terminal n.m. Appareil électronique ou informatique de fin de ligne installé chez un particulier et permettant d'accéder à un seul ou à plusieurs réseaux. Maillon ultime ou final du réseau, il permet la réception (téléviseur, chaîne hi-fi, autoradio) ou, simultanément, l'émission et la réception de signaux (Minitel*, téléphone*, micro-ordinateur* équipé de modem*).

Terminal Internet. Appareil permettant de se connecter au réseau Internet. Moins coûteux et plus simple qu'un ordinateur personnel, son usage devrait se répandre, notamment parmi ceux qui sont rebutés par l'informatique.

Texteur n.m. Néologisme pour *traitement* de texte.

TF1. Chaîne généraliste nationale diffusée en clair par voie hertzienne terrestre, par câble et par satellite. « Héritière » de la première chaîne de télévision française inaugurée en 1935, elle devint, à la suite à la réforme de l'ORTF* en 1974, une société nationale de programmes du service public de la radio-télédiffusion, appelée TF1. Privatisée en avril 1987, la chaîne est dirigée par un consortium d'actionnaires qui détient 46,8 % du capital : Bouygues (40 %), Société générale (6 %) et Crédit lyonnais (0,3 %) ; plus salariés (1,90 %) et autres actionnaires (51,30 %). Leader en termes d'audience avec 35 % de part de marché (foyers) et environ la moitié des investissements publicitaires de la télévision, la chaîne réalise, en 1997, un chiffre d'affaires en publicité de l'ordre de 10 milliards de francs. Dès 1987, la chaîne s'est lancée dans une politique de diversification. Représentant près du quart du chiffre d'affaires du groupe dix ans plus tard, soit 2,5 milliards de francs en 1997, les activités, hors antenne et régie publicitaire, sont organisées autour de cinq pôles : la *production,* avec TF1 Films Production, Film par Film, Protécréa, Glem, les Studios 107 et TF1 Publicité Production ; la *commercialisation de droits audiovisuels,* à travers TF1 International, Légende Distribution et TCM ; l'*édition* et la *distribution,* avec Télé-Shopping, Une Musique, TF1 Éditions et TF1 Entreprises (vidéo, télématique, édition électronique et droits dérivés) ; l'*édition de chaînes thématiques* (Eurosport*, LCI*, Odysée et Multivision*) et, enfin, la *télévision numérique,* avec une participation de 25 % dans le bouquet* numérique TPS*. En 1996, TF1 s'est vu renouveler par le CSA* son autorisation d'utilisation de fréquences pour cinq ans, soit jusqu'au 16 avril 2002, et une nouvelle convention*, se substituant à la décision d'autorisation initiale de 1987, a été conclue entre la chaîne et l'autorité de régulation, concernant notamment les engagements de TF1 en matière de déontologie de la programmation, de protection de l'enfance et de l'adolescence, de pluralisme et d'honnêteté de l'information et d'engagements en faveur des producteurs* indépendants et de publicité. Adresse : 1, quai du Point-du-Jour, 92656 Boulogne cedex. Tél. : 01 41 41 12 34. Site Web : http://www.tf1.fr

Théorie de l'information. Interprétation ou approche à prétention scientifique selon laquelle tout échange d'information ou même toute action de communication s'identifie à une question permettant de décomposer la réalité en plusieurs objets d'études particulières : qui dit quoi, par quel canal, à qui, et avec quels effets ?

ENCYCL. Cette approche, séduisante et commode, assimile abusivement tous les échanges à la transmission d'un message par le truchement d'un média comme le télégraphe. Inspirée par des ingénieurs des télécommunications, entre 1940 et 1942, cette théorie risque d'induire en erreur en supposant que le récepteur du message est passif et que seul agit celui qui en est l'initiateur. En outre, cette approche, formalisée par Claude E. SHANNON et Waren WEAVER, en 1949, à la suite de Norbert WIENER, néglige le fait que l'émetteur et le récepteur inscrivent leur échange dans un contexte social auquel ils participent plus ou moins diversement, ce qui lui confère une signification particulière qu'il faut considérer. → **Communication, Chicago (école de), Francfort (école de), Palo Alto (école de), Études culturelles, Influence**

Timbre n.m. Système de contrainte financière imposé aux journaux politiques pour en accroître le prix de vente et, par là, en réduire la diffusion dans les classes populaires.

ENCYCL. Les feuilles blanches étaient, avant l'impression*, frappées d'un timbre humide payé par l'éditeur à l'administration. Cette taxe, différente de la taxe postale, varia dans le temps de 4 à 6 centimes en France. Elle représenta plus du tiers des dépenses des entreprises et même plus de la moitié parfois en Angleterre. Elle avait aussi pour effet de limiter la vente* au numéro car le coût des invendus* timbrés devenait prohibitif. Le timbre fut imposé en Grande-Bretagne de 1712 à 1855-1865 et, en France, de 1797 à 1870. → **Cautionnement**

Tirage n.m. **1.** Opération finale de l'impression* lorsque, lors du passage sous la presse*, l'encre de la forme* imprimante est déposée sur le papier. **2.** Nombre d'exemplaires* imprimés d'une publication*, comptés à la sortie de la presse*. Le chiffre du tirage est toujours supérieur à celui de la diffusion*, la différence entre les deux correspondant aux exemplaires invendus*, au bouillon*.

Titraille n.f. Ensemble des titres, soustitres, surtitres, intertitres et accroches qui constituent l'habillage d'un article*. La titraille a une fonction d'accroche, car elle va attirer l'attention du lecteur et l'inciter à lire. Le texte est alors plutôt orienté ou sensationnel, connotatif, jouant sur la connivence culturelle qui s'établit entre le journal* et son lecteur et liée à l'utilisation de références culturelles communes, le plus souvent implicites. La titraille permet aussi le repérage et l'identification des événements ; elle est aussi un élément d'information. Quand l'aspect explicatif l'emporte, on parlera alors de titre *dénotatif.*

Titre n.m. (angl. : *title*). Mot ou phrase identifiant un ouvrage de librairie ou un périodique. → **Manchette.** Dans le journal*, courte phrase, imprimée en gros caractères*, précédant l'article : informative *(qui, quoi ?),* allusive, en jeu de mots, sensationnelle.
ENCYCL. Nom donné à l'œuvre* par son auteur*, le titre doit être suffisamment original et distinctif pour qu'il n'y ait pas de risque de confusion avec l'œuvre d'un autre auteur.
DROIT. En droit français, aux termes de l'article L. 112-4 du Code de la propriété intellectuelle, « le titre d'une œuvre de l'esprit, dès lors qu'il présente un caractère original, est protégé comme l'œuvre elle-même ». Le même article ajoute que, même lorsque l'œuvre, parce que tombée dans le domaine public*, n'est plus protégée, nul ne peut en utiliser le titre « pour individualiser une œuvre du même genre, dans des conditions susceptibles de provoquer une confusion ». → **Sous-titre, Surtitre**

Titrer v.tr. Intituler, donner un titre* ou une titraille*, c'est-à-dire un titre, des surtitres*, des sous-titres*, des intertitres à un article.

Titreur n.m. Secrétaire* de rédaction plus particulièrement chargé de rédiger les titres*.

Titrier n.m. Ouvrier typographe autrefois chargé de la composition* manuelle des titres*, de la titraille.

Tournage n.m. (angl. : *shooting*). Enregistrement* des images et du son pouvant se dérouler en extérieur ou en intérieur, sur un plateau, en direct* ou en différé*.

TPS. Lancé le 17 décembre 1996, Télévision par satellite est un bouquet de chaînes et de services diffusés en numérique par satellite (Hot Bird™ d'Eutelsat), reçu par conséquent grâce à une antenne parabolique individuelle ou collective, et contrôlé à parité (25 %) par TF1, M6, Suez-Lyonnaise des eaux et France Télévision Entreprises (France Télévision 8 % et France Télécom 17 %). Trois formules d'abonnement sont proposées : TPS Cinéma, avec trois chaînes exclusivement consacrées au septième art, TPS Thématiques, avec 19 chaînes sur des thèmes variés (information, sport, musique, spectacles, dessins animés, fiction, documentaires...) et TOUT TPS, qui propose l'ensemble. TPS offre l'accès aux chaînes généralistes TF1, France 2, France 3, La Cinquième, Arte, M6 en numérique, à un grand nombre de chaînes étrangères, à des radios FM et thématiques (jazz, musique classique), à des services interactifs (météo, guide des expositions et des sorties en salles, galerie marchande, jeux, résultats sportifs, guide de programmes, services financiers) et, enfin, au service de paiement à la séance Multivision*. Le décodeur* Viaccess, utilisé pour recevoir TPS, est équipé d'un système d'exploitation (Open TV) pour la télévision interactive qu'il est possible de télécharger par satellite. En décembre 1997, TPS comptait 350 000 abonnés. Selon les prévisions, les 2,5 milliards de francs d'investissement devraient être rentabilisés, en l'an 2001, avec 1 million d'abonnés. Adresse : 145, quai de Stalingrad, 92137 Issy-les-Moulineaux cedex. Tél. : 01 41 33 88 00. Site Web : http://www.tps.fr

Traitement de texte ou **Texteur.** Logiciel* permettant de produire et de mettre en forme des textes sur des outils informatiques de rédaction* électronique. Il permet la saisie* des caractères*, l'organisation et la structuration des textes en paragraphes, l'application des attributs typographiques et l'insertion d'objets (tableaux, illustrations). Il propose également des outils d'aide à la rédaction* électronique : correcteurs orthographiques, grammaires. Le plus connu est le logiciel Word de Microsoft.

Trame n.f. Réseau de points ou de lignes qui, sur les clichés* servant à transformer les dessins ou les photos en formes* imprimantes, permettent de reproduire les nuances du noir au gris et au blanc. Plus la trame est « serrée » et plus la reproduction est fidèle à la photographie ou au dessin original. → **Photogravure**

Transcodeur n.m. Appareil ou système électronique qui permet de passer d'un système de codage* d'un signal à un autre système. Il permet ainsi à des récepteurs de recevoir plusieurs standards* ou de passer d'un standard à un autre à l'occasion d'un enregistrement*.

Transpac n.m. **1.** Réseau* de transmission de données par commutation* de paquets exploité par France Télécom*. Le réseau Transpac est le plus grand réseau X.25 du monde. **2.** Société française filiale de France Télécom chargée de la commercialisation et de la gestion du réseau public à commutation de paquets du même nom.

Transparence n.f. Au sens figuré, possibilité d'avoir connaissance, au nom du droit du public à l'information*, des structures, modalités de fonctionnement et actions d'une institution, publique ou privée. C'est là, aujourd'hui, une des conditions et caractéristiques d'une société démocratique. ENCYCL. En droit français, la transparence de l'administration est – partiellement – garantie par les dispositions de la loi du 17 juillet 1978 sur la « liberté d'accès aux documents administratifs* ». La transparence des entreprises de presse*, condition de leur indépendance* et, à travers elles, de la liberté d'information*, constitue un des éléments ou

aspects de leur statut*. À ce titre sont définies, par la loi du 1er août 1986, différentes obligations concernant : le caractère nominatif des actions ; l'interdiction de prête-nom* ; l'insertion, dans les colonnes de la publication, d'informations concernant des opérations de cession de parts de capital ; la mention, lorsque tel est le cas, de ce qu'il s'agit d'un « article de publicité à présentation rédactionnelle ». CONTR. : *Discrétion ; Opacité ; Secret ; Tromperie.*

Tribune n.f. Emplacement à la une* où, juste sous la manchette* du journal, sont placés les grands titres annonçant les événements* du jour.

Tribune (La). Quotidien économique français qui se consacre également, grâce à ses suppléments*, à des sujets d'intérêt général et à des services variés offerts à ses lecteurs. Né en 1985 sous le titre de *La Tribune de l'économie,* il devient *La Tribune de l'Expansion* en 1988, avant d'être rebaptisé *La Tribune Desfossés* en 1992. Racheté par le groupe LVMH en 1993, il devient *La Tribune* en novembre 1996. Le quotidien diffuse environ 78 000 exemplaires. Adresse : 42-46, rue Notre-Dame-des-Victoires, 75080 Paris cedex 02. Tél. : 01 44 82 16 16. site Web : http://www.latribune.fr

Tribune libre. Article* de commentaire* où une personnalité étrangère à la rédaction* du journal expose son point de vue personnel, sans engager la responsabilité de la publication*. → **Libre opinion**

Trihebdomadaire adj. et n. Publication* qui paraît trois fois par semaine. → **Périodicité**

Trimensuel adj. et n. Publication* qui paraît trois fois par mois. → **Périodicité**

Trimestriel adj. et n. Publication* qui paraît tous les trois mois. → **Périodicité**

Trisannuel adj. et n. Publication* qui paraît trois fois par an. → **Périodicité, Quadrimestriel**

Troc n.m. → **Bartering/Barter**

3D (de *trois dimensions*). Image où toutes les faces d'un objet, même invisibles à un moment donné, sont codées et mémorisées dans un ordinateur. Il est ainsi possible de faire tourner virtuellement l'objet représenté et de le voir sous toutes ses faces. Par extension, sigle permettant de caractériser toutes sortes d'images, fixes ou animées, en trois dimensions.

3RD. → **Réseau radioélectrique réservé aux données**

3RP. → **Réseau radioélectrique à ressources partagées**

Trois tiers (règle des). Règle permettant d'assurer le respect du pluralisme* politique : les temps de parole accordés au gouvernement, à la majorité et à l'opposition parlementaires doivent être équivalents.
ENCYCL. Cette règle, qui résulte d'une directive de l'ORTF de 1969, continue d'être appliquée comme instrument de mesure du pluralisme, même si elle demeure contestée. En effet, la division du paysage politique en trois groupes ne reflète pas forcément la réalité de la vie politique française, notamment en ce qui concerne les partis politiques non représentés au Parlement. En outre, le contenu des interventions et les circonstances dans lesquelles elles sont prononcées ne sont pas pris en considération. → **Campagnes électorales, Propagande électorale**

Trombinoscope n.m. (de *trombine*, visage). [Familier.] Ouvrage ou publication* composé de notices biographies illustrées de portraits en caricature ou en photo.
ENCYCL. Le nom remonte au recueil de caricatures publié de 1872 à 1876 sous ce titre par TOUCHATOUT (Charles-Léon BIENVENU, 1835-1911). On continue à donner ce surnom à l'*Annuaire de l'Assemblée nationale,* qui est illustré des photos des députés.

TSA (Taxe spéciale additionnelle). Taxe instituée par la loi* de finances de 1960, prélevée sur les billets de cinéma*. Son produit représente environ 11 % de la recette brute perçue aux guichets. Il est affecté au soutien du cinéma et alimente en partie le Cosip*.

TSF (Télégraphie sans fil). Nom donné à son invention par Guglielmo MARCONI (brevet déposé à Londres en 1896). → **Radiocommunication**

Tuner n.m. Appareil identifiant, sélectionnant et transformant les signaux reçus par une antenne* en signaux électroniques restituant l'image et/ou le son émis sur une fréquence* donnée par une station de radio*.

TV France International (TVFI). Organisme de promotion de la production audiovisuelle française à l'étranger. Cette association, qui rassemble 110 producteurs et distributeurs français de fictions, de documentaires et de dessins animés disposant d'un potentiel de ventes à l'exportation, a été créée, en 1994, afin de faciliter la représentation de ces professionnels de l'audiovisuel sur les principaux marchés internationaux de programmes*. Le budget de TVFI pour 1998 s'élèvera à 16 millions de francs, dont 8 accordés à titre de subvention par le Centre national de la cinématographie et 1,3 par le ministère des Affaires étrangères. Adresse : 5, rue Cernuschi, 75017 Paris. Tél. : 01 40 53 23 00. Site Web : http://www.tvfi.com

TVA (Taxe sur la valeur ajoutée) (angl. : *VAT*). Taxe sur le chiffre d'affaires. Afin de faciliter la diffusion de biens culturels, certains pays accordent des réductions de TVA à ces activités. C'est ainsi qu'en France les recettes de vente du livre et de la presse* et la redevance* audiovisuelle bénéficient d'un taux de 2,1 %.

TV5. Télévision généraliste de langue française par satellite, créée en 1984. TV5 Europe regroupait au départ cinq chaînes francophones : trois chaînes françaises (TF1*, France 2* et France 3*), une chaîne suisse (TSR) et une chaîne belge (RTBF). En 1986, un consortium de télévisions du Québec et du Canada (CTQC) rejoint TV5 et, en 1988, TV5 Québec-Canada est créée. En 1992, sont lancées TV5 Afrique et TV5 Amérique latine et Caraïbes. La zone de couverture de TV5 est élargie, en 1996, à l'ensemble du continent asiatique et au

Pacifique Sud. En 1998, TV5 USA est accessible 24 heures sur 24 sur l'ensemble du territoire américain. Aujourd'hui, pour l'Europe/Afrique/Asie, les actionnaires de Satellimages-TV5 sont la Sofirad* (22,2 %), France 2 (16,6 %), France 3 (16,6 %), CTQC (11,1 %), INA (11,1 %), RTBF (11,1 %) et SSR (11,1 %). Avec un budget de 300 millions de francs en 1997, le réseau TV5 atteint 80 millions de foyers abonnés répartis dans 150 pays. Adresse : 19, rue Cognacq-Jay, 75341 Paris cedex 07. Tél. : 01 44 18 55 55. Site Web : http://www.tv5.org

TVFI. → **TV France International**

TVHD (Télévision à haute définition) n.f. Qualité de télévision apportant une définition d'image très forte grâce à un doublage du nombre de lignes composant l'image (1 250 au lieu de 625 aujourd'hui) et à un nouveau format d'écran*

de proportion plus large (16/9 au lieu de 4/3).

Typographe n.m. (angl. : *typographer ; printer*). Ouvrier* du livre travaillant en typographie*. Plus restrictivement, *compositeur*.

Typographie n.f. (angl. : *typography*). Procédé d'impression* inventé par GUTENBERG vers 1440. Après composition* manuelle ou mécanique, dite « à chaud », et photogravure* au trait ou similigravure* des illustrations*, la composition est l'objet d'un clichage*. La forme* imprimante en relief est ensuite calée sur la rotative*, pour procéder au tirage. Depuis le milieu des années 1970, la typographie a été progressivement abandonnée dans les imprimeries de presse* ou de labeur, au bénéfice de l'offset*.

Typon n.m. Film, positif ou négatif, destiné au report sur plaque* offset*.

UDA. → Union des annonceurs

UER. → Union européenne de radiodiffusion

UHF (Ultra hautes fréquences). Bande de fréquences* élevées (de 300 à 3 000 Hz) sur laquelle on transmet des programmes* de télévision.

UIT (Union internationale des télécommunications) (angl. : *ITU*). Organisation internationale chargée de développer la coopération internationale dans le domaine des télécommunications, de promouvoir l'utilisation des techniques et d'harmoniser les politiques nationales dans ce domaine.
HIST. Rebaptisée en 1932, l'UIT avait été fondée à Paris en 1865, sous la dénomination d'*Union télégraphique internationale*. En 1947, l'UIT est devenu une institution spécialisée de l'ONU. Elle compte trois organes permanents : le Conseil international d'enregistrement des fréquences (IFRB), le Comité consultatif international télégraphique et téléphonique (CCITT*) et le Comité consultatif international de la radiodiffusion (CCIR*).

UIT-R. → CCIR

U-Matic. → Magnétoscope

Underdog effect. → Suivisme

Une n.f. (angl. : *front page*). Première page d'un journal* ou couverture d'un magazine*. Elle est l'objet d'une attention particulière, car c'est au vu de la couverture ou de la première page que le lecteur décide généralement de son achat.

Unifrance Film International. Association créée en 1949 afin de promouvoir le cinéma français dans le monde, Unifrance regroupe près de 600 adhérents, producteurs*, réalisateurs*, comédiens et exportateurs. Son action vise à renforcer l'image et la diffusion des films français sur les principaux marchés extérieurs. Elle s'appuie notamment pour cela sur les grands festivals internationaux, en y favorisant la sélection des films français et la participation des artistes français. Elle organise également ses propres manifestations (Festivals du film français à Yokohama au Japon, à Acapulco au Mexique, à New York, à Québec, à Prague ou à Budapest...) et mène une politique active de communication, notamment à travers ses publications (Lettres, catalogue et CD-Rom « C'est du cinéma ») et son site Internet. L'association met par ailleurs à la disposition de ses membres une gamme étendue de services visant à faciliter la commercialisation des œuvres* (aides aux matériels, sous-titrages*, stands dans les grands salons internationaux, suivi statistique de la diffusion des films dans les salles de cinéma* et sur les écrans de télévision*, publications d'études de marché, etc.), en même temps qu'elle apporte son soutien aux distributeurs étrangers lors de la sortie des films (tirages de copies, déplacement des artistes...). Enfin, Unifrance soutient la diffusion du court-métrage français à l'étranger en favorisant l'exposition des œuvres dans les festivals et marchés internationaux en aidant au sous-

titrage et/ou doublage* des films. Adresse :
4, villa Bosquet, 75007 Paris. Tél. :
01 47 53 95 80.

Union des annonceurs (UDA). Association régie par la loi de 1901, l'UDA est l'organisation représentative des annonceurs, c'est-à-dire des entreprises, des collectivités ou des organismes, de toutes tailles et de tous secteurs, qui recourent à la communication (publicitaire ou non-publicitaire, médias ou hors-médias, interne ou externe, institutionnelle ou produit...) pour faire connaître leurs biens, leurs services ou leurs activités. Ses adhérents assurent quelque 75 % des investissements réalisés chaque année en France dans ces domaines. Les deux missions de l'UDA sont d'une part, de représenter et de défendre les intérêts des annonceurs auprès des pouvoirs publics en France et au niveau de la Communauté européenne, des médias, des centrales d'achat d'espace, des agences, des divers prestataires, des organismes de l'interprofession et des associations de consommateurs ; d'autre part, d'offrir à ses adhérents une gamme de services personnalisés et opérationnels (formation, information, réflexion, échanges, conseil et assistance), pour leur permettre de tirer le meilleur parti de leurs investissements en communication. Adresse : 53, avenue Victor-Hugo, 75116 Paris. Tél. : 01 45 00 79 10.

Union européenne de radio-télévision (UER). Fondée en 1950, l'UER est une association européenne non gouvernementale d'opérateurs de radio et de télévisions nationaux, dont le siège est à Genève. Depuis le 1er janvier 1993, date de son regroupement avec l'OIRT (ex-Union des radio-télédiffuseurs des pays de l'Est), l'UER compte une soixantaine de membres actifs, essentiellement de service public de l'Europe occidentale, centrale et orientale, auxquels s'ajoute une cinquantaine de membres associés originaires d'autres régions du monde. L'UER assure, pour ses membres, la défense de leurs intérêts communs et organise leur collaboration, notamment en matière d'échanges de programmes de télévision et de radio. Créée en 1953 au sein de l'UER, l'Eurovision est le réseau permanent servant

de support aux retransmissions de programmes télévisuels pour le compte des membres, ainsi qu'aux échanges de programmes, particulièrement d'actualités avec neuf échanges quotidiens. La collaboration radiophonique s'effectue par l'intermédiaire d'Euroradio. Adresse : Case postale 67, CH-1218 Grand Saconnex, Genève. Tél. : (41) 227 17 21 11. → **EVN**

Union internationale des télécommunications. → **UIT**

Union des télévisions locales du câble (UTLC). Association ayant pour objet de favoriser la création et le développement de télévisions* de proximité sur le câble*, de représenter ces chaînes* auprès des institutions et de soutenir enfin la coopération entre elles notamment en matière de production*, d'achats de programmes*, de publicité*. Une charte, éditée par l'UTLC, mentionne les valeurs et les objectifs de service public auxquels adhèrent les chaînes locales, notamment la contribution au développement de la citoyenneté grâce à leur rôle d'information et de débat public. Adresse : 11, rue La Fayette, 75009 Paris. Tél. : 01 42 81 59 99.

Unité centrale (angl. : *central unit*). Élément principal d'un ordinateur* auquel sont reliés divers périphériques*. L'unité centrale contient les microprocesseurs qui supportent les unités arithmétiques et logiques, c'est-à-dire le cœur du calculateur. L'unité centrale contient également les mémoires* : mémoire morte, mémoire vive, mémoire cache et mémoires de masse, en particulier le disque* dur.

Unix. Système* d'exploitation en langage C, multitâches et multiutilisateurs, développé par les laboratoires Bell (ATT) en 1970. Il est particulièrement adapté au fonctionnement des gros ordinateurs, aux réseaux d'ordinateurs ou réseaux téléinformatiques* et au travail collectif à distance (*groupware*).

URL (Uniform Resource Locator). Adresse standardisée d'un document sur l'Internet*. Celle-ci est composée de différents codes, toujours écrits en caractères minuscules et sans espace, indiquant le proto-cole* d'accès au serveur* (http*, ftp*, gopher*...), puis le nom du serveur où se trouve le document recherché ainsi que la référence de ce document (par exemple, http://www.premier-ministre.gouv.fr).

Usenet. Ensemble constitué par les milliers de forums* distribués par des serveurs, à travers lesquels peuvent être lus et envoyés des messages sur des thèmes choisis. Il existe plusieurs grandes catégories de forums, dont « comp », comme *computer,* traitant d'infor-matique, « rec », comme *récréation,* qui dis-cute des arts et des loisirs, ou encore « sci », qui s'occupe de *science,* et enfin « news », qui s'intéresse au réseau Usenet lui-même.

Utilitaire adj. et n.m. Programme informa-tique, complémentaire des logiciels* et des programmes installés, permettant d'exécu-ter ponctuellement certaines tâches : com-pression* et décompression de fichiers*, an-tivirus, conversion de fichiers d'un logiciel vers un autre.

UTLC. → **Union des télévisions locales du câble**

V 2000. Standard de magnétoscope avec cassettes réversibles de _ pouce destiné au grand public*. Mis au point par Grundig et Philips en 1979 afin de concurrencer le Betamax* de Sony et le VHS* de JVC, ce standard, arrivé trop tardivement, a été abandonné, malgré un bon rapport qualité-prix. → **Betamax, VHS**

Variété n.f. Programme* de divertissement, composé essentiellement de chansons, à destination du grand public* et généralement diffusé en prime-time*. Le mot s'utilise le plus souvent au pluriel : on parle des émissions de variétés, ou des variétés à la télévision.

Vente à compte ferme. Procédé de vente de presse*, non utilisé en France, qui consiste pour l'éditeur à livrer des exemplaires* au marchand qui acquitte la valeur des journaux moins sa remise. Le marchand est propriétaire de son stock et doit subir les aléas de la vente, notamment les risques d'invendus*.

Vente au numéro. Procédé de commercialisation à l'exemplaire* de la presse qui peut s'effectuer soit dans des lieux spécialisés (kiosques*, maisons* de la presse), soit dans des commerces non spécialisés (grandes surfaces, débits de boissons), soit par des individus (vendeur-colporteur*), soit au moyen de distributeurs automatiques. Ce procédé laisse une grande liberté à l'acheteur, mais entraîne des invendus* pour l'éditeur, qu'il oblige à organiser un système de distribution* souvent sophistiqué et onéreux.

Ventre n.m. Milieu de la une* d'un journal* de grand format*, se prêtant mal à la mise en valeur d'une information, du fait de la pliure de l'exemplaire*.

Version originale. Version d'un film ou d'un programme, diffusée dans la langue de tournage*. → **Doublage, Sous-titre**

VHF (Very High Frequency). Bande de fréquences* élevées (de 30 à 300 MHz) sur laquelle on transmet de la télévision et de la radio en modulation de fréquence.

VHS (Video Home System). Format d'enregistrement* vidéo* sur bande magnétique lancé par JVC et Matsushita en 1976. Grâce à un catalogue de films très fourni, il s'est imposé face au Betamax* de Sony et au V 2000* de Philips, qui pourtant étaient de meilleure qualité. Tous les magnétoscopes et toutes les cassettes vidéo grand public sont aujourd'hui à ce format.

Viaccess. Système informatique permettant le codage et le décodage de programmes de radio ou de télévision. Le décodage s'opère grâce à une carte sur laquelle sont inscrits les droits acquis par l'abonné : c'est le péage* à la séance ou au programme. Les bouquets numériques français TPS* et Absat*, les options numériques de certains réseaux de câble en France utilisent Viaccess.

Viande froide (angl. : *frozen meat*). Biographie d'une personnalité préparée à l'avance pour la rédaction de son article nécrologique. Information mise de côté, ne pouvant être immédiatement publiée. → **Frigo, Morgue**

Vidéaste n. Dérivée du mot *cinéaste,* l'expression désigne une personne qui exerce les fonctions de réalisateur en utilisant les moyens techniques de la vidéo*.

Vidéo n.f. **1.** Image animée produite et transportée par des signaux électroniques. **2.** Secteur de la production* audiovisuelle. **3.** Programme* de télévision ou programme audiovisuel enregistré sur support vidéo.

Vidéoclip. → **Vidéomusique**

Vidéocommunication n.f. pl. Ensemble des techniques et des services alliant la vidéo* et les télécommunications*.

Vidéoconférence n.f. (angl. : *video conference, video conferencing*). Téléconférence* permettant l'échange à distance d'images sonorisées ayant une résolution ou un définition proche de la qualité qui est celle de la télévision. Cette qualité équivaut à un débit d'environ 2 Mbits/seconde. → **Visioconférence**

Vidéo à la demande (angl. : *Video On Demand [VOD]*). Possibilité d'accéder, sur demande, à l'instant désiré ou instantanément, sur un écran de téléviseur ou d'ordinateur, à un film de cinéma ou à une œuvre vidéo ayant été sélectionné par l'utilisateur concerné. La VOD requiert de grandes capacités de transmission et elle est par conséquent très onéreuse. Le procédé utilisé est donc la quasi-vidéo à la demande *(Near Video On Demand, NVOD)* : le même film est diffusé sur plusieurs canaux en même temps, avec un décalage compris entre 10 et 20 minutes. Ainsi, l'attente après la commande n'excède jamais cet espace de temps qui sépare la diffusion du même film dans deux des canaux les plus proches. → **Paiement à la séance**

Vidéodisque n.m. Disque sur lequel est stocké par un procédé optique un très grand nombre d'images vidéo* numérisées et qui peut les restituer grâce à un lecteur* informatisé ou non.

Vidéogramme n. m **1.** Programme de télévision réalisé et enregistré sur un support donné, une cassette, une bande magnétique ou un disque. **2.** Le support lui-même, sur lequel le programme est enregistré, afin d'être conservé et visionné.

Vidéomusique. n.f. Chanson illustrée et mise en image sur une bande vidéo* afin d'être diffusée par la télévision*. La vidéomusique est de courte durée, entre 3 et 6 minutes. Née à la fin des années 1970, elle a été popularisée et s'est répandue en suivant l'essor des chaînes thématiques, celui notamment des chaînes musicales comme MCM et MTV. La vidéomusique appartient à la catégorie des œuvres* audiovisuelles.

Vidéophone n.m. → **Visiophone**

Vidéotex. Système technique de vidéographie interactive qui permet l'affichage de lignes de textes sur un écran vidéo. Le réseau français de vidéotex est le réseau Télétel*, qui permet l'accès à 25 000 services. → **Minitel, Télétel**

Vidéothèque n.f. Lieu des collections de cassettes, de bandes et de disques sur lesquelles sont enregistrés des signaux vidéo, généralement des images de télévision.

Vidéotransmission n.f. Transmission en direct ou en différé d'un événement*, d'un lieu vers un ou plusieurs lieux de réception, par faisceau hertzien ou par satellite. La vidéotransmission est dite *interactive* (VTI) lorsqu'une possibilité est offerte, aux destinataires de la transmission, de réagir en temps réel auprès de l'organisme émetteur, par téléphone* notamment.

Vie privée (angl. : *privacy*). Ensemble des éléments qui concernent tout particulièrement l'existence d'une personne et qui, en tant que tels, constituent, en principe, une limite à la liberté d'information*, mais qui ont sans doute d'autant plus d'intérêt ou d'attrait, pour certains, qu'ils sont normalement destinés à être tenus secrets* ! À des degrés divers et de façon variable selon l'identité de la personne et les fonctions qu'elle assume, relèvent de la vie privée : la vie familiale, les relations amicales et sentimentales, la sexualité, la santé, la fortune, les croyances... sauf acceptation contraire de l'individu concerné. Même dans les sociétés démocratiques où prévalent les principes de très grande et large liberté d'information et de transparence*, certains éléments de la vie personnelle doivent pouvoir y échapper, faute de quoi s'instaurerait une nouvelle forme de totalitarisme. Toute curiosité du public ou incitation ou préoccupation essentiellement commerciale et recherche de la plus forte audience et des plus grands profits ne peut être couverte par le noble principe du droit à l'information*.

ENCYCL. En droit français, la vie privée bénéficie, depuis une loi du 17 juillet 1970, d'une double protection spécifique, civile et pénale. Aux termes de l'article 9 du Code civil, « chacun a droit au respect de sa vie privée ». Si l'atteinte à la vie privée est constatée et considérée comme non justifiée, l'action civile en réparation* aboutira normalement à l'allocation d'une certaine somme d'argent, à titre de dommages-intérêts*. La procédure de référé* est, à cet égard, bien plus efficace. Mais elle est d'usage fort délicat en regard du principe de liberté d'expression*. L'alinéa 2 de l'article 9 du Code civil accorde au juge des référés, « s'il y a urgence », la possibilité de « prescrire toutes mesures, telles que séquestre, saisie et autres, propres à empêcher ou faire cesser une atteinte à l'intimité de la vie privée ». C'est également l'« atteinte à l'intimité de la vie privée » qui est, depuis la loi du 17 juillet 1970, pénalement sanctionnée. Aux termes des articles 226-1 à 226-9 du Nouveau Code pénal, sont notamment incriminés les faits : de « volontairement porter atteinte à l'intimité de la vie privée d'autrui : 1. en captant, enregistrant ou transmettant, sans le consentement de leur auteur, des paroles prononcées à titre privé ou confidentiel ; 2. en fixant, enregistrant ou transmettant, sans le consentement de celle-ci, l'image d'une personne se trouvant dans un lieu privé » ; de « conserver, porter ou laisser porter à la connaissance du public ou d'un tiers ou d'utiliser de quelque manière que ce soit tout enregistrement ou document obtenu à l'aide de l'un des actes » précédemment énumérés ; de « publier, par quelque voie que ce soit, le montage réalisé

avec les paroles ou l'image d'une personne sans son consentement, s'il n'apparaît pas à l'évidence qu'il s'agit d'un montage ou s'il n'en est pas expressément fait mention ».

Vignette n.f. Petit ornement typographique, rompant la monotonie des pages ; assemblées, les vignettes pouvaient composer des bandeaux*, des cadres, etc.

Violence n.f. À la télévision comme dans les journaux, la représentation de la violence ou l'invocation d'événements et d'actes violents, réels ou imaginaires, revêt des formes variées. Il est donc difficile de la comptabiliser, de dire si elle augmente ou si elle diminue.

ENCYCL. Le CSA* a publié en septembre 1995 une étude sur la violence dans la fiction* télévisée. Pour ce faire, il a utilisé des critères déjà validés et utilisés régulièrement par des chercheurs américains et canadiens. Selon les résultats de cette étude qui a porté sur une semaine de programmes du mois d'avril 1994, 58 % des fictions très violentes sont d'origine américaine et 70 % des images de violence sont diffusées par les chaînes privées. Une moyenne horaire de 2,09 séquences comportant des actions criminelles a été constatée et le nombre des actes violents s'élève à 9,5 par heure. 35 % des émissions de fiction contiennent plus de six séquences d'agression ou de crime. → **Protection des mineurs**

Virus n.m. Programme informatique parasite capable d'altérer, quelquefois de façon irréversible, le fonctionnement d'autres programmes. Les virus sont transmissibles par lecture de disquettes ou CD contaminés, et par communication en ligne.

Visioconférence n.f. (angl. : *video conference, video conferencing*). Téléconférence* permettant l'échange à distance d'images sonorisées transmises par un réseau téléphonique dont le débit (64 ou 128 Kbits/seconde) est beaucoup trop limité pour atteindre la qualité d'une image de télévision. → **Vidéoconférence**

Visionnage n.m. Action consistant à examiner des séquences d'images animées (cinéma ou vidéo), afin d'en estimer la qualité technique ou la qualité artistique. Le visionnage intervient souvent au stade du montage*, quand il s'agit de choisir les amorces et les chutes des séquences montées. Plus largement, visionner un film, un programme, c'est le regarder en associant à sa vision une autre tâche : évaluation ou analyse critique, indexation, recherche.

Visiopass n.m. Décodeur*-désembrouilleur créé et commercialisé par France Télécom* dès 1992 pour des réseaux* câblés français mais aussi par d'autres opérateurs européens sur le câble* et le satellite*. Le Visiopass a d'abord fonctionné en D2 Mac Paquet et avec la norme de cryptage Eurocrypt. Aujourd'hui, avec le numérique*, France Télécom ne commercialise plus le Visiopass en tant que tel mais le système de contrôle d'accès Viaccess (nouveau nom d'Eurocrypt), compatible MPEG*/DVB*. Particulièrement évolué (notamment en matière de sécurité et de compatibilité avec les moteurs d'interactivité), ce système, et les décodeurs qui lui sont dédiés, est utilisé sur le câble français et européen et par plusieurs opérateurs de bouquets* satellitaires numériques.

Visiophone n.m. Téléphone avec caméra* et écran* qui permet aux correspondants de se voir en se parlant s'ils en sont chacun équipés. Appelé également *vidéophone*.

VOD. → Vidéo à la demande

Voie de retour. n.f. Voie réservée pour faire remonter des informations à partir des terminaux.

VSAT (Very Small Aperture Terminal) n.m. **1.** Terminal* d'émission-réception par satellite* de petite dimension. Il permet d'échanger des données à bas ou moyen débit en utilisant une fraction étroite de la capacité totale du satellite. **2.** Réseau constitué par des terminaux VSAT.

W

W3 (WWW). → Web

WAIS (Wide Area Information Service). Programme de consultation de bases de données par mots-clefs utilisé sur l'Internet.

Walkman n.m. Mot anglais couramment utilisé pour *baladeur**.

Watch-dog. → Chien de garde

Web. Abréviation de *World Wide Web*, signifiant littéralement « Toile d'araignée mondiale » et correspondant à l'ensemble des services multimédias* accessibles par l'Internet *.
ENCYCL. En 1989, au Centre d'études et de recherches nucléaires (CERN), Robert CAILLIAU et Tim BERNERS-LEE inventèrent le système hypertexte* qui est à la base du Web. Les informations consultables sur le Web sont présentées sous forme de pages multimédias comportant des liens entre des documents pouvant être de nature différente (texte, son, image) et être localisés sur un autre serveur* : un simple clic de souris* sur l'un de ces liens (un mot ou groupe de mots souligné, un logo ou une image) permet de passer à une autre page de documents, eux-mêmes liés à d'autres sources... La création de logiciels de navigation*, Mosaic en 1993 par Marc ANDRESSEN, du NCSA (National Center for Supercomputing Application), puis Netscape en 1994, créé par Jim CLARK (le fondateur de Silicon Graphics), mis à disposition gracieusement sur le réseau, rendit la consultation du Web conviviale et simple en supprimant tout type de commande dont la complexité risquait d'en réserver l'usage aux seuls informaticiens. La croissance du Web est alors fulgurante avec 50 serveurs en janvier 1993, 500 en octobre 1993, et 10 000, un an plus tard, en novembre 1994, jusqu'à devenir le système prédominant sur l'Internet. Le Web fonctionne selon trois protocoles* : un protocole de *communication*, qui est le HTTP* (Hyper Text Transmission Protocol) ; un protocole de *présentation des documents*, appelé HTML* (HyperText Mark up Language), et un protocole d'*adressage* URL* (Uniform Resource Locator).

Web TV. Dénomination commerciale d'un décodeur, lancé en 1997 aux États-Unis, permettant d'accéder à certains services en ligne et à l'Internet, grâce à un récepteur de télévision et à une liaison téléphonique. La société Web TV Networks a été rachetée par Microsoft en août 1997.

Webmaster. Personne chargée du développement d'un site* Web*.

Webring. → cercle de Web*

Webzine. Nom donné à un magazine édité uniquement sur l'Internet*, sans version papier.

WWW (World Wide Web). → Web

X - Z

XML (Extensible Markup Language). Norme nouvelle de description technique des documents électroniques, toujours dérivée de SGML* mais plus riche que HTML* et qui est en passe d'être reconnue comme norme éditoriale par les principaux acteurs du Web* de l'Internet*.

Zapping n.m. (expression anglaise ; angl. : *flipping*). Comportement consistant, pour un téléspectateur, à passer d'une chaîne à l'autre, grâce à la télécommande*, avec l'intention, parfois, d'éviter les plages de publicité. Le mot *pitonnage* (verbe : *pitonner*), suggéré par la Commission française pour la terminologie, n'a jamais pu s'imposer.

Zipping n.m. (expression anglaise). Comportement consistant, pour un téléspectateur qui regarde une cassette enregistrée, grâce à un magnétoscope, à « sauter » les plages de publicité.

Zone de chalandise (angl. : *Retail trading zone*). Espace géographique autour d'un point de vente ou d'un centre commercial dans lequel se situe la majeure partie de sa clientèle. Les médiaplanneurs* cherchent à recouper cette zone avec des médias*, dont la zone de couverture* est la plus proche.

Zone de diffusion (ou zone de couverture). Espace géographique sur lequel un média* est diffusé.

Zone d'ombre. Portion d'un territoire qui n'est pas atteinte par les ondes* hertziennes émises depuis le relais le plus proche. On « couvre » les zones d'ombre soit par un réseau* de télédistribution* par câble, soit par un réseau MMDS*.

LEXIQUE FRANÇAIS-ANGLAIS DES NOMS COMMUNS

a

3D, three dimensional
à-valoir, advance
accréditation, accreditation
accrédité, accredited
accroche, slogan
achat d'espace, media buy
actualité, current affairs ; news
actualités cinématographiques, newsreel
adaptateur, adapter
affichage politique, campaign poster
affichage sauvage, flyposhing ; illegal posting
affinité, affinity
affranchissements postaux, stamping ; postage
agrément, approval ; agreement
aléatoire, risky
alliance, alliance
animateur, host ; moderator
animation, animation
annonce, advertisement
annonce publicitaire, advertisement
annuaire électronique, electronic directory
annuel, yearly

apologie, apology
article, article
artiste-interprète, performer
astreinte, periodic penalty payment
attaché de presse, press attaché
atteinte à l'autorité de la justice, contempt of court
atteinte à l'indépendance de la justice, contempt of court
audimètre, audience research device
audioconférence, audioconference
audiovisuel, broadcasting
auto-administré, self-administered
autocensure, self-censorship
autoradio, car radio
autorisation, permission
autoroutes de l'information, information superhighways

b

balayage, scanning
banc de montage, editing table
bande magnétique, magnetic tape
banque de programmes, program stocks
bidonner, create false news
bihebdomadaire, twice-weekly

billet, short article

bimensuel, fortnightly (GB) semimonthly (US)

bimestriel, bimonthly

bobine, bobbin

bouclage, completion

boucle locale, local loop

bouillon, unsold copies

brève, short news item

brouillage, jamming (provoqué) interference (involontaire)

budget publicitaire, media budget

bulle, balloon

bulletin, bulletin ; report

bureautique, office automation

C

câble coaxial, coaxial cable

câblodistributeur, distributor of cable television

câblodistribution, cable television

calibrage, calibration

calibrer, to cast off ; to calibrate

camelot, street vendor

caméra, movie camera

camescope, camcorder

campagne de presse, press campaign, propagande campaign

campagne électorale, electoral campaign

campagne publicitaire, advertising campaign

canard, false rumour, or canard

carnet d'écoute, note book record book

carte à mémoire, smart card

cautionnement, deposit

caviarder, to blue pencil

cessation de publication, cease publication

cession, sale

chaîne de télévision, television channel

chapeau ou chapo, introductory paragraph

charte graphique, graphic charter

chasser, to compress

chef de rubrique, column leader

chronique, column

chroniqueur, columnist

chute, ending

clause de conscience, ethical clause

clavist, typesetter

coauteurs, co-authors

code d'accès, secret code

colonnage, column format

colporteur, hawker

commentateur, comment (about) ; commentary

commentateur, commentator

communauté virtuelle, virtual community

commutateur, commutator

commutation, commutation

complexe multisalles, multiplex (EU) ; cinema complex (GB)

compression, compression

comprimer, to compress

concepteur multimédia, multimedia designer

conducteur, conductor

conférence de presse, press conference

conférence de rédaction, editorial meeting

conseil en publicité, advertising consultant

console, mixing desk

contact, contact

contrat d'édition, publishing contract

contrefaçon, pirating ; infringement

contre-programmation, changing of scheduled programmer for competition purposer

convention, agreement

coopérative, cooperative

copie privée, personal copy

coproducteur, co-producer

coproduction, co-production

correspondance de presse, information by mail

correspondance privée, private correspondence

correspondant, correspondent

coupure publicitaire, commercial break

courrier, mail

courrier des lecteurs, readers' letters

couverture, coverage

couvrir, to cover

critique, review

cryptage, encryption ; coding

cryptographie, cryptography

cybernétique, cybernetic

disque optique, optical disk

dissonance cognitive, cognitice dissonance

distributeur, distribution ; broadcasting

diversification, diversification

docudrama, docudrama

documentaire, documentary

documentaliste, information, officer ; researcher

documentation de presse, press kit

domaine public, public domain ; out of copyright

dommages-intérêts, damages

données publiques, public data

dossier de presse, press kit

doublage, dubbing

dramatique, play ; drame

e

d

déclaration, notification ; statement

décodeur/décrypteur, decoder

décrochage, disconnect

définition, definition

dépêche, dispatch

dépositaire, news dealer

dépôt, deposit

dernière, last

didacticiel, edicational software program

différé, pe-recorded

diffuseur (de presse), distributor

disque magnétique, magnetic disk

écho, piece of gossip

écran de visualisation, VDU screen

écran tactile, touch screen

édition, editing ; publishing

éditorialiste, editorialist

effets spéciaux, special effects

embargo, embargo

émetteur, transmitter ; sender

émission, programme

encadré, sidebar

encart, insert

enregistrement, recording

entrefilet, breef article

envoyé spécial, special correspondent

épisode, episode

équipement, equipment

espace public, public space

étalonnage, standartization

étude de marché, market study

exception culturelle, cultural exception

exploitant, cinema owner (GB) exhibitor (EU)

exploitation cinématographique, movie exhibition

exportation, export

f

faisceau hertzien, radio link

feuille, sheet of paper

feuillet, page

fiction, drama

fidélisation, security of loyal customer, readership, viewers

filet, snippet

film d'entreprise, publicity film

format, format ; size

fréquence, frequency

fréquentation, audience

g

gazetier, journalist

gazette, newspaper

grammage, weight

graphiste, graphic designer

h - i

hebdomadaire, weekly (magazine)

iconographe, art editor

identité visuelle, visuals

image de synthèse, computer image

image virtuelle, virtual image

imposition, imposition

impression, hinting

impression, printing

imprimeur, printer

indépendance, independence

indice de satisfaction, satisfaction rating

industries culturelles, cultural industries

informatique, computer science, informatics

initialisation, initializarion

injure, insult

intégration, vertical integration

intelligence artificielle, artificial intelligence

interdiction, ban

interférence, interference

internationalisation, internationalization

internaute, internaut

interopérabilité, inter-operability

intertitre, insert title

interview, interview

interviewer, to interview

invendu, unsold copy

investissements publicitaires, media budget

j

jeu, game
jeu vidéo, videogame
journal électronique, online newspaper
journal radiophonique, radio news bulletin
journal télévisé, TV news
journaliste, journalist, newsman
justificatif, voucher

l

lecteur, optical scanner ; laser CD player
lectorat, readership
libelle, lampoon
libre opinion, editorial
licenciement, lay-off, firing
lignage, lineage
linotype, linotype
localier, local correspondent
logiciel, software
logiciel, program
luminance, luminosity

m

magazine, magazine ; news magazine
magnétophone, tape recorder

magnétoscope, videorecorder ; VCR
manipulation, manipulation
maquettiste, graphic, or layout designer
mécénat, corporate patronage
médiation, mediation
médiatisation, media coverage
médiatiser, to give publicity in the media
mémorisation sélective, selective memorization
ménage, household
ménagère, housewife
mercatique, marketing
messagerie de presse, press distribution service
metteur en page, layout artist
microprocesseur, microprocessor
microtrottoir, to interview the public
mire, test card (GB) test pattern (EU)
mise en demeure, request
mise en page, layout
mixage, sound mixing
modem, modem
modernisation, modernization
modulation, modulation
monde virtuel, virtual reality
mondialisation, globalization
moniteur, monitor ; monotor system
monopole, monopoly
monopolistique, monopolistic
montage, editing
monteur, editor
morasse, foundry pool
multi-équipement, multi-equipment
multiplexe, multiplex system
multistandard, multistandard

n

navigateur, navigator
navigation, surfing
nécrologie, death column ; orbituary
norme, standard ; legal rule
notoriété, notoriety
nouvelle, news item
nouvelliste, short story writer
numéro zéro, dummy issue

o

objectivité, objectivity
octet, byte
œuvre, work
œuvre composite, composite work
œuvre de collaboration, joint production
oligopole, oligopoly
ombudsman, ombusman
onde, wave
onde courte, short wave
onde longue, long wave
onde moyenne, medium wave
oreillette, earflap
ours, masthead

p

pager, biper
pamphlétaire, polemicist

panel, survey group
parabole, parabolic antenne
parasite, parasites ; interference
pénétration, market penetration
périodicité, periodicity
périodique, periodical
pervers, opposite
petite annonce, classified ads
photocompeseuse, filmsetter (GB) photocomposer (EU)
photojournalisme, photojournalism
photothèque, picture library
pied de page, down page
pilote, guide
platine, vinyl or CD player
plurihebdomadaire, pluriwekly
porteur, distributor
postsynchronisation, dubbing
préavis, notice
préfinancement, pre-financing
présentateur, newsreader (GB) newscaster (EU), host
présomption d'innocence, presumption of innocence
presse, press, printing press
prestataire, supplier
préventif, preventive
procédure, proceedings
processeur, processor
production, production
programmateur, programme planner
programmation, programming
programme, programme
programme en boucle, in a continous loop
prompteur, teleprunpter
propagande, propaganda ; disinformation
propagande électorale, election propaganda
propriété littéraire et artistique, intellectuial property right ; copyright
pseudonyme, pseudonyme

public, audience ; readership ; viewers
publication, publication
publication périodique, periodical publication
publiciste, jurist ; writer journalist
publicitaire, advertising executive
publicité rédactionnelle, advertorial
pupitre, control panel

q - r

quotidien, daily ; daily paper
quotidiens de 7ᵉ jour, sunday newspaper
radio, radio ; radio station
radiomessagerie, display paging
radiotéléphonie, radio-telephony
réabonnement (taux de), subscription renewal rate
récepteur, receiver
recettes publicitaires, advertising revenues
rédacteur, editor
rédacteur, writing editing editorial offiver, editorial stall
rédacteur électronique, electronic editing
redevance, licence fee (GB), tax (EU)
rediffusion, rerun
référé, summary judjment
régie publicitaire, advertising department
réglage, regulating
règle de la pyramide inversée, inverted pyramid
règle des 5 W, the five w's
relations publiques, public relation
repérage, locating a place (on a graph)
répertoire, directory
reporter, report ; reporting

reporter, reporter
représentation, representation ; performance
reprographie, reprography ; reprographie
réseau câble, cable network
réseau commuté, telephone network
réseau de transport, transportation network
réseau hertzien, radio-relay
réseau satellitaire (ou système), satellite network
réseau téléinformatique, telecomputing network
responsabilité civile, civil liability
responsabilité pénale, criminal liability
revue, magazine, journal, review, revue
revue de presse, review of the press
rotativiste, rotary worker
rubricard, columnist
rubrique, column, section rubric
rumeur, rumour

S

saisie, seizure
sanction, penalty, sanction
satellite de diffusion directe, direct broadcast satellite
sauvegarde, saving ; back up
scénario, scenario script screnplay cinema
scénariste, script writer
sciences de l'information et de la communication, information and communication studies
second marché, syndication
secret, secrecy
secret administratif, official secrecy
secret d'Etat, state secrets

secret professionnel des journalistes, protecting sources

secrétaire d'édition, copy editor

sélectivité, gatekeeping

semestriel, bi-annual

serpent de mer, hackneyed subject

service de presse, public relations department

service en ligne, on line information service

service public, public service

signet, bookmark

signifiant, signifier

signifié, signified

slogan, slogan

sondage, opinion survey

source d'information, source

souris, mouse

spécimen, specimen ; sample

spectacle, showbiz society

standard, switchboard ; standard

stéréophonie, stereophony ; in stereo

stratégie, strategy

subliminal, subliminal

subvention, grant, subsidy

sucrer, to stop ; to cancel

suivisme, blend conformity hard instinct

supplément, supplement

support, advertising medium

surrepression, over repression over suppression

surtitre, sub head (journal) syer title (cinéma)

synchronisation, synchronization

synopsis, synopsis

synthèse, synthesis

système éditorial, publishing procedures

système rédactionnel, editorial procedures

t

télé-acteur, phone - sales representative

télécommande, remote control, radio control

téléconférence, conference call ; tele conference ; video conferencing

télécopie, fax

télécopieur, fax machine

télédistribution, wired broadcasting

téléenseignement, distance learning

téléfilm, TV film ; TV movie

télégraphe, telegraph

téléinformatique, teleprocessing

téléphone, telephone ; phone

téléphonie, telephony

téléspectateur, viewer

téléviseur, TV set

télévision, television

télévision éducative, educational TV

télévision locale, local station

terminal, computer terminal

théorie de l'information, theory of information

timbre, stamp

tirage, impression, run

titraille, titling

titrer, to write in the tradlines

traitement de texte, word-processing

trame, frame work

transcodeur, transcodeur

transparence, transparency

tribune, cruments column

tribune libre, editorial

trihebdomadaire, thrice-weekly

V

variété, variety show

vente au numéro, newsstand sales

vidéodisque, video disc

vidéogramme, video gram

vignette, vignette

virus, virus

visioconférence, video-conference ; video-conferencing

visionnage, viewing

visiophone, videophon

Palmarès des médias 1997
Les dix premiers...

QUOTIDIENS MONDIAUX, PAR LA DIFFUSION

Rang	Titre	Pays	Diffusion *
1	Yomiuri Shimbun	Japon	14 557
2	Asahi Shimbun	Japon	12 754
3	Mainnichi Shimbun	Japon	5 843
4	Nihon Keizai Shimbu	Japon	4 640
5	Bild Zeitung	Allemagne	4 528
6	Chunichi Shimbun	Japon	4 558
7	The Sun	Royaume-Uni	3 780
8	The Mirror **	Royaume-Uni	3 009
9	Sankei Shimbun	Japon	2 879
10	Hokkaido Shimbun	Japon	1 970

* en milliers d'exemplaires en 1997
** y compris Daily Record (édition écossaise)
Source : d'après World Press Trends, AMJ, 1998.

QUOTIDIENS EUROPÉENS PAR LA DIFFUSION

Rang	Titre	Pays	Diffusion*
1	Bild Zeitung	Allemagne	4 528
2	The Sun	Royaume-Uni	3 780
3	The Mirror **	Royaume-Uni	3 009
4	Daily Mail	Royaume-Uni	2 238
5	Daily Express	Royaume-Uni	1 202
6	Waz	Allemagne	1 157
7	Daily Telegraph	Royaume-Uni	1 098
8	Neue Kronen Zeitung	Allemagne	1 076
9	Ouest France	France	787
10	De Telegraaf	Pays-Bas	762

* en milliers d'exemplaires en 1997
** y compris Daily Record (édition écossaise)
Source : d'après World Press Trends, AMJ, 1998.

QUOTIDIENS NATIONAUX, EN FRANCE, PAR LA DIFFUSION

Rang	Titre	Diffusion*
1	Le Parisien + Aujourd'hui	468 582
2	L'Équipe (édition générale)	386 294
3	Le Monde	382 944
4	Le Figaro	366 500
5	Libération	170 805
6	France-Soir	161 733
7	Paris-Turf	111 676
8	Les Échos	110 473
9	La Croix	90 934
10	La Tribune	78 372

* *diffusion totale payée France + étranger en 1997*
Source : Diffusion Contrôle/OJD

QUOTIDIENS RÉGIONAUX, EN FRANCE, PAR LA DIFFUSION

Rang	Titre	Diffusion*
1	Ouest-France	762 144
2	Sud-Ouest	341 409
3	La Voix du Nord	326 829
4	Le Progrés	260 625
5	Le Dauphiné Libéré	260 427
6	La Nouvelle République du Centre-Ouest	252 902
7	Nice-Matin	229 518
8	L'Est Républicain	215 391
9	La Montagne	215 267
10	Les Dernières Nouvelles d'Alsace	208 049

* *diffusion totale payée France + étranger en 1997*
Source : Diffusion Contrôle/OJD

HEBDOMADAIRES D'INFORMATION GÉNÉRALE, EN FRANCE, PAR LA DIFFUSION

Rang	Titre	Diffusion*
1	Paris-Match	807 379
2	L'Express	534 542
3	Le Figaro Magazine	495 569
4	Le Nouvel Observateur	467 299
5	Le Pélérin Magazine	341 162
6	Le Journal du Dimanche	326 900
7	V.S.D.	309 096
8	Le Point	309 059
9	La Vie	235 386
10	Marianne (avril à décembre 1997)	225 119

* diffusion totale payée France + étranger en 1997
Source : Diffusion Contrôle/OJD

HEBDOMADAIRES SPÉCIALISÉS, EN FRANCE, PAR LA DIFFUSION

Rang	Titre	Diffusion*
1	TV Magazine (supplément)	4 630 000**
2	Télé 7 Jours	2 722 026
3	Télé Z	2 262 498
4	TV Hebdo (supplément)	2 120 000**
5	Télé-Star	2 053 334
6	Femme Actuelle	1 864 537
7	Télé-Loisirs	1 689 680
8	Télé-Poche	1 241 935
9	Paris-Match	807 379
10	Voici	698 036

* diffusion totale payée France + étranger en 1997
** chiffres 1996
Source : Diffusion Contrôle/OJD et Éditeurs

PAYS LECTEURS DE QUOTIDIENS

Rang	Pays	Taux de pénétration*
1	Norvège	598
2	Japon	580
3	Finlande	453
4	Suède	438
5	Suisse	385
6	Singapour	380
7	Royaume-Uni	314
8	Danemark	307
9	Allemagne	306
10	Pays-Bas	305

* pour mille habitants
Note : La France est au 22ème rang avec 153 exemplaires vendus pour 1000 habitants
Source : d'après World Press Trends, AMJ, 1998.

PAYS EUROPÉENS CONSOMMATEURS DE TÉLÉVISION

Rang	Pays	Durée d'écoute *
1	Royaume-Uni	229
2	Italie	222
2	Hongrie	222
3	Espagne	221
4	Turquie	216
5	Grèce	200
6	Allemagne	195
7	Irelande	194
8	Belgique (Wallonie)	192
8	France	192
9	Portugal	179
10	Suisse (Italienne)	174

* moyenne quotidienne par individu, en minutes
Note : La durée d'écoute quotidienne par individu aux USA est de 239 mn.
La durée d'écoute moyenne en Europe est de 200 minutes.
Source : Television 1997, European Key Facts, IP.

GROUPES MÉDIAS*, DANS LE MONDE, PAR LE CHIFFRE D'AFFAIRES

Rang	Groupe	Pays	Chiffre d'affaires**
1	Bertelsmann	Allemagne	12 498
2	Walt Disney	Etats-Unis	12 117
3	Viacom	Etats-Unis	12 084
4	News Corporation	Australie	10 619
5	Time Warner	Etats-Unis	9 201
6	Sony	Japon	9 087
7	Havas	France	7 324
8	Time Warner Entertainment	Etats-Unis	7 010
9	ARD	Allemagne	6 450
10	Matra Hachette	France	6 466

* *presse, programmes cinéma et radio-TV, musique, vidéo, livre, informatique, publicité.*
** *en millions de dollars en 1996*
Source : Observatoire européen de l'audiovisuel

GROUPES MÉDIAS, EN EUROPE, PAR LE CHIFFRE D'AFFAIRES

Rang	Groupe	Pays	Chiffre d'affaires medias*	Chiffre d'affaires total*
1	Bertelsmann	Allemagne	7 640	12 926
2	Havas	France	6 516	8 859
3	ARD	Allemagne	4 650	5 597
4	Lagardère	France	3 734	11 290
5	BBC	Royaume-Uni	3 732	3 824
6	Pearson	Royaume-Uni	3 293	3 755
7	Wolters Kluwer	Pays-Bas	2 668	2 668
8	CLT-UFA	Luxembourg	2 592	2 592
9	Carlton	Royaume-Uni	2 536	2 865
10	RAI	Italie	2 353	2 353

* *en millions de dollars*
Source : CIT Publications Media Map 1998 in European Media Business and Finance, June 1998.

GROUPES DE PUBLICITÉ, DANS LE MONDE, PAR LA MARGE BRUTE

Rang	Groupe	Pays	Marge brute*
1	Omnicom	États-Unis	4 154
2	WPP	Royaume-Uni	3 646
3	Interpublic	États-Unis	3 384
4	Dentsu	Japon	1 987
5	Young & Rubicam	États-Unis	1 497
6	True North Communications	États-Unis	1 211
7	Grey Advertising	États-Unis	1 143
8	Havas Advertising	France	1 033
9	Leo Burnett	États-Unis	878
10	Hakuhodo	Japon	848

en millions de dollars en 1997. La marge brute correspond à la somme des commissions perçues, par les agences, sur leurs prestations.
Source : Advertising Age, 27 avril 1998.

OPÉRATEURS DE TÉLÉCOMMUNICATION, DANS LE MONDE, PAR LE CHIFFRE D'AFFAIRES

Rang	Opérateur	Pays	Chiffre d'affaires*
1	NTT	Japon	78 322
2	ATT	États-Unis	52 184
3	Deutsche Telekom	Allemagne	41 916
4	France Télécom	France	29 569
5	British Telecom	Royaume-Uni	23 695
6	BellSouth	États-Unis	19 040
7	Telecom Italia	Italie	19 040
8	MCI	États-Unis	18 494
9	GTE	États-Unis	17 362
10	Telefonica	Espagne	15 838

CA exploitation télécom en millions de dollars en 1996
Source : Idate

L'INFORMATIQUE, DANS LE MONDE, PAR LE CHIFFRE D'AFFAIRES

Rang	Entreprise	Pays	Chiffre d'affaires*
1	IBM	États-Unis	78,5
2	Compaq + Digital Equipment	États-Unis	37,6
3	Hewlett-Packard	États-Unis	34,6
4	Fujitsu	Japon	36,2
5	Hitachi	Japon	22,2
6	NEC	Japon	16,7
7	Toshiba	Japon	15,5
8	Electronic Data Systems	États-Unis	15,2
9	Microsoft	États-Unis	11,3
10	Siemens Nixdorf	Allemagne	9,2

* en milliards de dollars en 1997
Source : Les Échos, 11 juin 1998.

PAYS UTILISATEURS DE L'INTERNET*

Rang	Pays	Nombre d'usagers en millions	en % de la population totale par pays	en % du nombre total d'usagers dans le monde**
1	États-Unis	54 675	20,75	54,7
2	Japon	7 965	6,36	7,97
3	Royaume-Uni	5 828	10,04	5,83
4	Canada	4 325	15,8	4,33
5	Allemagne	4 064	4,98	4,07
6	Australie	3 347	18,77	3,35
7	Pays-Bas	1 386	9,09	1,39
8	Suéde	1 311	14,93	1,31
9	Finlande	1 250	25,01	1,25
10	France	1 175	2,02	1,17

* estimation fin 1997
** 99 960 000 usagers dans le monde, dont 21 961 000 en Europe
Source : d'après Computer Industry Almanac Inc. ; Encarta.

Photocomposition M.C.P. - ORLÉANS
Impression Aubin Imprimeur - POITIERS-LIGUGÉ
N° d'impression L 56856 - N° d'éditeur 19458
Dépôt légal : octobre 1998
720327-01 - octobre 1998